高水头水电站工程设计技术研究

张忠辉　林德金　余　洋　王超羽　等著

黄 河 水 利 出 版 社
·郑　州·

内 容 提 要

高水头水电站在近年来逐步得到发展,越来越受到开发者们的青睐。本书结合斐济南德瑞瓦图水电站工程的设计实例,分为工程设计概况,水文规划、工程规模及水库泥沙分析,工程测量,工程地质,挡、泄水建筑物设计,引水系统建筑物设计,厂房及附属建筑物设计,输变电线路设计,开关站设计,金属结构,水力机械,电气一次,电气二次及通信,消防、通风及给排水设计,环境评价分析等15个章节进行叙述。工程所在地区为高端市场的南太平洋地区,设计规范采用欧美规范和澳大利亚－新西兰规范体系,因此,书中一些章节采用国内、外规范对照的方式分别叙述,让读者更多地了解国外规范的使用情况,并结合工程运行情况,对高水头水电站的工程设计进行了总结。

本书可供从事水利水电勘测、设计、施工、运行人员使用,也可供科研人员、大专院校相关专业师生参考使用。

图书在版编目(CIP)数据

高水头水电站工程设计技术研究/张忠辉等著. —郑州:黄河水利出版社,2014. 12
ISBN 978－7－80734－910－5

Ⅰ. ①高… Ⅱ. ①张… Ⅲ. ①高水头－水力发电站－工程设计－研究 Ⅳ. ①TV73

中国版本图书馆CIP数据核字(2014)第300314号

组稿编辑:简群 电话:0371－66026749 E-mail:w_jq001@163. com

出 版 社:黄河水利出版社

地址:河南省郑州市顺河路黄委会综合楼14层 邮政编码:450003

发行单位:黄河水利出版社

发行部电话:0371－66026940、66020550、66028024、66022620(传真)

E-mail:hhslcbs@126. com

承印单位:河南省瑞光印务股份有限公司

开本:787 mm×1 092 mm 1/16

印张:22.5

字数:520千字 印数:1—1 000

版次:2014年12月第1版 印次:2014年12月第1次印刷

定价:65.00元

前　言

高水头水电站工程(Highheadhydro - Electricstation Project)是指水电站发电水头大于200 m的水电站工程。一般修建在河流上游的高山峡谷地区,多数为引水式或混合式水电站。高水头水电站大多数无调节库容,调节能力低,最多是月调节或者日调节,因此一般不具有综合利用效益。高水头水电站上下游水位一般相对稳定,水头变化幅度不大,出力和发电量主要取决于来水量。

随着世界水电市场的开发,高水头水电站越来越受到开发者们的青睐,由于水库库容小,上游水库淹没面积小,环境污染和环境破坏小,更能凸显水电作为清洁型再生能源的特点。高水头水电站在近年来逐步得到发展,设计发电水头也越来越高。据不完全统计,截止到2008年,仅中国水头超过800 m的高水头水电站就达20多个,其中四川凉山苏巴姑水电站额定水头1 117.5 m,超过之前号称亚洲第一高水头的广西天湖水电站(额定水头1 022.4 m)。设计水头的增加,给整个工程设计带来一系列的技术难题,包括引水隧洞、压力钢管、调压井、厂房和水轮机组的选择等。

对于高水头水电站的水工建筑物来说,首部枢纽工程与其他类型的水电站工程没有区别,其主要功能都是拦河蓄水发电,但对于引水隧洞、调压井和压力钢管,则有很大的不同。高水头水电站的主要特点就是水头高,也就意味整个引水系统的设计不同于其他类型的工程。例如,压力钢管需要承担更大的水头,如果采用普通钢材,则压力钢管需要很大的厚度,这对压力钢管的加工、制作、焊接和安装等都增大了难度,技术上无法满足要求,特别是岔管部位,不但结构受力复杂,而且施工工艺难度大,施工质量无法得到保证。因此,这就需要采用高强度的钢材,减小压力钢管的厚度,确保压力钢管的施工质量。

高水头水电站的另一个特点就是机组的设计、制作与安装。随着高水头水电站的水头不断增加，水轮机厂家的生产、制作工艺也变得复杂。例如对于水轮机蜗壳型式，特别是采用充水加压浇筑混凝土蜗壳的工艺、压力取值、施工进度等都存在技术上的挑战。对于钢蜗壳型式，在蜗壳安装和混凝土浇筑时要考虑保温保压的要求，对设计和施工都是很大的难题。

本书结合斐济南德瑞瓦图水电站工程的设计实例，根据国内外规范，对高水头水电站的设计技术进行研究，论述高水头水电站的工程设计经验，为其他高水头水电站的设计、建设提供工程参考。本书共有十五章，张忠辉撰写第一、五章，林德金撰写第七章，佘洋撰写第二、三、四章，常玉龙、冯韶辉撰写第六章，张伟波、冯韶辉撰写第八、九、十四、十五章，王超羽撰写第十、十一章，李秀丽、李力伟撰写第十二、十三章，全书由张忠辉统稿。

本书在撰写过程中，得到中水北方勘测设计研究有限责任公司各级领导的大力支持，在此表示衷心感谢。

由于作者本身水平有限，书中难免有不当之处，尚待同行批评指正。

作　者

2014 年 6 月

目　　录

第一章　工程设计概况

第一节　工程背景

从 1977 年，斐济电力局（FEA）开始对南德瑞瓦图（Nadarivatu）实施水电方案进行可行性研究，初期的调查包括主岛维堤莱乌（Viti Levu）岛的水电开发潜力，实施了蒙娜萨乌工程水电项目（Monasavu）方案。2003 年，斐济电力局与澳大利亚太平洋水电公司（Pacific Hydro Ltd）合作，开始规划南德瑞瓦图水电站工程，并于当年完成了预可行性研究。

2004 年 3 月，斐济电力局开始了南德瑞瓦图水电站工程项目的可行性研究和调查，该调查的范围包括：①可利用的水资源；②确认国土部地形图等高线信息的准确性；③优化方案的关键参数，包括设计流量、净水头、装机容量、与瓦劳（Wailoa）水电站之间的相互影响等；④对高、中、低 3 个坝高方案进行论述比较，以便取得环境部门的许可；⑤地质调查及地形测绘，在拟建坝址进行地质钻孔。2004 年 12 月完成项目建议报告，并报请斐济环境部门批准。

出于对项目费用的担心和工程交通道路问题的考虑，工程项目于 2005 年 10 月被迫停止。斐济电力局委托美国美华公司（MWH）新西兰分公司提出科罗莱乌－巴（Korolevu－Ba）的初步方案，以解决工程投资的资金流量问题（科罗莱乌工程即为南德瑞瓦图水电站工程，科罗莱乌为坝址处一个山峰名，因此以它命名）。

2006 年 3 月，斐济电力局开始对新的取水口坝址和隧洞路线展开调查，并完成了预可研设计，方案为：在卡里瓦纳（Qaliwana）河和纽库（Nukunuku）河汇流处建一座 21 m 高的小坝，形成水库，活库容 244 000 m^3。在水库上游建一个进水口，引水流量为 15 m^3/s，通过一条 2 km 的隧洞和 1.4 km 的压力管道，把水引向位于巴河（Ba River）上的电站厂房。厂房装机容量 40.6 MW，水头 328 m，总发电量预计为 101 GW · h/a，同时，该方案扩大了项目范围，把连接到乌达－瓦劳（Vuda－Wailoa）的 132 kV 输变电线路连接起来，成为整个国家电网的核心，其中还包括了通信项目和乌达（Vuda）国家控制中心的通讯（SCADA）升级。

2006 年 12 月，斐济电力局对方案进行了修改：在卡里瓦纳河和纽库河汇流处，建一座 31 m 高的混凝土坝，提供 1 009 000 m^3 的活库容；引水流量为 15 m^3/s，通过一个 2 km 的隧洞和 1.4 km 的压力管道（洞－管方案）或者一个 3.5 km 的隧洞（洞－洞方案），最后到达厂房。在巴河上建一个 44 MW、336 m 水头的电站；装机 2 台 22 MW，五或六喷嘴垂直冲击式水轮发电机组，该方案的总发电量估计平均为 101 GW · h/a。按照对水文情况的审查，尽管水头和库容稍有提高，但发电量没有提高。虽然斐济电力局负责通信和在乌达的国家控制中心的 SCADA 升级，但项目的范围包括了一个输电线路，连接到 132 kV 的乌达－瓦劳（Vuda－Wailoa）输电线路，并新建一个 132 kV 开关站，将 3 个电站联合调度，并和将来计划建设的另外 2 个电站一起形成整个斐济国家电网的控制核心。

2007 年斐济电力局（FEA）开始在世界范围内进行公开招标，并于 2008 年 5 月 6 日开标，经过多次的合同谈判及技术澄清后，于 2008 年 9 月 8 日由斐济电力局和中国水利水电建设集团公司（SINOHYDRO）在斐济首都苏瓦（Suva）签署了项目承包合同协议。工程经过 4 年的建设，于 2012 年 5 月 18 日并网发电运行。

第二节　工程概况

南德瑞瓦图工程位于斐济维堤莱乌（Viti Levu ）岛中南部，坝址处于东经 177°49′3″，南纬 17°18′30″，距离南迪（Nadi）机场 135 km，距离首都苏瓦约 300 km。工程主要包括：拦河坝、输水系统、电站厂房、132 kV 开关站和输变电线路系统。工程的主要作用是拦河蓄水发电。

一、坝区及进水口

拦河坝位于卡里瓦纳河和纽库河汇流处，工程以上控制流域面积 92.7 km^2。挡水建筑物为混凝土重力坝（包括溢洪道和泄流底孔），最大坝高 41.5 m，坝顶宽 8.5 m，坝顶长度 86.835 m，调节库容 1 000 000 m^3，最大库容 2 000 000 m^3，电站总装机容量为 44 MW。溢洪道顶高程 516.40 m，溢洪道为开敞式溢洪道，采用挑流消能。3 孔溢洪道，每孔净宽 6 m，安装 3 个弧形闸门。溢洪道的右侧为 2 个底孔，底板高程 499.80 m，孔口尺寸为 4.2 m×4.2 m，安装 2 个平板闸门。

二、引水系统

引水系统包括进水口建筑物、引水隧洞、调压井、压力管道和岔管等主要建筑物，引水流量为 15 m^3/s。进水口建筑物是引水隧洞的取水口，位于坝体右岸上游约 25 m，为钢筋混凝土塔式结构，布置在一个开挖出来的岩石凹槽内。进水口底板高程 511.00 m（泥沙淤积高程 509.00 m），取水口宽度 3 m、高度 3 m，引水流量 15 m^3/s。设有 2 道闸门，进口处有拦污栅和清理设备。引水隧洞总长约 1 937.309 m，走向为 NE77.02°，底坡 0.987%。隧洞断面为马蹄形，断面尺寸为 3.0 m×3.5 m。在引水隧洞出口上游约 140 m 处设置调压井，调压井高约 86.742 m，内径 2.5 m。调压井开挖直径 3.3 m，采用喷混凝土作为初期支护，永久结构采用钢筋混凝土结构，衬砌厚 350 mm。

引水隧洞出口接隔离阀和压力管道，管道总长约 1 450 m，管径为 2.25 m。隧洞出口布置有控制建筑物。按照当地环保部门的要求，压力钢管不得对环境和植被产生大的破坏，需采用埋藏式布置。为最大限度地减小管线的纵向坡度、促使进场交通便利，管线沿冲沟的坡面布置，管道全长 1 450 m，仅引水隧洞出口阀下游 20 m 的起始段为明管，其余部位均为回填埋管。压力管道出口设分岔管，分别为 2 台机组供水，岔管结构型式为非对称 Y 形的月牙肋岔管。

三、厂房布置

南德瑞瓦图工程厂房位于陡峭的巴(Ba)河河谷,在布亚布亚(Buya Buya)村正西方向,巴河的左岸。在这个位置有一块平地,最有利于布置厂房建筑物。厂区主要由主厂房、副厂房、变压器场及输变电出线塔架等组成。

根据厂区地形条件以及巴河的洪水位,确定整个厂区的地面高程。厂房基础尽量放到岩石上,在平面上,厂房建筑物后面是陡峭的岩石边坡。因此,在布置时考虑靠近河道,将缩窄河道,导致河水位升高,减小发电时间,增加水流对建筑物冲刷的危险;远离河道,则会增加边坡开挖,加大工程投资。

厂房为岸边式厂房,主厂房地面高程为 199.50 m,高于厂区地面高程,总长 53.1 m,总宽 23.2 m,总高度 32.0 m,其中地面以上高度为 18.70 m。厂房内布置 2 台五喷嘴垂直冲击式水轮发电机组,机组间距 13.60 m,发电机单机容量为 22 MW,总装机容量 44 MW,最大引水流量 15 m^3/s,发电毛水头 335.7 m,为高水头水电站。总发电量估计平均每年为 101 GW · h/a。

副厂房位于主厂房右侧及上游侧,二层总长约 15.825 m,宽 7.5 m,一层副厂房长 15.7 m,宽 5 m。副厂房内主要布置有中央控制室、办公室、休息室、柴油机室、消防泵房和机修间等。

尾水从厂房出来以后,直接进入河道,考虑尾水管与河道垂直,因此对尾水出口采用钢筋混凝土护砌,以保护厂房基础不被冲刷。

厂房区与对外交通道路连接,进厂道路接厂房区的停车场。在厂房后面设防火通道,为钢管和岔管的安装施工及变压器安装留有空间。主变压器及其出线设备布置在主厂房上游侧,主变高压侧及开关站进线侧之间的 2 回架空输电线由双回路塔架及门架来支撑。变压器后面是出线塔架,由此通过 5.4 km 的输电线路输往开关站。

四、输变电线路及开关站

南德瑞瓦图工程 132 kV 输变电架空线路总长 4.894 km,塔架共 17 基,其中包括终端塔架 2 基(厂房升压站和开关站)、转角塔架 5 基、直线塔架 10 基。室外布置 132 kV 开关站,位置离主厂房直线距离有 5.4 km 远,占地约 80 m × 80 m。业主根据未来发展需要,增加了一个间隔。开关站与控制室之间设置电缆沟作为控制电缆和电力电缆、通信电缆的共同通道。

第三节　工程的技术特点与经济效益

2008 年,爆发了世界性的金融危机,我国为加快实施中国企业“走出去”的战略,对有优势的各类中国企业开展跨国经营,充分发挥我国的资金优势,利用国外的资源和市场,从而带动国内相关技术、设备、商品和劳务出口。其中,斐济市场就是中国水电集团进军南太平洋市场的着力点。

中国水电建设集团在中国国家开发银行的资金支持下,投资斐济的水电项目,为占领整个南太平洋市场奠定基础。南太平洋地区包括澳大利亚、新西兰、斐济群岛共和国及其周边一些岛屿国家,在水电行业属于高端市场。斐济南德瑞瓦图水电站工程的成功实施为其他高端市场上中国公司与金融机构联合提供了很好的合作模式。

一、关键技术难点

南德瑞瓦图水电站工程为高水头水电站,又是在南太平洋地区的高端市场建设的水电站,规范采用欧美规范和澳大利亚-新西兰规范,无论是设计还是施工,都存在很多的技术难题,主要有以下几个方面。

(1)回填式钢管的柔性整体设计思路。环境保护是贯穿整个工程设计的主线,是基本原则,压力钢管技术方案必须考虑环保因素。设计团队创新思维,按照柔性整体设计思路,把压力钢管埋藏于地下,即采取回填式埋管,在进入厂房前,创新思维,取消了镇墩,打破了"逢弯必镇"的设计理念。

引水压力钢管全长 1 450 m,管径 2.25 m,引水流量 15 m^3/s,最大水头 400 m。为了减少对环境的破坏,把压力钢管埋设在土体中,埋深 1.7~8 m。这种埋藏式钢管设计的难点是高水头、埋藏式的钢管空间结构受力复杂,钢管稳定靠与周围的回填土挤压产生的摩擦力维持,需要考虑内水压力、外部土压力、地震荷载和温度荷载等多种工况。设计团队成立专题小组,对这种高水头、埋藏式压力钢管进行专题研究。采用先进的 Auto Pipe 钢管专用程序,对压力钢管整体和地基约束及端部连接进行模拟分析。初步的计算结果,表明取消镇墩后的埋藏式压力钢管布置方案是可行的,并且减少了伸缩节的使用,对于高水头压力钢管的漏水风险也大大降低,这种技术具有创新性和先进性,大大减少钢材用量。

(2)在高水头水电站厂房设计中,蜗壳及二期混凝土的浇筑设计对于蜗壳稳定和二期混凝土配筋非常关键。本工程为高水头冲击式机组,安装五喷嘴垂直冲击式水轮发电机组,金属蜗壳,最大静水头 335 m,最大动水压力可达 4.02 MPa。据结构分析,蜗壳外围混凝土浇筑如不采取特殊措施,则结构配筋量很大。按照常规混凝土设计,在厂房布置限制的空间内,由于蜗壳外围混凝土承担了蜗壳内巨大的水压力,导致混凝土配筋无法承担这部分荷载。通过保温保压的专题研究,解决了厂房布置的难题,丰富了混凝土的设计技术。目前,在国内外水电工程项目中,同时采用保温保压措施的电站很少,一般都只采取单一的保压措施,因此,二期混凝土的保温保压设计技术具有先进性,并成功实施。

(3)斐济是个高端市场,在工程设计中要求全部采用澳大利亚-新西兰规范或欧美规范,包括水工、机电、给排水、通风及消防等专业。业主对工程的安全性设计要求非常严格,每个结构和方案都必须有充分的论证和分析,大到坝体和厂房的整体结构,小到爬梯、护栏等,这为整个工程的设计增加难度。南德瑞瓦图水电站是个无人值守的电站,机电设计更是把运行安全、节能和环保等排在第一位,对自动化程度要求很高,这些理念贯穿于整个设计过程和每个机电设备。在事故油池设计中,设计人员根据油水分离的原理,创新思维,发明了一种油水分离装置。

二、经济效益、社会效益、环境效益

（1）斐济是个旅游国家，对环境的要求非常高，高水头埋藏式埋管减少了工程对环境的破坏。压力钢管改变了“逢弯必镇”的布置理念，采用整体计算控制变形和应力，是一种设计理念的突破。高强钢的使用，不但减少钢材，减少了钢管的加工、运输工程量，而且还减小了因钢管壁厚过大而导致的热处理、焊接应力消除等技术难度，可节约大量投资，也为其他高水头电站的压力钢管设计提供经验，具有很好的推广应用前景。

（2）保温保压措施解决了混凝土施工中因水化热温升导致蜗壳变形的技术难题，合理的压力分配可以减少二期混凝土的钢筋用量。南德瑞瓦图水电站工程从理论上、技术上和施工工艺上均进行了深入研究并成功运用，为其他工程解决蜗壳和混凝土联合受力及混凝土浇筑提供了成功的经验，在水电工程设计中居于领先水平。

（3）工程建成后，每年可以为斐济提供 101 GW · h（1.01 亿 kW · h）的电量，承担斐济电网电力的 15%，缓解斐济电力需求紧张的局面，对于斐济国家经济发展具有巨大的社会效益和经济效益。每年减少进口发电燃油约 22 000 t，将使二氧化碳的排放量每年减少约 66 000 t，使斐济在国际碳排放贸易市场上享有较好的荣誉，为斐济的工业发展和经济发展提供清洁的再生能源，具有很大的环境效益。

第二章　水文规划、工程规模及水库泥沙分析

第一节　设计洪水分析

一、流域特性

卡里瓦纳流域在布鲁(Bulu)水文站的面积为54.5 km^2,纽库流域在莱瓦(Lewa)水文站的面积为19.2 km^2。南德瑞瓦图水电站工程大坝坝址位于卡里瓦纳河与纽库河汇合点下游30 m处,流域面积92.7 km^2。本地区最高处在坝址附近的科罗(Koro)高峰处,高程为1 053.00 m,最低处是电站厂房位置,高程为185.00 m。主河道宽度为12~35 m,两侧河岸高陡,均被浓密的树木和植被覆盖。河水流速受季节影响较大,流速在3 m/s左右。

二、气象

斐济每年主要有2个季节:旱季和雨季。雨季从11月至次年4月;旱季从5月至10月。斐济岛多年平均气温32 ℃,极端最高气温40 ℃,极端最低气温5 ℃,最高水温30 ℃,最大相对湿度90%,雷暴频率50 d/a,多年平均降雨量4 800 mm。

三、降雨资料

南德瑞瓦图工程区及附近共有6个雨量站,分别为纳瓦依(Navai)站、莱瓦(Lewa)站、纳德罗(Nadrau)站、科罗(Koro)站、纳迪奥莱乌(Nadiolevu)站和卡里纳萨乌(Qalinasavu)站,可以提供1990—2000年的雨量数据。从雨量累计图上可以看出,有些数据是缺失的。根据雨量资料,在1990—2000年,卡里瓦纳河流域的多年平均降雨量为2 965 mm,纽库河流域的多年平均降雨量为2 940 mm。

这里只列出纳瓦依雨量站的资料,根据该雨量站记录的数据,多年平均降雨量为2 987.7 mm。

(一)雨量站月降雨统计

纳瓦依雨量站月降雨统计见表2-1。

(二)降雨频率分析

雨量资料见表2-2。

表 2-1　　纳瓦依雨量站月降雨统计　　(单位:mm)

年份	1月	2月	3月	4月	5月	6月	7月	8月	9月	10月	11月	12月	总计
1982	—	—	616.1	158.8	79.7	290.0	—	—	—	—	—	—	—
1983	358.4	1 099.1	609.9	116.4	32.0	58.8	97.8	112.3	45.3	148.4	188.1	321.8	3 188.3
1984	235.9	251.5	670.9	262.7	223.8	314.6	27.8	73.7	84.0	119.2	282.3	289.4	2 835.8
1985	377.2	327.4	1 896.6	283.6	131.2	130.3	202.9	78.8	94.2	190.9	279.8	203.4	4 196.3
1986	155.2	464.6	407.2	1 063.4	66.4	258.8	11.5	126.8	55.9	72.1	73.1	311.4	3 066.4
1987	88.3	258.5	431.0	141.5	143.6	29.2	74.2	87.8	8.0	23.0	254.1	594.0	2 133.2
1988	344.5	423.0	504.4	624.2	173.0	39.7	242.9	18.4	92.6	5.8	135.1	529.8	3 133.4
1989	375.7	909.3	256.9	361.1	525.1	89.9	29.9	147.6	170.9	209.4	0.8	0.9	3 077.5
1990	—	260.3	1 305.8	64.3	35.0	364.0	66.0	290.4	185.7	72.4	724.3	119.6	3 487.8
1991	600.3	387.4	294.0	227.1	43.0	30.0	60.7	177.5	239.0	110.9	185.3	192.4	2 547.6
1992	336.4	320.0	316.0	262.6	166.1	182.3	55.0	159.5	27.5	24.0	153.6	978.3	2 981.3
1993	965.5	788.4	429.4	151.4	285.9	47.4	65.8	268.0	266.0	17.6	172.3	285.2	3 742.9
1994	641.6	616.4	547.5	94.6	44.7	242.7	53.0	7.5	102.0	12.0	116.0	160.0	2 638.0
1995	484.0	131.0	510.3	373.8	117.5	—	81.5	81.0	177.5	26.5	191.9	299.1	2 474.1
1996	220.0	298.4	552.6	112.5	275.6	256.9	7.0	150.0	123.1	3.1	122.8	480.3	2 602.3
1997	637.0	205.0	—	361.1	648.4	36.0	100.0	197.0	52.0	353.0	25.0	126.3	2 740.8
1998	—	—	—	—	—	—	—	—	—	—	—	—	—
1999	900.9	645.0	6.2	256.6	115.5	—	134.0	159.0	—	263.0	477.5	—	2 957.7
2000	—	390.3	474.5	339.0	—	—	—	—	—	—	—	—	—
最小	88.3	131.0	6.2	64.3	32.0	29.2	7.0	7.5	8.0	3.1	0.8	0.9	2 133.2
平均	448.1	457.4	578.2	291.9	182.7	158.0	81.9	133.5	114.9	103.2	211.4	326.1	2 987.7
最大	965.5	1 099.1	1 896.6	1 063.4	648.4	364.0	242.9	290.4	266.0	353.0	724.3	978.3	4 196.3

表 2-2　　各个频率下的 24 h 降雨强度　　(单位:mm)

历时	20%	10%	5%	2%	1%	0.1%	0.01%	PMP
1 h	—	—	—	—	—	—	—	400
2 h	182	214	245	282	316	417	537	730
3 h	224	269	309	363	407	549	708	980
4 h	275	324	380	447	501	676	871	1 130
5 h	324	389	447	525	602	776	1 023	1 500

注:PMP 为最大可能降雨。

卡里瓦纳河是南德瑞瓦图工程的其中一个支流，为了计算水库的洪峰流量，绘制了卡里瓦纳河的 6 h 洪水过程线，见图 2-1。

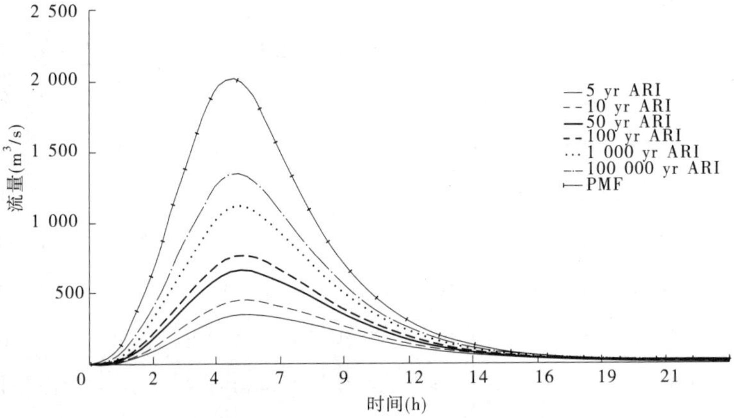

图 2-1　卡里瓦纳 6 h 洪水过程线

图 2-1 中 5 yr ARI 指的是 5 年一遇的洪水频率。

纳瓦依系列包括 1990—1997 年和 1999 年，这是这个雨量站有限的可用数据。1998 年的资料没有采用，是因为有大量的数据丢失，例如 1998 年降雨非常接近多年平均降雨量，而纳瓦依的记录表明 1998 年还远远低于最低值。另外，其他年份的资料也有丢失，特别是 1995 年和 1992 年，数据很不完整。

以下 3 个因素进一步导致流量系列的准确性：

(1)通过辛嘎托卡(Sigatoka)和蒙纳萨乌(Monasavu)流域的降雨资料分析可知，1990 年的降雨可能要低于长年平均值的 5.5%。

(2)降雨记录依据的是 24 h 平均雨量。

(3)在斐济，天气变化的影响很难估计，因为在某一个特殊地区很难获得长系列的资料，要么记录有间断，要么降雨量被低估。

四、径流

为延长卡里瓦纳河和纽库河的流量系列，斐济水利部门建立了 2 个流域的降雨径流模型。纳瓦依站 1990—2000 年的逐日降雨资料被输入模型，用来估算卡里瓦纳水库和莱瓦取水口的流量。纽库河和卡里瓦纳流量系列经面积修正后可得到科罗莱乌取水口流量数据。

水库上游流域面积与平均径流资料见表 2-3。

五、洪水特性

设计洪水采用以下几种方法计算：

(1)对卡里瓦纳河的 1981—1993 年和 2004—2005 年的洪水系列进行频率分析，同样对纽库河的 1981—1993 年的洪水系列也进行了频率分析。

表 2-3　　水库上游流域径流资料

流域	流域面积（km^2）	平均流量（m^3/s）
纽库	19.2	1.2
卡里瓦纳	54.5	3.5
纽库+卡里瓦纳	75.1	4.7
科罗莱瓦	92.7	5.7

（2）采用降雨径流模型，分析卡里瓦纳河和纽库河流域的洪水过程线和洪峰流量。

（3）根据 1993 年澳大利亚降雨径流模型（最大可能洪水（PMF）和 100 年一遇洪水计算），计算了卡里瓦纳流域布鲁水文站和纽库河流域莱瓦水文站的 100 000 一遇洪水。

（4）根据国际水文科学组织（IAHS）的外包线计算最大可能洪水（PMF）。

卡里瓦纳和纽库河流域的 1 000 年以下的洪水频率分析成果被相加后作为南德瑞瓦图水电站工程的设计洪水。在巴河上的电站厂房处的设计洪水由卡里瓦纳的洪水放大后得到。根据径流资料，推求得到的不同流域设计洪水成果见表 2-4。

表 2-4　　不同流域设计洪水　　（单位：m^3/s）

雨量站	纽库		卡里瓦纳		巴		南德瑞瓦图	
重现期（年）	全年	5～12 月	全年	5～12 月	全年	5～12 月	全年	5～12 月
1	41	8	113	62	103	56	185	78
2	62	16	260	141	236	128	391	174
2.33	69	28	266	144	242	131	406	196
5	129	55	390	236	354	214	625	336
10	161	77	491	311	446	282	785	450
50	252	125	714	475	648	431	1 160	700
100	290	146	808	545	734	495	1 318	807
1 000	417	213	1 119	775	1 016	704	1 842	1 156
10 000	551	—	1 342	—	1 219	—	2 332	—
100 000	705	—	1 780	—	1 617	—	2 800	—
最大可能洪水（PMF）	804	—	2 018	—	1 833	—	3 149	—
极端洪水	1 140	—	2 599	—	2 409	—	3 954	—

第二节　工程规模

南德瑞瓦图工程所在地区属亚热带湿热气候，5～10 月为旱季，11 月至次年 4 月为雨季。雨季湿度大，暴雨较多，年降雨量 4 800 mm，坝址处多年平均流量为 5.7 m^3/s，平均气温 32 ℃,最高气温 40 ℃,最低气温 5 ℃。南德瑞瓦图水电站工程的主要任务是发电,为电网提供调峰电量。

一、动能指标

(一)水位—库容曲线

南德瑞瓦图工程库水位—库容关系见表 2-5,关系曲线图 2-3。

表 2-5　　库水位—库容关系

水位(m)	库容(万 m^3)	水位(m)	库容(万 m^3)
496	—	520	51.64
498	0.4	522	65.4
500	1	524	83
502	2	526	100
504	3.24	528	122
506	5.7	530	144
508	8.72	532	167
510	12.86	534	189
512	17.75	536	220
514	24.02	538	260
516	31.19	540	300
518	39.72		

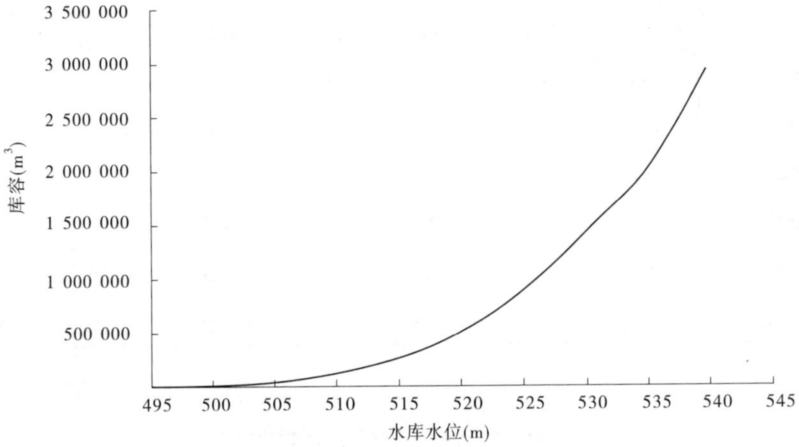

图 2-2　水位—库容曲线

(二)发电引水流量及装机

南德瑞瓦图水电站是引水式电站,设计引用流量为 15 m^3/s,电站装机 2 台,单机 22 MW,单机发电引水流量为 7.5 m^3/s。

(三)水库特征水位

通过对不同的最高运行水位的比选,最终确定水库最高运行水位为 529.5 m,最低运行水位 517.5 m,调节库容 100.9 万 m^3。

二、水库运行方式

综合水库径流资料和水库的泥沙含量,水库的运行方式如下:

(1)来水量 $Q<15\ m^3/s$,除向下游供水外,所有来水量均用来发电。水库水位在 529.5 m附近波动以满足发电要求。

(2)$15\ m^3/s<Q<70\ m^3/s$,电站按照最大出力发电,水库蓄满后将发生弃水。

(3)$70\ m^3/s<Q<$最大发电来水流量,水库泥沙包括前期淤积的泥沙和随流量入库的泥沙,此时,电站满负荷运行,多余的来水通过底孔弃掉。

(4)最大发电来水流量$<Q<500\ m^3/s$,发电引水口关闭,打开底孔闸门冲沙,并控制水位在正常发电水位。

(5)$Q>500\ m^3/s$,发电引水口关闭,泄水闸全开,溢洪道打开并溢流多余来水。当洪水退去后,根据来水情况,可开启底孔闸门进行冲沙。

三、动能计算结果

根据水轮机、发电机组厂家资料,发电机效率为 98%,水轮机效率为为 91%,多年平均发电量为 1.01 亿 kW · h。水库最高发电运行水位 529.50 m,最低发电运行水位 517.50 m。电站水头特性见表 2-6。

表 2-6　电站水头特性

项目	数值(m)	说明
水头损失	12.60	引用流量为 15 m^3/s
净水头	331.65	水库水位 529.5 m,1 台机组发满出力
	322.20	水库水位 529.5 m,2 台机组发满出力
	310.20	水库水位 517.5 m,2 台机组发满出力

四、电量分析

(一)电量输出

电站总装机容量 44 MW,多年平均发电量为 1.01 亿 kW · h,年平均利用小时数为 2 295 h,为调峰电站。

纳瓦依是南德瑞瓦图水电流域中部的一个雨量站,降雨系列包括 1990—1997 年和 1999 年,这是这些雨量站里有限的一些可用记录。工程建设是基于对电量的估算,还有对斐济电网提供稳定的电量。可用库容体积并不大，水库最大发电水量只有满发 18.7 h 的储量。而这些电能主要考虑用于每周一到周五的早上 8:00 到晚上 8:00。电站运行时通过改变一天的输出电量，以最大发挥可用潜能，减小斐济岛电网其他电站的峰荷。

（二）电量输出的季节性变化

斐济季节分为雨季和旱季，旱季来水少，发电少，可对电厂进行维修。雨季来水量大，水量充沛，可用来发电。

（三）长期输出的变化

通过对长期输出电量的变化分析，10 年以上的模拟数据分析结果表明，最大估计发电量为 132.0 GW·h，最小发电量为 74.7 GW·h。由 1910—2006 年水文数据系列分析，最大估计发电量为 136.3 GW·h，最小发电量为 73.3 GW·h。

（四）单个机组运行

南德瑞瓦图水电站工程电厂主要用于调峰，以改善瓦劳电站的容量结构，提高水利用效率。通过调节，可提高的发电量超过 20 GW·h/a，这对于能源短缺的斐济来说，影响是很大的。南德瑞瓦图水电站的载荷因数可达到 28.4%，每个水轮机估计运行 3 127 h/a。

第三节　水库泥沙分析

一、泥沙分析的条件

距离南德瑞瓦图工程 35 km 的蒙纳萨乌（Monasavu）水库，泥沙淤积量为 840 000 m^3/a，可作为估算南德瑞瓦图水库的入库沙量的基础。

根据南德瑞瓦图工程上游流域面积与蒙纳萨乌流域面积的比值（92.7 km^2/62 km^2），考虑流域面平均降雨量因素，在没有任何泥沙观测和取样的情况下，计算的水库入库沙量为 800 000 m^3/a。在水库冲沙闸前，最高淤积高程为 509.00 m，相应库容为 910 000 m^3。

当入库流量较大时，利用冲沙闸进行排沙，通过这种大流量排沙的调度运行方式，在典型来水年份水库有足够能力排出全年的入库泥沙量。南德瑞瓦图工程的设计要满足入库泥沙不危及发电的需要，根据发电机组厂家资料，对泥沙要求如下：

（1）直径大于 0.3 mm 的沙粒颗粒全部沉积于水库。

（2）90% 直径大于 0.1 mm 的沙粒颗粒沉积于水库，即 10% 大于 0.1 mm 的沙粒颗粒可经过机组。

（3）沉积在水库的泥沙通过坝体下部的底孔冲向下游。

二、泥沙资料分析

（一）计算假定

在进行泥沙分析时，需要做以下假定：

（1）用于坝址的水文数据是基于卡里瓦纳河的数据。

（2）大坝区域的地形图是唯一可利用的地形资料，其余部分则根据斐济的地图进行估算。

(3)计算泥沙沉入水库时,假定沙粒在静水中沉淀。

(4)用于分析的泥沙特性是基于工程经验和现场观察。

(二)泥沙量的估算

依据附近蒙纳萨乌水库观测资料,泥沙淤积量为840 000 m^3/a,依此作为南德瑞瓦图水库入库泥沙估算的基本依据。

由于汇入平均降雨,大部分汇入的悬移质泥沙是变化的,还有作为次要因素考虑的气候、地形和水文等因素的影响。研究人员发现地质(风化和岩性的不同)和泥沙产量(除了一些北部岛屿汇水含有丰富的细粒泥沙)没有关系。根据分析,斐济的泥沙产量分析见表2-7,列出了3个流域的汇水及泥沙参数。

表2-7 流域内的汇水及泥沙参数表

流域	流域面积(km^2)	平均年降雨量(m)	年沉沙量(m^3/a)	泥沙容重(kg/m^3)	年总沉沙量($t/(km^2 \cdot a^{-1})$)	假定泥沙比例	年悬移质产量($t/(km^2 \cdot a^{-1})$)
蒙纳萨乌	62	4.5	840 000	1 310	17 748	0.1	15 974
卡里瓦纳河	71.8	3.5	—	—	—	0.1	—
莱瓦	20.9	2.5	—	—	—	0.1	—

通过对泥沙资料的分析计算,在水位529.5 m时,入库泥沙总量为910 000 m^3,年入库泥沙量/总泥沙量=0.88。

泥沙淤积量的估算把隧洞进水口底板高程211.00 m以下2 m,作为最大允许淤积高度,从该高程到库底的体积为泥沙最大淤积体积。隧洞进口底板高程511.00 m是确定的,则整个水库泥沙淤积最大体积是确定的,那么年入库泥沙量和总泥沙量的比表示水库需要的年平均冲刷次数,即0.88次。

三、水库的沉沙能力

经试验验证,水库作为沉沙池,当来水流量小于185 m^3/s时,汇入水库的泥沙可以沉积在库内。假定在洪水期开始沉沙时,水库泥沙是空的,泥沙沙粒需要从水库表面降到进水口高程以下。根据发电机组厂家要求,对于泥沙有2个标准,标准1:100%的粒径为0.3 mm泥沙颗粒沉入水库;标准2:90%的粒径为0.1 mm泥沙颗粒沉入水库,即允许10%的0.1 mm泥沙颗粒进入机组。

(一)标准1:100%的粒径为0.3 mm泥沙颗粒沉入水库

经论证分析,粒径为0.3 mm的泥沙颗粒(由于水轮机制造厂要求0.3 mm粒径的泥沙颗粒不得进入机组),当水温20 ℃,形状系数为0.7时,在静水中的沉降速度为0.03 m/s。考虑从529.50 m的水位到隧洞进口底板高程511.00 m,底板以下加2 m的间距,则要求沉降的距离为20.5 m。泥沙颗粒以0.03 m/s的速度下降20.5 m,需要680 s。分析水库泥沙沉淀,要分别考虑卡里瓦纳和莱瓦2个水库支流。粒径为0.3 mm泥沙颗粒沉降计算见表2-8。

表 2-8　　粒径为 0.3 mm 泥沙颗粒沉降计算

项目	卡里瓦纳	莱瓦
从水库顶部到隧洞的库容（m^3）	1 050 000	280 000
年洪水流量(m^3/s)	143	42
泥沙运动最长时间 *HRT*(s)	7 300	6 700
要求的沉沙时间 *RFT*(s)	680	680
比值(*HRT*: *RFT*)	10.7	9.9

对于粒径为 0.3 mm 的泥沙颗粒，在洪水期间，水库作为沉沙池，必须有充分的长度，来满足沉沙要求。粒径为 0.3 mm 泥沙颗粒沉降距离计算见表 2-9。

表 2-9　　0.3 mm 泥沙颗粒沉降距离计算

项目	卡里瓦纳	莱瓦
从库尾到隧洞进口的距离(m)	1 520	600
泥沙降落的总时间*(m)	194	184
泥沙颗粒下降 20.5 m 高度的水平距离(m)	415	220
从沉降点到隧洞的距离(m)	1 105	380

注：* 假定泥沙一直匀速下降。

分析表明，0.3 mm 粒径的泥沙颗粒从隧洞上游到库底有足够的距离。

(二)标准 2:90% 的粒径为 0.1 mm 泥沙颗粒沉入水库

粒径为 0.1 mm 的泥沙颗粒，当水温 20 ℃，形状系数为 0.7 时，在静水中的沉降速度为 0.008 m/s。考虑从 529.50 m 的水位到隧洞进口底板高程 511.00 m，底板以下加 2 m 的间距，则要求沉降的距离为 20.5 m。沙粒以 0.008 m/s 的速度下降 20.5 m，需要 2 560 s。粒径为 0.1 mm 泥沙颗粒沉降计算见表 2-10。粒径为 0.1 mm 泥沙颗粒沉降距离计算见表 2-11。

表 2-10　　0.1 mm 泥沙颗粒沉降计算

项目	卡里瓦纳	莱瓦
从水库顶部到隧洞的库容(m^3)	1 080 000	290 000
年洪水流量(m^3/s)	143	42
泥沙运动最长时间 *HRT*(s)	7 300	6 700
要求的沉沙时间 *RFT*(s)	2 560	2 560
比值(*HRT*: *RFT*)	2.9	2.6

表 2-11　　0.1 mm 泥沙颗粒沉降距离计算

项目	卡里瓦纳	莱瓦
从库尾到隧洞的距离(m)	1 520	600
泥沙降落的总时间(m)	52	48
泥沙颗粒下降 20.5 m 高度的水平距离(m)	900	435
从沉降点到隧洞的距离(m)	620	165

分析表明,0.1 mm 粒径的泥沙颗粒从隧洞上游到库底有足够的距离。

四、泥沙对工程运行的影响

从以上分析可以看出,泥沙淤积对工程运行的影响如下:

(1)根据估算,泥沙最大入库量为 800 000 m^3/a,水库有足够的长度,允许粒径大于 0.1 mm 的泥沙沉入水库,还有充裕的安全空间。

(2)最高泥沙高程为 509.00 m,水库泥沙淤积量是 910 000 m^3,这大约是入库泥沙量的 1.14 倍。

(3)根据水文资料,1 年一遇洪水流量 185 m^3/s,通过底孔输出 80% ~90% 年均入库泥沙,需要布置 2 个 4.2 m×4.2 m 的冲沙底孔。

(4)1 年一遇洪水(流量为 185 m^3/s)通过底孔时,库水位可以下降到 507.00 m 以下,水库长度要能够满足冲沙要求。

(5)洪水流量达到 406 m^3/s 时,底孔要满足冲沙要求。

五、水库发电和调度运行方式

任何泥沙模型都有很大的不确定性,同时,在泥沙分析时,缺少准确的泥沙特性数据(泥沙颗粒分析曲线)和河流的泥沙含量资料,只是基于蒙纳萨乌水库与南德瑞瓦图工程的泥沙淤积比率。因此,泥沙分析的结论需要运行时进行验证。

从本质上,水库运行依靠来水流量,水库的泥沙淤积高程不得达到最低发电运行水位。根据泥沙分析结果,对于南德瑞瓦图水电站工程的发电和调度运行给出建议如表 2-12 所示。

表 2-12　　水库发电和调度方式

来水流量 Q(m^3/s)	水库发电和调度运行方式
0 ~ 15	底孔关闭,来水量全部用于发电和向下游供水,水库维持正常发电水位
15 ~ 70	满足发电和向下游供水要求,超过部分打开底孔泄流,维持正常水位
70 ~ 最大发电来水量	满足发电和供水,多余的水量通过底孔泄流,保持水库水位在正常范围
最大发电来水流量 ~ 500	进水口关闭,通过底孔泄流,保持水库水位在正常范围;当来水量满足发电要求时,重新打开进水口发电
500 ~ 1 842	进水口关闭,底孔完全打开,溢洪道闸门打开溢流
>1 842	底孔关闭,溢洪道全部打开泄流

当坝前泥沙淤积后，粒径为 0.3 mm 的泥沙颗粒在来水量较大时可能由进水口进入机组，而最大发电来水量的数值又难以确定，因此只能根据水库运行的实际情况，来确定最大发电来水量，而且可能还要根据实际运行经验进行调整。

第三章　工程测量

第一节　测量资料收集与补充测量

一、测量资料的收集

测量资料是工程规划、设计的基础资料，根据测量资料进行工程规划、设计方案比较，从而最终确定坝址、附属工程的布置和型式，并应尽早建立测量控制网，与国家控制网建立关系。

在工程前期，对坝址区已经进行了测量，建立了平面坐标系统、投影系统、高程系统等。在施工期间，对前期的测量资料进行了复核，并建立了施工控制网。

二、地形图测量

根据设计需要，对工程区域进行各种比例尺的地形图测量。水工建筑物测绘了1:500地形图，等高距为0.5 m，水工建筑物包括大坝、进水口、引水隧洞、调压井、厂房和开关站等。主要建筑物地形测量要求为：引水隧洞区域地形图比例尺1:5 000，等高距为2.0 m；料场1:2 000地形图，等高距为1.0 m；压力钢管线路进行1:2 000地形图测量，等高距为1.0 m。各种比例尺的地形图测绘精度均遵照相关规范要求执行。各建筑物部位测量范围如下：

(1)隧洞测量范围为长度沿着隧洞方向，宽度为沿着设计中心线两边各100 m。

(2)压力钢管测量范围为沿着设计中心线两边各100 m。

(3)输变电线路沿线两侧各为100 m。

(4)隧洞进水口测量范围为上游100 m至下游100 m，宽度两侧各为200 m。

(5)隧洞出口测量范围为出口上游200 m至下游200 m，宽度两侧各为100 m。

(6)调压井测量范围为出口上游200 m至下游200 m，宽度两侧各为200 m。

(7)厂房区测量范围为沿着厂房中心线上游400 m，下游200 m，左右侧各400 m。

(8)坝址区测量范围为沿着大坝中心线上游400 m，下游600 m，左岸100 m，右岸400 m。

(9)开关站测量范围为600 m×600 m范围。

第二节　施工控制网的建立

一、平面控制测量

施工控制网坐标系统与原设计阶段的工程测量坐标系统保持一致。

根据工程施工测量放样的要求,平面控制网应投影到平均施工高程面上。南德瑞瓦图工程以大坝设计高程为边长投影面。边长投影按辐射投影近似公式计算程序进行,控制网边长投影后,和现场高精度测距仪测定的边长(经过改正)在同一高程面进行比较,其限差不超过 GPS 网相邻点间边长中误差 $\sigma = \pm\sqrt{a^2 + (b \times D \times 10^{-6})^2}$ 的 2 倍,式中,σ 为标准差(mm),a 为固定误差(mm),b 为比例误差系数,D 为基线长度(km)。

平面控制网控制点的相邻点点位中误差不大于 30 mm,最弱相邻点边长相对中误差不应大于 1/60 000。

南德瑞瓦图工程高程控制布设等级为三等的水准网。精度要求:每千米高差中数中误差 $M_\Delta \leqslant \pm 3.0$ mm,测段往返测高差不符值 $\leqslant 12\sqrt{K}$,符合路线或环线闭合差 $\leqslant 12\sqrt{L}$,内业平差计算成果取值 0.1 mm(K 为测段线路长,L 为闭合环路线长,均以 km 计)。

二、施工永久控制点的建立

(一)永久控制点的作业流程

在现场建立了 7 个永久控制点,并在斐济国家控制网上标明坐标(东、北方向),在斐济国家高程数据中标明高程。这些现场永久控制点应有稳定的混凝土基础,在施工期间应保护和保存好,以免遭到破坏。

一般现场控制点测量流程如图 3-1 所示。

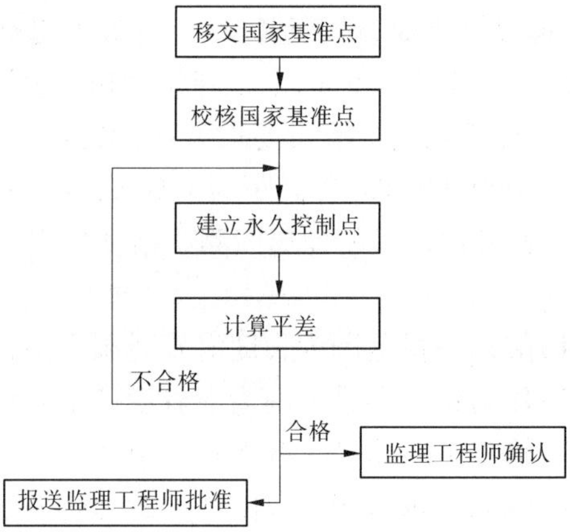

图 3-1 永久控制点作业流程

(二)国家控制点的确认

由工程业主(斐济电力局)测量工程师提供基准控制点:厂房区域 2 个(CP4 点和 CP5 点),大坝区域 2 个(CP3 点和南德瑞瓦图点),其中南德瑞瓦图点为斐济国家控制网三角点,其余 3 点为较低精度的控制点。

(三)起算数据复核

起算点及起算方位选择遵循以下原则。

(1)对所有联测点坐标进行精度分析:分别以各联测点为位置基准进行无约束平差,分析其它联测点的平差坐标值与已知值的较差。

(2)利用坐标较差和与基准点的距离,计算方位变化和尺度变化。

对业主所提交的控制点进行复测,边长和高差均应进行气象、温度、投影等纠正,并加入地球弯曲差和平均大气折光改正,投影高程面高程为 500 m。复测结果见表 3-1、表 3-2。

表 3-1　　边长比较表　　（单位：m）

边长	实测边长 投影改正后 $H=500$	理论边长 投影改正后 $H=0$	理论边长 投影改正后 $H=500$	边长差投影至 $H=500$
CP4—CP5	1 477.228 5	1 476.966 1	1 477.082 0	+0.146
南德瑞瓦图—CP3	611.003 3	610.917 1	610.965 1	+0.038

假设提交原测量控制点投影高程面为 $H=0$ m（请 FEA 确认），地球半径 $R=6\ 370$ km。

表 3-2　　高程比较表　　（单位：m）

点	实测高程	原高程	高程较差	说明
南德瑞瓦图	—	811.070	—	起算基准点
CP3	706.557	706.610	-0.053	—
CP4	385.567	385.54	+0.023	—
CP5	670.031	675.990	+0.041	—

（四）坐标推算

（1）以 CP4 为基准点，CP4—CP5 边方位角为起算方位，推算出南德瑞瓦图点和 CP3 点，结果如表 3-3 所示。

表 3-3　　坐标比较表　　（单位：m）

点	原坐标		实测坐标		坐标差	
	x（北）	y（东）	x（北）	y（东）	Δx	Δy
南德瑞瓦图	3 926 502.66	1 913 046.01	3 926 502.656	1 913 046.218	-0.004	+0.208
CP3	3 927 082.83	1 913 237.38	3 927 082.849	1 913 237.630	+0.019	+0.250
CP4*	3 925 258.12	1 911 509.75	—	—	0	0
CP5	3 924 316.93	1 912 647.99	3 924 316.837	1 912 648.103	+0.093	+0.104

注：* 为基准。

（2）以南德瑞瓦图点为基准点，南德瑞瓦图—CP3 边方位角为起算方位，推算出 CP4 点和 CP5 点，结果如表 3-4 所示。

表 3-4　　坐标比较表　　（单位：m）

点	原坐标		实测坐标		坐标差	
	x（北）	y（东）	x（北）	y（东）	Δx	Δy
南德瑞瓦图*	3 926 502.66	1 913 046.01	—	—	0	0
CP3	3 927 082.83	1 913 237.38	3 927 082.863	1 913 237.394	+0.033	+0.014
CP4	3 925 258.12	1 911 509.75	3 925 258.040	1 911 509.610	-0.080	-0.140
CP5	3 924 316.93	1 912 647.99	3 924 316.819	1 912 648.014	-0.111	+0.024

注：* 为起算基准点。

根据(1)、(2)推算路线可以看出,南德瑞瓦图点作为斐济国家控制三角点,点位较为牢固,精度相对于其他3点较高,在此基础上决定固定1个基准点和1个基准方位作为约束条件进行平差,故选定南德瑞瓦图点为整个工程的基准点,并以南德瑞瓦图—CP3为基准方位角,建立该电站的测量施工控制网。

三、永久控制点的布置

施工现场大坝区域地势陡峭,植被丰富,因此布设1条高精度的导线(共有4个导线点),其中1个控制点将布设在大坝施工现场的左侧,其余3点布设在进场公路一侧,网点间距为100~700 m;厂房地区,地势较为开阔,植被一般,交通方便,因此在厂房上游布设2个控制点;钢管和隧洞部位附近与大坝布设导线环,控制点7个,网点间距为700~2 700 m,控制点将达到三等导线控制网的精度。

四、永久控制点平面坐标的计算

(一)平面坐标

平面测量采用基于斐济国家控制网的控制点,并与控制点CP3相连作为施工控制网的起算基准边,所布设的各控制点架设全站仪,六测回观测,电子采集数据,同时采集观测点的温度、气压等气象元素。平面控制网布网精度按三等导线精度,见表3-5。

表3-5　三等导线网测量误差

测量类型	最弱点中误差(cm)	最弱边相对中误差	测角中误差(″)
三等导线网	≤3	≤1/60 000	1.8

将采集后的数据上传至电脑,使用Leica软件和南方平差易软件对采集的数据进行分析和处理,经网平差后数据应达到符合三等导线网的精度要求。

(二)现场永久控制点高程的计算

高程系统采用斐济国家高程数据为依据。根据现场实际情况,将控制点南德瑞瓦图作为三角测量的起算点,共形成4个三角高程闭合环,数据同样采用Leica软件和南方平差易软件进行分析处理,经网平差后数据也应达到符合三等水准网的精度要求。

第四章　工程地质

第一节　坝址区工程地质

一、地形地貌

南德瑞瓦图工程位于辛嘎托卡（Sigatoka）河的支流纽库河和卡里瓦纳河的汇合处，近南北向展布，河谷狭窄，最窄处仅有7 m，最宽处近30 m。属于V形峡谷地形，河道多有扭曲，少或无河漫滩发育，河床内孤石遍布，尤以纽库河为最，从坝址至两河交汇处河床坡度为约8‰，向上游河段的坡度略大。

坝址区植被高度发育，左侧山体高陡，最高点高程超过700 m，坡角大于50°，局部接近90°，山顶局部存在垭口；右岸最高点高程超过800 m，地形历经人为改造而略显平缓，坡角30°~50°，但支沟较左岸发育。坝址区地质测绘中未发现河流阶地的存在。

第四系松散堆积物主要由库区右岸支流纽库河、左岸支流卡里瓦纳河及其支流侵蚀堆积而成，坝址附近上下游主河槽埋深1.40~4.80 m，高程为495.6~489.69 m。

二、地层岩性

南德瑞瓦图工程区地层分布比较简单，主要为第三系地层和第四系松散堆积物，依据年代对本工程区地层岩性从老至新简述如下。

（一）上第三系（N_1）

该组沉积岩主要为砂岩、泥质砂岩及粉砂岩等，常曾互层状分布，灰色—深灰色，泥质砂岩常呈棕黄色。该组岩层总体上呈亚水平状展布，走向近南北向，倾角为2°~18°，泥岩单层厚度为5~15 mm，成层性极好，与上覆的玄武岩呈不整合接触。

（二）上第三系（N）

Mba火山岩类岩性以玄武岩为主，玄武岩依据岩体的结构、节理裂隙发育及物理力学性质差异可分为有3种类型：枕状玄武岩（Pillow basalt）、块状玄武岩（Massive basalt）和柱状玄武岩（Columnar basalt）。

坝址区块状玄武岩、枕状玄武岩和柱状玄武岩均有分布，从分布范围来看，枕状玄武岩分布最广，柱状玄武岩次之，大块状玄武岩最少；从岩体强度来看，块状玄武岩强度最高，柱状玄武岩次之，枕状玄武岩最低。

Mba沉积岩类主要以火山角砾岩为主，不规律分布于整个工程区，分布层位受火山侵入影响变化较大，从200~550 m高程均有出露，岩性混杂，多以玄武岩为主，少量砂岩（或泥质砂岩），多为中等风化—强风化，抗风化能力较差，全风化后多为棕红色—褐黄色含卵砾石（常含漂石）粉质黏土（黏土），气孔发育—高度发育，强度低，常分布于枕状玄武岩中，少量见于块状玄武岩中，常发育有孔洞，且常连通。

火山角砾岩在地层中间断分布，一般不超过 5 m，主要由棱角状的砾石和气孔状玄武岩的粒径 5 ~ 125 mm 不等的碎屑组成，磨圆度棱角状—磨圆状，由凝灰质基质胶结在一起。在火山熔岩角砾岩中不存在节理构造。火山角砾岩是非常完整的，微风化—中等风化，软岩—中硬岩。

（三）第四系（Q）

工程区第四系主要为河床相冲积物、山地崩积坡残积物以及坡洪积物，河床相冲积物存在于河床附近，岩性由砂砾石、卵砾石和砂组成，卵砾石成份复杂，次棱角状—次磨圆状，粒径变化大。

1. 第四系上更新统（Q_3）

坡残积物主要为全强风化玄武岩以及少量全风化的火山角砾岩，主要分布于岸坡及部分坡脚，其中全风化玄武岩岩性多以砂类土为主，而裂隙填充的软弱矿物风化后以黏土为主，故经常看到的全风化玄武岩多为含砾石粉质黏土，颜色以褐铁矿含量多少而呈现棕红色—褐黄色或红橙色，主要为风化玄武岩基岩组成。

2. 第四系全新统（Q_4）

冲洪积物质位于大河与小河的河谷之中，主要由砾石、鹅卵石和漂石组成，粒径不等，大者超过 10 m，小者 5 mm，次磨圆状—磨圆状，少量棱角状—次棱角状。岩性主要为玄武岩、砂岩和火山角砾岩，堆积于河谷的浅部。局部含少量细砂、粉砂及粉质黏土。

三、断层和剪切带

在坝址南大约 125 m，存在一个 NW/NE 倾向的断层带，宽 15 ~ 20 m，并且形成大量大致平行，陡倾角，张开的断裂和暴露的岩面，这些在河的西侧形成了狭窄的峡谷状地貌，在河的东侧形成宽阔的 V 形峡谷，张节理一般张开宽度较小，钻孔压水试验表明地层具有很高的吸水量，这表示这些断裂的渗透性非常好，没有发现沿断裂面的位移。

四、结构面

最普遍的不连续面是火山岩中存在的许多节理和断裂。这些节理在冷却过程中产生，或者作为熔岩流动和定位过程的产物，不同于熔岩流定位以后的发生的情况。就枕状熔岩而言，节理是随机分布的，并且节理面非常粗糙和不规则，就像玄武岩地层呈块状构造和其表面一样。沿这些节理面发生了明显的变化，并且充填有蜡状白色的黏土矿物。通常认为黏土矿物是火山岩中的玻璃状矿物崩解后化学风化的产物，在柱状和块状及巨块状的熔岩中，尽管一般情况下垂直节理占主要部分，不规则的和相当复杂的节理特征也可以见到，连续性较差。

五、水文地质

（一）地下水位

坝址区地下水位比较稳定，高程为 497 ~ 498 m，基本于河水位持平或略高。

(二)水化学类型及其侵蚀性

勘察期间,分别于坝址区河水、钻孔地下水中取样,进行了水质分析。分析结果表明,坝址区河水、地下水水化学类型相当,均属于碳酸盐类水。水化学类型为 $HCO_3^- - Ca^{2+}$ 型,pH 值为 7.05 ~7.17,属弱碱性水,水中不含侵蚀二氧化碳。坝址区河水及地下水均对波特兰水泥不具有腐蚀性。

(三)岩体透水性

勘察和坝基灌浆期间,在坝址区共进行了 156 段压水试验,试验段长 3.2 ~5.3 m,采用气压双栓塞。压水试验过程中,采用 3 个压力、5 个阶段,每个阶段读 5 个流量值。钻孔压水试验成果表明,坝址区玄武岩岩体为中等—强透水,砂岩为微透水层。

从压水试验成果来看,玄武岩的透水性均偏大,在 13.42 ~177.74 Lu(在最大水压力 0.10 ~0.96 MPa 下)不等,尤其是钻孔上部 10 m 范围内透水性较大,局部块状玄武岩完整性较好,透水性较低,为 3 ~5 Lu,玄武岩下伏砂岩透水性较低,基本在 1 Lu 左右,总体来讲高程在 468 m 以上透水性较高,大于 3 Lu,高程在 468 m 以下基本在 1 Lu 左右,透水性随深度增加而减弱的规律性较强。

综上所述,坝址区玄武岩岩体普遍为中等—强透水,砂岩为微弱透水层。

六、物理地质现象

(一)差异风化

坝址两岸不同高程不同类型的玄武岩岩体风化表现出明显的差异性,枕状玄武岩和火山角砾岩由于气孔发育而风化较为强烈,大部分表层已经风化成含砾石黏土,裸露的岩石多呈现中等—强风化,块状玄武岩和柱状玄武岩一般风化程度轻一些,多为弱—中等风化为主。

(二)卸荷

坝址区两岸陡峻、河谷深切,且由于构造作用强烈,致使两岸山体卸荷现象普遍而强烈,卸荷深度较大。两岸卸荷裂隙多平行岸坡或与岸坡锐角相交,陡倾角,多呈上宽下窄的楔形,地表处张开宽度可达 3 ~4 cm,深部一般宽 0.1 ~2 cm,近表部多充填碎块、泥土及岩屑等,向深部充填物较少。

(三)崩塌

坝址区表层松动岩体分布较广,特别是两岸坝顶高程(530.00 m)以上,表层岩体松动倾倒,极为破碎,局部有架空、崩塌现象,尤其是坝址上游两岸的柱状玄武岩,坝址区部分岩体已发生崩塌趋势,加之库区蓄水后,改变了岩石的原有环境,加速岩石的风化,造成局部崩塌。

(四)危岩体

坝址区的危岩体主要存在于坝址的左岸,岩壁高陡,尤其是坝址左岸上游的柱状玄武岩,裂隙极为发育,产生崩塌的可能性很大,会对水库运行带来危害,在设计时对这些危岩进行了适当的防护。

七、岩石土(体)物理力学性质

勘察和坝址施工期间取样进行了岩石物理力学性质试验。试验成果见表 4-1。岩石

表 4-1　坝址区岩石物理力学试验成果汇总

样号	岩性	物理性质					力学性质						
		干密度 (g/cm³)	饱和密度 (g/cm³)	吸水率 (%)	孔隙率 (%)	比重	抗压强度(MPa)		静弹性模量 (GPa)	抗拉强度(MPa)		直剪	
							干	饱和		干	饱和	c'(MPa)	f'
K9－1	枕状玄武岩	2.01	2.22	6.90	20.23	2.52	11.9	10.4	2.82	—	—	5.31	1.43
K9－3	枕状玄武岩	2.24	2.37	3.26	12.78	2.57	32.0	18.3	14.8	—	—	—	—
K10－2	枕状玄武岩	2.41	2.46	1.08	4.83	2.53	28.7	17.9	19.0	—	—	—	—
K10－3	枕状玄武岩	2.24	2.34	2.42	9.83	2.49	54.3	37.5	22.0	—	—	—	—
K8－2	枕状玄武岩	—	—	—	—	—	—	—	—	—	1.03	5.31	1.43
K8－3	枕状玄武岩	—	—	—	—	—	—	—	—	—	4.64	11.5	2.58
K9－2	枕状玄武岩	—	—	—	—	—	—	—	—	—	—	11.5	2.58
K8－1	柱状玄武岩	2.53	2.55	0.93	2.68	2.60	78.8	47.4	44.2	—	—	—	—
K10－1	柱状玄武岩	2.75	2.76	0.33	1.00	2.78	71.5	77.3	52.8	—	—	—	—
K8－4	块状玄武岩	2.22	2.33	5.12	11.59	2.51	46.6	26.1	26.5	—	2.09	—	—
K9－4	块状玄武岩	2.52	2.57	1.58	4.96	2.65	35.6	34.5	5.30	—	1.41	—	—
K8－5	块状玄武岩	1.84	2.08	9.88	19.67	2.44	24.6	6.44	2.17	—	1.43	—	—
K9－5	块状玄武岩	1.97	2.17	13	24.47	2.45	38.1	9.33	9.52	—	1.12	—	—

试验结果表明，玄武岩比重为2.44～2.78，吸水率为0.33%～13%，饱和密度为2.08～2.76 g/cm^3，干密度为1.84～2.53 g/cm^3，干抗压强度为11.9～78.8 MPa，饱和抗压强度为6.44～77.3 MPa，饱和抗拉强度为1.03～4.64 MPa。

砂比重为2.44～2.45，吸水率为9.88%～13.00%，饱和密度为2.08～2.17 g/cm^3，干密度为1.84～1.97 g/cm^3，干抗压强度为24.6～34.81 MPa，饱和抗压强度为6.44～9.33 MPa，饱和抗拉强度为1.03～1.94 MPa。

综合分析火山角砾岩、砂岩以及枕状玄武岩为中软岩，柱状玄武岩和块状玄武岩应是坚硬岩或中硬岩。

结合前期勘察成果提供的坝基岩体物理力学参数指标以及本次补充勘察试验资料，并结合工程类比，提出坝基岩体参数建议值见表4-2。

表4-2　　坝基参数建议值

指标	岩层	风化程度	建议值	说明
天然密度（g/cm^3）	块状玄武岩	轻微风化	2.2～2.5	—
	枕状玄武岩或火山角砾岩	轻微风化	2.0～2.4	
	柱状玄武岩	轻微风化	2.5～2.7	
	砂岩	轻微风化	1.8～2.0	
单轴抗压强度（MPa）	块状玄武岩	轻微风化	25～35	—
	枕状玄武岩或火山角砾岩	轻微风化	10～18	
	柱状玄武岩	轻微风化	45～50	
	砂岩	轻微风化	5～10	
弹性模量（GPa）	块状玄武岩	轻微风化	5	—
	枕状玄武岩或火山角砾岩	轻微风化	2～5	
	柱状玄武岩	轻微风化	5	
	砂岩	轻微风化	0.2～0.9	
泊松比	块状玄武岩	轻微风化	0.45～0.55	—
	枕状玄武岩或火山角砾岩	轻微风化	0.6～0.7	
	柱状玄武岩	轻微风化	0.4～0.5	
	砂岩	轻微风化	0.4～0.5	

续表 4-2

指标	岩层	风化程度	建议值	说明
天然结构面的抗剪强度	块状玄武岩	轻微风化	$f=0.6, c=55$ kPa	—
	枕状玄武岩或火山角砾岩	轻微风化	$f=0.4, c=0$ kPa	
	柱状玄武岩	轻微风化	$f=0.4, c=55$ kPa	
	砂岩	轻微风化	$f=0.6, c=55$ kPa	
混凝土/基岩间强度	—	轻微风化	$c'=0.5$ MPa, $f'=0.8\sim0.9$, $f=0.6\sim0.7$	—
天然密度(g/cm^3)	覆盖层。土质为崩、残积的砂、砂质黏土、黏质砂土	—	1.5	—
液限(%)			60～65	
塑限(%)			30～35	
建议最大临时边坡	覆盖层	—	1∶1.5	≤15 m
	强风化岩体		1∶0.5	≤15 m
	中等风化岩体		1∶0.35	≤15 m
	新鲜—微风化岩体		1∶0.15	≤15 m

八、工程地质评价

(一)岩体质量分级

坝址基岩主要 Mba 组火成岩和沉积岩,钻孔岩芯获得率及 RQD 值见表 4-3。

表 4-3　坝址区钻孔岩芯 RQD 值及获得率统计表

钻孔编号		RQD 值分段百分比(%)						高程(m)	岩芯获得率(%)	高程(m)	岩芯获得率(%)	高程(m)	岩芯获得率(%)	平均值(%)
		0	0～20	20～40	40～60	>60	全孔平均							
左岸	K5	12	8	4	32	44	79	525.97	50～70	519.09	70～90	518.41	90～100	92
坝基	K2	8	—	8	—	84	83	491.54	21	455.54	80～100	—	—	98
右岸	K9	—	4	—	—	96	88	466.45	90～100	—	—	—	—	97
	K10	—	—	3	3	94	82	501.61	86～100	—	—	—	—	97
	K8	—	—	4	—	96	85	463.49	87～100	—	—	—	—	98

由表 4-3 中可看出,钻孔岩芯 RQD 值大于 60% 所占的比例很大,岩芯采取率较高,但是在钻进中发现岩芯较脆,尤其是枕状玄武岩和火山角砾岩,机械破碎较为严重。岩体结构类型认块状结构为主,局部为碎裂结构。

根据坝址地层岩性及其物理力学性质指标、岩体完整性、岩体结构特征,并参考卸荷特征等对坝基(肩)岩体质量进行分级,综合确定坝址区岩体质量等级为Ⅲ级。

(二)地基强度和建基高程

坝址区的玄武岩是相对均匀的(考虑了断层/节理和块状结构),并且风化深度较浅,新鲜岩石的强度为 10 ~ 60 MPa 或者更高，勘察和坝址开挖期间未发现明显地质构造对坝基承载力、抗滑稳定或者岩体的强度产生影响。

坝址建基面岩性主要以枕状玄武岩为主，柱状玄武岩、块状玄武岩和火山角砾岩等次之，多呈透镜体状分布，从开挖揭露的岩石质量来看，岩石质量对于修建该坝址的强度是能够满足的。

(三)基础处理

虽然坝基的岩石条件尚可，但裂隙较发育，多属于中软岩—中硬岩，弹性模量偏低，因此在坝基全断面范围内进行固结灌浆，用于改善基础强度，考虑到上覆压力因素，灌浆采用低压水泥灌浆，来充填张开的断裂或者节理。

(四)开挖及边坡稳定

两岸坝肩均开挖到弱风化—微风化岩石，左岸水平开挖深度实际为 2.7 ~ 4.9 m，右岸 6.2 ~ 12.4 m；基岩永久开挖坡度为 1∶0.3 ~ 1∶0.35，坝顶以上因风化及卸荷强烈作用，岩体完整性偏差，开挖边坡进行了适当放缓，并设置了马道和及时喷护。

(五)坝基(肩)抗滑稳定

两岸坝肩岩体质量较差，加之枕状玄武岩和火山角砾岩的强度低，抗风化能力较差，这都影响了坝肩岩体的稳定性。施工开挖中应密切关注边坡的岩性变化和裂隙分布特征，开挖过程中随挖随支护，发现问题，进行了及时研究、处理。

从现状地形上，坝轴线左岸边坡较陡，坝体以上的岩石质量较差，虽然没有产生大规模滑坡，但是小型的崩塌时有发生，施工时进行了适当的防护措施。

(六)坝基和坝肩渗透性

从勘察期间和施工期间压水试验成果看出，Mba 组玄武岩透水性比较强，需要进行防渗处理。Ra 组砂岩透水性差，可以认为是坝基的相对隔水层，在河床部位其顶面埋深在建基面以下 17 ~ 25 m。

坝址区岩体原生裂隙和构造裂隙都很发育，加之两岸坝肩岩体风化深度比较大，地下水位水力坡度比较平缓。两岸存在绕坝渗漏问题，施工中进行了帷幕灌浆，以防止和降低坝基绕坝渗漏问题。

按照防渗标准为 1 ~ 3 Lu 考虑，坝址区只有砂岩可以作为隔水帷幕，帷幕进入砂岩大于 2 m，高程为 466.00 ~ 467.00 m。

第二节　电站厂房区工程地质

一、地形条件

厂房位于巴河左岸，属于丘陵区地形，主要以平缓的低山丘陵以及河流伴生滩地在内的平缓区为主，地面高程为 190 ~ 380 m。厂区地形除巴河河床外，基本被第四系地层覆盖，厚度 0.4 ~ 5.5 m 不等，植被高度发育。

二、地层岩性

根据地质测绘和勘探孔揭露的地层结构可以看出，厂房工程区主要由第四系松散堆积物、第三纪 Mba 组沉积岩和 Ra 组沉积岩组成，现从上至下简述如下。

(1)第四系(Q)河漫滩相(Q_4^{2al+pl})含砾石黏土(粉质黏土)：棕黄色、棕红色，雨季基本处于饱和状态，大孔隙，高含水量，可塑性强，强度低，具有明显的湿胀干缩特征，含砾石和植物根系，砾石成分主要为玄武岩，粒径一般为 5 ~ 120 mm，最大超过 20 cm，棱角状—次圆状，分选性较差，含量为 30% ~40%。该层层厚一般为 2.8 ~9.0 m，分布高程多在 192 m 以上，强度极低(小于 0.3 MPa)。

(2)崩积相(Q_4^{1eol})卵漂石：卵漂石成分主要以玄武岩为主，火山角砾岩和砂岩次之，粒径变化较大，为 50 ~200 cm，局部可见直径超过 3 m 的孤石，磨圆度差—较好，取决于河流作用，主要分布于陡坡坡角和冲沟内。

(3)漫滩相(Q_4^{1al+pl})砂卵砾石：砂砾石成分主要以玄武岩为主，火山角砾岩和砂岩(泥质砂岩)次之，粒径变化较大，一般为 2 ~40 cm，分布于河床漫滩和冲沟内，常与崩积物伴生，含砂量较少部位可见架空现象。

(4)第三系(N)Mba 组火山岩：该层岩石主要分布于工程区两侧山体和斜坡，岩性主要以枕状玄武岩为主，块状玄武岩和柱状玄武岩次之，多为中等风化—微风化，表层多为强—全风化，层厚为 50 ~150 m，高程多在 200 m 以上。

(5)第三系(N)Mba 组沉积岩：火山角砾岩：灰色为主，黑灰色，浅灰色次之。工程区附近出露以全风化—中等风化为主，常与枕状玄武岩伴生，角砾成分多为柱状玄武岩和块状玄武岩，枕状玄武岩次之，粒径一般在 5 ~45 cm，部分超过 100 cm，基质多为中—粗粒，气孔发育，强度低，抗风化能力差，风化后多为含细砾黏性土。该层层厚在 2.5 ~5.8 m，高程一般在 187.5 m 以上，强度低。

(6)第三系(N)Ra 组沉积岩：岩性主要为砂岩、泥质砂岩和粉砂岩，砂岩、粉砂岩及少部分泥质砂岩在露头和钻孔中都可以见到，露头可见近平行和垂直于巴河发育的多组裂隙，每组裂隙在 6 ~11 条，裂隙多为微张裂隙，宽 1 ~3 mm，倾角 75° ~85°，不规则的小裂隙杂乱分布其中。

三、水文地质

勘察期间工程区附近巴河水位高程为 186.60 ~187.50 m，钻孔地下水位高程为 187.69 ~188.80 m，略高于河水位，这是由于厚层的含砾石黏性土和火山角砾岩的渗透性和赋水特征引起的。根据钻孔水头降落试验，含砾石黏性土和火山角砾岩渗透系数为 $(3.54 \sim 9.32)\times 10^{-5}$ cm/s。

在施工前期，分别于河水、钻孔地下水中取样，进行了水质分析，分析结果表明，电站厂房区河水、地下水水化学类型相当，均属于碳酸盐类水。水化学类型为 $HCO_3^- - Na^+ + Mg^{2+}$ 型，pH 值为 7.27 ~7.33，属弱碱性水，水中不含侵蚀二氧化碳。河水及地下水均对波特兰水泥不具有腐蚀性。

四、岩体物理力学性质

补充勘察期间对钻孔内取样进行了岩石物理力学性质试验。试验成果见表 4-4。

表 4-4　　电站厂房岩石物理力学试验成果汇总

岩性	取样深度（m）	物理性质					力学性质						
		干密度（g/cm³）	饱和密度（g/cm³）	吸水率（%）	孔隙率（%）	比重	抗压强度（MPa） 干	抗压强度（MPa） 饱和	静弹性模量（GPa）	抗拉强度（MPa） 干	抗拉强度（MPa） 饱和	直剪 c'（MPa）	直剪 f'
砂岩/粉砂岩	18.09～18.331	1.99	2.18	9.306	18.56	2.45	32.0	18.5	4.44	—	—	—	—
	23.86～24.16	1.98	2.18	10.41	20.59	2.49	28.7	17.5	2.47	—	—	—	—
	12.56～12.80	1.99	2.19	10.03	19.97	2.49	40.2	15.0	4.25	—	—	—	—
	26.06～26.30	2.01	2.20	9.05	18.23	2.46	33.7	17.6	5.49	—	—	—	—
	16.02～16.28	2.01	2.20	9.42	18.95	2.48	23.4	15.8	5.11	—	—	—	—
	23.04～23.30	1.95	2.17	11.56	22.53	2.52	83.2	15.2	2.47	—	—	—	—
	1.59～1.80	1.98	2.18	10.06	20.10	2.48	39.2	14.5	2.83	2.11	1.32	—	—
	6.50～6.66	—	—	—	—	—	—	—	—	1.37	1.20	1.72	3.42
	10.12～10.36	—	—	—	—	—	—	—	—	1.66	1.09	1.72	3.42
	15.43～15.65	—	—	—	—	—	—	—	—	1.92	1.06	—	—
	13.49～13.81	—	—	—	—	—	—	—	—	1.72	1.11	0.40	6.37
	18.55～18.75	—	—	—	—	—	—	—	—	1.99	1.25	—	—
	7.09～7.32	—	—	—	—	—	—	—	—	—	—	0.97	4.30
	34.71～34.98	—	—	—	—	—	—	—	—	—	—	0.92	4.70

经综合分析砂岩/粉砂岩应是中软岩—中硬岩。

根据本次补充勘察试验资料，结合工程类比，提出电站厂房岩体参数建议值见表4-5。

表4-5 电站厂房参数建议值

指标	岩层	风化程度	建议值
天然密度 (g/cm^3)	含砾石黏土	—	1.70～1.84
	火山角砾岩	全—强风化	2.00～2.10
	砂岩	微风化	1.95～2.01
抗压强度 (MPa)	含砾石黏土(承载力特征值)	—	0.10
	火山角砾岩(承载力特征值)	—	0.20
	砂岩	微风化	3～4
弹性模量 (MPa)	含砾石黏土(压缩模量)	—	4.0
	火山角砾岩(压缩模量)	—	5.0
	砂岩	微风化	500～1 000
泊松比	含砾石黏土	—	—
	火山角砾岩	全—强风化	—
	砂岩	微风化	0.30～0.40
抗剪强度	含砾石黏土	全—强风化	$f=0.30, c=10$ kPa
	火山角砾岩	微风化	$f=0.4, c=25$ kPa
	砂岩	微风化	$f=0.50, c=1\ 000$ kPa
混凝土/基岩间强度	—	轻微风化	$c'=0.5$ MPa, $f'=0.5\sim0.6$
建议最大临时边坡	含砾石黏土	—	1:0.6～0.8
	强风化火山角砾岩	—	1:0.3～0.5
	弱风化砂岩	—	1:0.2～0.4

五、工程地质评价

(一)岩体质量分级

电站厂房钻孔岩芯RQD值及获得率统计见表4-6。

由表4-6中可看出，钻孔岩芯RQD值大于80%所占的比例很大，岩芯采取率较高，局部偏低，主要由于陡倾角裂隙影响，但是在钻进中发现岩芯较脆，尤其是高倾角发育的砂岩，机械破碎较为严重。岩体结构类型为块状结构。

表 4-6　　电站厂房钻孔岩芯 RQD 值及获得率统计表

钻孔编号	RQD 值分段百分比(%)						高程(m)	岩芯获得率(%)	高程(m)	岩芯获得率(%)	高程(m)	岩芯获得率(%)	平均值(%)
	0	0~20	20~40	40~60	>60	全孔平均							
PH1	—	7	7	7	79	78	191.61	50~70	169.61	85~100	—	—	93
PH2	—	—	—	25	75	83	192.01	50~70	4 176.51	85~100	—	—	95
PH3	—	7	7	43	43	58	157.10	85~100	—	—	—	—	96
PH4	—	—	—	8	92	87	189.81	50~60	180.31	85~100	—	—	97
PH5	—	8	—	9	83	81	190.82	70~80	167.82	85~100	—	—	93

(二)地基强度及建基面高程

厂房设计建基高程为 186 m,大部分底板位于 Ra 组砂岩(粉砂岩)中,该层层位分布稳定,层厚较大,物理力学性质差异性不大,承载力特性较好,承载力特征值为 1 000 kPa;在电站厂房上游侧将有部分底板位于全—强风化火山角砾岩中,该层在钻孔中的最大埋深高程在 184.49 m,该层承载力相对较低,承载力特征值约为 200 kPa,该层动力触探值在 20~45 击,这主要受风化程度以及岩石成分的差异影响。

(三)基坑开挖及边坡稳定性

厂房基坑最大开挖深度将超过 14 m,由厚层的含砾石黏性土和全风化—强风化的火山角砾岩组成,含砾石黏性土的抗剪强度偏低,虽然自然快剪凝聚力为 10.9 kPa,内摩擦角 24.41°,不固结不排水剪的凝聚力为 42.2~69.21 kPa,内摩擦角为 0.7°~1.7°,孔隙比 1.061~1.267,具有高赋水性,施工开挖采用退台+马道开挖,开挖坡比为 1:0.75~1:1.0,同时在含砾石黏土和火山角砾岩交接面附近设置了 3.0 m 宽马道,既有利于保证松散堆积物中的孔隙型潜水的顺利排泄,又利于保证火山角砾岩上的松散堆积体的抗滑稳定性。火山角砾岩的实际开挖坡比为 1:0.3~1:0.4。

厂房后侧山坡坡角为 30°~40°,主要由火山角砾岩和枕状玄武岩组成,含少量的其他类型玄武岩,表层覆盖有 0.8~2.4 m 厚度不等的含砾石黏土,厂房基坑开挖后将改变原有边坡的应力状态,有产生滑坡的可能性,施工中采取了土钉墙+钢筋网片+喷射混凝土以及岩石锚杆+钢筋网片+喷射混凝土等必要措施进行适当的加固,同时改善了现有边坡的排水系统,局部增设防滑挡墙和排水边沟等必要措施。

(四)基坑排水

由于厂房紧邻巴河,建基面高程 186.00 m,较平常巴河水位略低 1.0 m 左右。基坑排水主要采用明排水方式,边坡底设置排水沟,基坑角点设置排水井,同时考虑了天气变化,尤其是雨季,对边坡的抗冲刷和稳定进行了适当的加固工作,以免暴雨会对基坑产生严重的破坏,在坡顶外侧 5~10 m 设置了环形排水沟,具备及时排泄瞬间大量来水的能力,以防基坑外侧地表来水进入基坑。

第三节　输水线路工程地质

一、引水隧洞

(一)地质概况

根据前期钻探资料,隧洞主要穿过玄武岩地层,玄武岩中局部夹砂岩或粉砂岩透镜体。除入口区外,洞线沿线的埋深为40~250 m,隧洞的大多数区域埋深超过150 m。另外隧洞穿过莱瓦山脊,莱瓦山脊是巴河与辛嘎托卡河的分水岭。

隧洞所穿越的玄武岩多为中等风化—微风化,局部强风化—全风化,原位强度10~80 MPa。在断层和剪切破碎带附近,风化程度一般较高,岩体破碎,岩体强度极低,常伴随小型塌方的发生。

总体而言,隧洞所穿越的地层岩性绝大多数为枕状玄武岩,柱状(大块状)玄武岩和火山角砾岩次之,其中:枕状玄武岩主要以两种类型出现,即熔流状枕状玄武岩和块状枕状玄武岩。熔流状玄武岩形状不一,以椭球体居多,具有明显的边界,内充填有褐铁矿、方解石和高岭石等矿物,孔洞发育,多在1~15 mm不等,孔洞体积率在30%~40%,岩体原位强度较低,多在10~15 MPa,常含有大量方解石和高岭石团块,开挖过程中由于爆破的震动导致团块脱落常形成30~150 cm不等的空洞。而且由于孔洞发育,一般渗透性较好,洞内常滴水,水量一般在5 L/min左右,RQD值多在10%~30%,微风化岩体质量稍差。块状枕状玄武岩主要特征是不连续节理高度发育,将岩石切割成10~30 cm不等岩石块体,依靠方解石和高岭石等黏土矿物胶结在一起,一般含方解石团块较少,孔洞较发育,体积率在20%~30%,岩体原位强度在15~30 MPa,RQD值多在45%~60%,微风化岩体质量较好,洞内少量滴水,水量一般在2 L/min左右。

火山角砾岩一般同枕状玄武岩伴生,RQD值多在15%~40%,微风化岩体质量一般。

柱状(大块状)玄武岩一般呈透镜体状出露,最大长度不超过32.8 m,最小长度小于2.0 m,一般节理成组发育,多在3~4组+不成组节理,节理长度多超过3.0 m,胶结物多为方解石和高岭石等黏土矿物,少量石英等。微风化—新鲜岩体节理胶结且闭合,岩体原位强度高,一般在50~60 MPa,岩体质量较好,洞内几乎不滴水,处于潮湿状态;强风化岩体节理开张,3~35 mm不等,局部存在架空现象,近垂直于主节理的此生节理发育,将岩体切割成15~76 cm不等块体,局部含有大量黏土矿物团块,岩体原位强度极低,一般小于5 MPa,岩体质量极差,常伴随有5~35 m^3 不等的塌方,初级支护采用钢拱支撑。

隧洞表层基本为第四系地层所覆盖,第四系地层主要为坡残积、坡洪积和坡崩积的碎石土、碎石、块石等。坡残积物主要分布于缓坡或坡脚处,厚度一般为0.2~3.0 m;坡洪积物主要分布于沟底,分布厚度一般为0.5~2 m;坡崩积物主要分布于坡度较陡的地段。

隧洞开挖过程中没有发现在隧洞中存在灾害性或爆炸性气体(例如甲烷和硫化氢),以及缺氧环境或高地下水温。

(二)地质构造

根据隧洞开挖地质素描,未发现与隧洞洞线相交的的大断层,但是发现几条线状构造与隧洞相交，在桩号 0 +675.8，0 +356.4 和 1 +300.1 等处与隧洞相交，交角 42°~86°，断距 370 ~1 850 mm 不等，内填充有大量的黏土矿物和 5 ~35 cm 不等的碎石，渗水量略大，基本在 10 L/min 左右。由于断距较小，多采用跨越式支护或者钢拱支护，对隧洞施工影响不大。

（三）隧洞围岩等级

南德瑞瓦图工程的围岩分类和支护类型的选择是根据巴顿（Barton）等人在 1974 年提出的分类系统进行分类，分类系统是针对纤维加筋喷射混凝土衬砌而制定的。具体围岩分类系统和相应的支护类型如下：

（1）Ⅰ类 $Q\geqslant10$：良好到优良的围岩条件。块状到中等节理/断层，塌方量最小，一般能够自稳或者需要很少量的支护，局部岩石偶尔需要使用岩锚。全断面开挖正常进行。

（2）Ⅱ类 $1.0\leqslant Q<10$：好的到差的围岩条件，断裂/节理集中发育，中等程度的塌方，一般需要在掌子面后使用岩锚和 10 ~20 m 的加筋喷射混凝土进行系统支护。全断面开挖正常进行。

（3）Ⅲ类 $1.0\leqslant Q<10$：非常差的围岩条件，岩石中的断裂/节理高度发育，包括不同岩石地层之间的接触带，受到挤压，变质或者风化的岩石的断层带和剪切带，同时有相对高的地下水位。需要进行超前灌浆来减少地下水量。全断面开挖更慢，距离更短，并且有大量的塌方。需要使用定型岩石锚杆和加筋混凝土进行及时支护，或者使用 1 ~1.5 m 宽的工字钢，辅以钢筋肋条，并用混凝土回填的方式进行支护。

（4）Ⅳ类 $Q<0.1$：极差的围岩条件。岩石断裂和节理高度集中或者密集分布，断层带和剪切带包含挤压，变质的岩石或者强风化、崩解了的岩石。在有限宽度的范围（5 ~20 m）内存在潜在的挤压和滑动的地层。用于堵水的超前灌浆是必须的。开挖进尺更短，在最差的地层中可能需要采用上导洞开挖方法。掌子面后 1 ~2 m 范围需要及时支护，并且必须使用 0.5 ~1.0 m 的中到高强度肋钢。需要钢肋骨加隔离网片，使用混凝土回填，反过来支撑受挤压的地层。

根据现场地质素描隧洞围岩类型和支护要求见表 4-7。

表 4-7　　隧洞围岩等级预测

分类	Q 值	不同类型围岩长度及所占隧洞总长的比例	
		长度（m）	百分比（%）
Ⅰ类	$Q\geqslant10$	16.5	0.86
Ⅱ类	$1.0\leqslant Q<10$	1 129.7	58.72
Ⅲ类	$0.1\leqslant Q<1.0$	383.1	19.91
Ⅳ类	$Q<0.1$	395.0	20.52

（四）隧洞永久支护

1. 钢筋混凝土衬砌

所有Ⅲ类和Ⅳ类岩体均需要混凝土衬砌，目的是控制和限制渗漏或者渗水，防止开挖面塌落，为水的流动提供光滑的洞壁，以及补充岩石支护系统。

2. 隧洞灌浆

隧洞灌浆主要分为三类，即回填灌浆、接触灌浆和固结灌浆。其中，回填灌浆和接触灌浆在初级支护后均已完成，依据咨询工程师建议，要求固结灌浆必须依据隧洞内岩体的压水试验决定，透水率大于 40 Lu 的进行固结灌浆，根据隧洞内的 6 组压水试验，只有Ⅳ类岩体和Ⅲ类岩体的透水率大于40 Lu，Ⅲ类岩体为60 ~ 80 Lu；Ⅳ类岩体为100 ~ 200 Lu。

3. 岩体变形模量估算

虽然岩体变形模量变化较大，尤其是水平向变形模量，但可对平均变形模量进行估算用于隧洞内衬砌计算，公式如下

$$E_d = 10\left(\frac{Qq_c}{100}\right)^{\frac{1}{3}} \tag{4-1}$$

式中 q_c——岩石饱和单轴抗压强度，MPa；

E_d——岩体变形模量，GPa。

对于本隧洞，大部分为微风化枕状玄武岩，若 $Q=1\sim2$，取 1.5，$q_c=10\sim20$ MPa，取 15 MPa，用式(4-1)计算得 $E_d=6.08$ GPa，相当于40% ~60%的岩石的变形模量，尚可。

4. 岩体纵波波速估算

纵波波速采用下式进行估算：

$$Q = \left(\frac{100}{q_c}\right)10^{[(v_p-3\,500)/1\,000]} \tag{4-2}$$

式中 v_p——岩体纵波波速，m/s。

对于本隧洞，大部分为微风化枕状玄武岩，若 $Q=1\sim2$，取 1.5，$q_c=10\sim20$ MPa，取 15 MPa，用式(4-2)计算得 $v_P=2\,008.3$ m/s，尚可；对于微风化柱状(大块状)玄武岩，若 $Q=5\sim6$，$q_c=60\sim80$ MPa，用式(4-2)计算得 $v_P=4\,598.0\sim5\,068.6$ m/s，稍高，则采用下式进行计算：

$$Q = (v_p - 3\,600)/50 \tag{4-3}$$

得，$v_P=3\,850.0\sim3\,900.0$ m/s，尚可。

5. 岩体强度估算

如果岩体的变形被约束，那么由于节理之间的锚固力，岩体就不会在粗糙的节理面上发生破坏，同时，强胶结的岩块也不能够像土颗粒一样自由转动，这种情形下，岩体的强度等于岩块的强度。

经验表明：除断层和剪切破碎带附近和饱水岩层外，隧洞内岩体强度通常比想象的要好得多，而且，经验估算值比理论计算值更接近于实际岩体强度，这主要由于后者采用计算的条件更苛刻。

计算岩体强度的计算公式众多，针对本隧洞仅选取以下 2 个公式进行计算：

$$\frac{q_{cmass}}{q_c} = \left[\frac{E_{dmass}}{E_r}\right]^{0.7} \tag{4-4}$$

$$\frac{q_{cmass}}{q_c} = \exp\left[\frac{RMR-100}{24}\right] \tag{4-5}$$

式中 q_{cmass}——岩体抗压强度，σ_1 方向，MPa；

E_{dmass}——岩体平均变形模量，$(\sigma_3=0)\sigma_1$ 方向，GPa；

E_r——岩块平均变形模量，GPa；

RMR——Bieniawski 建议的岩体质量等级。

对于本隧洞，若 $E_{dmass}=6.08$ GPa，$E_r=10$ GPa，那么，$q_{cmass}=8.34$ MPa，约 55% 的岩块饱和单轴抗压强度，略高。

若 $RMR=45$，$q_{cmass}=1.52$ MPa，近 10% 的岩块饱和单轴抗压强度，明显偏低，故隧洞衬砌计算采用 30% 的岩块饱和单轴抗压强度作为岩体强度进行计算。

6. 极限支护压力的估算

巴顿(Barton)等认为，J_r 对于隧洞内侧岩体的稳定性起着至关重要的作用，隧洞内支护压力与开挖尺寸无关，因此，建议用如下 2 个经验公式对极限支护压力进行估算。

$$P_v=\left(\frac{0.2}{J_r}\right)Q^{-\frac{1}{3}} \tag{4-6}$$

$$P_h=\left(\frac{0.2}{J_r}\right)Q_w^{-\frac{1}{3}} \tag{4-7}$$

式中　P_v，P_h——顶拱和侧墙的极限支护压力，MPa；

Q_w——侧墙影响系数，当 $Q>10$ 时，$Q_w=5Q$，当 $0.1<Q<10$ 时，$Q_w=2.5Q$，当 $Q<0.1$ 时，$Q_w=1.0Q$，对于本隧洞，$Q=0.5\sim10$，$J_r=4\sim2$，那么，$P_v=0.063\sim0.046$ MPa，$P_h=0.046\sim0.027$ MPa。

对于短期支护压力，基本可以忽略不计，因为本隧洞不存在膨胀性岩石和可能引起塑流变形的岩石。

7. 进水口洞脸防护

进水口岩性以柱状玄武岩为主，火山角砾岩和枕状玄武岩次之，岩石条件相对较好，开挖中未发现主要节理、剪切带或断层。对洞脸进行的处理包括岩石锚栓和喷射混凝土。隧洞的开始段(5.2 m)进行了加强型支护，包括工字钢、系统锚杆以及钢筋网，并使用加筋混凝土和混凝土衬砌，实际开挖坡比 1∶0.15～1∶0.20。

8. 隧洞出口防护

隧洞出口位于莱瓦山的西部，斜坡明显变缓处岩性主要是强风化和全风化的火山角砾岩，局部含有厚度 3.6～7.2 m 的含砾石黏土，因此对于出口洞脸，在风化和破碎的岩石中，采用岩石锚杆和喷射混凝土或混凝土衬砌以使其稳定，并且防止变形和塌方，黏土部分采用 1∶1.5 边坡开挖，并进行了适当的保护措施。隧洞出口的开始段也进行了加强型支护，包括工字钢、系统锚杆以及钢筋网，并使用加筋混凝土和混凝土衬砌。岩石实际开挖坡比 1∶0.25～1∶0.30。

二、调压井

（一）调压井地质条件

根据开挖地质素描，覆盖层是第四系残积含砾石黏土，厚度不足 1 m，下伏以 Mba 组火山角砾岩为主(最大厚度超过 30 m)，局部夹枕状玄武岩和块状玄武岩薄层(最大厚度 12.75 m，最小厚度 0.49 m)，偶见透镜体状和互层状的泥质砂岩沉积岩地层，最大可见厚度0.67 m。揭露的沉积岩近似水平发育,并且和玄武岩的地层呈整合接触。

风化程度随深度变化而降低,火山角砾岩(枕状玄武岩)的原位强度在10~20 MPa,但是由于风化的差异性,部分地段岩体原位强度低于5 MPa。

调压井开挖过程中几乎未发现明显的稳定地下水位,只是发现不同深度处会出现少量浅层地下水,尤其在雨后,此类现象很明显,这与火山角砾岩的岩石结构以及高透水性有关。

(二)施工方法

为了确定开挖面前面的岩石条件和高压地下水存在的可能性,每3 m一次进行超前钻探,深度从开挖面开始5.0~6.0 m。通过超前钻孔来预测前方岩石条件的变化或者可能存在的突涌水。调压井开挖方法为钻爆法,因为爆破对于调压井周围岩石的破坏要比隧洞的小得多,而且更易于控制每次开挖的深度。调压井开挖过程中未发现大的断层或剪切破碎带与其相交。地下水对调压井开挖的影响也不大,开挖中将其汇于井底一并用水泵抽出即可。

(三)支护参数的估算

1. 井壁支护压力的估算

井壁永久支护压力采用如下公式进行计算:

$$P_{wall} = \left(\frac{0.2}{J_r}\right) Q_w^{-\frac{1}{3}} f \cdot f' \tag{4-8}$$

式中 P_{wall}——井壁永久支护压力,MPa;

J_r——节理粗糙度系数;

Q_w——井壁影响系数,当 $Q>10$ 时,$Q_w=5Q$,当 $10>Q>0.1$ 时,$Q_w=2.5Q$,当 $Q<0.1$ 时,$Q_w=1.0Q$;

f——竖井深度系数,$f=1+(H-320)/800\geqslant 1.0$,其中 H 为竖井深度;

f'——对于非膨胀和无塑流岩层取1.0。

对于本调压井,$Q=0.2\sim0.8$,$J_r=1.0$,$f=1+(87.2-320)/800=0.71$,$Q_w=0.5\sim2.0$,$f'=1.0$,那么 $P_{wall}=0.179\sim0.113$ MPa,这个计算结果与实际较为接近。

2. 喷射混凝土厚度的估算

喷射混凝土厚度一般采用下式进行估算:

$$t_{sc} = \frac{P_{wall} \cdot 0.6B}{2q_{sc}} \tag{4-9}$$

式中 t_{sc}——混凝土厚度,m;

B——调压井的直径或边长,m;

q_{sc}——混凝土的剪切强度,普通混凝土取3 MPa,钢纤维混凝土取5.3 MPa。

对于本调压井,$P_{wall}=0.18$ MPa,$B=3.5$ m,$q_{sc}=3$ MPa,那么 $t_{sc}=0.063$ m $=63$ mm,因此调压井喷射混凝土的厚度不得低于6.5 cm。

三、压力管道

(一)地质概况

压力管道所穿过的上部和下部斜坡完全被崩积土和残积土所覆盖,主要达数米由含砾石黏土组成，其中散布着玄武岩的鹅卵石和漂石。大块的玄武岩块石(直径达数米)分布于整个区域，厂房上部的陡坡分布数量最多。压力水管沿线的覆盖层厚度为2.3～11.7 m，下伏的基岩主要为火山角砾岩和枕状熔岩，并有少量存在的砂岩地层，砂岩地层中陡倾角断裂非常发育。

基础开挖过程中未发现对压力管道的布置产生明显影响的地质构造和已经存在的滑坡、断层或者其他不良地质情况。

(二)地质评价

1. 开挖

压力管道的开挖深度3.5 m到超过40 m不等，因此对于高陡边坡采取了必要的防护措施(岩石锚杆和土钉、钢筋网以及喷射混凝土等)，保证开挖边坡的稳定性，尤其在桩号0+060～0+115段和0+310～0+410段，边坡尤为高陡。实际开挖坡比：含砾石黏土为1∶0.75；火山角砾岩(枕状玄武岩)1∶0.30～0.40。

2. 排水

由于压力管道开挖基坑坡降较大，尤其是起始段(桩号0+000～0+400段)达到0.53，加之整个压力管道施工未在一个旱季内施工完毕，因此采取了必要措施防止雨季大量来水沿着压力管道沟槽奔涌，给施工和沿线道路等设施带来危害，此压力管道开挖过程中，每200 m设置不少于2 m宽的未挖段，待该段钢管安装时再打通该未挖段，以及在永久边坡的坡顶和坡脚均设置了排水沟网。

3. 地基处理

根据地质素描结果，压力管道绝大部分基础主要坐落于弱风化—微风化的岩石中，地基承载力不低于0.5 MPa，能够满足设计要求，在桩号0+250.1～0+301.3段，基础为含砾石黏土，为冲积物，松散，不均匀，施工中进行了换填处理，换填材料采用了级配碎石。

第四节　输变电线路工程地质

一、线路地质概况

输变电系统由17座线塔和132 kV开关站组成，起点坐标为(E1911198，N3924812)；终点坐标为(E1912684，N3920690)，设计线路全长4.894 km，线塔最大转角71.4°，位于1#线塔处；7#线塔转角最小，为0°。

输变电线塔沿线地形以亚圆形低山和丘陵为主，遍布深陡的冲沟，最低处地面高程不足200.00 m，最高处地面高程超过600.00 m。工程区沿线基本为树木和杂草灌木覆盖，近一半的线塔和开关站位于既有道路附近，其他线塔车辆不能到达，交通条件较差。

根据地质素描资料，输变电沿线岩石以火山角砾岩和砂岩(泥质砂岩)为主，表层覆盖有1.7～9.8 m不等的残坡积含砾石黏土。其中：火山角砾岩多呈灰色—棕灰色，强风化—微风化，随深度风化程度多呈递减趋势，局部存在风化程度不一的现象。

砂岩(泥质砂岩)，多呈灰色—黄褐色，强风化—新鲜，薄层—中厚层结构，基本呈亚水平状展布，砂岩和泥质砂岩多为互层分布，岩性厚度不一，最小不足10 cm，最大超过5 m。

基础开挖过程中未发现有大规模的断层或剪切破碎带横穿线塔基础和开关站场区。具体每个线塔处和开关站地层结构见表4-8。

表4-8　　输变电系统地层结构

位置	地面高程（m）	覆盖层厚度（m）	下伏岩层	强风化层厚度（m）	勘察深度（m）
T1	381.87	5.3	火山角砾岩	0.9	12.5
T2	385.70	2.1	火山角砾岩	1.1	5.0
T3	386.40	3.1	火山角砾岩	0.6	5.0
T4	394.85	2.3	火山角砾岩	1.1	5.0
T5	482.86	2.5	火山角砾岩	1.2	4.8
T6	524.75	1.2	火山角砾岩	1.3	4.7
T7	565.27	5.2	砂岩	0.9	9.5
T8	618.85	1.6	火山角砾岩	2.1	5.3
T9	565.62	4.4	火山角砾岩	1.8	7.2
T10	577.09	3.1	火山角砾岩	1.4	6.1
T11	596.09	2.5	火山角砾岩	0.9	4.7
T12	621.15	2.0	火山角砾岩	1.2	8.5
T13	612.25	2.9	砂岩	1.6	5.6
T14	616.60	3.9	泥质砂岩	0.4	5.5
T15	624.05	3.9	砂岩	0.9	5.2
T16	632.35	3.7	砂岩	0.8	5.6
T17	583.80	2.4	泥质砂岩	1.2	10.0
开关站	590.92	2.8	泥质砂岩	1.3	10.0
开关站	587.14	1.7	泥质砂岩	1.4	9.8

二、岩体强度和质量等级

基础开挖过程中揭露的岩体的类型、风化程度、原岩强度以及结构特性，砂岩（泥质砂岩）应属于Ⅱ类岩石，火山角砾岩属于Ⅲ类岩石。

具体岩石的承载力建议值见表4-9。

表 4-9　　地基承载力建议值

岩性	承载力(kPa)		
	强风化	微风化	新鲜
含砾石黏土	—	—	100
火山角砾岩	200	1 000	—
砂岩(泥质砂岩)	200	1 000	—

三、开挖边坡

大部分线塔和开关站的基础开挖均不足 6 m,部分线塔由于覆盖层较厚,超过 6 m,甚至达到 10.2 m。含砾石黏土、火山角砾岩和砂岩(泥质砂岩)的开挖实际坡比分别为(1:0.75~1.0),(1:0.30~0.40),(1:0.30~0.35)。

四、基础处理

线塔基础和开关站基础均坐落于微风化的岩层中,设计承载力值不低于 1.0 MPa,根据地质,输变电线路沿线埋藏的岩体可以满足设计要求。但是由于地层起伏、地形条件以及风化差异等情况,尤其在局部覆盖层厚度较大的地段,根据每个线塔的不同的地质条件对线塔的抗倾覆稳定性的要求,绝大部分塔架基础采用岩石锚杆等进行了防护。

第五章　挡、泄水建筑物设计

第一节　设计基本资料

一、水文及泥沙资料

（一）基本洪水资料

坝址各频率下的河水位与流量见表5-1，水位与流量关系曲线见图5-1。

表5-1　坝址各频率下的河水位与流量

洪水频率	洪水流量（m^3/s）	水位（m）
1	185	500.74
2	391	502.74
2.33	406	502.85
5	625	504.35
10	785	505.26
50	1 160	507.25
100	1 318	507.99
1 000	1 842	510.19
10 000	2 332	511.97
100 000	2 800	513.56
最大可能洪水（PMF）	3 149	514.70

（二）各频率洪水流量

10年一遇洪水流量　　785 m^3/s

100年一遇洪水流量　　1 318 m^3/s

1 000年一遇洪水流量　　1 842 m^3/s

最大可能洪水（PMF）流量　　3 250 m^3/s

（三）水库各特征水位

1. 上游库水位

最低运行水位　　515.70 m

最高运行水位　　529.50 m

10年一遇洪水位　　529.50 m（闸门调节）

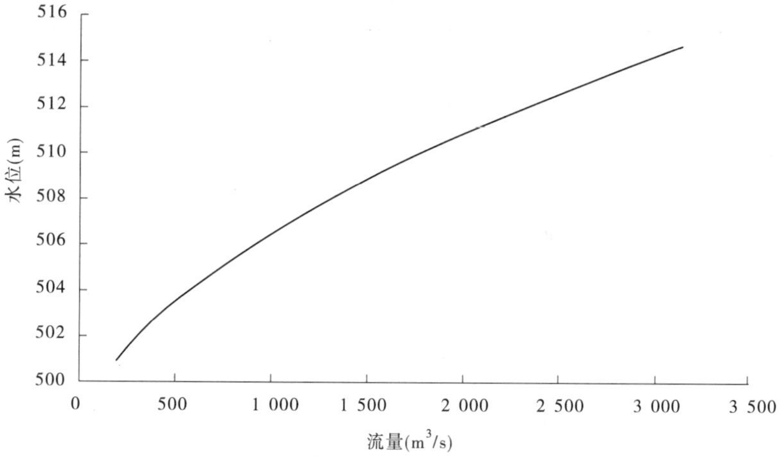

图 5-1　水位—流量关系曲线

100 年一遇洪水位	529.50 m(闸门调节)
1 000 年一遇洪水位	529.50 m(底孔关闭,弧形闸门全开)
最大可能洪水(PMF)位	535.08 m

2. 下游水位

10 年一遇洪水下游水位	505.26 m
100 年一遇洪水下游水位	507.99 m
1000 年一遇洪水下游水位	510.19 m
最大可能洪水下游水位(PMF)	514.70 m

(四)水库库容

最大库容	2 000 000 m^3
最大活库容	1 000 000 m^3
死库容	375 875 m^3

(五)泥沙资料

泥沙淤积高程	509.00 m
年总输沙量	800 000 m^3
泥沙流动容重	14 kN/m^3
泥沙饱和容重	19 kN/m^3
泥沙内摩擦角	10°
含沙量	5.83 kg/m^3

三、地震资料

(1)基本运行地震(OBE):50%的几率超过 100 年,地震加速度 0.13g。
(2)最大设计地震(MDE):2 500 年一遇,地震加速度 0.37g。
相关地震频谱和加速度见表 5-2。

表 5-2　　地震频谱和加速度

周期(s)	地震谱加速度	
	基本设计地震(OBE)	2 500 年一遇的最大设计地震(MDE)
0.03	0.13g	0.37g
0.075	0.24g	0.78g
0.10	0.31g	0.97g
0.20	0.33g	0.88g
0.30	0.24g	0.54g
0.40	0.19g	0.42g
0.50	0.15g	0.33g
0.75	0.10g	0.22g
1.00	0.07g	0.16g
1.50	0.04g	0.11g
2.00	0.02g	0.08g

注:地震荷载用拟静力法进行估算,水平加速度峰值乘 2/3 系数。如:$OBE = 2/3 \times 0.13g = 0.09g$;$MDE = 2/3 \times 0.37g = 0.25g$。

四、建筑材料特性及设计参数

(一)容重

混凝土　　24 kN/m^3

钢筋混凝土　　25 kN/m^3

钢材　　78.5 kN/m^3

(二)过水面糙率

钢管表面　　0.05 mm

混凝土表面　　16.22 mm

(三)混凝土材料特性

混凝土及钢筋混凝土的材料特性取值参照美国规范《混凝土建筑物结构规范》(ACI318－08),确定各级别混凝土主要特性见表 5-3。

(四)钢材

1. 钢板

(1)普通钢结构采用美国规范 ASTMA 36/A36M 或与之相当的材料。

(2)钢衬采用符合美国规范 ASTMA 36/A36M 要求的材料。

2. 钢筋

按照结构不同部位和受力情况可分别选用变形钢筋或光面钢筋。根据美国 ASTM 标准手册,确定钢筋的设计参数如表 5-4 所示。

表 5-3　混凝土主要特性

混凝土级别	特征强度(MPa)	最大骨料粒径(mm)	适用结构
A	20	63	少筋或无筋的大体积混凝土
B	20	38	用于不暴露于空气中的混凝土结构
C	32	38	用于过流结构中的低渗透高强混凝土和某些其他结构
D	40	25	高强度的预制混凝土
E	50	25	特别高强度的耐磨混凝土
F	12	—	垫层混凝土
G	26	—	临时工程用最低要求的混凝土

注:特征强度指的是 28 d 混凝土圆柱体强度。

表 5-4　变形钢筋强度指标

钢筋种类	GRADE40	GRADE60
最小抗拉强度(MPa)	500	620
最小屈服强度(MPa)	300	420
弹性模量(MPa)	200 000	200 000
钢筋直径(mm)	10 ~ 19	10 ~ 57

注:可选用与表中所列强度相当的材料。

(五)坝基岩体物理力学指标

根据地质报告,坝基参数建议值见表 5-5。

表 5-5　坝基参数建议值

指标	岩层	风化程度	建议值
单轴抗压强度(MPa)	块状玄武岩	轻微风化	25 ~ 75
	枕状玄武岩或火山角砾岩	轻微风化	10 ~ 25
	沉积岩	轻微风化	5 ~ 50
弹性模量(GPa)	块状玄武岩	轻微风化	10
	枕状玄武岩或火山角砾岩	轻微风化	2 ~ 5
	沉积岩	轻微风化	2 ~ 4

续表 5-5

指标	岩层	风化程度	建议值
泊松比	块状玄武岩	轻微风化	0.25 ~ 0.28
	枕状玄武岩或火山角砾岩	轻微风化	0.3 ~ 0.4
	沉积岩	轻微风化	0.3 ~ 0.4
混凝土/基岩间强度	—	轻微风化	$c'=0.5$ $f'=0.8\sim0.9$ $f=0.6\sim0.7$
建议最大临时边坡	覆盖层	—	1:1.5
	强风化岩体	—	1:0.5
	中等风化	—	1:0.35
	新鲜—微风化岩体	—	1:0.15

五、安全系数与容许应力

根据美国陆军工程师团的《重力坝设计规范》(EM1110 - 2 - 2200),稳定安全系数允许值如表 5-6 所示。

表 5-6　坝体稳定计算安全系数

荷载条件	抗滑稳定系数	应力位置	抗浮稳定计算
正常工况	2.0	基底 1/3 范围内	1.5
非正常工况	1.7	基底 1/2 范围内	1.2
极端工况	1.3	基底范围内	>1.0

第二节　大坝枢纽布置

一、布置原则

重力坝靠自重维持稳定,结构受力清楚,设计方法相对简单。在设计的初级阶段,可以采用材料力学方法计算,在进入实施阶段,可以采用有限元计算。重力坝对地形、地质条件适应性较好,对地质条件的要求就是有一定的承载能力,一般岩基均可满足,除深厚覆盖层一般不宜建高、中坝外,重力坝几乎适应各种地形条件下的峡谷中。当然,对于岩石条件不好的基础,需要基础处理。重力坝的一个优点就是易于布置泄水建筑物,洪水可以经过溢洪道顶部下泄,同时,重力坝方案对于施工导流也有很大优势。但是,任何一个方案都是在一定条件下成立的,有优势的同时,也存在缺点。与拱坝相比,重力坝的混凝土工程量较大,混凝土重力坝的温度应力一直困扰着设计工程师,工程施工中对温控的要求较高。这些不足，在工程实施过程中，经过设计人员、施工人员的共同努力，通过结构计算，不断地改进结构型式，同时改善水泥和掺合料的比例、品种，调整施工工艺等方式，采取温控措施，使这些问题都基本可以得到解决。

对于高水头引水式电站，枢纽工程的布置与其他类型电站基本相同，一般包括挡水建筑物、泄水建筑物、取水建筑物，有时根据需要布置有过木、过鱼、通航和冲沙等建筑物。各个建筑物之间既相互紧密联系，又各有自己的特点，这需要设计人员根据自然条件、施工条件经过、技术经济论证，通过试验和计算分析，选择一个技术可靠、便于施工、安全运行和经济合理的布置方案。

斐济南德瑞瓦图水电站工程在工程前期规划及方案比选和论证过程中，先后比较了高坝、中坝、低坝方案，坝型有土坝和混凝土坝方案，混凝土坝方案又考虑了碾压混凝土重力坝和混凝土重力坝方案，通过比较分析，最终选择混凝土重力坝方案。

根据前期的研究成果和气象、水文、泥沙等基础资料，经过地质勘察和地形测量，取得勘测资料之后，结合工程功能和运用的要求，对于工程的枢纽进行布置。主要布置原则有：

(1)枢纽布置要考虑建筑物的安全可靠。坝体要有足够的强度和工作性能，以满足正常发挥作用，要考虑混凝土的抗冲刷、抗空蚀的耐久性，在发生超标准洪水及地震等时，建筑物要保持必要的稳定性。

(2)建筑物要持续发挥其功能。重力坝一般具有挡水、滞洪、调节径流、泄洪、发电和排沙等功能。各个建筑物均应合理布置，例如排沙功能实现，要综合考虑河流的泥沙情况，根据库容和泥沙资料，设置合适的排沙孔，使得工程能够连续发挥功能，防止由于泥沙淤积，影响水库的调节功能，甚至严重影响发电。

(3)充分考虑环境要求，做到环境友好、资源节约。水电本身是一种清洁能源，对于环境保护在设计中着重加以考虑，应贯穿整个设计过程和实施过程。

总体布置主要考虑以下几个因素：

(1)根据地质条件、工程运行和结构稳定等对坝进行总体布置，对底孔、溢洪道等进行综合考虑布置。

(2)对泄水建筑物进行方案比选，对有闸门和无闸门溢洪道进行比选，对底流消能和挑流消能的消能工进行比选。

(3)对坝轴线、坝体控制高程、泄水建筑物数量、泄流曲线、溢洪道规模等进行比选。

二、坝轴线的确定

对于坝址的选择，一般在工程的研究阶段根据地质条件、地形条件、枢纽布置、施工条件以及工程投资和环境影响等因素进行确定。坝轴线的确定和枢纽布置应满足以下要求：

(1)达到项目开发和能源再利用的要求。

(2)合适的地形地质条件。

(3)正确处理发电和冲沙的关系。

(4)建筑物布置协调，结构合理，工程量少。

(5)环境友好,最大限度地减少对地表和植被的破坏。

(6)易于施工,方便运行、维护和检修。

南德瑞瓦图水电站工程所处坝址位于辛嘎托卡(Sigatoke)河上,是2条河流交汇处,坝址区河谷形态呈V形河谷,两岸坡较陡或呈陡壁,坡度在40°以上。坝址区地层主要为玄武岩,有断层发育,普遍走向为NE—SW,与坝轴线呈斜交或大角度斜交。坝轴线左岸有一条宽度15~20 m的断层带,由大致平行的断层组成,陡倾角,在坝轴线下游125 m出露,从左坝肩外侧通过,延伸到上游的卡里瓦纳河河谷。

三、坝顶高程的确定

坝体超高就是坝顶与水库水位之间的垂直距离,美国规范把坝顶与设计水位之间的高程差定义为正常超高,把坝顶与最高水位之间的高程差定义为最小超高。最高库水位是发生入库设计洪水时,泄水建筑物和溢洪道按设计流量运行后出现的水位。正常超高和最小超高的差值称为超载水头。如果溢洪道为开敞式,则总有一个超载水头,但如果安装闸门,则正常超高和最小超高可能相等,即超载水头为0。

对于超高的确定需要先确定波浪爬高,而由风浪所产生的波高决定于风速/风的历时、吹程、水深及水库宽度等条件。根据美国土木工程学会建议的经验值,由水库吹程和风速来确定波高,见表5-7。

表5-7　波高与吹程、风速的关系

吹程(mile)	风速(mile/h)	波高(ft)
1	50	2.7
1	75	3
2.5	50	3.2
2.5	75	3.6
2.5	100	3.9
5	50	3.7
5	75	4.3
5	100	4.8
10	50	4.5
10	75	5.4
10	100	6.1

南德瑞瓦图水电站工程由于缺乏吹程和风速资料,无法准确计算波高,更不能准确计算超高数值。根据经验,结合工程情况,超高值取1 m是合适的。最终确定的坝顶高程为530.50 m,考虑闸门布置,溢洪道闸墩顶部高程为533.50 m。

根据中国《碾压式土石坝设计规范》(SL 274—2001),关于坝顶超高的有关规定,坝顶高程应按水库静水位与坝顶超高之和确定,应按以下运用条件计算,并取其最大值。

(1)设计洪水位加正常运用条件的坝顶超高。

(2)正常蓄水位加正常运用条件的坝顶超高。

(3)校核洪水位加非常运用条件的坝顶超高。

(4)正常蓄水位加非常运用条件的坝顶超高。

在地震区的安全加高中,应按《水工建筑物抗震设计规范》(DL 5073—2000)中的规定,增加地震沉降和地震壅浪高度。

根据上述规范中规定,采用碾压式土石坝设计规范中提供的坝顶超高公式进行了复核,其中:

$$\Delta h = R + e + A$$

式中 R——最大波浪爬高,m;

e——最大风壅水面高度,m;

A——安全加高,对1级建筑物,正常运用条件取1.5 m,非常运用条件取0.7 m。

在计算中,等效风区长度按1 000 m计算,计算风速值按规范规定应采用多年平均年最大风速,由于缺少相应气象资料,复核时按正常运用条件34 m/s,非常运用条件17 m/s进行计算。在地震工况的计算中,地震安全超高涌浪高度取为3.6 m(含地震涌浪和地震沉陷值)。

四、坝体布置

枢纽从左向右依次布置有:左岸实体重力坝坝段、溢洪道坝段、底孔坝段、右岸实体重力坝坝段。坝顶长度为87.83 m,电站取水口布置在右岸上游约25 m处。

右岸实体重力坝坝段坝顶宽度为8.5 m,长25.41 m,顶高程530.50 m,分2个坝段,上游面垂直,下游面坡度1:0.8。坝内布置有交通廊道,并布置廊道出口,通往坝外。

坝顶宽度是由起重机安装和维护闸门需要决定的,为了不致损坏坝顶混凝土,用木板垫在起重机履带下面,以保护坝顶混凝土。坝顶上下游侧安装安全栏杆,保护工作人员或游人的安全。左岸实体重力坝顶宽7 m,长19.425 m,顶高程530.50 m,分2个坝段,上游面垂直,下游面坡度1:0.8。坝内布置有交通廊道,廊道内在桩号L0+019.000设1个直径为300 mm的通气孔,以便廊道内空气流通。

溢洪道坝段位于左岸实体重力坝坝段的右侧,总长28 m,分2个坝段,布置3孔溢洪道,设置3个弧形闸门,闸门尺寸6 m×14.1 m。溢流堰堰顶高程516.40 m,溢洪道净宽6 m,闸墩厚2.5 m,闸墩顶高程533.50 m,下游消能采用挑流消能。

底孔坝段在右岸实体重力坝坝段和溢洪道坝段之间,长15 m,顶高程530.50 m,基础高程498.00 m,布置2孔泄流冲沙底孔,设置1道闸门,底孔尺寸4.2 m×4.2 m,闸墩厚2 m,边墩厚1 m。

坝顶有栏杆,溢洪道顶设有混凝土交通桥,以连接左右岸交通。

第三节 溢洪道设计

一、顶部布置

坝顶布置有 3 孔溢洪道，泄流流道净宽 6 m，闸墩墩顶高程为 533.50 m，2 个侧墩宽度为 2.5 m，中墩宽度 2.5 m，溢洪道坝段总长 28 m，是大坝的主要结构部位。

坝顶交通原设计为钢桥，由于当地气候潮湿，钢桥易腐蚀，防腐设计要求较高，加之钢桥上要铺设闸门启闭机的液压油管路及电气控制管路，于是用混凝土桥取代了钢桥。钢桥顶临空部位均布置有栏杆，以保证运行人员的行走安全。

每个闸门设有 1 个管路沟，沟的尺寸为 500 mm × 700 mm，沟内布置有液压油管路及控制管路。管路沟顶部设有盖板。

溢洪道闸墩顶部布置主要考虑 2 个设备：1 个是液压启闭机系统的控制设备；1 个是闸门的锁定装置。在闸墩的结构配筋时，重点考虑闸门启闭的拉杆作用点。

溢洪道顶部交通桥的结构，采用的是预制混凝土结构，一种类似倒 T 形结构，底板板厚 200 mm，中间梁高 700 mm，宽 200 mm，顶部设盖板，盖板厚度 100 mm，是开口的箱型结构。梁端底座支撑部位设氯丁橡胶垫，厚 50 mm。梁与闸墩之间留 50 mm 的空隙，内填闭孔泡沫塑料板。

溢洪道顶部设有 3 个照明灯杆，灯杆高 10 m，每杆安装 4 个防洪灯。灯杆底部由直径 525 mm 的法兰通过 12 个 M36 的螺栓与基础混凝土连接，螺栓长 1 345 mm，螺栓钻孔直径 42 mm，采用化学灌浆。灯杆直径 250 mm，钢管壁厚 6 mm。

溢流坝段每个闸墩设 2 个测点，分别在闸墩上、下游侧。

右侧闸墩顶部布置有管路沟，集中沿闸墩边壁向下进入右岸坝顶管路沟，边壁上开槽，并用钢板作为盖板进行保护。

二、溢洪道布置

溢洪道坝段位于左岸实体重力坝坝段的右侧，总长 28 m，分 2 个坝段，布置 3 孔溢洪道，设置 3 个弧形闸门，闸门尺寸 6 m × 14.1 m。溢流堰堰顶高程 516.40 m，溢洪道净宽 6 m，闸墩厚 2.5 m，闸墩顶高程 533.50 m。

弧形闸门的支墩在 2.5 m 宽的钢筋混凝土闸墩上，闸墩顶高程 533.50 m，弧形闸门的尺寸由以下因素确定：

(1)溢洪道通过 1 000 年一遇洪水，3 个闸门打开，坝水位 529.50 m。

(2)选择 3 个闸门是为了增加可靠性。

(3)溢洪道堰顶高程低于最小发电水位 517.50 m 以下 1.1 m，即 516.40 m。

(4)洪水期弧形闸门打开泄流，以维持水库库容。

(5)1 台机组在 515.70 m 以下能够满发，这种运行模式只有在闸门维修时采用。

(6)闸门尺寸要求整体投资最小，闸门的安装在现场由 1 台起重机承担，起重机布置在坝顶。

(7)溢洪道的布置要满足稳定的要求,确保溢洪道的抗滑稳定。

三、溢流堰堰面设计

(一)实用堰

溢洪道作为泄水建筑物,在水工设计中占有重要地位,溢洪道有多种型式:正流式、侧槽式、竖井式和虹吸式等。溢洪道的水力设计包括:堰型设计、泄流能力设计、水面线设计、消能设计和防空蚀设计。WES 实用堰是常见的一种溢洪道堰型(见图 5-2),其设计原则如下:

(1)堰面上压强分布合理,不产生过大负压。

(2)获取较大的流量系数,增大泄流能力。

(3)尽量减小溢流面断面,以减少工程量,节约投资。

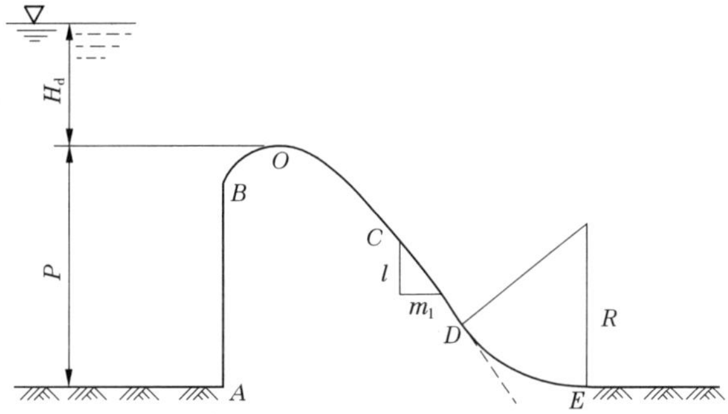

图 5-2　实用堰示意图

1961 年葡萄牙里斯本土木实验室经过对幂曲线的修改,把原点上游由二圆弧改为三圆弧,1969 年美国陆军工程师团水道实验站(Waterways Experiment Station)对三圆弧的堰面幂曲线进行了验证,1970 年正式将三圆弧幂曲线引入溢洪道水力学设计规范,称为 WES 堰面曲线。

(二)溢洪道设计需要的资料

要进行溢洪道的设计,一般需要以下资料:

(1)建筑物布置:枢纽总布置图。

(2)坝顶高程、堰顶高程、堰底高程、堰宽。

(3)闸墩资料:闸墩厚度、墩头型式。

(4)坝体上、下游坡度。

(5)闸门资料:包括闸门型式、底槛位置。

(6)水文资料:上下游各特征水位,包括校核洪水位、设计洪水位、正常蓄水位、死水位。

(7)库水位—流量关系曲线:对应的特征水位的泄流量。

(8)地质资料:下游河床抗冲刷能力。

(三)上游堰头堰面曲线

对于上游堰面曲线,中国规范《溢洪道设计规范》(SL 253—2000)与美国《水力设计

手册》(HDC)基本一致(见图 5-3)。主要有:

(1)二圆弧(中国规范 SL 253—2000 的 A. 1. 2,美国规范 HDC111 -7 ~ 111 -10)。

(2)三圆弧(中国规范 SL 253—2000 的 A. 1. 2,美国规范 HDC111 -7 ~ 111 -10)。

(3)椭圆方程(中国规范 SL 253—2000 的 A. 1. 2,美国规范 HDC111 -20)。

(4)上游堰面倒悬(中国规范 SL 253—2000 的 A. 1. 2,美国规范 HDC111 -19)。

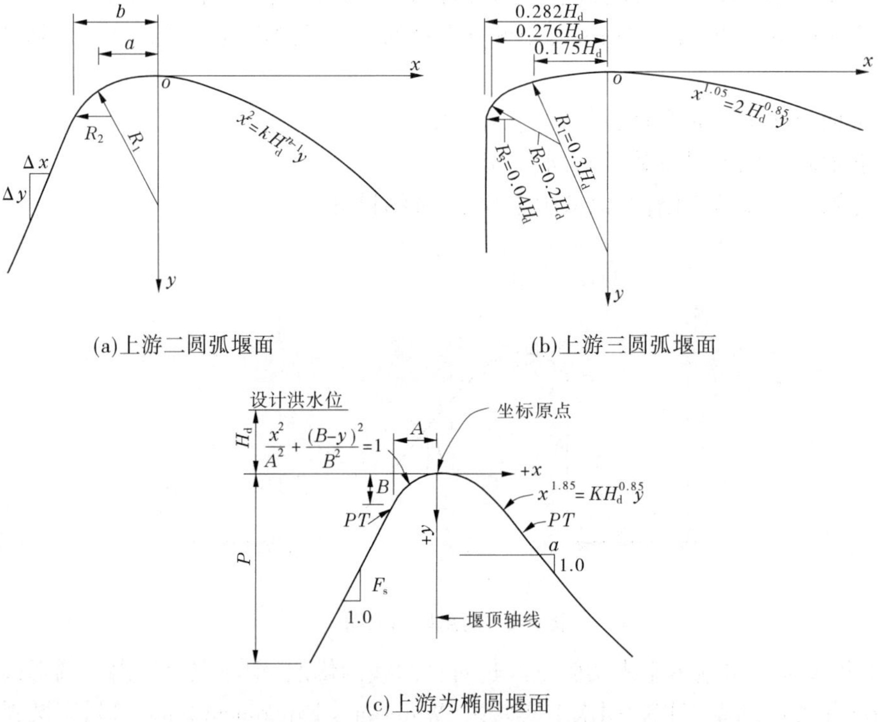

(a)上游二圆弧堰面

(b)上游三圆弧堰面

(c)上游为椭圆堰面

图 5-3 堰头曲线设计示意图

$$\frac{x^2}{(aH_d)^2} + \frac{(bH_d - y)^2}{(bH_d)^2} = 1.0 \tag{5-1}$$

式中 aH_d、bH_d——椭园曲线长半轴和短半轴,当 $P_1/H_d \geq 2$ 时,$a = 0.28 \sim 0.30$,$a/b = 0.87 + 3a$,当 $P_1/H_d < 2$ 时,$a = 0.215 \sim 0.28$,$b = 0.127 \sim 0.163$,当 P_1/H_d 小时,a 与 b 取小值。

对于椭圆曲线选取,美国规范和中国规范基本一致,中国规范利用表格标书参数选取更加直观明朗,美国规范对于参数选取采用的是曲线查找(见 HDC111 -20)。中国规范表格中 a、b 值可根据 P_1/H_d 的值插入选取。

当进行建筑物布置时,由于坝顶交通桥、启闭机及大坝断面等设计需要,往往需要把上游堰面设计为倒悬堰头(见图 5-4)。对于倒悬堰头设计,中国规范只对倒悬高度 d 进行了规定,即 $d > H_{max}/2$,美国规范对于倒悬高度不但规定 $0 < M/H_d < 1$,还要求一般情况

下倒悬比 $M/N>0.5$（见 HDC111－19）。

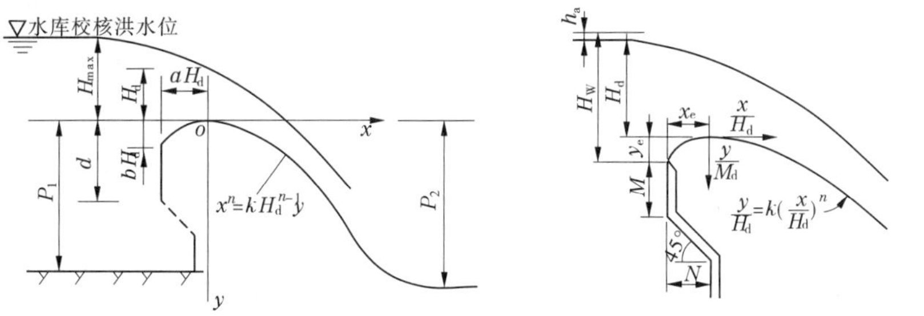

(a)中国规范倒悬堰头设计　　　　(b)美国规范倒悬堰头设计

图 5-4　倒悬堰头设计示意图

（四）下游堰面曲线设计

WES 堰的下游堰面曲线一般采用幂曲线，这与克－奥堰型有很大的区别。一般的幂曲线方程如下：

$$x^n = kH_d^{n-1}y \tag{5-2}$$

式中　x——水平方向坐标（下游为正）；

y——垂直方向坐标（向下为正）；

K,n——堰面曲线参数；

H_d——定型设计水头。

中国规范下游堰面曲线方程参数选取：

(1)基本方程：幂曲线；包含参数：H_d,n,k。

(2)堰面曲线定型设计水头 H_d（对于堰高 $P_1\geqslant1.33H_d$，$H_d=(0.75\sim0.95)H_{max}$；$P_1<1.33H_d$，$H_d=(0.65\sim0.85)H_{max}$）。

(3)与上游堰坡有关的参数 n（垂直时取 1.85，3∶1、3∶2、3∶3时分别取 1.836、1.81、1.776 等，其他可以插入法选取）。

(4)与堰高和定型设计水头有关的参数 k（$P/H_d>1$，按照表格选取；$P/H_d\leqslant1$，$k=2\sim2.2$）。

美国规范下游堰面曲线方程参数选取：

(1)基本方程：幂曲线包含参数：H_d,n,k。

(2)参数的含义与中国规范一致。

(3)堰面曲线定型设计水头 H_d。

(4)与上游堰坡有关的参数 n（按照 HDC 图 111－10 选取）。

(5)与堰高和定型设计水头有关的参数 k（按照 HDC 图 111－10 选取）。

对于倒悬堰头和椭圆堰头，美国规范对下游曲线有专门的要求（详见 HDC111－19、111－20）。

鉴于美国规范对各个参数选取规定比较分散，中国规范进行了归纳总结，如表 5-8所示。

表 5-8　　堰面曲线参数

上游面坡度（$\Delta y/\Delta x$）	k	n	R_1	a	R_2	b
3∶0	2.000	1.850	$0.5H_d$	$0.175H_d$	$0.2H_d$	$0.282H_d$
3∶1	1.936	1.836	$0.68H_d$	$0.139H_d$	$0.21H_d$	$0.237H_d$
3∶2	1.939	1.810	$0.48H_d$	$0.115H_d$	$0.22H_d$	$0.214H_d$
3∶3	1.873	1.776	$0.45H_d$	$0.119H_d$	—	—

注：当上游坡为 3∶3时，可以参考 HDC122－3。

（五）定型设计水头

在溢洪道 WES 堰面设计中，其中最重要的一个设计参数就是定型设计水头。

1. 定型设计水头的意义

溢洪道堰面曲线的设计目的是获取最大的泄流系数，减小溢洪道工程量，获取平顺稳定的水面线。试验表明，WES 堰能够达到上述要求，但需要一个合适的堰面曲线，使得在一定设计水头下，水舌曲线与堰面曲线更加地吻合，堰面与过堰溢流水舌下缘之间不存在真空，可称这种曲线形剖面堰为无真空剖面堰，这个设计水头即为定型设计水头 H_d。因此，定型设计水头是 WES 堰设计的一个重要参数，用来确定堰面曲线。

事实上，水流不可能总在定型设计水头下运行，当上游堰上水头大于定型设计水头时，即上游库水位高于定型设计水头对应的水位时，过堰的水流流速就会加大，水舌下缘就会脱离堰面，水舌与堰面之间就会形成真空。虽然水流会获得更大的动能——水流流速加大（因为水舌与堰面之间摩擦力减小，几乎为 0，水头全部转化为动能），但会导致堰体振动，并使堰面混凝土受到空蚀破坏。反之，如果上游库水位低于定型设计水头对应的水位，水舌与堰面之间压强加大，水舌与堰面之间摩擦力加大，一部分动能转化为热能，从而使得水流过堰流速减小。因此，堰面的设计，很大程度上就是定型设计水头的选取。

2. 定型设计水头（H_d）的选取

中国规范建议：

（1）对于高堰，$P_1/H_d \geqslant 1.33$，$H_d=(0.75\sim0.95)H_{max}$。

（2）对于低堰，$P_1<1.33H_d$，$H_d=(0.65\sim0.85)H_{max}$。

（3）堰顶附近的最下压力值需满足规范。

这里需要注意的是，高堰与低堰的区分，只是一个相对的概念，不要误以为 10 m 的堰是高堰，而 8 m 的堰就是低堰。高堰与低堰是由堰高 P_1 和定型设计水头 H_d 的比值确定的，研究表明，当 $P_1/H_d=1.33$ 时，流量系数的大小只与实际堰上水头 H_0 和定型设计水头 H_d 的比值有关，与 P_1/H_d 的关系不大，流量系数也不再随着 P_1/H_d 的比值增大而增大。

在工程设计实践中，H_d 的选取带有很大的随意性，一般设计人员都会参考同类工程的取值，在规定的范围内取值，但也有取值比较盲目的。如何选取 H_d 的取值，一些没有经验的设计人员，一般都会选取参考数值范围的中间值，虽然这样做没有什么错误，但没有结合工程的实际选取。定型设计水头的取值可以根据占最大堰上水头的百分比确定，根据前面的内容，实际上是考虑水库水位高于定型设计水头对应水位的概率，如果我们选择 $H_d = 0.95H_{max}$，可以理解为该工程库水位高于定型设计水头对应水位的概率是5%，相当于很少出现的水位，那么也意味着定型设计水头取值偏大，造成工程上的浪费。但如果根据该工程的运行要求，运行水位较高，接近定型设计水头对应水位，那也无可厚非。总结一些工程经验，堰顶高程加上定型设计水头，应该是该工程运行的最为频繁的库水位。

美国规范：

(1)提供了 $P/H_d = 0.25, 0.5, 1.0$ 三种情况(HDC111－23)。

(2)对应 $H_d = (0.5, 1.0, 1.5)H_e$。

(3)要求堰顶最大负压不大于20 ft(即0.508 m，HDC111－24)。

定型设计水头的确定是个反复修改的过程，需要根据建筑物的布置及水文资料等综合考虑，定型设计水头只是确定堰面曲线的一个参数，一旦确定后，堰面的几何形状即可确定。堰面曲线往下游接直线段，一般直线段的坡度与坝体坡度相同，对堰面曲线方程求导，导数等于直线段坡度正切值即可得到切点坐标。对于中小型工程，H_d 的选取较为容易，要保证泄流量满足工程的泄洪要求即可。对于大型工程，不但要考虑工程泄洪安全，还要综合考虑工程量、工程运行和闸门运行等因素。因此，定型设计水头关系到堰面曲线的设计，无论美国规范还是中国规范，都提供给了设计人员一定的自由空间，可以根据不同的工程情况进行选取。但不管哪种情况，都存在一定的误差，对于工程的前期设计阶段，或者是小型工程，这些选择是能够满足要求的，但对于大中型工程，在初设阶段或者项目实施阶段，还是需要通过水工模型试验进行验证的。

(六)堰面设计实例

南德瑞瓦图水电站工程的溢洪道堰面曲线就是按照WES曲线进行设计的。堰面曲线采用幂曲线，方程如下：

$$x^{1.85} = 2H_d^{0.85}y \tag{5-3}$$

根据水文资料，定型设计水头 $H_d = 9.3629$ m，则堰面曲线方程为：

$$y = 0.074691x^{1.85} \tag{5-4}$$

原点上游曲线，采用椭圆方程如下：

$$\frac{x^2}{(aH_d)^2} + \frac{(bH_d - y)^2}{(bH_d)^2} = 1 \tag{5-5}$$

式中，$a = 0.245$，$b = 0.1383$。

四、泄流能力计算

(一)泄流能力计算的意义

溢洪道的泄流能力关系到整个工程安全，因此在确定了溢洪道的断面设计完成后，一般需要对其泄流能力进行复核。根据水文资料和工程运行要求，首先需要确定最高洪水位和最大洪峰流量，这时，根据泄流流量计算公式，计算溢洪道的堰宽。在同样堰宽条件下，计算出不同水位对应的泄流流量，绘制出水位—流量关系曲线。

按照水位—流量关系曲线，利用水库库容的滞洪作用，进行调洪演算。在初定的堰宽和堰顶高程条件下，对应溢洪道的泄流能力，计算出最高洪水位。如果与要求的洪水位不一致，根据工程的具体需要和溢洪道工程量比较，调整堰宽或堰顶高程，进行溢洪道流量计算，绘制水位—流量关系曲线，再次进行调洪演算，如此反复，直到合适的堰宽和堰顶高程下，溢洪道的泄流能力满足最高洪水位下的泄流要求。

溢洪道的设计是个反复计算、综合考虑的过程，既要满足工程运行的安全要求，又要考虑工程投资。不仅要考虑闸门的制造、安装与运行，还要考虑下游消能和顶部交通等多方面的要求，因此溢洪道是大坝枢纽布置中最为复杂的部分，也是最为关键的部分。

溢洪道的设计有时还要考虑与其他泄水建筑物联合泄洪的作用，如泄水底孔，有的在坝上直接设置底孔坝段，有的需要设置泄洪洞，有的把导流底孔改造为泄洪底孔，这些因素，都会影响溢洪道的设计。

（二）中国规范采用的计算公式

对于开敞式 WES 型实用堰，《溢洪道设计规范》（SL 253—2000）中，溢洪道的泄流流量计算推荐采用如下的计算公式：

$$Q = cm\varepsilon\sigma_s B\sqrt{2g}H_0^{3/2} \tag{5-6}$$

$$\varepsilon = 1 - 0.2[\zeta_k + (n-1)\zeta_0]\frac{H_0}{nb} \tag{5-7}$$

式中 Q——流量，m^3/s；

B——溢流堰总净宽，m，定义 $B = nb$，其中 b 为单孔宽度，m，n 为闸孔数目；

H_0——计入行近流速水头的堰上总水头，m，$H_0 = H + v^2/2g$；

g——重力加速度，m/s^2；

m——二维水流 WES 实用堰流量系数；

c——上游堰坡影响系数；

ε——闸墩侧收缩系数；

ζ_0——中墩形状系数；

ζ_K——边墩形状系数；

σ_s——淹没系数。

式(5-6)适用于 $H_0/b \leqslant 1.0$。当 $H_0/b > 1.0$ 时，H_0/b 仍取值 1.0。

参数包括上游堰坡影响系数 c、流量系数 m、侧收缩系数 ε、淹没系数 σ_s、溢洪道净宽度 B 和计入行近流速的总水头 H_0。

各个参数确定的过程，就是溢洪道泄流流量的计算过程。在确定了堰宽和堰顶高程后，则可根据水文资料确定是淹没出流还是自由出流，有时两者兼有。对于自由出流，一般选取淹没系数为 1。

在溢洪道泄流能力计算中，最为关键的是流量系数 m，m 的取值与堰高 P_1、定型设计水头 H_d、堰上总水头 H_0 和上游堰坡系数 c 有关，也就是说，侧收缩系数根据闸墩墩头形状也容易选取，注意 H_0 需要计入行近流速，对于行近流速的计算较为复杂，对于投标或者初步计算时，可按照 1.5 ~ 2.0 m/s 选用。

美国规范规定对于行近水头小于 $0.06H_d$ 时，可以忽略，其他情况参考 HDC122 - 3 选用（HDC111 - 20，HDC122 - 1）。

（三）美国规范采用的计算公式

根据美国陆军工程师团的《溢洪道水力设计规范》（EM1110 - 2 - 1603）中的泄水建筑物泄水能力计算公式，对表孔用开敞式溢流孔的泄水能力可按下式计算：

$$Q = CL_eH_e^{1.5} \tag{5-8}$$

$$L_e = L - 2(nK_p + K_a)H_e \tag{5-9}$$

式中　Q——流量，ft^3/s；

L_e——溢流孔计算宽度，ft；

L——溢流堰净宽，ft；

H_e——溢流孔堰顶作用水头，ft；

C——流量系数；

n——闸墩数；

K_p——闸墩收缩系数；

K_a——闸墩侧收缩系数。

需要注意的是：

（1）参数包括：流量系数 C，溢流堰净宽 L 和作用水头 H_e（HDC111 - 21）。

（2）流量系数 C 为有量纲参数，与堰高 P、设计水头 H_d 和水头 H_e 有关。

（3）净宽 L 与计算宽度 L_e 和闸墩收缩系数 K_p、间墩侧收缩系数 K_a 及水头 H_e 有关，$L_e = L - 2(nK_p + K_a)H_e$（HDC111 - 3/1）。

（4）闸墩侧收缩系数见美国《水力设计手册》HDC111 - 5、HDC111 - 6。

（5）H_e 为作用水头，行近水头小于 $0.06H_d$ 时，可以忽略。

（6）考虑淹没系数，没有淹没时取 1.0（HDC111 - 4）。

（7）由于美国规范流量计算的单位为英制单位，在最终的结果应根据工程需要转化为米制单位。

（四）泄流能力复核计算实例

按照美国规范，根据 WES 堰型的水力学计算公式，对溢洪道泄流能力进行复核计算。

溢洪道泄流能力应满足在 1 000 年一遇洪水下，3 个闸门打开，水库水位不超过 529.50 m。与底孔联合泄流的总泄流量不小于 1 842 m^3/s。

根据美国《溢洪道水力设计规范》（EM1110 - 2 - 1603），该工程定型设计水头 H_d = 9.362 9 m，P = 26.4 m，P/H_d = 2.829，按照图 HDC111 - 21 查 P/H_d = 3.4，不同的 H_e/H_d 值，对应的流量系数 C 不同，侧收缩系数取为 0.95，计算的溢洪道流量见下表 5-9。水位—流量曲线见图 5-5。

表 5-9　　溢洪道泄流计算表

水位(m)	流量(m^3/s)	水位(m)	流量(m^3/s)
516.40	0	524.83	914.49
517.34	27.54	525.76	1 089.99
518.27	80.80	526.70	1 273.12
519.21	153.33	527.64	1 471.94
520.15	243.59	528.57	1 683.77
521.08	349.99	529.51	1 904.15
522.02	471.39	530.44	2 136.61
522.95	606.69	531.38	2 375.69
523.89	754.78		

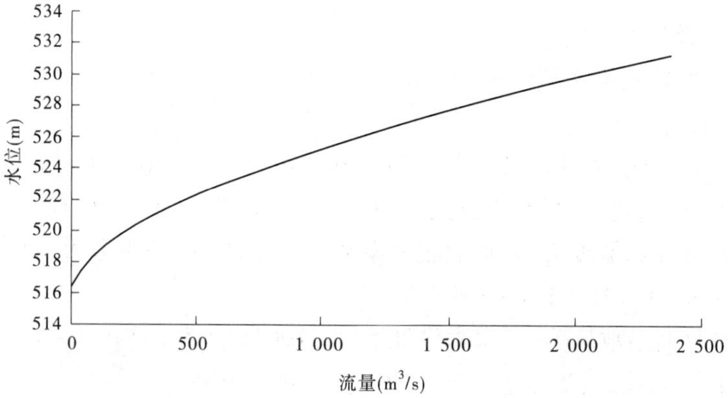

图 5-5　溢洪道水位—流量曲线

五、挑流消能计算

(一)挑流消能的原理

消能的目的是把水库上游下泄的高速水流变缓，平稳地输送到下游河道，不危及建筑物及边坡安全。消能方式有很多种，如挑流消能、底流消能、台阶式消能和窄缝式消能等。挑流消能是指水流经挑坎抛向空中，水舌掺入空气，消除一部分能量的一种消能方式。水舌冲刷河床形成稳定的水垫塘(也可以预设)，挑射的水流落入水垫塘后形成旋流，消刹水能(转为热能)于水垫塘内。水舌被挑离建筑物，确保建筑物的安全，见图 5-6。

(二)挑流消能的特点

挑流消能的主要特点有：①挑流消能工程结构简单，不需要修建大量的河床防护工程；②挑流消能适用于中、高水头的泄水建筑物，以便把水舌挑向空中，挑离主体建筑物；③挑流消能要求下游河床地质条件较好，有一定的抗冲刷能力。

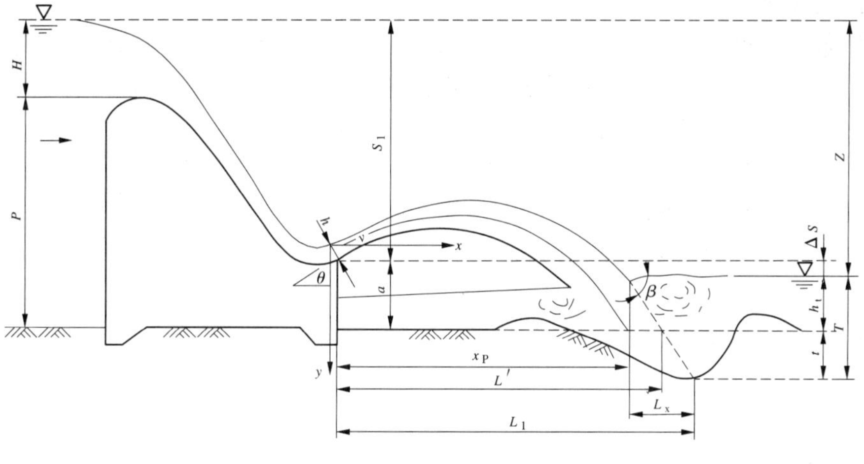

图 5-6　挑流消能示意图

挑流消能的缺点是:①水舌在空中扩散,雾化严重,影响下游的建筑物正常运行,如厂房、开关站、输变电线路等;②消能后的尾水有较大波动,对下游岸坡稳定不利;③影响航运。

(三)挑流消能的设计

挑流消能的水力设计的主要任务有:

(1)根据水力条件,正确选择挑流鼻坎的型式和尺寸。

(2)计算水舌的挑距。

(3)估算冲坑深度。

挑坎的型式分为连续式和差动式,鼻坎挑角一般选 15°~35°,单宽流量越大,挑角宜越小。鼻坎坎顶高程,宜略高于下游最高洪水位。若工程需要,可以高于最高下游洪水位,但需要论证,并确保大坝安全。

反弧半径:挑流鼻坎段反弧半径可采用反弧最低点最大水深的 6~12 倍,对于泄槽底坡较陡、反弧段内流速及单宽流量较大者,反弧半径宜取大值。

美国《溢洪道水力设计规范》(EM1110-2-1603)中对于挑坎也有明确的规定,包括反弧最小半径、挑角、鼻坎高度等,美国规范建议最小单宽流量(起挑流量)不宜小于 23 $m^3/(s \cdot m)$。

(四)挑距计算公式

挑距公式是由抛体运动公式推求而来的,中国规范中挑距公式如下:

$$L = \frac{v_1^2}{g}\cos\theta\left(\sin\theta + \sqrt{\sin^2\theta + 2g(h_1 + h_2)/v_1^2}\right) \tag{5-10}$$

式中　L——自坎顶算起的挑流水舌外缘与下游水面交点的水平距离;

v_1——坎顶水面流速;

θ——挑坎挑角;

h_1——坎顶铅直方向水深,$h_1 = h/\cos\theta$,其中 h 为坎顶法向平均水深;

h_2——坎顶至下游水面高差。

需要说明的几个问题：

(1)规范中挑距是从鼻坎末端算起至下游河床高程的水舌外缘，计算公式不但忽略了空气对水舌的阻力，而且没有考虑下游水体对水舌的阻力，计算结果要比实际值偏大。

(2)计算的关键是流速的计算。

(3)与中国规范比较，美国规范有以下不同：挑距从鼻坎顶端算起，这与中国规范不同；挑距计算至下游水面高程；挑距计算的是水舌的内缘。

(4)美国规范和中国规范对于挑距估算公式是一致的，只是单位和计算挑距的位置不同。

下式是美国规范的计算公式：

$$X_H = h_e \sin 2\theta + 2\cos\theta[h_e(h_e \sin^2\theta + Y_1)]^{1/2} \tag{5-11}$$

式中 X_H——挑距，ft；

h_e——挑坎处总水头，ft；

Y_1——挑坎到下游水面距离，ft。

(五)挑距计算工程实例

下面以斐济南德瑞瓦图水电站工程为例，叙述挑流计算的过程。

根据工程运行要求，坝前水位在 1 000 年一遇洪水时，底孔关闭，上游水位不超过坝体。因此，在小于 1 000 年一遇洪水频率时，通过溢洪道弧形闸门的调节，保持水库水位不超过坝体。

根据模型试验和泄流分析，10 年一遇洪水流量为 785 m^3/s，底孔闸门关闭，溢洪道弧形闸门全开时，上游水位约为 523.79 m。

100 年一遇洪水流量 1 318 m^3/s，底孔闸门关闭，溢洪道弧形闸门全开时，上游水位约为 526.84 m。

挑流计算的一个重要因素就是流速的确定，流速取决于水头和流速系数。流速系数与水头、流量、流道的糙率和流道长度等有关。

根据挑距公式，南德瑞瓦图水电站工程的挑流计算见表 5-10。

六、冲坑深度估算

冲坑深度与单宽流量、上下游水位差、下游水深、下游河床抗冲能力、挑坎型式及入水前水舌消能率等有关，因此理论研究非常困难，一些计算公式均为经验公式。

中国《溢洪道设计规范》(SL 253—2000)A.4.2 给出了如下计算公式：

$$t = Kq^{0.5}H^{0.25} \tag{5-12}$$

式中 t——下游水面至坑底的最大水垫深度；

q——坎顶单宽流量；

H——上下游水位高差；

K——抗冲刷系数，本工程取 $K = 1.4$。

公式中计算出的深度 t 包括下游水深。

公式中最关键也最难确定的是河床岩石的抗冲系数 K，规范中根据大量工程经验给出了集中选择。建议在没有确切的地质资料时，尽量选大值。计算结果见表 5-10。

表 5-10　　挑距计算成果

参数	10 年一遇	100 年一遇	1 000 年一遇
坎顶高程(m)	508	508	508
坎顶宽度(m)	18	18	18
挑坎挑角 θ(°)	40	40	40
下游河床高程(m)	497	497	497
抗冲刷系数 K	1.4	1.4	1.4
上游洪水位(m)	523.79	526.84	529.5
相应下游水位(m)	505.26	507.99	510.19
上下游水位高差 H(m)	18.53	18.85	19.31
坎顶至下游水面高差 h_2(m)	2.74	0.01	-2.19
下游水深 H_2(m)	8.26	10.99	13.19
洪水相应下泄流量(m^3/s)	785	1 318	1 842
单宽流量 q($m^3/(s\cdot m)$)	43.611 11	73.222 22	102.333 3
鼻坎平均流速(m/s)	18.354 27	18.512 08	18.736 59
泄槽末端断面流速 v_1(m/s)	20.189 7	20.363 28	20.610 25
泄槽末端断面水深 h(m)	2.160 067	3.595 796	4.965 167
坎顶铅直方向水深 h_1(m)	2.819 768	4.693 979	6.481 565
挑距计算(m)	46.724	46.632	47.258
水垫深度计算(m)	19.182	24.962	29.688
冲坑深度计算(m)	10.922	13.972	16.498

七、与水工模型试验结果对比

(一)泄流能力的对比

在工程的可研阶段,对于主要泄水建筑物比较重要的工程都要进行水工模型试验,下面是南德瑞瓦图工程所做的水工模型试验的结果,见表 5-11。计算值与试验值的对比见图 5-7。

表 5-11　　水工模型试验结果

高程(m)	流量(m^3/s)	高程(m)	流量(m^3/s)
518	100	526	1 100
520	200	528	1 450
522	400	530	1 900
524	800		

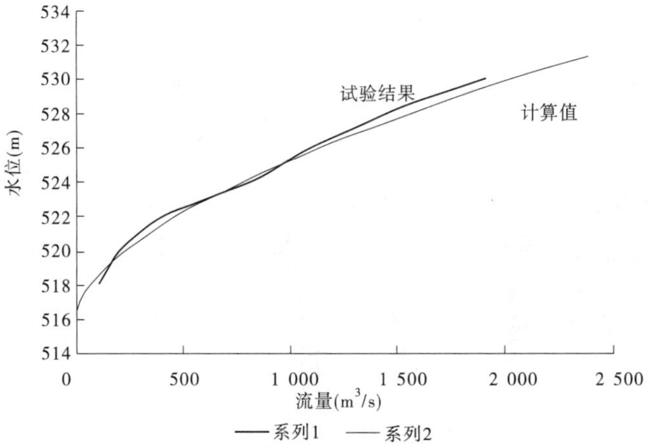

图 5-7　溢洪道泄流量试验值与计算值对比

(二)挑距结果对比

水工模型试验的挑距结果见表 5-12。

表 5-12　　水工模型试验的挑距结果

泄流量(m^3/s)	水位(m)	设定尾水位(m)	溢洪道尾水位(m)	水舌位置(m)
100	518.50	500.00	499.00	15～20
200	519.75	501.00	500.00	15～25
400	521.75	502.80	501.00	20～30
600	523.00	504.20	501.50	25～35
800	524.00	505.30	501.75	25～35
1 000	525.50	506.40	502.50	25～35
1 300	527.00	508.00	503.00	25～35
1 500	528.25	508.80	504.00	30～40

续表 5-12

泄流量(m^3/s)	水位(m)	设定尾水位(m)	溢洪道尾水位(m)	水舌位置(m)
1 850	529.75	510.20	505.00	30～40
2 000	530.50	510.80	506.00	30～40
2 300	530.50	512.00	507.50	30～40
2 500	530.50	512.50	508.50	25～40
2 800	530.50	513.80	508.50	25～40
3 150	530.50	514.60	508.50	0～40

从表 5-12 可以看出，挑流的挑距试验值小于计算值，主要原因是挑坎出口处的流速计算值和试验值有区别，试验测得流速最大为 14.5 m/s，根据这个流速计算的挑距为 31.36 m，和试验值比较吻合。由于挑流估算与很多因素有关，因此下游的防护范围宜按照试验的结果进行。

溢洪道的泄流能力计算结果和水工模型试验值接近，溢洪道能够满足洪水期间的泄流要求。挑流的挑距稍大于水工模型试验的结果，基本在合理的范围值之内。

由于水工模型试验没有做动床试验，没有冲坑深度的试验值，无法对比。冲坑深度的估算与其他工程相比，也在经验范围之内，但要根据现场坝址的河床岩石抗冲情况，调整下游的防护措施。目前，国内外的工程师对下游防冲设计的基本理念都是先冲后防，工程运行后，根据运行和冲刷情况对下游进行防护。

第四节　泄流底孔设计

一、底孔布置

高水头水电站的底孔布置原则与其他类型的工程相同，一般大坝设置底孔的目的有泄洪、排沙和放空水库等作用。南德瑞瓦图水电站工程底孔布置在右岸实体重力坝坝段和溢洪道坝段之间，坝段长 15 m，坝顶高程 530.50 m，基础高程 498.00 m，布置 2 孔泄流冲沙底孔，设置 1 道平板闸门，底孔尺寸 4.2 m×4.2 m，闸墩厚 2 m，边墩厚 1 m。

底孔底板高程 499.80 m，进口前设置混凝土铺盖，铺盖长 13 m，厚 500 mm。底孔的功能有洪水期冲沙、协助泄洪、施工期导流和放空水库。鉴于底孔出口水流流速达 23 m/s，故在下游增加了消力池，底板厚 50 cm，池长 20 m。

二、底孔的运行情况

库水位为 529.50 m 时的库容是 1 400 000 m^3，根据泥沙分析，水库年输沙量为 800 000 m^3，泥沙淤积高程 509.00 m。泥沙颗粒直径大于 0.3 mm 的沙粒沉降率是 100%，颗粒直径大于 0.1 mm 的沉降率是 90%。

根据业主提供的设计报告分析，得出以下结论：

(1)在1年一遇洪水(洪水流量185 m^3/s)下,通过底孔排沙,其排沙量占年平均输沙量的80% ~90%。

(2)根据入库洪水流量,1 ~2 h内泄流较快,当洪水流量达到200 m^3/s时,这时期可以冲沙。

(3)作为水库最低的冲沙要求,在1年一遇洪水(或者更大洪水)期间,要进行1次冲沙。水库运行时,根据洪水持续时间、入库泥沙量和实际的泥沙特性,在洪水流量大于70 m^3/s时,增加1 ~2次附加的冲沙。

当坝前泥沙淤积后,0.3 mm粒径的泥沙颗粒在来水量较大时可能由进水口进入机组,而最大的满足发电要求的来水量的数值难以确定,这与水库的地形、水流流态等有关,因此只能根据水库运行的实际情况,确定最大的满足发电要求的来水量是多少,并应根据实际运行经验进行调整。

三、泄流能力计算

(一)泄流计算公式

从底孔的运用要求看,只有底孔导流和放空水库时,底孔的水位才在低水位下运行,底孔泄流在水位较低时采用堰流公式计算,在高水位运行时,采用孔口出流计算。

根据美国《溢洪道水力设计规范》(EM1110 -2 -1603)中的堰流泄水能力计算公式,底孔低水位的泄流能力按下式计算:

$$Q = CL_e H_e^{1.5} \tag{5-13}$$

式中 Q——流量,ft^3/s;

L_e——计算宽度,本次计算取4.2 m;

H_e——作用水头,ft,计算高度取1.2 ×4.2 =5.04 m;

C——流量系数。

注意:

(1)美国规范中的流量计算,单位必须采用规范中规定的单位,为了和整个工程统一,在整理计算结果时再进行单位转化。

(2)这里流量系数C和中国规范中的流量系数不同,中国规范中的流量系数C为无量纲系数,而美国规范中的C为有量纲系数。

(二)有压流计算公式

当底孔在高水位运行时,底孔为有压流,按照美国《水力设计手册》(HDC)中HDC 320 -1中公式计算流量和流量系数:

$$Q = CG_0 B\sqrt{2gH'} \tag{5-14}$$

式中 C——流量系数(考虑侧收缩系数);

G_0——孔口高,取4.2 m;

B——孔口宽度,取4.2 m;

H'——水头。

流量系数与闸门的开启度有关。计算结果见表5-13和图5-8。

表 5-13　　底孔流量与水位关系表

水位(m)	流量(m^3/s)	水位(m)	流量(m^3/s)
499.8	0	516	388.00
500	1.06	518	411.54
502	38.85	520	433.80
504	102.48	522	454.98
504.8	133.12	524	475.21
506	237.60	526	494.61
508	274.36	528	513.28
510	306.74	530	531.30
512	336.02	532	548.72
514	362.94	534	565.61

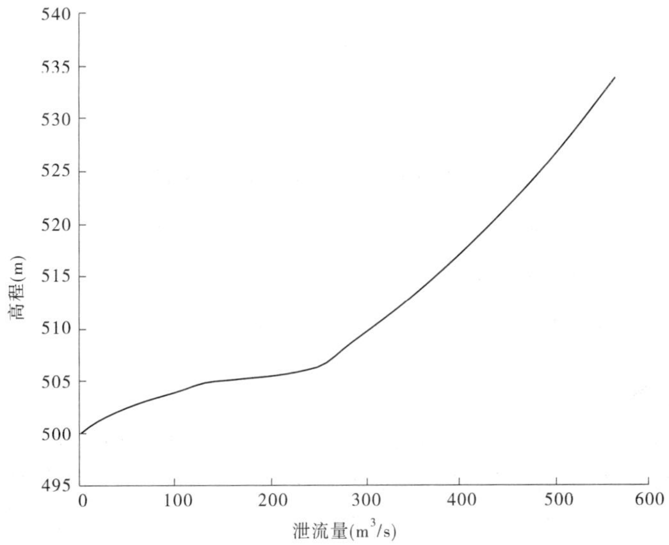

图 5-8　底孔水位与流量关系曲线

南德瑞瓦图水电站工程在前期研究期间，完成了水工模型试验成果报告，下面是试验结果，见表 5-14，试验值与计算值对比见图 5-9。

表 5-14　底孔流量与水位关系曲线(试验值)

水位(m)	流量(m^3/s)	水位(m)	流量(m^3/s)
516	360	524	470
518	400	526	490
520	440	528	520
522	455	530	560

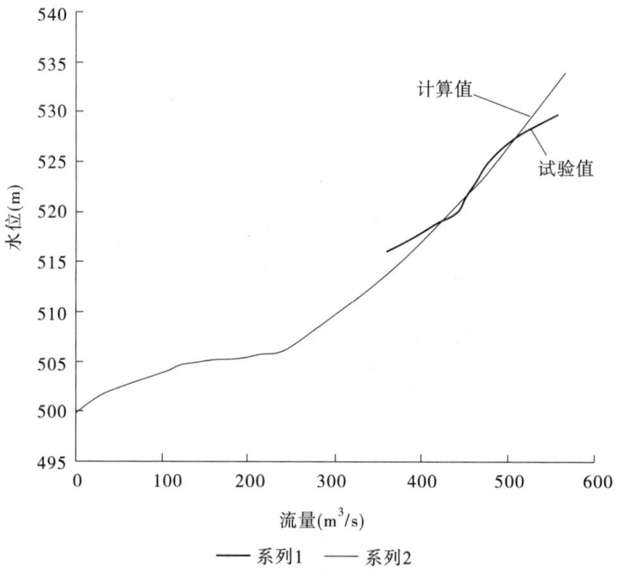

图 5-9　底孔泄流量试验值与计算值对比

试验结果在水位 516.00 m 以下没有结果,由于堰顶高程 516.4 m 以下部分,只是利用底孔放空水库用,所以计算其流量意义不大。

四、底孔消力池消能计算

(一)水位的确定

对于底孔下游,在 1 000 年一遇洪水时,下游水位为 510.19 m,属于淹没出流,底孔出口底板高程为 499.80 m,有 10.39 m 的淹没水深。在 100 年一遇洪水时,下游水位为 507.99 m,下游淹没水深 8.19 m。在 10 年一遇洪水时,下游水位 505.26 m,淹没水深 5.46 m,以上洪水均为淹没出流。底孔下游的消能,计算时主要是考虑频率大于 10 年一遇的洪水,因此按照 10 年一遇的洪水水位进行设计。

遇见 10 年一遇洪水时,有两种情况:

(1)一种是水位保持 529.50 m 高程,利用底孔(底孔排沙)和溢洪道进行调节(底孔关闭)。

(2)另一种是溢洪道闸门开启,进行敞泄。

当然,各个工程的底孔运行各不相同,这主要根据工程的运行要求确定。

（二）计算公式

关于消力池的计算，中国规范与美国规范有些区别，南德瑞瓦图水电站工程则按照美国规范进行设计。根据美国规范 HDC124－1/1 中的计算公式，假定底孔出口边坡为 4∶1（水平长∶垂直高），按下式计算：

$$d_2/d_1 = (\sqrt{1+8Fr^2}-1)/2 \tag{5-15}$$

$$Fr = v/\sqrt{gd_1} \tag{5-16}$$

式中　d_1——出口断面水深；

d_2——水跃高度；

Fr——佛汝德数；

v——出口流速。

（三）池深和池长的确定

根据上面的公式，按照 10 年一遇洪水计算如下：

$v=0.95\times\sqrt{2gH}=0.95\times\sqrt{64.4\times(529.5-499.8)\times3.28}=75.25$(ft/s)

$Fr=3.57$

$d_2/d_1=(\sqrt{1+8Fr^2}-1)/2=4.57$

对于出口断面水深，本阶段先按孔口高度 4.2 m 计算，$d_2=19.194$ ft(5.85 m)。

根据美国规范 EM1110－2－1602，消力池长度可以选 $3d_2$，即 57.57 ft，但对于岩石河床，可以取 $2.5d_2$。

由于泄洪时下游水位较高，下游底板高程 498.00 m，低于底孔底板 1.8 m，10 年一遇洪水下游水位 505.26 m，淹没水深 7.46 m，因此洪水淹没了水跃，高速水流在消力池内得到很好的消能效果。但考虑底孔在小流量时，下游水位较低，不会形成完全淹没，因此在消力池下游设置 1 m 高的尾坎。

（四）计算结果分析

（1）底孔的泄流能力计算结果和水工模型试验值接近，溢洪道能够满足洪水期间的泄流要求。

（2）从泄流曲线看，在水位 520.00 m 以下，试验值大于计算值，而在 520.00 m 以上，计算值略大于试验值，主要是因为计算值中流量系数随着水头的增加逐渐减小。

（3）水工模型试验没有底孔下游消能的相关数据，根据工程底孔运行的特点，从理论上的计算分析，在洪水期底孔下游的水跃基本属于淹没水跃，但在底孔出口处依然有较大的水流冲刷，因此在底孔出口下游增设消力池，通过计算，其长度可以和溢洪道下游面平齐。

第五节　坝体稳定及应力计算

挡水建筑物在坝址、坝型选定之后，对于重力坝坝型来说，重要的就是断面设计。重力坝的结构实质上就是个悬臂结构，依靠断面上的抗剪断强度保持大坝的稳定，因此坝体的稳定及结构计算，就是验算坝体的抗滑稳定及坝体基础的应力，确保坝体稳定安全。

坝体的安全系数取决于坝体所受到的水平推力与建基面上的总抗滑力的比值大小，一般情况下，水平推力的计算比较明确，根据水力学，水体对坝体的水平推力就是按照三角形分布。而问题在于如何确定建基面的抗滑力，进一步讲，就是如何计算建基面混凝土与岩石之间的抗滑力。实际上，这个抗滑力包括了两部分，一部分是混凝土与基岩之间的凝聚力，也就是在坝基法向应力为0时的抗剪断强度，另一部分是由于法向应力与混凝土之间产生的所谓摩擦力，这决定于坝基面上坝体与混凝土之间的摩擦系数。

一、荷载

作用在坝体上的荷载分为两类，一类是自重，包括水重、坝体自重及设备重，这类荷载比较明确；另一类是不太确定的荷载，需要一些假定和工程特性进行判断的荷载，如扬压力、风浪压力、泥沙压力、地震荷载和温度荷载等。

一般情况下，坝体稳定分析考虑以下荷载：

（1）自重荷载。

（2）上下游水压力。

（3）扬压力。

（4）泥沙压力。

（5）地震荷载。

对于南德瑞瓦图水电站工程，详细的荷载计算如下：

（1）自重荷载：死荷载基于坝体混凝土容重 24 kN/m^3。

（2）水压力：水压力计算根据静水压力计算。

（3）扬压力：考虑帷幕和排水作用，扬压力折减系数按 0.25 计算。假定地震期间扬压力不变。

（4）泥沙压力：泥流动容重 14 kN/m^3，饱和容重 19 kN/m^3。

（5）地震荷载：用拟静力法进行估算，水平系数乘 2/3 地震峰值，如：

基本设计地震（OBE）$=2/3\times0.13g=0.09g$

最大设计地震（MDE）$=2/3\times0.37g=0.25g$。

（一）地震惯性力的计算

根据美国《重力坝设计规范》（EM1110－2－2200），采用拟静力法计算实体重力坝水平向总地震惯性力，沿建筑物高度作用于质点水平向地震惯性力代表值可按下式计算：

$$P_{e_x}=Ma_x=\frac{W}{g}\alpha g=W\alpha \tag{5-17}$$

式中 P_{e_x}——水平地震荷载；

M——坝体质量；

a_x——地震加速度；

W——坝体重量；

g——重力加速度；

α——地震系数。

（二）地震动水压力

采用拟静力法计算地震作用效应时，水平向地震动水压力的代表值可按下式计算：

$$P_{e_w} = \frac{2}{3}C_e(\alpha)y(\sqrt{hy}) \tag{5-18}$$

式中　P_{e_w}——水深 y 处总的附加水压力；

C_e——与水深和地震周期有关的系数；

h——水库总水深。

转化为公制规范：

$$P_e = \frac{2}{3}BH_0^2C_e\frac{\alpha}{g}\gamma_W \tag{5-19}$$

$$C_e = \frac{0.818}{\sqrt{1-0.0075\left(\frac{H_0}{100t_e}\right)^2}} \tag{5-20}$$

式中　P_e——动水压力，kN；

B——坝体宽度，m；

H_0——水深，m；

γ_W——水容重，kN/m^3；

C_e——系数；

t_e——地震周期，采用 $t_e=0.5$ s。

关于地震荷载，计算比较复杂，这里不再详细介绍，有专业的设计手册可以参考。

对于混凝土重力坝，温度荷载都要进行专门的研究，根据坝体的布置、结构、施工等综合考虑，采取温控措施，在抗滑稳定分析中不直接考虑这种荷载。

二、荷载组合

不是所有的荷载都会同时作用在坝体上，设计中，要根据这些荷载同时出现的概率进行组合。荷载组合一般分为基本组合、非常组合及极端组合。中国的规范中，没有要求极端组合；国外规范也是不同的国家和地区采用的组合工况不同，有的要求考虑极端组合，有的不要求考虑极端组合。

斐济南德瑞瓦图水电站工程在进行抗滑稳定计算时，考虑的荷载组合与国内规范规定的不完全相同，主要考虑如下工况：

(1)工况1——完建期(非常工况)：荷载包括自重。

(2)工况2——正常运行工况(基本工况)：荷载包括自重、水压力、扬压力和泥沙压力。

(3)工况3——洪水期(非常工况)：荷载包括自重、相应于300年一遇洪水位的水压力、扬压力和泥沙压力。

(4)工况4——施工期地震(极端工况)：荷载包括自重、基本设计地震荷载(OBE)，水平加速度向上游，无水压力。

(5)工况5——正常蓄水位+地震(UN)：荷载包括自重、水压力、扬压力、泥沙压力和基本设计地震荷载(OBE)。

(6)工况6——正常蓄水水位+地震(极端工况)：荷载包括自重、水压力、扬压力、泥沙压力和最大设计地震荷载(MDE)。

(7)工况7——上游最大水位+最大设计地震(极端工况):荷载包括自重、水压力、扬压力、泥沙压力和最大设计地震荷载(MDE)。

(8)工况8——最大可能洪水(PDF)(极端工况):荷载包括自重、水压力、扬压力和泥沙压力。

三、计算公式

(一)抗滑稳定安全计算

抗滑稳定安全计算有两种计算方法:一种是抗剪断计算公式;另一种是纯摩公式。各个国家设计规范对于安全系数的规定也不相同。

抗滑稳定抗剪断按下式进行复核计算:

$$F.S. = \frac{(W-U)f' + c'A}{H} \tag{5-21}$$

式中 W——由混凝土自重、水重地震等引起的垂直向的力总和;

U——垂直向上的力总和;

f'——摩擦系数;

c'——凝聚力;

H——上下游水压力、泥沙压力、地震荷载等水平力的总和;

A——基底面积。

(二)抗浮安全计算

抗浮安全系数按下式计算:

$$F.F. = \frac{W}{U} \tag{5-22}$$

(三)坝体基底应力计算

采用材料力学法,对基底应力进行计算:

$$\sigma_{\min}^{\max} = \frac{\sum V}{d}\left(1 \pm \frac{6e}{d}\right) \tag{5-23}$$

$$e = \frac{d}{2} - \frac{\sum M}{\sum V} \tag{5-24}$$

式中 σ——基底应力,kPa;

$\sum V$——垂直力总和,kN;

d——基底宽度,m;

e——偏心距;

$\sum M$——力矩总和,kN · m,$\sum M = \sum M_1 - \sum M_2$;

$\sum M_1$——对于O点的正力矩,kN · m;

$\sum M_2$——对于O点负力矩,kN · m。

四、结果汇总及分析

初步计算结果汇总见表5-15。

表 5-15　　稳定计算成果表

工况	抗滑安全系数 F. S.	抗浮安全系数 F. F.	下游应力 (kPa)	上游应力 (kPa)	平均应力 (kPa)
工况 1	—	—	1 703.4	-765.3	469.0
工况 2	2.88	3.0	566.1	59.7	312.9
工况 3	2.55	1.66	91.5	282.2	186.8
工况 4	—	—	1 637	-699.0	469.0
工况 5	2.3	3.0	466.2	159.7	312.9
工况 6	1.7	3.0	288.5	337.4	312.9
工况 7	3.2	1.82	238.5	183.0	210.7
工况 8	2.54	1.62	-56.4	416.2	179.8

在竣工、正常运行、非常洪水和地震荷载工况下，建议的坝体断面有充分的安全稳定系数。在最大可能洪水(PMF)条件下，水位超过坝体 1 m，坝体保持稳定。

实际上，现在大多数工程都是按照抗剪断公式验算抗滑稳定，但关键的 2 个参数 c'、f'值的选取尤为重要。规范中规定，不分坝的等级，均采用相同的安全系数，理论上讲，对于重要的大坝应该取较大的安全系数，但安全系数越高，投资越大。另外，不管坝的大小，失事后都会对下游人民财产造成损失，因此不管大小坝，要求相同的安全系数也是合理的。

坝体抗滑稳定还有另外一种计算公式，就是纯摩公式，但这个公式完全忽略了凝聚力 c 值的影响，包含了潜在的安全裕度，因此计算的安全系数只是一个指标，不能代表真正的抗滑安全系数，有些国家不建议采用此公式计算抗滑稳定，但中国《重力坝设计规范》(SL 319—2005)规定 2 种计算方法均可。这 2 种计算方法一直存在争议，但设计工程师还是习惯于采用抗剪断公式计算，并用纯摩公式校核。

事实上，在重力坝的断面设计中，断面是由应力控制还是由安全系数控制，要根据具体的工程情况而定。对于高坝，由于基础应力较大，一般需要较大的断面来承担坝体自重荷载和水压力，而对于低坝，应力一般都会满足要求，这些控制因素往往是安全系数，控制重力坝断面设计。有时虽然计算的抗剪稳定安全系数值满足规范要求，但由于计算值受凝聚力 c'值的影响较大，c'的取值存在较大的不确定性，因此断面设计需要考虑多方面的综合因素。

第六节　坝体的细部结构设计

一、廊道设计

在拦河坝内，为了进行检查、灌浆、坝体监测等工作，以及满足坝体排水和交通要求，需要在坝体内布置一个排水、交通廊道，体型为城门洞形，下部为矩形，上部为半圆形，尺寸为2.5 m×3 m。廊道由左岸向右岸，廊道底板高程508.00 m，在底孔坝段通过台阶抬高到519.50 m，在右岸通往坝的下游面，为了防止闲杂人员进入廊道，在进口处设置安全栅栏门。

一个直径300 mm的通气孔，从廊道到坝顶，保证了廊道内空气循环，孔的位置布置在左岸实体重力坝段，在即将达到坝顶时，出口弯转到下游侧。

在高程513.60 m的供水管处设置一个通往阀室的通道，阀室是为供水阀的检修、维护等而设置的。

在溢洪道坝段，高程508.00 m的廊道下游侧，设置一个排水阀室，通过排水沟收集从廊道内的下游边缘侧钻排水孔的水流，集中在一个集水池，靠自流排往下游面，进口处设置止回阀。

廊道内布置有排水孔，孔口设置渗压计，排水沟设置在下游侧，尺寸为300 mm×300 mm，在距离排水阀室前后设置有量水堰，用以监测基础渗流情况。

廊道内布置有照明设施。

二、坝体止水设计

在坝体横缝上布置2道止水，外侧布置铜止水，内侧布置PVC止水。止水距离上游面1 m，铜止水与PVC止水间距700 mm。

坝缝底部水平止水设置一道PVC止水，距离基础500 mm，下游侧坝缝处止水高程达到最高洪水位以上。

过水溢洪道分缝处，设置一道PVC止水，距离表面500 mm。止水与堰面连接处要与弧形闸门底部二期混凝土连接，埋入底部二期混凝土内。

垂直止水需要进入基岩，在基础上设置止水槽，止水槽深度500 mm，底宽1 500 mm，边坡1:1，回填素混凝土埋设止水。

溢洪道下游护坦分缝处设置PVC止水。

铜止水的厚度为1.2 mm，宽度400 mm。PVC止水的抗拉强度达到12.5 MPa，承担水头大于60 m。

铜止水与PVC止水之间采用M6螺栓连接，螺栓间距90 mm。铜止水之间采用焊接连接，PVC之间采用热连接。

三、坝体分区设计

大坝混凝土材料分区主要考虑设计上对材料的要求，根据大坝的工作条件、气候特征等，分别满足耐久性和浇筑时混凝土良好的和易性等要求，主要按照以下原则：

(1)根据坝体各部位的工作条件和应力状态，合理利用混凝土性能。

(2)尽量减少混凝土分区数量。

(3)工作条件相同或近似的混凝土，尽量采用同一种混凝土材料指标。

(4)尽量减少对施工的干扰，有利于提高施工进度，便于施工质量控制。

根据以上原则，大坝混凝土主要分为坝体外部有抗渗要求的混凝土、坝体内部大体积混凝土、坝体基础混凝土、溢流堰表面和底孔表面的抗冲磨混凝土和闸墩等的结构混凝土。

南德瑞瓦图水电站工程混凝土配合比见表5-16。

四、坝体分缝和温度控制设计

(一)坝体分缝

混凝土重力坝的尺寸和体积巨大，属于典型的大体积混凝土，其显著特点就是温度控制和温度应力问题，原因是在水泥凝固过程中发生大量的热，使混凝土温度急剧升高，然后再逐渐冷却收缩，便产生了体积的变化和温度应力，从而导致坝体产生裂缝。

为了防止坝体开裂和满足施工要求，需要对坝体进行分缝。横缝的间距取决于浇筑混凝土及控制温度的能力与结构布置上的需要，同时还要考虑由于收缩和温度变化所产生的体积变化和由此产生的裂缝。根据中国大坝的设计经验，横缝间距一般采取15～20 m，美国规范要求14～15 m。

沿坝轴线方向设置6个横缝，从左向右将大坝分为7个坝段：左岸2个实体坝段，坝段长度分别为9.425 m和10 m；2个溢流坝段，每段长度14 m；1个底孔坝段，长度15 m，右岸2个实体坝段，长度分别为13.4 m和12.01 m。

南德瑞瓦图水电站工程在可研设计时，坝体横缝设置的间距较小，结合坝体泄流和工程施工情况，施工期间设计对其进行了调整，合并了溢洪道上的2个横缝，只保留中间溢洪道上的1个横缝。

(二)温度控制措施

重力坝的温度控制措施有很多，一般要根据工程的具体情况选用，多种措施综合选用，南德瑞瓦图水电站工程采取的主要措施有：

(1)选择合适的混凝土强度等级、级配、水泥用量和品种，尽量减少水化热温升，在满足各项要求的条件下，利用外加剂，降低水泥用量。

(2)采用合适的坝型和分缝分块型式，以适应温控要求；尽量减小浇筑块施工。

(3)预冷骨料，降低浇筑温度。

(4)采取薄层浇筑和适当的间歇，以加速水化热散发，降低最高温升。

表 5-16　南德瑞瓦图水电站工程混凝土配合比

序号	水泥品种	混凝土强度 R_{28}(MPa)	配合比 (C: S: G)	水灰比 (W/C)	粉煤灰含量 $F/(F+C)$ (%)	塌落度 (mm)	每方混凝土特征(kg/m³) 水泥	细骨料 0~4.75 (mm)	粗骨料(mm) 4.75~19	粗骨料(mm) 19~37.5	粗骨料(mm) 37.5~63	水	JF-1减水剂重量(掺量0.6%)	适用部位
1	GB	12	1:3.09:4.75	0.60	38	50~70	260	803	494	740	0	156	1.56	垫层混凝土
2	GB	12	1:3.14:5.99	0.60	33	50~70	230	723	413	413	551	138	1.38	
3	GB	15	1:2.56:4.11	0.52	37	50~70	300	768	493	739	0	156	1.80	
4	GB	15	1:2.63:5.24	0.52	32	50~70	263	692	414	414	552	137	1.58	
5	GB	20	1:2.24:3.00	0.47	41	50~70	362	811	1 085	0	0	170	2.17	大体积混凝土不暴露在空气中的结构混凝土
6	GB	20	1:2.21:3.88	0.47	35	50~70	326	721	505	757	0	153	1.95	
7	GB	20	1:2.20:4.82	0.47	30	50~70	291	641	421	421	562	137	1.75	
8	GB	26	1:1.92:3.52	0.43	34	50~70	358	689	504	756	0	154	2.15	大体积混凝土不暴露在空气中的结构混凝土
9	GB	26	1:1.90:4.38	0.43	29	50~70	321	611	421	421	562	138	1.93	
10	GB	32	1:1.79:2.50	0.40	40	50~70	428	765	1 067	0	0	171	2.57	结构混凝土
11	GB	32	1:1.77:3.23	0.40	34	50~70	385	681	498	747	0	154	2.31	
12	GB	15	1:2.41:2.42	0.50	48	140~160	380	914	920	0	0	190	2.28	垫层混凝土
13	GB	15	1:2.41:3.13	0.50	42	140~160	346	833	434	651	0	173	2.08	
14	GB	20	1:2.13:2.23	0.46	47	140~160	413	880	923	0	0	190	2.48	大体积混凝土不暴露在空气中的结构混凝土
15	GB	20	1:2.13:2.89	0.46	41	140~160	376	802	435	652	0	173	2.26	
16	GB	32	1:1.59:1.80	0.38	45	140~160	505	802	911	0	0	192	3.03	结构混凝土
17	GB	32	1:1.58:2.34	0.38	39	140~160	461	730	430	645	0	175	2.76	
18	GB	40	1:1.50:2.17	0.35	39	10~30	486	726	1 056	0	0	170	2.91	预制混凝土

五、溢洪道边墙结构分析

（一）溢洪道的边墙布置

斐济南德瑞瓦图水电站工程处于地震高发区，溢洪道边墙作为大坝的主要受力结构，关系着大坝的整体安全，其结构设计引起设计人员的高度重视，设计的合理性对溢洪道的安全运行起着重要的作用。

溢洪道坝段位于左岸实体重力坝坝段的右侧，总长 28 m，分 2 个坝段，布置 3 孔溢洪道，设置 3 个弧形闸门，闸门尺寸 6 m×14.1 m。溢流堰堰顶高程 516.40 m，溢洪道净宽 6 m，中墩厚 3 m，边墩厚 2.5 m，闸墩顶高程 533.50 m。边墙最大高度 28.944 m，其横剖面图见图 5-10。

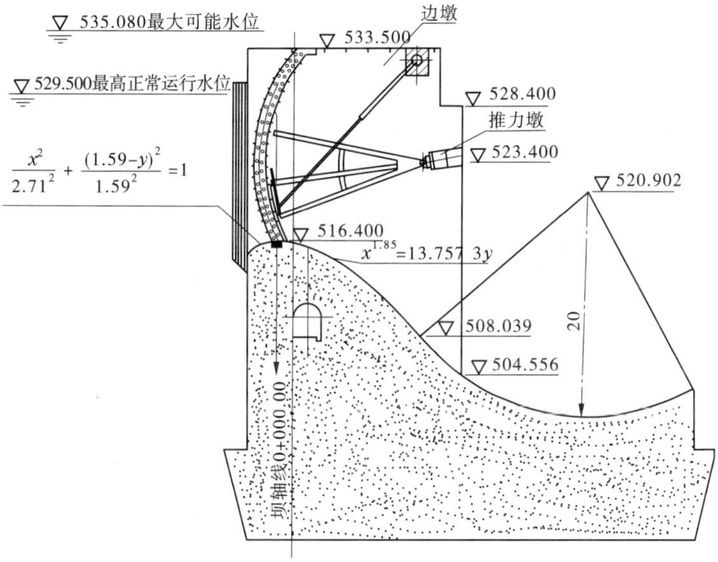

图 5-10　结构横剖面图（单位：m）

（二）荷载及荷载组合

溢洪道边墙承受的荷载主要包括自重、水压力、闸门牛腿推力及地震荷载等。计算中考虑的荷载组合有正常运行工况、极端洪水位工况及极端地震工况，其中极端地震工况采用拟静力法和振型分解反应谱法进行分析计算，荷载组合见表 5-17。

表 5-17　荷载组合

荷载组合效应	工况	水位（m）	水压力	牛腿推力	最大设计地震（MDE）	说明
正常	工况 1	529.5	√	闸门关闭状态	—	闸门关闭
非正常	工况 2	529.5	√	正常启闭		闸门一边有水一边无水
极端情况（拟静力法）	工况 3	529.5	√	闸门关闭状态	√	闸门关闭，地震为垂直边墙方向
极端情况（反应谱法）	工况 4	529.5	√	闸门关闭状态	√	闸门关闭，地震为垂直边墙方向
极端洪水工况	工况 5	534.5	√	正常启闭	—	闸门一边有水一边无水

(三)边墙模态分析

采用大型通用软件 ANSYS 对边墙进行模态分析，简化的模型见图 5-11，边墙与底板大体积相交部位为全约束，大坝上下游为 x 轴，大坝左右侧为 z 轴，垂直向上为 y 轴，采用 SHELL93 壳体单元进行网格划分。

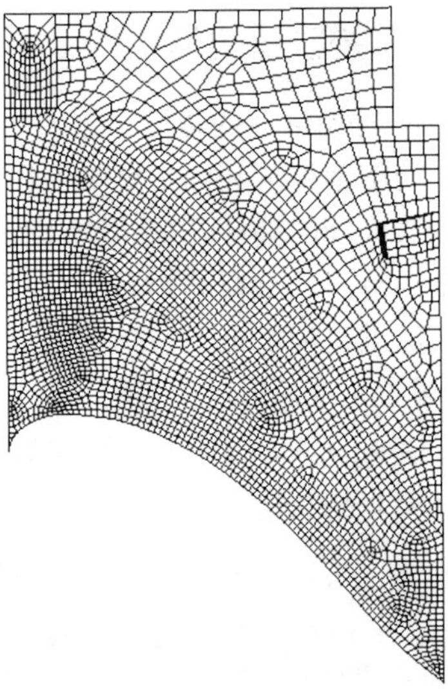

图 5-11　边墙计算模型

振型分析作为拟静力法和振型分解反应谱法的基础，拟静力法采用第一振型进行分析计算，振型分解反应谱法须满足一定振型数量的要求进行分析计算。通过分析，溢洪道边墙振型的频率见表 5-18，第一、第二、第三振型见图 5-12 ~ 图 5-14。

第一振型以 z 轴方向平动为主的振型，第二振型为绕 y 轴扭转为主的振型，第三振型以 x 轴方向平动为主的振型，从这 3 个振型来看，基本符合边墙结构刚度的空间分布。

表 5-18　边墙振型频率

序号	频率	序号	频率	序号	频率	序号	频率	序号	频率
1	3.75	9	50.79	17	86.95	25	123.90	33	148.18
2	8.51	10	51.01	18	88.73	26	124.61	34	150.50
3	17.47	11	60.17	19	92.19	27	125.53	35	153.03
4	18.61	12	66.38	20	102.34	28	129.51	36	154.85
5	27.69	13	71.57	21	105.95	29	132.48	37	160.55
6	31.15	14	78.86	22	107.23	30	139.90	38	161.78
7	39.87	15	80.28	23	112.26	31	141.16	39	164.75
8	41.81	16	82.03	24	113.97	32	141.84	40	171.89

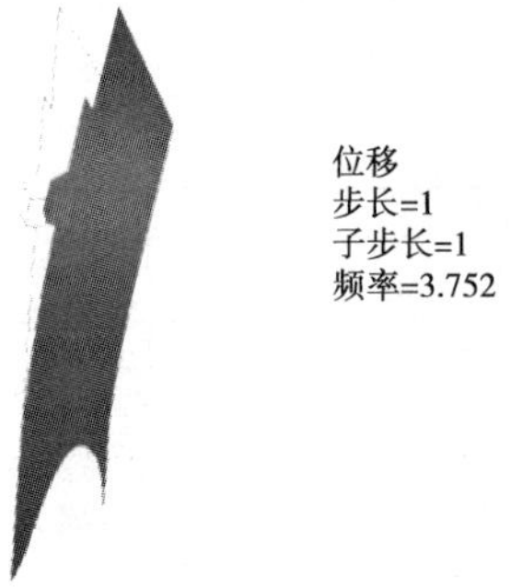

图 5-12　第一振型

图 5-13　第二振型

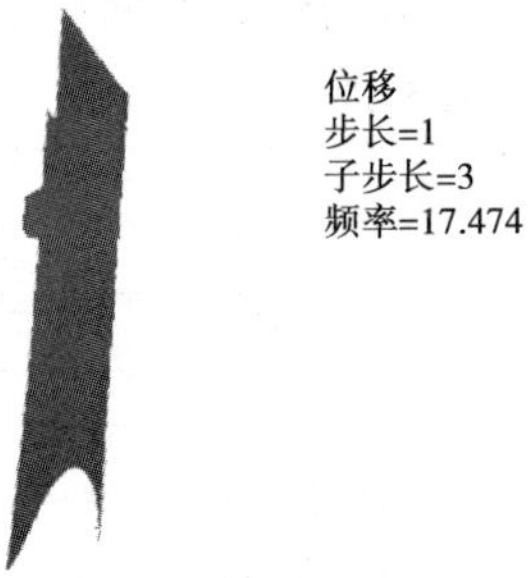

图 5-14　第三振型

(四)拟静力法

依据新西兰《结构设计规范》(NZS1170.5:2004),结构总水平地震作用标准值 V 公式为:

$$V = C_d(T_1)W_t \tag{5-25}$$

$$C_d(T_1) = \frac{C(T_1)S_p}{k_\mu} \tag{5-26}$$

$$S_p = 1.3 - 0.3\mu \tag{5-27}$$

$$k_\mu = \frac{(\mu - 1)T_1}{0.7} + 1 \tag{5-28}$$

$$W_i = G_i \tag{5-29}$$

式中　$C_d(T_1)$——极限承载能力下相对应于结构第一自振周期的水平地震影响系数;

W_i——结构等效质量;

$C(T_1)$——由结构第一自振周期根据现场弹性场地反应谱确定;

S_p——结构性能因素;

k_μ——非弹性结构反应谱放大系数;

μ——结构的延展性;

G_i——各高程的结构自有质量。

拟静力计算中,各高程的水平地震作用标准值 F_i 公式为:

$$F_i = F_t + 0.92V\frac{W_ih_i}{\sum_{i=1}^{n}(W_ih_i)} \tag{5-30}$$

$$F_t = 0.08V \tag{5-31}$$

式中　F_i——顶部附加作用力。

$0.92V\frac{W_ih_i}{\sum_{i=1}^{n}(W_ih_i)}$可以按照边墙的高度线性施加在边墙上,公式为

$$\overline{F} = 0.92V \times 2\{y\}/h^2 \tag{5-32}$$

式中　$\{y\}$——均布力 $\overline{F}$ 作用点;

h——边墙的高度。

(五)振型分解反应谱

该方法中依据 $C_d(T)$ 反应谱进行分析,结构的阻尼系数取为 0.05,采用完全方根组合 CQC 方法。规范 NZS1170.5:2004 规定,计算振型数应使各振型参与质量之和不小于总质量的 90%,根据计算,z 方向前 40 振型各振型参与的有效质量总和为 2 254 760 kg,结构总质量为 2 423 600 kg,这样振型参与质量之和为 93.03%。

通过各工况的计算,得出边墙的内力分布,例如工况 3 下的 x 方向和 y 方向的弯矩图见图 5-15 和图 5-16,然后依据 EM1110－2－2104 及 ACI318 进行承载力极限状态的配筋计算,使结构配筋合理。

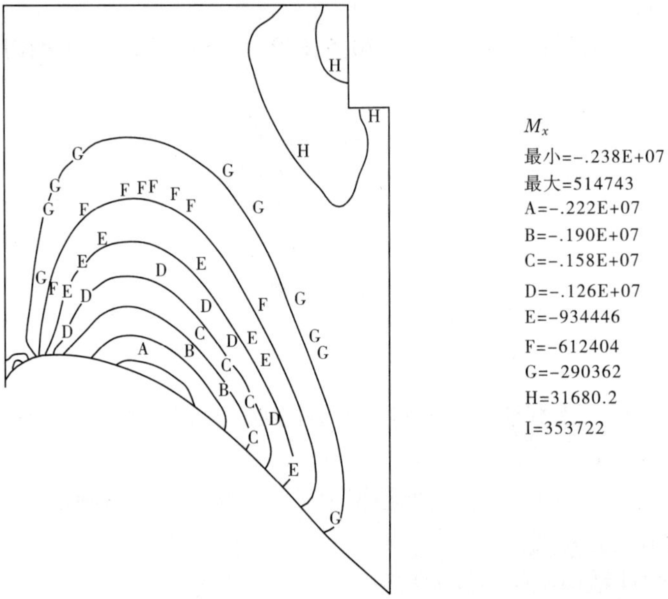

图 5-15　工况 3 下 x 方向的弯矩值（单位：N·m）

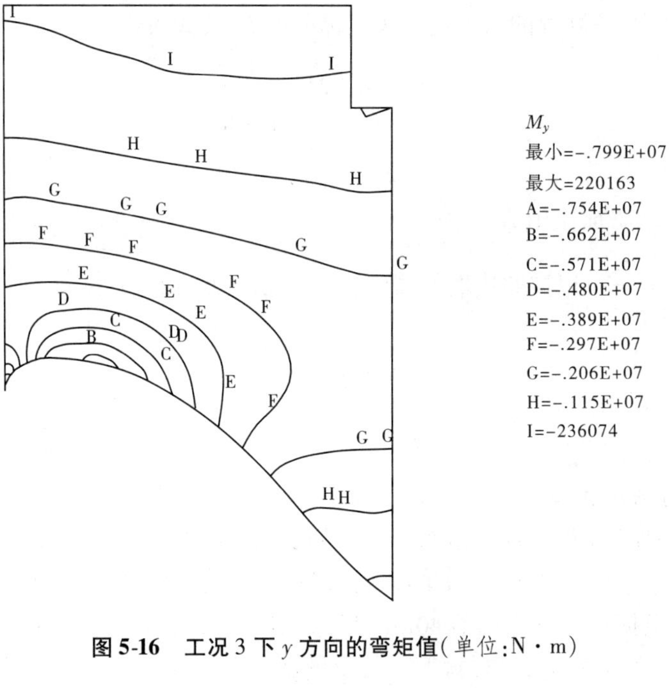

图 5-16　工况 3 下 y 方向的弯矩值（单位：N·m）

六、溢洪道弧门支座受力分析

（一）溢洪道支座的布置

溢洪道弧门支座是支承溢洪道弧形闸门，将作用于闸门上各种荷载传给闸墩的重要受力构件。如何准确分析各工况下弧门支座的受力情况，是弧门支座设计的一个难点。

以往的工程都是根据工程经验选配钢筋，在边墙上，以支座为圆心，布置放射形的加强钢筋。斐济南德瑞瓦图水电站工程的溢洪道弧门支座布置在边墙和中墩上，中心高程为523.40 m，混凝土支座，尺寸为1 800 mm×2 800 mm，厚600 mm。

(二)荷载及荷载组合

作用在支座上的荷载包括自重、水压力、弧门提升力、支座反力和地震荷载等。溢洪道弧形闸门设计考虑以下12种工况，见表5-19。

表5-19　溢洪道弧形闸门荷载组合

工况	闸门位置	工况描述	工况类型	荷载表达式
1a	关闭	正常水位	正常组合	$H_f \times 1.7 \times P$
1b	关闭	正常水位	正常组合	$H_f \times 1.7 \times P$
2a	初始开启	正常水位	正常组合	$H_f \times 1.7 \times P$
2b	初始开启	最高水位	非常组合	$H_f \times 1.1 \times P$
3a	关闭	正常水位+OBE	极端组合	$H_f \times 0.75 \times 1.4 \times P$
3b	关闭	正常水位+MDE	极端组合	$H_f \times 0.75 \times 1.0 \times P$
4	启门卡阻	正常水位	非常组合	$H_f \times 1.4 \times P$
5	单臂启门	正常水位	非常组合	$H_f \times 1.4 \times P$
6a	关闭	最高水位	非常组合	$H_f \times 1.1 \times P$
7	敞开	飓风自0°角方向	极端组合	$H_f \times 0.75 \times 1.4 \times P$
8	敞开	飓风自45°角方向	极端组合	$H_f \times 0.75 \times 1.4 \times P$
9	敞开	飓风自90°角方向	极端组合	$H_f \times 0.75 \times 1.4 \times P$

注：P为荷载标准值；H_f为水利系数，对于直接承受拉力的结构构件，取值1.65，其他情况下取值1.3。

(三)计算简图及荷载标准值

弧门支座简图见图5-17。

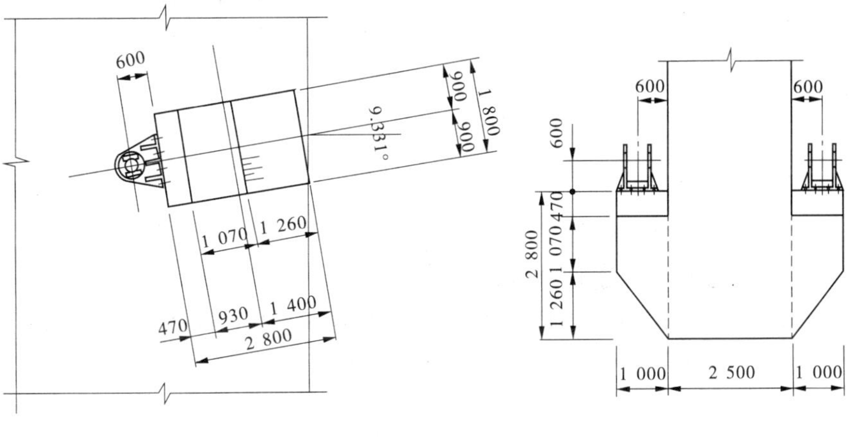

图5-17　弧门支座简图(单位：mm)

各荷载工况下作用于弧门上的荷载标准值列于表5-20。

表5-20 弧形闸门荷载标准值 (单位:kN)

工况	H_s	H_o	D	E_1	E_2	Q_1	Q_2	F_s	W_1	W_2	W_3
1a	5 370.7	—	557.7	—	—	107	—	—	—	—	—
1b	5 370.7	—	557.7	—	—	—	860.4	—	—	—	—
2a	5 370.7	—	557.7	—	—	—	—	103.6	—	—	—
2b	—	9 047.2	557.7	—	—	—	—	115.3	—	—	—
3a	5 370.7	—	557.7	1 234.7	—	—	—	—	—	—	—
3b	5 370.7	—	557.7	—	3 514.1	—	—	—	—	—	—
4	5 370.7	—	557.7	—	—	—	—	—	—	—	—
5	5 370.7	—	557.7	—	—	—	—	103.6	—	—	—
6a	—	9 047.2	557.7	—	—	—	—	—	—	—	—
7	—	—	557.7	—	—	—	—	—	213.2	—	—
8	—	—	557.7	—	—	—	—	—	—	213.2	—
9	—	—	557.7	—	—	—	—	—	—	—	32.0

注:H_s 为正常水位529.8 m下作用于弧门上的净水压力合力;H_o 为最高水位534.5 m下作用于弧门上的净水压力合力;D 为弧门自重;E_1 为基本运行地震力;E_2 为最大设计地震力;Q_1 为正常水位下液压系统启门力;Q_2 为最高水位下液压系统启门力;F_s 为弧门密封条摩擦力;W_1 为0°角方向(垂直于弧门面板)风压力;W_2 为45°角方向风压力;W_3 为90°角方向风压力。

(四)典型工况受力分析

安装在弧门支座上的弧形闸门作为一个绕转轴转动的机构,在各工况条件下,均需维持一个刚体平衡状态。由于各工况下外荷载作用形式、大小、方向均不相同,因而作用在弧门支座上的合力效应也各不相同。

根据刚体极限平衡原理,将弧门支座反力视作弧形闸门的外荷载,则作用于弧形闸门上的所有外力维持一个刚体极限平衡状态,即力的平衡和力矩的平衡:

$$\begin{cases}\sum F_i = 0 \\ \sum T_i = 0\end{cases} \tag{5-33}$$

式中 F_i——作用力总和,kN;

T_i——力矩总和,kN·m。

据此条件,利用绘制力多边形的方法,可求解出堰顶和弧门支铰处的支反力。

分别列出已知的外荷载要素(荷载大小以及该荷载对弧门支铰的力臂)如下:H_s = 5 370.7 kN,d_{H_s} = 0 mm;D = 557.7 kN,d_D = 9 954.3 mm;d_y = 13 266.5 mm。

地震动水压力的分布按下式计:

$$p(y) = \frac{7}{8}\gamma_w \alpha_c \sqrt{yH} \tag{5-34}$$

式中　γ_w——水的容重,取 1 000 kg/m^3;

α_c——运行基准地震(OBE)加速度,取 0.13g;

H——库水深度,取 $H=529.8-498=31.8$(m);

y——计算点处的水深。

则作用于弧门上的地震动水压力的合力为:

$$E_1=\int_0^{H_s}Bp(y)\mathrm{d}y=\frac{7}{8}B\gamma_w\alpha_cH^{1/2}\int_0^{H_s}y^{1/2}\mathrm{d}y=\frac{7}{12}B\gamma_w\alpha_cH^{1/2}H_s^{3/2}$$

$$=\frac{7}{12}\times6\times1\,000\times0.13\times9.81\times31.8^{1/2}\times13.4^{3/2}=1\,234.7(\mathrm{kN})$$

地震动水压力合力作用点位置为:

$$\bar{y}=\frac{\int_0^{H_s}p(y)y\mathrm{d}y}{\int_0^{H_s}p(y)y\mathrm{d}y}=\frac{\int_0^{H_s}y^{3/2}\mathrm{d}y}{\int_0^{H_s}y^{1/2}\mathrm{d}y}=\frac{\frac{2}{5}H_s^{5/2}}{\frac{2}{3}H_s^{3/2}}=\frac{3}{5}H_s=0.6\times13.4=8.04(\mathrm{m})$$

显然,地震动水压力合力对弧门支铰的力臂为:

$$d_{E1}=7\,000-0.4H_s=7\,000-0.4\times13\,400=1\,640(\mathrm{mm})$$

由刚体转动平衡条件,可求得堰顶支反力:

$$\sum T=0\Rightarrow V=\frac{Dd_D+E_1d_{E1}}{d_V}=\frac{557.7\times9\,954.3+1\,234.7\times1\,640}{13\,266.5}=571.1(\mathrm{kN})$$

绘制力多边形,可准确求得弧门支铰对弧门的作用力大小和方向,如图 5-18 所示。

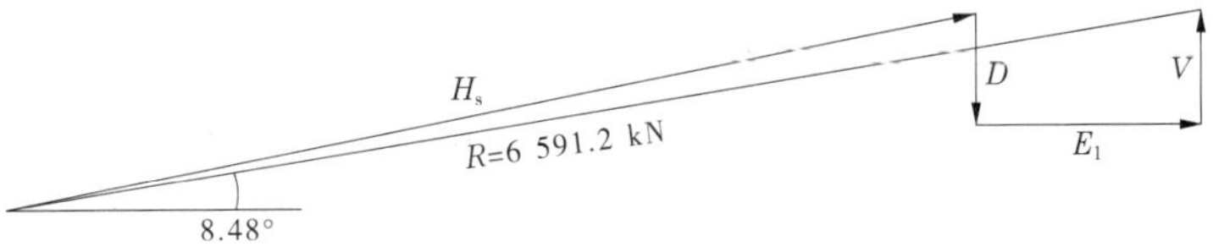

图 5-18　工况 3a 力多边形

根据荷载对称性,可求得作用于每个弧门支铰上的外荷载如下:

$$R_1=R_2=\frac{R}{2}=\frac{6\,591.2}{2}=3\,295.6(\mathrm{kN})$$

(五)支座反力计算结果

采用上述方法,对各工况进行逐一求解,结果列于表 5-21。

表 5-21　弧门支铰反力计算结果

工况	支铰反力 P (kN)	反力作用角 α (°)	工况	支铰反力 P (kN)	反力作用角 α (°)
1a	2 636.6	8.630	4	2 673.8	8.813
1b	2 973.8	10.119	5	3 510.6	16.092
2a	3 059.8	10.562	6a	4 516.4	5.484
2b	4 905.8	6.874	7	439.4	-56.456
3a	3 295.6	8.480	8	719.0	-57.469
3b	4 437.7	8.110	9	399.6	-55.071

弧门支座受力简图如5-19所示。

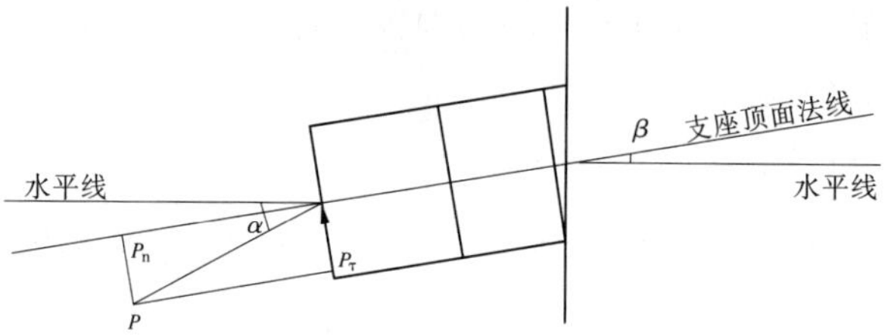

图5-19　弧门支座受力简图

将求解的支铰反力向弧门支座法线和切线方向分解如下：

$$P_n = \frac{P}{2}\cos(\alpha - \beta)$$

$$P_\tau = \frac{P}{2}\sin(\alpha - \beta)$$

既定的弧门布置情况下，弧门支座顶面法线方向与水平方向夹角β为9.331°，则弧门支座反力标准值分解结果见表5-22。

表5-22　弧门支座反力标准值分解

工况	法向分量P_n(kN)	切向分量P_τ(kN)	工况	法向分量P_n(kN)	切向分量P_τ(kN)
1a	2 636.4	-32.3	4	2 673.7	-24.2
1b	2 973.5	40.9	5	3 486.2	413.3
2a	3 059.1	65.7	6a	4 506.2	-303.0
2b	4 901.3	-210.3	7	180.2	-400.7
3a	3 295.2	-48.9	8	283.2	-660.9
3b	4 436.7	-94.6	9	172.6	-360.4

同理可求得弧门支座反力设计值分解结果见表5-23，其中水利系数取1.3。

表5-23　弧门支座反力设计值分解

工况	法向分量P_n(kN)	切向分量P_τ(kN)	工况	法向分量P_n(kN)	切向分量P_τ(kN)
1a	5 826.4	-71.3	4	4 866.1	-44.0
1b	6 571.5	90.4	5	6 344.9	752.2
2a	6 760.6	145.3	6a	6 443.9	-433.3
2b	7 008.8	-300.7	7	246.0	-547.0
3a	4 498.0	-66.8	8	386.6	-902.1
3b	4 325.8	-92.2	9	235.7	-491.9

显然，弧门支铰反力的切向分力对弧门支座截面形心的力矩体现为截面扭矩，扭矩沿

弧门支座长度方向均匀分布，此扭矩可按下式计算：

$$T = P_{\tau}\left(d + \frac{h}{2}\right) = P_{\tau}\left(0.6 + \frac{2.8}{2}\right) = 2P_{\tau}(\mathrm{kN \cdot m})$$

各工况下弧门支座截面扭矩设计值见表5-24。

表5-24　　弧门支座截面扭矩设计值

工况	截面扭矩设计值(kN·m)	工况	截面扭矩设计值(kN·m)
1a	142.6	4	88.0
1b	180.8	5	1 504.4
2a	290.5	6a	866.6
2b	601.5	7	1 094.0
3a	133.6	8	1 804.1
3b	184.4	9	983.8

从以上分析结果可以看出，弧门支座正截面抗弯强度和斜截面抗剪强度设计的控制工况为工况2b，抗扭截面设计的控制工况为工况8。

七、供水管

为了保证下游居民的生活用水和生态用水，在底孔坝段布置一个生态供水管，通过坝体通往下游，直径为350 mm，高程为512.00 m。在坝体内设置阀室，阀门布置在阀室内，从廊道内进入阀室进行操作。

在底孔坝段顶部设供水阀的检修闸门，以便检修供水阀。

在供水阀穿出下游坝面处，设置排气管，供水管沿下游坝面，排往河道。

第七节　基础处理

一、固结灌浆

（一）固结灌浆孔布置原则

固结灌浆是增强基岩整体性，减少不均匀变形，提高基岩变形模量的基础处理措施，固结灌浆对改善基岩的均匀性和提高浅层基岩的抗渗性能作用比较明显。坝基固结灌浆设计的主要内容为：固结灌浆的范围、深度、灌浆孔的布置和施工技术参数等。

根据地质资料，了解基岩的岩性、风化程度、完整性，节理裂隙产状、分布、规模及连通性，构造断裂带的分布，基岩力学特性及透水性等，对坝体基础进行固结灌浆。

根据地基内的应力分布以及基岩的条件确定固结灌浆的范围，对于完整性较差的基岩，可以在整个坝基范围内灌浆，如果坝基岩体质量较好，地质构造不发育，也可只在上下游各1/3～1/4范围内灌浆。

（二）固结灌浆孔的布置

根据坝基应力分布情况、坝高和基岩条件确定固结灌浆的深度，坝址基岩岩体裂隙比较发育，包括构造裂隙和原生裂隙。根据现场开挖情况，确定高程 509.00 m 以上固结灌浆孔深度为 4 m，509.00 m 高程以下深度为 6 m。固结灌浆孔间距 3 m×3 m，梅花形布置。

总计布置固结灌浆孔 317 个，检查孔 37 个。

（三）固结灌浆孔的施工

固结灌浆孔的施工，与国内传统的灌浆方法相同，灌浆施工方法及参数，包括钻孔、灌浆方式、孔径、灌浆压力及浆液水灰比等，均在施工期间根据灌浆试验进行确定。

钻孔设备及灌浆设备与帷幕灌浆相同。

二、帷幕灌浆

由于坝基存在透水结构面，透水性比较强，库水在水压力作用下向下游渗透，在坝基下产生扬压力，影响坝体的抗滑稳定，因此坝基需要进行防渗处理。

帷幕的防渗标准用透水率表示，对于低于 50 m 的混凝土重力坝，帷幕应深入相对隔水层 3～5 m，透水率小于 5 Lu。帷幕布置原则上应尽量靠近大坝上游面，以利于降低坝基扬压力。

南德瑞瓦图工程帷幕灌浆采用 GIN 灌浆法。GIN（Grouting Intensity Number）灌浆法也可称之为灌浆强度值灌浆法，在一个灌浆段全部灌浆过程中保持 GIN 值是一常数值。GIN 法国际上有些工程已应用，并获得了理想效果。例如，在澳大利亚巴登（Barden）坝首次使用了 GIN 灌浆法，在国内三峡、小浪底等工程中得到应用，但 GIN 法灌浆技术的成功熟练应用仍需要不断积累经验，目前还没有写入灌浆规范。

GIN 就是灌浆强度值的英文缩写，它用灌浆孔段上最终的灌浆压力 P（MPa）和单位灌浆段吃浆量 V（L/m）的乘积表示，即 $GIN=PV$，其含义为单位灌浆段上消耗的能量。

（一）GIN 值的确定

若将 $PV=200$ 画成灌浆压力 P 与单位长度累计注入量 V 相应曲线时，就可以得到一条双曲线。为了控制过大的灌浆压力和过多的不必要的灌注量，GIN 灌浆法规定了一个允许的最大灌浆压力 P_{max} 和一个允许的最大单位长度累计灌注量 V_{max}，这样就形成了一个 GIN 值的包络线图，见图 5-20。

GIN 值一般分为五类，见图 5-20 中所列的表。

根据南德瑞瓦图水电站工程的地质条件和现场灌浆试验情况，选择曲线④⑤进行灌浆。最大灌浆压力小于 1.5 MPa，最大吃浆量小于 100 L/m，GIN 值选择 100 MPa · L/m。

（二）帷幕灌浆孔布置

南德瑞瓦图水电站工程的帷幕灌浆孔布置在 580.00 m 高程的廊道内，帷幕灌浆采用单排帷幕，孔距为 1.5 m。帷幕线长 118.0 m，总灌浆长度约 1 780.00 m，钻孔总长度约 2 330.00 m。分 3 序孔，间距 1.5 m，其中 1 序孔 18 个，2 序孔 17 个，3 序孔 34 个，后来根据灌浆施工情况，在左岸又增加了 9 个 4 序孔。灌浆孔孔径 90 mm，孔深设计的原则是 2/3水头，最大帷幕孔深度约 45.00 m，根据不同位置确定。

（三）灌浆参数的选择

现场经过生产性试验，确定灌浆参数如下：

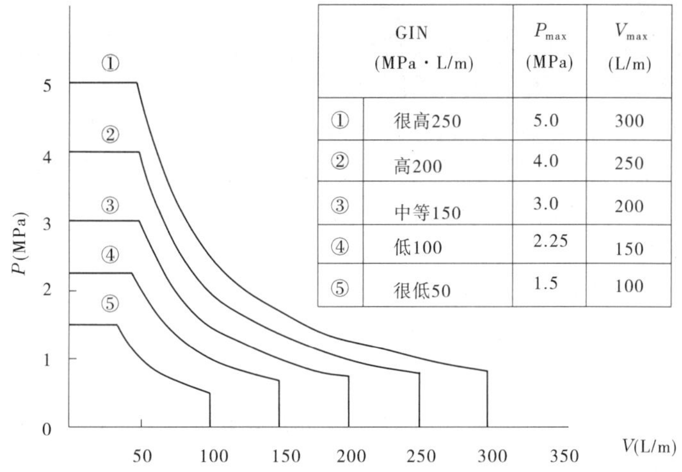

图 5-20　五类 GIN 值包络线图

(1)灌浆采用2∶1、1∶1、0.6∶1三种水灰比的稳定浆液。

(2)灌浆采用自下而上灌浆,第一段长根据不同孔序的实际长度确定,第二段长为8 m,第三段长为6 m。

(3)一个灌浆段一般采用一种稳定浆液进行灌注。

(4)采用较低的注入率,注入率由大逐渐减小。

(5)灌浆压力最大不超过1.5 MPa。

(6)一个灌浆段采用一个 GIN 值。以灌浆压力 P(MPa)和单位长度累计注入量 V(L/m)的乘积值控制施工。当 PV 值遇到 GIN 值限制包络线时,停止灌注。

(7)结束标准:达到 GIN 值,且流量小于1 L/min,延续10 min结束。

(四)灌浆工艺流程

根据现场和咨询工程师确定,灌浆工艺流程为:布置孔位→设备就位→首段钻孔→首段裂隙冲洗→简易压水试验→首段灌浆→待凝→钻孔到设计深度→孔底段简易压水试验→自下而上分段灌浆→全孔一次性封孔→验收。

(五)灌浆设备

灌浆施工工艺及设备与传统施工基本相同,主要设备见表5-25。

表 5-25　灌浆设备

名称	型号	数量
高速搅拌机	ZJ－400	2
灌浆泵	SGB6－10	4
地质钻机	XY－2PC	4
低速搅拌机	JJS－2A	4
自动记录仪	JT	4

(六)钻孔与洗孔

帷幕灌浆钻孔采用XY-2PC地质钻机,斜坡段钻孔灌浆采用在廊道内分段搭建施工平台进行,钻具为小口径牙轮钻头,钻孔采用清水循环。

帷幕灌浆钻孔角度均为垂直孔,开孔前用罗盘及水平尺对钻孔角度准确校正,确保钻孔角度符合设计要求,然后将钻机固定。在钻进过程中对钻孔角度及时进行测量和调整,确保钻孔偏斜率不超过设计要求。对终孔偏斜率作好验收及记录,测斜仪器采用KXP-Ⅰ型测斜仪。

帷幕灌浆按分序分段的原则施工,接触段段长2.0 m,其余段长为5.0 m。根据地质和具体施工情况可适当增加或缩短段长,最长不超过10 m。

灌浆前应对灌浆孔裂隙进行冲洗,冲洗方法采用压力水冲洗,地质条件复杂以及设计对裂隙冲洗有特殊要求时,冲洗方法应通过现场灌浆试验或由咨询工程师指示确定。

(七)压水试验

采用自下而上分段循环式灌注法进行帷幕灌浆时,各灌浆孔在灌浆前在孔底段进行一次简易压水。压水可结合裂隙冲洗进行,压力为80%灌浆压力,并不大于1 MPa,压水20 min,每5 min测读一次压水流量,取最后的流量值作为计算流量,其成果以吕容(Lu)值表示。

(八)灌浆材料

所有灌浆材料:砂、水泥和外加剂等,均应符合有关的材料质量标准,并有生产厂家的质量证明书,每批材料入库前均按规定进行检查验收。

(九)灌浆

同一地段的帷幕灌浆应在固结灌浆结束并经检查合格后进行。灌浆孔采用XY-2型地质钻机进行造孔,灌浆采用自下而上孔内循环式灌注法进行灌注,接触段钻孔进入基岩2 m,灌注待凝结后才能进行下段的钻孔。

采用浆液的浓度有2∶1、1∶1、0.6∶1,其密度分别为1.286、1.5、1.715 t/m^3,根据现场情况加外加剂。

灌浆结束压力:第一段1.5 MPa,第二段1.0 MPa,第三段0.5 MPa。

(十)帷幕灌浆成果及成果分析

根据帷幕灌浆记录资料,帷幕灌浆除个别孔由于岩石缝漏浆外,其余各孔段的灌浆过程线大致落在⑤线区域,帷幕灌浆成果汇总见表5-26。从表5-26可以看出各孔段注入率较小,压力很快升高到最大压力,说明灌前所规定的GIN值是适当的。

表5-26　灌浆成果汇总

孔序	总长度(m)	总吃浆量(kg)	平均单位注入量(kg/m)
Ⅰ	461	31 201	67.66
Ⅱ	451.6	21 754	48.17
Ⅲ	412	11 561	28.03
Ⅳ	374	9 425	25.2

从单位注入量上看,从Ⅰ序孔到Ⅳ序孔逐渐减少,从Ⅰ序孔到Ⅱ序孔平均单位吃浆量减少30%,从Ⅱ序孔到Ⅲ序孔平均单位吃浆量减少40%。由于Ⅳ序孔只是为了加密局部灌浆,所以从Ⅲ序孔到Ⅳ序孔吃浆量只减少10%。

从检查孔的情况看,透水率小于5 Lu的段数占总压水试验段数的95%,说明灌浆效果是明显的。对其中一个检查孔进行灌浆检查,用水灰比1.5∶1的浆液灌注,7 m灌浆段长平均吃浆量为3.2 kg/m,远小于Ⅲ、Ⅳ序孔的平均吃浆量,见表5-27。

表5-27　压水试验成果

孔序	压水段数	最大透水率(Lu)	平均透水率(Lu)
Ⅰ	55	74.79	12.54
Ⅱ	59	112.86	11.24
Ⅲ	116	42.14	4.77
Ⅳ	52	3.77	2.14

从压水试验成果看,Ⅲ、Ⅳ序孔的透水率有明显较大的降低,帷幕灌浆效果显著。

三、排水孔

排水系统和防渗系统是相辅相成的两种措施,排水对降低坝基扬压力有显著效果。排水主要是为了降低帷幕后基础和边坡岩体中的扬压力,提高大坝和边坡的稳定性,防止坝基产生渗透破坏,增强坝体和边坡的稳定性。

(一)排水孔的布置

排水孔主要布置在508.00 m高程的廊道内,廊道在帷幕下游布置1排排水孔,一般为帷幕孔深度的0.4～0.6倍。廊道508.00 m高程以下,布置23个,排水孔间距3 m,孔径76 mm,倾向下游10°,入岩深度满足1/3水头要求,最低高程476.50 m。廊道顶部布置排水孔12个,间距3 m,孔径76 mm,垂直向上,距离坝顶500 mm密封。

(二)排水孔测压管的布置

廊道下部排水孔出口在廊道下游侧的排水沟内,孔口安装有测压管,底部安装有渗压计。

坝基扬压力监测布设1个纵向监测断面和2个横向监测断面。纵向监测断面设在堰体廊道内,沿廊道在地基内共布置7个测点,采用测压管和渗压计监测。

横向监测断面设在溢洪道坝段泄流中心线及右侧底孔坝段。溢洪道坝段监测断面设1个测压管、3支渗压计,底孔坝段监测断面设4支渗压计,其中防渗帷幕前布置1支渗压计,在7#坝段安装1支渗压计。

施工期测压管采用压力表观测,施工结束后测压管内安装渗压计进行观测。

第八节　边坡处理

一、下游防护

溢洪道内的水流经挑坎挑向下游河道,下游河床将受到冲刷。为了防止冲坑向坝体延伸后危及大坝安全,因此在溢洪道下游设置 20 m 长钢筋混凝土护坦,护坦厚度 500 mm,右侧用混凝土板护砌边坡。

底孔泄流时,洞口水流流速可达 21 m/s,为了防止水流直接冲刷河床,在底孔下游设置消力池,池长 16.178 m,底板厚 500 mm。消力池下游设置 20 m 长护坦,和溢洪道护坦齐平,护坦长 20 m,底板厚 200 mm。

底孔位于溢洪道右侧,由于河道狭窄,底孔下游水流直接冲击右岸山体,为了保护山体岩石,在护坦下游布置防护墙,顶高程 515.00 m,防护墙由圆弧段和直线段组成,圆弧半径 65 m,把水流导向主河床。

二、右岸边坡防护

坝体右岸为一停车场,为了保证场区安全,对右岸的上部边坡进行防护。防护采用喷混凝土 5 mm,并设随机锚杆,在 550.00 m 高程设一马道,马道宽 4 m,设置 1.2 m 高的防护栏,马道上设置排水沟,并设竖向排水沟,排除山坡上的雨水。

三、左岸边坡防护

坝体左岸坝体以上山体坡度较陡,为了保证山体稳定不受到岩石开挖的影响,对左岸坝体上部开挖范围内的边坡进行防护。采用喷混凝土 50 mm,设系统锚杆。

第九节　控制建筑物

控制建筑物位于坝体右岸上游,其位置选择在坝和电站进水口之间,以减少控制电缆长度。控制建筑物初步布置在进水口下游侧,主要布置堰上溢洪道和底孔及电站进水口的闸门启闭设备和控制设备,也包括洗手间和办公室等工作和生活基本用房,控制房配有基本的工作设施。控制建筑物地面高程高于最大可能洪水(PDPMF),由原设计 535.00 m 调整到 535.50 m,保证闸门能够在各种洪水条件下正常启闭。

对控制建筑物后面的开挖边坡进行防护,清除巨大的危岩,防止任何大的滑坡和杂物落在建筑物附近。

洪水爆发时,右岸落下的雨水及杂物不得从边坡进入建筑物,因此建筑物离开挖面 2 m,便于布置排水沟和检修交通通道提供空间,并便于清理植被和杂物。控制房考虑用浆砌石或混凝土砌筑,房顶为钢筋混凝土。进场道路可通往坝顶和控制建筑物,在 PMF 洪水水位时,可以从控制建筑物和坝顶离开,到达高处避险,并能到达对外交通公路。

第十节　安全监测设计

一、监测目的

通过对工程施工期和运行期的监测，及时了解各阶段工程实际运行状态。通过对监测数据计算分析和反馈，为设计提供科学依据，也为其他工程积累经验。

二、监测项目

南德瑞瓦图水电站工程主要对堰体部位进行安全监测。监测项目主要包括堰体变形、基岩变形、扬压力、坝基渗流量、水位和气温等。

三、监测布置

（一）堰体变形监测

堰体变形监测采用变形监测控制网进行观测，在堰顶共布置 10 个变形监测测点。在非溢流坝段每个坝段设 1 个测点，溢流坝段每个闸墩设 2 个测点，分别在闸墩上、下游侧。控制网设 4 个基点，大坝上、下游两岸山坡上各设 2 个基点。

水平位移测点同时作为堰体垂直位移测点，采用高精度全站仪进来测量。

（二）堰体基岩变形

基岩变形采用基岩变形计进行监测。在泄水底孔坝段监测断面的坝踵和坝趾位置分别设 1 支基岩变形计。

（三）渗流监测

坝基扬压力监测布设 1 个纵向监测断面和 2 个横向监测断面。纵向监测断面设在堰体基础观测廊道，沿廊道在地基内共布置 7 个测点，采用测压管和渗压计监测。横向监测断面设在溢洪道坝段及右侧坝段，溢洪道坝段监测断面设 1 个测压管、3 支渗压计，右侧坝段监测断面设 4 支渗压计，其中防渗帷幕前布置 1 支渗压计。施工期测压管采用压力表观测，施工结束后测压管内安装渗压计进行观测。在基础观测廊道排水沟内共布置 2 个量水堰，以监测基础渗流量。

（四）水位监测

在坝前设 1 根水尺，用来监测库水位，水尺布置在坝前静水区域。

（五）气温监测

坝区设 1 个气温监测点，根据现场情况确定位置。温度计采用自计温度计，布置在专用百叶箱内。

四、监测仪器设备及系统技术要求

（一）渗压计

渗压计为钢弦式传感器，主要技术指标为：分辨率≥0.025% F · S，精度≥ ±0.1% F · S，工作温度 -20 ~65 ℃，量程 0.175 ~1.0 MPa，零漂 <0.02% F · S。

（二）基岩变形计

基岩变形计采用钢弦式传感器，量程 50 mm，长 5 m，精度不低于 0.1% F · S，分辨率不低于 0.025% F · S。

（三）自记温度计

自记温度计测量范围为 -20 ~ 60 ℃。

（四）量水堰测针

量程 40 cm，分辨率 0.1 mm。

（五）水尺

用作人工观测库区水位，水尺为搪瓷水尺或者漆绘。

（六）高精度全站仪

用于测量建筑物上各测点的位移，采用进口设备，要求角度测量精度不低于 0.5″。

（七）振弦式读数仪

振弦式读数仪为人工测读仪表，用于传感器的数据采集。要求其能在各种气候条件下测读数据，并带有充电器接口、RS - 232 接口、通信软件和数据存储功能。测量精度要求 0.01%，激励范围 400 ~ 6 000 Hz，温度范围 -10 ~ 50 ℃。

（八）位移测点

位移测点采用混凝土观测墩，顶部安装强制对中基座。

（九）电缆

所用电缆应为耐酸、耐碱、防水、质地柔软的专用屏蔽电缆，其承受水压为 1.0 MPa 时，绝缘电阻应 ≥100 MΩ/km。其具体指标如下：

（1）芯线面积 ≥0.35 mm^2。

（2）芯线材料：铜芯镀锡，带聚丙烯绝缘。

（3）屏蔽材料：铝锡箔或高密铜网。

（4）护套材料：挤压高密度聚乙烯。

（5）护套厚度：>1.65 mm。

（6）工作温度：-20 ~ 60 ℃。

五、施工期观测频率

（1）仪器安装前至少应进行 1 次读数，安装后进行 1 次读数，安装孔槽回填后至少读数 1 次。监测仪器部位浇筑混凝土后每天观测 1 次，一周后每周观测 1 次。观测频次可随施工进度适当调整。充水检查期应每 1 ~ 2 d 观测 1 次。

（2）位移测点可每个月测 1 次。各测值稳定后可 2 ~ 3 个月测 1 次。工作基点在安装埋设后 2 年内每年校测 2 次，之后每年 1 次，直至工程完工。校测时应尽量在温度相当的天气条件下进行。

（3）水尺的高程应每年用水准仪校测 1 次。在运行初期一般每天观测 1 次，并与水位计对比，当找出规律后，一般每周或每旬观测 1 次。

六、监测站

南德瑞瓦图工程在堰体基础廊道进口处设 1 个监测站，施工期仪器采用人工观测，施工期结束后电缆引至监测站集中观测。

第十一节　大坝观测资料分析

为了对工程施工期和运行期的全面、系统监测，及时了解各阶段工程实际运行状态，确保工程安全，在大坝上布置有一系列观测仪器，包括监测坝体位移、扬压力、基岩变形、坝基渗漏、绕坝渗流和水位等。

一、堰体变形监测

（一）变形观测仪器的布置

堰体变形监测采用变形监测控制网进行观测，在堰顶共布置10个变形监测测点。在非溢流坝段每个坝段设1个测点，溢流坝段每个闸墩设2个测点，分别在闸墩上、下游侧。控制网设4个基点，堰体上、下游上提上各设2个基点。

大坝表面观测墩具体位置：1#坝段安装Col1；2#坝段安装Col2；3#坝段安装Col3；4#坝段安装Col4、Col5、Col10、Col11和Col15；5#坝段安装Col6、Col7、Col12、Col13和Col16；6#坝段安装Col8；7#坝段安装Col9。

所用的测量仪器是Leica TCA2003，测量精度为0.5″+1 mm，用于测量大坝左右岸、上下游和竖向方向位移变化。水平位移测点同时作为堰体垂直位移测点，采用高精度全站仪进行测量。

（二）Δx 变形量与水位的关系

Δx“+”表示向左岸位移；“-”表示向右岸位移；对于观测点Col1～Col4的Δx观测值，见表5-28。

表5-28　观测点Col1～Col4横向位移Δx观测值

日期	时间	高程（m）	Col1－Δx（mm）	Col2－Δx（mm）	Col3－Δx（mm）	Col4－Δx（mm）
2012-01-19	10:00	500.83	0.16	0.27	-1.79	0.20
2012-01-20	14:00	500.83	-0.49	1.03	-0.33	1.36
2012-01-21	14:00	500.83	-0.79	-0.58	-1.71	0.81
2012-01-29	10:00	513.83	-0.83	0.28	-1.52	0.77
2012-02-07	14:00	516.63	-0.42	-1.75	-1.65	0.56
2012-02-12	14:00	516.63	-0.10	-0.59	-1.40	0.01
2012-02-13	14:00	516.63	0.55	-1.56	-0.85	-0.16
2012-02-14	14:00	516.65	0.61	-1.01	-0.61	-0.35
2012-02-15	9:00	516.90	0.05	0.13	-1.48	-0.02
2012-02-17	9:00	517.32	-0.58	-0.03	-2.05	-0.29

续表 5-28

日期	时间	高程(m)	Col1 − Δx(mm)	Col2 − Δx(mm)	Col3 − Δx(mm)	Col4 − Δx(mm)
2012-02-19	9:00	524.96	0.27	0.81	−1.13	−0.13
2012-02-25	9:00	524.97	1.40	−1.37	−1.07	−0.22
2012-03-01	9:00	525.55	0.07	−0.98	−0.58	1.63
2012-03-24	14:00	527.84	−0.77	−1.17	−1.98	1.49
2012-03-26	9:00	528.95	0.83	−0.93	−2.35	0.17
2012-04-08	9:00	529.45	−0.28	−0.63	−2.05	−0.15
2012-04-26	9:00	529.46	0.45	1.46	0.06	0.05
2012-05-21	10:00	529.51	1.21	−0.22	−0.40	0.66

从表 5-28 中看出,横向位移 Δx 与水位的关系并不密切,在水位不变的情况下,依然发生位移数值的微小变化。

以观测点 Col1 位置为 0,其他观测点与 Col1 的距离作为横向 x 坐标,横向位移 Δx 作为 y 坐标,可以绘制各个点在相同水位情况下位移观测值的变化关系,见图 5-21。

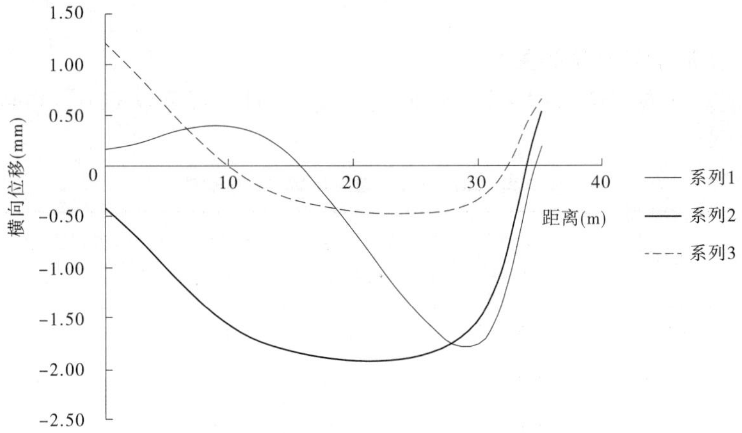

图 5-21　各点在相同水位下的位移观测值

系列 1:水位 500.83 m 时各个点的位移值;系列 2:水位 516.63 m 时各个点的位移值;系列 3:水位 529.51 m 时各个点的位移值;从图 5-21 上看出,水位相同时,各点横向位移 Δx 具有一定的一致性。

把所有观测点的横向位移 Δx 值的最大值、最小值和平均值列于表 5-29 中。

表 5-29　　横向位移 Δx 的最大、最小和平均值　　（单位：mm）

观测点	最大值	最小值	平均值
Col1	1.32	-0.83	0.13
Col2	1.46	-1.75	-0.31
Col3	0.08	-2.35	-1.11
Col4	1.63	-0.35	0.31
Col5	0.09	-1.86	-0.65
Col6	1.22	-1.57	-0.23
Col7	2.05	-1.60	0.13
Col8	0.26	-2.81	-1.09
Col9	0.77	-1.79	-0.81
Col10	1.19	-1.47	0.13
Col11	1.47	-2.46	-0.74
Col12	1.47	-1.49	0.14
Col13	0.69	-1.71	-0.42
Col16	1.63	-0.55	0.44

从表 5-29 可看出，横向位移 Δx 值的最大值 2.05 mm，发生在观测点 Col7，位于 5#坝段，此处最大坝高 43.5 m，$\Delta x/43.5=0.004\ 7\%$，变形量非常小，满足相关规范要求。

（三）Δy 变形量与水位的关系

Δy“+”表示向下游位移；“-”表示向上游位移。

从观测结果分析顺河向位移 Δy，在数据较小时呈现出无序状态，没有规律性，部分数据受观测仪器本身精度的影响。

从 4#坝段、5#坝段的观测结果看，最大值呈现出上游侧向下游位移，整个观测数据最大值为 6.08 mm，发生在 4#坝段观测点 Col5，水位 529.45 mm。

对于坝体变形产生的位移，目前设计规范没有明确的控制标准，一般根据其他工程类比经验，进行位移分析。表 5-30 列出了一些工程的最大顺河方向的变位位移。

表 5-30　　中国部分工程变位位移观测值

工程名称	坝高（m）	最大顺河向变位位移（mm）
溪洛渡	278	157.5
小湾	292	218
二滩	245	134.1
英古里	271	223
Collabrain（奥地利）	150	173.4
东风	166	33.8
紧水滩	102	54

（四）Δz 变形量与水位的关系

作为坝体的沉降观测，Δz 的观测值显得更是无序，同一个观测点，在相同水位时，观测值也不相同，主要还是考虑位移值太小，观测仪器精度的影响，数值比较凌乱。最大值 4.2 mm，发生在 4#坝段的 Col10 点，这对于坝高 43.5 m 的混凝土坝，是安全的（Δz"+"表示点向上抬；"-"表示点向下沉）。

二、堰体基岩变形

基岩变形采用基岩变形计进行监测。在泄水底孔坝段监测断面的坝踵和坝趾位置分别设 1 支基岩变形计。在底孔坝段坝踵和坝趾处分别安装垂直位移监测仪器 BM3 和 BM4，所采用的监测仪器为南京国电南瑞科技股份有限公司生产的 NVJ 振弦式位移计，精度 0.1 mm，量程 50 mm。

BM3 施工期观测的数据表明坝体只有很小的沉降，沉降量为 0.15～0.42 mm，水库蓄水后，仪器遭到破坏。整个观测数据不具备参考价值。BM4 的数据表明大坝有上抬的位移，最大值 0.92 mm，由于布置在底孔下游侧，在扬压力作用下，出现向上的位移也是符合客观规律。

三、渗流监测

（一）坝基扬压力

坝基扬压力监测布设 1 个纵向监测断面和 2 个横向监测断面。纵向监测断面设在堰体基础观测廊道，沿廊道在地基内共布置 7 个测点，采用测压管和渗压计监测。施工期测压管采用压力表观测，施工结束后测压管内安装渗压计进行观测。

（二）测压管的观测数据分析

大坝蓄水后，测压管的水位与库水位是相关的，从 2012 年 1 月 18 日到 2012 年 2 月 17 日的观测数据来看，随着库水位的升高，测压管内压力增大，但低于库水位，测压管内的压力与水库水位的上升在时间上有一个滞后。

以 UP3 测压管为例，以测压管的压力为横坐标，库水位为纵坐标，形成关系曲线如图 5-22。当水库水位维持在 500.55 m 时，UP3 测压管内的压力从 503.76 m 逐渐下降到 500.71 m，说明测压管内的水压力的下降滞后于水库。由于帷幕的存在，库水位经过帷幕后，压力减小，以 UP3 测压高观测的数据为例，压力折减的幅度从 25%～50%，说明帷幕的防渗效果良好。

（三）渗透压力观测

在 7#坝段 L0+025.00 剖面处安装 P8；在溢洪道坝段泄水中心线 AXIS0+000.00 剖面处安装 P1～P3；底孔坝段桩号 R0+020.70 剖面处安装 P4～P7；P1～P8 所使用渗压计为美国基康振弦式渗压计，精度 0.1 kPa，量程 350 kPa。压力计 P1～P3 的压力与位置的关系见图 5～23 和图 5-24，压力计 P4～P7 的压力与位置的关系见图 5-25 和图 5-26。

大坝在溢洪道和底孔布置两个断面，观测坝基上下游方向的渗透压力。

从图 5-23～图 5-26 看出，测压管压力从上游往下游呈现下降趋势，经过帷幕时，压力下降较快，显示出帷幕较好的灌浆效果。

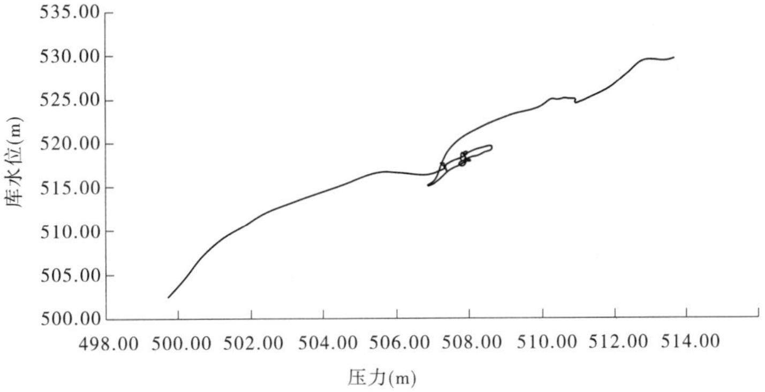

图 5-22　库水位—测压管压力关系曲线(测压管 UP3)

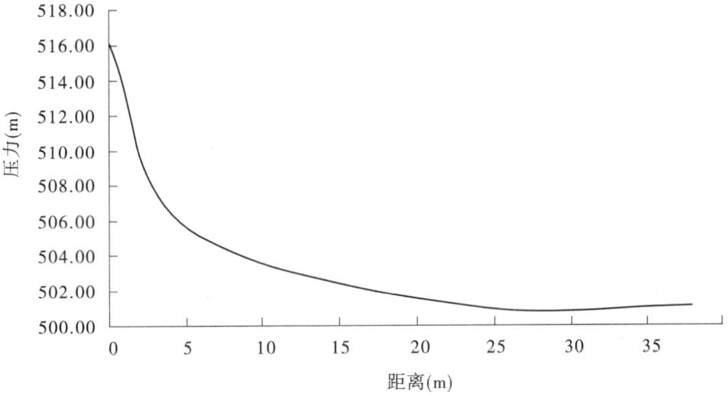

图 5-23　压力计 P1 ~ P3 压力值变化曲线(库水位 516.00 m)

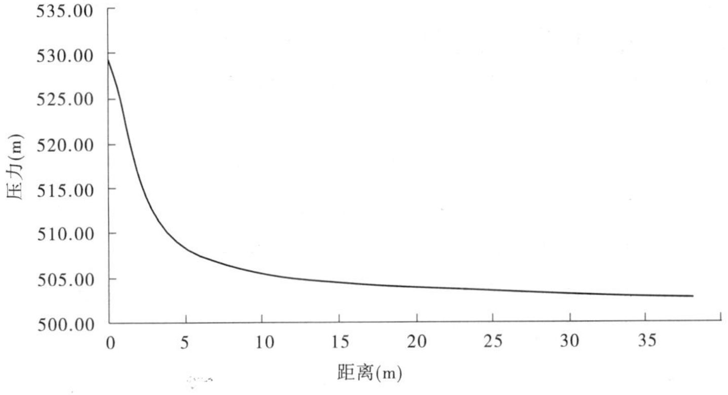

图 5-24　压力计 P1 ~ P3 压力值变化曲线(库水位 529.45 m)

四、渗漏监测

在大坝 508.00 m 高程的廊道排水沟内，在 4[#]坝段，安装 2 个量水堰 VN1 和 VN2，VN1

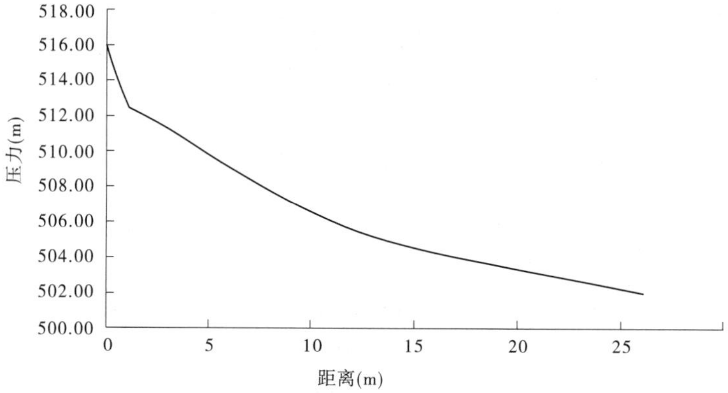

图 5-25　压力计 P4 ~ P7 压力值变化曲线(库水位 516.00 m)

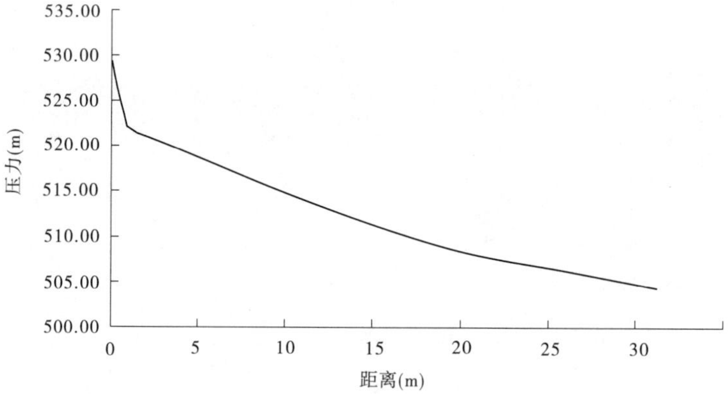

图 5-26　压力计 P4 ~ P7 压力值变化曲线(库水位 529.45 m)

安装在右侧,用于量测 4#坝段右岸的排水孔排水量,VN2 安装在左侧,用于量测 4#左侧排水孔的排水情况。廊道内的渗水通过排水管路排向下游,VN1 量水堰右侧有 2 个排水管 UP1 和 UP2,VN2 左侧有 5 个排水管,分别为 UP3、UP4、UP5、UP6、UP7。

(一) 量水堰 VN1

VN1 量水堰的水主要来自 UP1 和 UP2 排水管。UP1 安装的孔口高程为 518.00 m,从 UP1 的观测数据看,当上游水位上升时,管内水位上升,并保持一定的压力(水压力超过 518.00 m 高程)。UP2 安装的高程为 508.00 m 的廊道内,当上游水位上升时,水位也随之上升,但水位超过 508.00 m 高程的不多。因此,VN1 量测的渗水量主要来自于 UP1,而且最大渗水量为 9.31 L/min(0.155 L/s)。

(二) 量水堰 VN2

VN2 量水堰的渗水主要来自 UP3 ~ UP7 排水管。UP3 ~ Up7 排水管安装的孔口高程为 508.00 m,从 UP3 ~ UP7 的观测数据看,当上游水位上升时,管内水位上升,并保持一定的压力(水压力超过 508.00 m 高程)。当上游水位相同时,UP3 ~ UP7 等 5 个排水管内压力最大的是 UP7,渗水量最大的也是 UP7。2012 年 6 月 15 日观测的数值为最大,5 个排水管渗水达到 99 L/min(1.65 L/s),平均每个排水管 0.33 L/s。

从现场渗水情况看，渗透水内没有夹带有杂质、细微颗粒等，说明可以形成稳定渗流。另外，对于 UP7 测压管看，当河水位为 500.24 m 时，孔内水位为 505.88 m，说明两岸存在少量绕坝渗流。UP7 位于溢洪道坝段，此处设有帷幕灌浆孔(孔号 1# ~14#，4# ~7# 和 4# ~8#)，从灌浆后的压水试验结果看，孔号 4# ~8# 的渗透率为 2.98 ~3.98 Lu，均小于 5 Lu 的防渗标准。

从勘探孔 K－4、K－5 压水试验成果，Mba 组玄武岩透水性比较强，需要进行防渗处理。Ra 组沉积岩透水性差，可以认为是坝基的相对隔水层，在河床部位其顶面埋深在建基面以下 17 ~25 m。因此，帷幕灌浆设计深度为 2/3 水头高度(约 32 m)。在河床部位帷幕深度已经进入 Ra 组的相对隔水层，而在两岸坝肩部位其帷幕仍在 mba 组，因此存在坝肩绕渗的现象。

五、大坝横峰宽度观测

在 508.00 m 高程的廊道内，1# ~6# 坝段在坝缝处布置有 JM1 ~JM5 等 5 个测缝计，最大量程 25 mm。

从观测数据看出，横缝宽度与水位的相关性主要反映在水位较高时，受水压力的影响，坝体的应力分布发生变化，位移变形不均，从而产生横缝的变形，最大值为 0.31 mm。观测数据表明，横缝主要表现为压缩变形。只有 JM5 有张开变形，最大张开变形值为 0.19 mm。

从观测数值看，大坝的各项指标正常，没有出现异常情况。由于各个工程的情况均不相同，对于大坝的变位、渗漏、沉降等没有统一的标准，各个工程具体情况具体分析。但在大坝运行过程中，如果观测数据突然发生变化，表现异常，观测数据突然超出正常数值 30%，应该注意分析原因，并经过认真研究论证，确保工程运行安全。

第十二节　施工导流

一、导流标准

南德瑞瓦图水电站工程的主要作用就是发电，按照中国设计规范，工程规模为小(Ⅰ)型工程，工程等别为四等，主要建筑物级别为 4 级，次要建筑物级别 5 级，临时性建筑物级别为 5 级。洪水标准为：设计洪水 30 ~50 年一遇，校核洪水为 200 ~500 年一遇，消能防冲建筑物洪水标准为 20 年一遇。水电站厂房设计洪水标准为 30 ~50 年一遇，校核洪水为 100 年一遇洪水。导流标准为：5 ~10 年一遇洪水。

由于斐济南德瑞瓦图水电站工程所在地区旱季、雨季的降雨量差别较大，因此选用洪水标准时考虑旱季与雨季的区别，根据现场实际观测的河道流量和不同的导流阶段，选用不同的导流标准。第一阶段导流标准采用 1 年一遇旱季流量(100 m^3/s)，第二阶段采用 2 年一遇全年洪水或 4 年一遇旱季洪水流量(300 m^3/s)。

二、导流程序

根据坝址处的地形条件以及枢纽的布置型式，本工程施工导流程序主要包括下面 3

个阶段。

(1)阶段一:在非汛期将原河床进行开挖疏通,使原河床水位降至高程 498.00 m 以下,利用原河床过水,施工位于右岸的导流渠、底孔坝段和纵向围堰。

(2)阶段二:在河床上修建上、下游挡水围堰,利用底孔坝已形成的 2 个永久底孔(底高程 499.80 m,每孔宽 4.2 m,高 4.2 m)及底孔上方高程 505.00 m 的坝体缺口(宽 12.4 m)过水,对左岸坝段进行施工。

(3)阶段三:利用围堰或坝体挡水,用已建成的底孔和表孔过水,完成大坝施工。

三、导流建筑物设计

导流建筑物主要包括上游围堰、下游围堰和纵向混凝土围堰,围堰挡水标准为 300 m^3/s,相应上游围堰顶高程 508.0 m,下游围堰顶高程 502.0 m。

(一)上游围堰

上游围堰为过水围堰,堰顶高程 508.00 m,堰顶宽度 5 m,最大堰高 11.5 m,堰顶长度约 35 m。

围堰为土石结构,上下游边坡均为 1∶1.5,上游边坡枯水期水位(502.50 m,$Q=100$ m^3/s)以下用 1.0 m 厚的钢筋笼护面,枯水位以上用厚 1.0 m 铅丝笼块石防护,下铺 15 cm 厚的碎石垫层。堰顶及下游边坡用厚 50 cm 的钢筋混凝土护面,下铺 15 cm 厚的碎石垫层。枯水位以上铅丝笼和混凝土护面设 ϕ25@2 m、$L=3.0$ m 的拉筋与下部堆石体连接。下游坡脚设约 4 m 宽的现浇混凝土镇墩,用来加固围堰和防冲,围堰防渗体采用黏土心墙。

(二)下游围堰

下游围堰为土石结构,堰顶高程 502.00 m,堰顶宽度 3 m,最大堰高 9.5 m,堰顶长度约 20 m。上下游边坡均为 1∶1.5,下游边坡用 60 cm 厚的抛块石防护,下铺 15 cm 厚的碎石垫层,围堰防渗体采用黏土心墙。

(三)纵向围堰

纵向围堰为混凝土结构。上游段堰顶高程 508.00 m,堰顶宽度 2 m,最大堰高 11.5 m,堰顶长度约 57 m。下游段堰顶高程 502.00 m,堰顶宽度 2 m,最大堰高 9.5 m,堰顶长度约 43 m。

四、截流

截流时间选在枯水期,截流流量小于 100 m^3/s。截流戗堤与上游围堰结合布置,采用单戗堤立堵截流,龙口合龙时抛投大块石和铅丝笼块石。

第六章　引水系统建筑物设计

第一节　引水系统总体布置

引水建筑物是高水头水电站不同于其他类型工程的建筑物，由于高水头引起个建筑物的设计变得更加复杂。引水系统一般包括进水口建筑物、引水隧洞、调压井、压力管道和岔管等主要建筑物，引水流量为 15 m^3/s。

进水口建筑物是引水隧洞的取水口，位于坝体右岸上游约 25 m 处，为钢筋混凝土塔式结构，布置在一个开挖出来的岩石凹槽内。引水隧洞总长约 1 932 m，走向为 NE77.02°，底坡 0.987%。隧洞断面为马蹄形，断面尺寸为 3.0 m×3.5 m。在引水隧洞出口上游约 140 m 处设置调压井，调压井高约 90 m，内径 2.5 m。调压井开挖直径 3.3 m，采用喷混凝土作为初期支护，永久结构采用钢衬后回填混凝土，钢管壁厚 10 mm。

引水隧洞出口接压力管道，管道总长约 1 450 m，管径为 2.25 m，按照当地环保部门的要求，压力钢管不得对环境和植被产生大的破坏，需采用埋藏式布置。为最大限度地减小管线的纵向坡度，进场交通便利，管线沿冲沟的坡面布置，全长 1 450 m 的管道，仅引水隧洞出口阀下游 20 m 的起始段为明管，其余部位均为回填管。

压力管道出口设分岔管，分别为 2 台机组供水，岔管结构型式初步选择为非对称 Y 形的月牙肋岔管。

第二节　引水系统水头损失计算

引水系统是水电站工程重要的组成部分，尤其是对于高水头引水式电站，引水系统的水头损失计算显得更加重要。水头损失分为沿程水头损失和局部水头损失，对每个部分进行精确的水头损失计算，是为整个引水系统设计和机电设计提供准确的设计依据。

引水系统水头损失分两段进行计算：自进水口至调压井与隧洞交叉处；自调压井与隧洞交叉处到水轮机进口（即蜗壳进口）。水头损失包括沿程摩擦损失和局部损失。

一、表面糙率

隧洞与管道沿程水头损失的计算原理相同，都是水流与管壁摩擦做功而损失能量，但由于水流流态不同，因此遵循的规律也不完全一样。尼古拉兹根据实验成果把水流区域划分为 5 个区域：层流区、层流紊流过渡区、光滑区、紊流过渡区和粗糙区。水流区域一般根据雷诺数 Re（$Re=vd/\nu$，v 为管内断面平均流速，ν 为流体运动黏滞系数）和相对粗糙度 Δ 来判别，工程上常用的有：①水力光滑区，满足达西公式；②紊流过渡区，沿程损失系数与 Re 和相对粗糙度 Δ/d 有关；③粗糙区，也叫阻力平方区，此区域的实验数据与横坐标平行，说明损失系数与 Re 无关，只与相对粗糙度 Δ/d 有关。

关于当量粗糙度 k_s，国内外规范中都给出了各种壁面的参考值，但对于开挖后采用喷混凝土衬砌或不衬砌的隧洞，其当量粗糙度难以确定，规范中也没有给出相应参考数值，一些工程经验公式也很不成熟。但对于采用曼宁公式计算的糙率系数 n，未衬砌隧洞的糙率系数各个国家也都是根据具体施工条件和经验进行选取，如前苏联选糙率系数 $n=0.030\sim0.045$，挪威取 $n=0.025\sim0.03$，瑞典取 $n=0.030\sim0.040$，我国的工程经验一般在 $n=0.025\sim0.045$。因此，采用科尔布鲁克公式计算时，如何确定隧洞的当量粗糙度是决定水头损失计算准确性的关键。

在阻力平方区，利用曼宁公式，当确定一个未衬砌或喷混凝土衬砌隧洞的糙率系数后，则可得到一个谢才公式中的水头损失系数 λ，再利用水头损失系数 λ，由科尔布鲁克公式则可推出相应的隧洞当量粗糙度，在没有任何设计依据和工程经验的情况下，利用这个方法可以找出两者的对应关系，作为计算时的一个参考。值得注意的是，这种对应关系并非绝对，它与隧洞的流量、过水断面、隧洞长度等有关。表 6-1 是南德瑞瓦图工程当量粗糙度 k_s 与糙率系数 n 的对应关系。

表 6-1　　当量粗糙度 k_s 与糙率系数 n 对应关系

喷混凝土		混凝土		钢管	
k_s	n	k_s	n	k_s	n
39.97	0.022	2	0.014 43	0.05	0.009 6
53	0.023 2	5.7	0.016 4	—	—

根据其他工程经验，结合现场岩石条件和隧洞开挖情况，对喷混凝土隧洞的当量粗糙度选取为 53 mm，混凝土底板选 2 mm，混凝土衬砌为 7 mm。对于这种部分衬砌或不同衬砌结构应该采用综合当量粗糙度，综合当量粗糙度的计算，根据美国规范，可采用下式进行：

$$k_s = k_{s1} \times X + k_{s2}(1 - X)$$

式中　k_s——综合当量粗糙度；

k_{s1}——第一种衬砌型式的当量粗糙度；

k_{s2}——第二种衬砌型式的当量粗糙度；

X——第一种衬砌部分的周长，%。

隧洞底板的糙率为 2 mm；混凝土表面其他部位糙率为 7 mm，喷射混凝土其他部位的糙率为 53 mm。经过计算，最终选定喷混凝土断面的综合当量粗糙度为 39.97 mm，混凝土衬砌断面的综合当量粗糙度为 5.7 mm。隧洞的等效糙率见表 6-2。

二、引水系统的组成

引水系统主要包括进水口拦污栅、工作闸门、检修闸门、引水隧洞、调压井、压力管道和进水阀。各个建筑物的情况见表 6-3。

表 6-2　　隧洞不同断面的表面糙率

不同的衬砌类型		克尔布鲁克-怀特糙率(mm)	克尔布鲁克-怀特糙率(加权平均)(mm)
混凝土衬砌	混凝土板	2.0	(2.712×2.0+7.903×7.0)/10.615=5.7
	其他断面	7.0	
喷混凝土衬砌	混凝土板	2.0	(2.712×2.0+7.903×53)/10.615=39.97
	其他断面	53	
喷混凝土衬砌(断面直径扩大 100 mm)	混凝土板	2.0	(2.919×2.0+8.215 7×53)/11.134 7=39.63
	其他断面	53	
钢衬/压力管道	断面	0.05	—

表 6-3　　引水系统组成

组成		数量	引水线路长度(m)
进水口拦污栅		1	—
工作闸门		1	—
检修闸门		1	—
渐变段		1	—
引水隧洞	喷混凝土衬砌	—	556
	喷混凝土衬砌(半径扩大 100 mm)	—	800
	混凝土衬砌	—	510
	钢衬	—	70
调压井		1	—
压力管道	隔离阀	1	—
	直线段	—	1 392.587
	弯曲段	20	—
2#机组	分岔管	1	—
	直线段	—	23.37
	进水阀	1	—
1#机组	分岔管	1	—
	弯曲段	—	8.9
	进水阀	1	—

三、沿程摩擦水头损失

水头损失有沿程摩擦损失和局部水头损失，沿程损失包括隧洞部分和钢管部分，对于钢管部分的水头损失计算，比较简单，与城市供水系统的管道水头损失没有太大的区别。但对于隧洞，特别是非圆形隧洞，其沿程水头损失的计算则起着关键的作用，计算的结果也各不相同。

对于计算公式的选择，一直困扰着工程师进行输水系统水头损失计算，其中达西公式作为计算水头损失的半理论公式，已被工程师所接受，但对于水头损失系数的计算，则有多个计算公式的选择，如布拉休斯(Blasius)公式、科尔-布鲁克公式，海曾-威廉公式、谢才公式和舍维列夫公式等。

布拉休斯公式多用于水力光滑区，海曾-威廉公式用于紊流过渡区，多用于城市管网的计算。我国常用的是谢才公式，而且积累了大量的工程经验，适用于粗糙区的计算。在20世纪，舍维列夫公式被城市给水管网计算者采用，但由于确定该公式的材料为旧钢管和旧铸铁管，而随着管道系统的喷涂技术的发展，钢管的内衬发生很大变化，已基本不再采用此公式。

对于水电工程中输水系统的水头损失计算，美国陆军工程师团的《水库泄水工程水力学设计》(EM 1110-2-1602)中推荐采用科尔-布鲁克公式和达西公式配合计算，这种计算具有考虑因素多、适用范围广、计算精度高等优点，特别对于实用管道，在紊流过渡区，具有明显优势。穆迪将科尔-布鲁克公式绘制成图，以方便求解水头损失系数。但随着计算机技术的发展，利用简单的Excel程序的单变量求解即可得出水头损失系数。

沿程摩擦水头损失采用布鲁克-怀特公式计算。

$$h_f = \lambda \cdot \frac{L}{d} \cdot \frac{v^2}{2g}$$

$$\frac{1}{\sqrt{\lambda}} = -2\lg\left(\frac{2.51}{Re\sqrt{\lambda}} + \frac{k_s/d}{3.71}\right)$$

式中 λ——阻力系数；
v——过水断面流速，m/s；
g——重力加速度，m/s^2；
k_s——当量糙度；
d——隧洞内径，m；
L——管道长度，m；
R——过水断面水力半径，m^2；
A——过水断面面积，m^2；
P——过水断面湿周，m；
Re——雷诺数。

$$Re = \frac{vd}{\nu} = \frac{v \cdot 4R}{\nu}$$

四、局部水头损失

局部水头损失一般用流速水头与局部水头损失系数的乘积来表示：

$$h_j = k\frac{v^2}{2g}$$

式中　k——局部水头损失系数，其他参数同上。

局部损失种类如下：进口损失、拦污栅损失、渐变段损失、闸门槽损失、弯管段损失和分岔管损失等。

拦污栅水头损失与栅条的宽度、间距形状等有关，水头损失系数计算公式如下：

$$k = \beta(s/b)^{4/3}\sin\alpha$$

式中　k——水头损失系数；

β——栅条形状系数；

s——栅条宽度，mm；

b——栅条间距，mm；

α——拦污栅倾角。

在进行计算时，一般要考虑栅条堵塞50%的工况。

根据美国陆军工程师团的《水库泄水工程水力学设计》（EM 1110－2－1602）规范，进水口处的水头损失系数取0.5，闸门槽取0.01，渐变段则根据首尾形状和相关公式计算确定。

五、弯曲断面

弯曲段损失系数按下式进行计算：

$$\frac{1}{k} = \frac{\pi^2}{2\theta}\left(\ln\frac{r}{D} + \theta\right)$$

式中　r——旋转半径，m；

D——管道内径，m，取 $D = 4R_u$，R_u 为水力半径；

θ——偏转角，rad。

六、水流流速的计算

在进行水头损失计算时，达西定律中的水流流速是指平均流速，这对于满流的圆形管道没有任何影响，因为 $v = Q/A$，$A = 4\pi R^2$，而 $R = d/4$，$d = 2r$，则 $A = \pi r^2/4$（R 为水力半径，r 为圆管半径）。

对于非圆形隧洞，水流流速为隧洞的平均流速，即 $v = Q/A$。这里关键是在雷诺数（Re）的计算时，关于隧洞面积 A 的计算，往往被一些年轻工程师简单地用作隧洞的几何面积。对于非圆形过水断面，应该使用水力半径 R 来计算平均流速，即 $v = Q/(4\pi R^2)$。以南德瑞瓦图工程的隧洞沿程水头损失计算为例，说明二者的差别。隧洞几何面积 A = 8.231 3 m^2，周长为10.615 m，流量15 m^3/s，按几何面积的平均流速 v = 1.82 m/s，按照水力半径 R = 0.775 m 计算的平均流速 v = 1.99 m/s，流速相差9.3%，对于引水式电站，这是一个很大的误差。

第三节 隧洞压坡线计算

绘制最高运行水位和最低运行水位下的压坡线，以便确定隧洞各段的最大设计内水压力和检验隧洞是否出现负压。

以隧洞进口上游最低运行水位算出压坡线，为安全计最低压坡线应高于洞顶2 m。

计算情况又分为：

(1)正常运行下的压坡线计算：绘制最高运行水位下的压坡线，采用小的糙率系数计算沿程损失；绘制最低运行水位下的压坡线，采用大的糙率系数计算沿程损失。

(2)瞬态情况下的压坡线计算，绘制调压井产生最高涌浪水位时，压力隧洞的最高压坡线，采用小的糙率系数计算沿程损失。

一、正常运行情况下的压坡线计算

(一)最高压坡线

(1)水库最高运行水位：529.50 m。

(2)采用小的糙率系数计算沿程损失。

(3)采用1台机组的引用流量计算水头损失：$Q=7.5\ m^3/s$。

(二)最低压坡线

(1)水库最低运行水位：515.70 m。

(2)采用大的糙率系数计算沿程损失。

(3)采用最大引用流量计算水头损失：$Q=15\ m^3/s$。

经初步计算，引水隧洞洞顶最小水头满足隧洞顶部至少应在最低压坡线以下3.0 m的要求。

二、瞬态情况下的压坡线计算

引水系统包括以下部分：引水隧洞、调压井、压力管道和电站厂房分叉压力管道等。引水隧洞的长度为1 866 m，形状为马蹄形，其中510 m为混凝土衬砌，尺寸为3.1 m×3.05 m($B\times H$)；1 356 m为喷混凝土衬砌，尺寸为3.3 m×3.15 m($B\times H$)。阻抗式调压井的内径为2.5 m，阻抗式出水口的直径为1 m，高度为87 m；压力管道和钢衬的内径为2.25 m，长度大约为1 463 m；电站厂房进水口处的压力管道由分岔、弯曲、球阀和涡轮喷嘴组成。

(1)瞬态情况下隧洞内流速大小和方向在不断变化，压力隧洞内的压坡线可基本认为为水库库表面与调压井两个自由面的连线。

(2)分别采用调压井最高涌浪水位、最低涌浪水位和对应的库水位绘制压力隧洞压坡线。

(3)瞬态情况下压力管道的压坡线由水击计算确定。

三、引水系统的瞬态水力分析

引水系统瞬态水力分析计算的目的是确定此阶段各个工况下引水隧洞和压力管道内

水压力，为压力管道和引水隧洞的结构分析提供基本数据。

为防止压力钢管爆裂造成大量涌水，在隧洞出口、压力钢管上游侧设置截流阀，在不放空隧洞的情况下可以排空压力钢管，保证系统的安全。在截流阀下游制高点处设置空气阀，以保证截流阀关闭时发生水锤和放空钢管时管内产生的真空和气囊在允许范围内。

（一）计算方法及假定

采用美国 Kypipe 公司开发的水锤分析软件 PIPE2008 – 水锤模型计算，此软件拥有水锤过程线绘制、稳态及瞬态分析和峰值跟踪等多种功能。可进行整个引水系统水锤分析（包含了诸多水锤保护设备和水力元件如真空阀等）、稳态分析、瞬态分析及调压井涌浪计算。建立整个引水系统计算模型，包括引水隧洞、调压井、截流阀、空气阀、压力钢管、进水球阀及水轮机喷嘴等，水轮机喷嘴采用针阀模拟。计算模型见图 6-1。

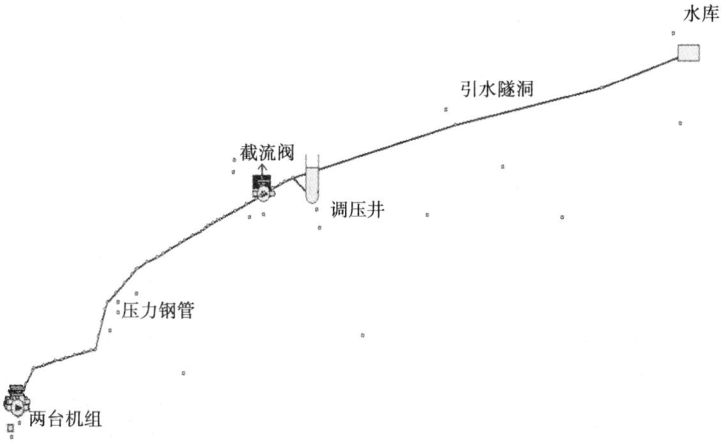

图 6-1　瞬态水力分析计算模型

根据引水系统过渡过程计算中可能出现的最大压力、最小压力情况，选取相应工况进行过渡过程分析。按照电站在电网系统中的位置和运行的条件，确定水力计算的组合情况。

在计算调压室的最高和最低涌波时，要确定电站的开机与关机的条件：开机顺序为逐台开启，关机包括正常关机和事故关机。

引水系统水力计算选用糙率和当量糙度时，计算调压室内最高涌波时取小值，计算最低涌波取大值。

采用 PIPE 2008 模型进行引水系统的稳定和瞬态水力分析。水轮机喷嘴采用针阀模拟，各阀的相对开度、有效过流面积与全开过流面积比的关系见表 6-4。

表 6-4　阀的相对开度、有效过流面积与全开过流面积比的关系　（单位：%）

相对开度	0	10	20	30	40	50	60	70	80	90	100
针阀	0	15.4	29.6	42.6	54.4	65.0	74.4	82.6	89.6	95.4	100
球阀	0	0.23	0.84	1.64	2.77	4.31	6.52	10.51	18.53	55.62	100
蝶阀	0	2.75	6.18	12.20	18.17	23.46	40.12	50.07	65.21	78.65	100
闸门	0	6.95	14.76	24.28	36.16	49.19	62.23	73.84	82.56	91.28	100

(二)计算工况

引水系统过渡过程计算有以下几种工况：

(1)正常和紧急关闭情况下最大和最小的瞬态压力。

(2)正常启动时的最大和最小的瞬态压力。

(3)流量达到15.0 m^3/s并且库水位从515.7 m到530.5 m,稳定运行状态的正常水压力。

(4)洪水来临时,流量为0,库水位为540.0 m的静水压力。

(5)非正常工况下,压力管道、隧洞和隧洞衬砌设计中需要考虑的压力。

详细的稳态、瞬态分析工况见表6-5。

表6-5　引水系统中过渡过程计算工况

计算工况	水库水位(m)	相对流量	阀门的相对开度	计算目的
1　洪水情况	设计的最大库水位540	—	—	P_{N1}
2　紧急关闭	最高运行水位529.5	1→0	0.713→0 (T=30.0 s)	P_{N2}
3　电站关闭	最高运行水位530.5	1→0	0.713→0 (T=300 s)	P_{N2}
4　电站启动	最低运行水位515.7 (1台机组运行)	0→0.5	0→0.713(5喷嘴) (T=150 s)	P_{N3}
4a　电站启动	运行最小水位515.7(1台机组依据最优效率运行)	0→0.5	0→0.54(喷嘴) (T=180 s)	P_{N3}
5　电站启动	最低运行水位517.5 (2台机组运行)	0→1	0→0.713 (T=300 s)	P_{N3}
6　10 s灾难性事故	最高运行水位529.5	0.1→0.079	0.713→0.5 (T=10 s)	P_{Ex1}
7　1 s灾难性事故	最高运行水位529.5	0.1→0.079	0.713→0.5 (T=1 s)	P_{Ex1}
8　空载关闭	最高运行水位529.5	0.36→0	0.149(10喷嘴)→0 ($T=2\ L/a$=6.284)	P_{EM1}
9　压力管道阀门关闭	最高运行水位529.5	1→0 (T=100 s)	1→0 (T=100 s)	P_{I3}

计算时,引水系统中的针阀、进水球阀及压力钢管截断阀等3种类型的阀门在运行中的状况组合起来考虑,组合包括：

(1)关闭压力管道截断阀,针阀、进水球阀不运行。

(2)关闭压力管道截断阀、进水球阀,没有运行针阀。

(3)关闭压力管道截断阀、进水球阀和针阀。

(4)关闭1个进水球阀和1台机组针阀。

(5)关闭1个进水球阀。

(6)关闭2个进水球阀。

(7)关闭压力管道截断阀、2台机组针阀。

表6-6为工况组合。

表6-6 阀门工况组合表

工况	压力管道截断阀	进水球阀1	水轮机针阀1	进水球阀2	水轮机针阀2
10	√	—	—	—	—
11	√	√	—	√	—
12	√	√	√	√	√
13	—	√	√	—	—
14	—	√—	—	—	—
15	—	√	—	√	—
16	√	—	√	—	√

(三)水击波波速计算

钢管水击波波速计算:

$$a = \frac{1\ 435}{\sqrt{1 + \frac{E_w D}{Ee}}}$$

式中 a——波速,m/s;

E_w——孔隙水的体积模量,取 2.1×10^3 MPa;

e——管道厚度;

D——管道直径;

E——管壁的弹性模量,MPa。

隧洞中的波速应该基于下式进行计算:

$$c = \left\{\rho\left[\frac{1}{K} + \frac{2(1+\nu)}{G}\right]\right\}^{-1/2}$$

式中 c—— 波速,m/s;

ρ—— 水的密度,取1 000 kg/m^3;

K——孔隙水的体积模量,取 2.05×10^3 MPa;

ν—— 基岩的泊松比,取0.5;

G——基岩的弹性模量。

(四)管道水压力

南德瑞瓦图水电站工程在各工况下进行瞬态压力计算时,采用以下计算符号:

(1)P_{N1}:最高库水位下不含涌浪或水锤时的最大水头。

(2)P_{N2}:最大静水头减去水头损失再加上由电站运行弃荷(TSV关闭、导叶、PRV针阀等)引起的水锤或涌浪。

(3)P_{N3}:最小静水头减去水锤或向下的涌浪压力(即所有机组从空载运行(SNL)到满负荷运行时产生的水锤和向下的涌浪压力)。

(4)P_{EM1}:最大调速器速率在 $2L/a$ 秒以内时,闸门从部分关闭到全部关闭时产生的水锤和涌浪，它模拟了调速器没运行时的缓冲情况。

（5）P_{EX1}：在最不利方式下故障控制设备同时工作并将闸门完全关闭时的内水压力。

（6）P_{I3}：压力钢管排空后所受到的最大地下水渗透压力，对于明管则是排空后产生的最大真空负压。

（五）计算结果分析

计算结果表明，引水系统过渡过程分析各工况下，最大的水头压力为394.30 m，发生在针阀处，内水压力 P_{EM1}。在岔管处（C1点）最大水头为391.45 m，在压力钢管截断阀处（AV－7），下游侧最大负压水头为－2.06 m。

引水隧洞进口处洞顶最小水头为1.7 m，引水隧洞沿线洞顶最小水头压力7.76 m，满足引水隧洞洞顶最小压力水头的要求。

从计算结果看，紧急关机工况，即2个机组10个喷嘴（关闭时间30 s）全甩负荷情况下，系统压力最大，而压力钢管上游侧截流阀（关闭时间100 s）关闭情况下，会产生不同程度的真空，若不设空气阀，截流阀下游侧真空负压达到－10 m，设置2个直径为300 mm的空气阀，下游侧真空为－1.93 m，满足要求，空气阀设置在靠近截流阀的制高点处，引水系统各主要控制点最大、最小压力见表6-7。引水系统各主要控制点最高、最低压力曲线见图6-2～图6-5。

表6-7　　引水系统各主要控制点最大、最小压力

	紧急关机工况 H_{max}(m)	截流阀关闭工况 H_{min}(m)	备注
喷嘴1	390.96	291.68	—
球阀1	387.82	292.53	—
截流阀1	58.06	－1.93	设置2个直径300 mm的空气阀
截流阀2	58.06	－10.00	不设空气阀
调压井	55.03	22.88	—

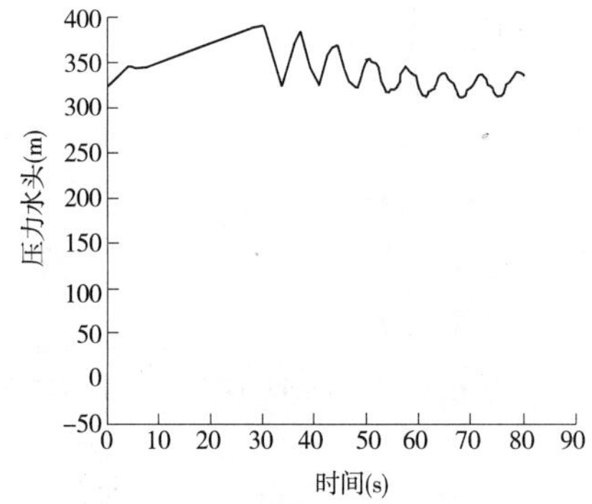

图6-2　喷嘴处压力曲线

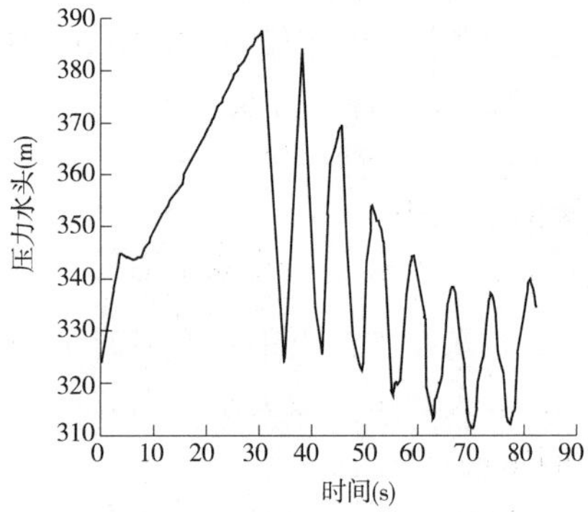

图6-3　球阀处压力曲线

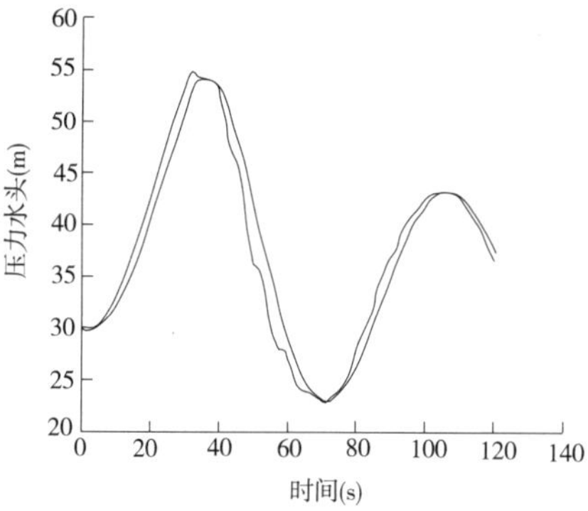

图 6-4　调压井处压力曲线

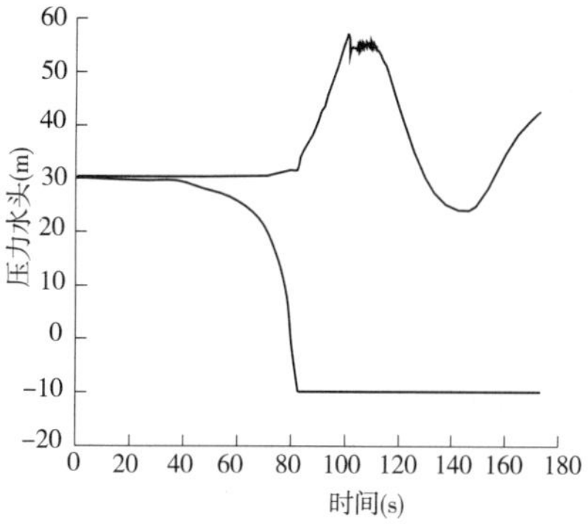

图 6-5　截流阀 2 处压力曲线

(六)各控制阀联动优化

南德瑞瓦图水电站工程引水系统布置有截流阀、2 个进水球阀及 10 个模拟水轮机喷嘴的针阀，元件众多,系统控制复杂。为保证引水系统过渡过程的最大、最小压力满足要求,需要对各控制阀进行组合、联动优化,确定各阀的关闭规律,为系统的稳定运行及控制阀的特性提供依据。过渡分析表明,在针阀关闭规律确定的情况下,进水球阀的的关闭规律对系统压力的影响较大。为满足最大水头不超过 400 m 的要求,真空负压不小于 -2.0 m 的要求,进水球阀需要两段关闭,关闭曲线见图 6-6。各控制阀关闭规律及系统最大、最小水头见表 6-8。

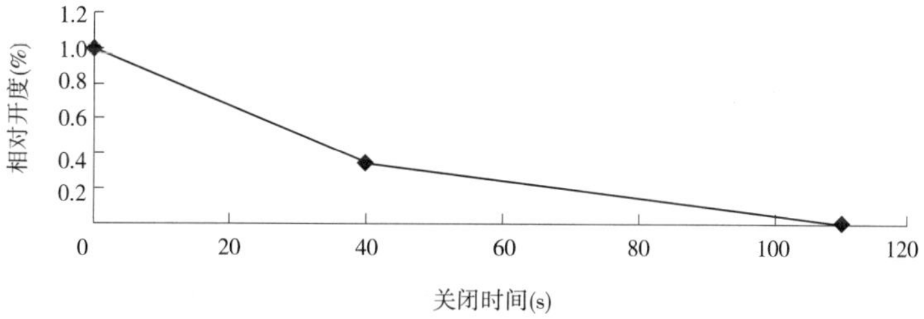

图 6-6　关闭时间与阀门相对开度曲线

表 6-8　　各控制阀关闭规律及系统最大、最小水头

组合	截流阀		$1^{\#}$机组进水球阀		$1^{\#}$机组针阀		$2^{\#}$机组进水球阀		$2^{\#}$机组针阀		最大水头(m)	最小水头(m)
	时间(s)	数值	时间(s)	数值	时间(s)	数值	时间(s)	数值	时间(s)	数值		
1	0	1	—	—	—	—	—	—	—	—	324.97	-1.93
	100	0	—	—	—	—	—	—	—	—		
2	0	1	0	1	—	—	0	1	—	—	395.00	-1.00
	100	0	40	0.35	—	—	40	0.35	—	—		
	—	—	110	0	—	—	110	0	—	—		

续表 6-8

组合	截流阀		$1^{\#}$机组进水球阀		$1^{\#}$机组针阀		$2^{\#}$机组进水球阀		$2^{\#}$机组针阀		最大水头(m)	最小水头(m)
	时间(s)	数值	时间(s)	数值	时间(s)	数值	时间(s)	数值	时间(s)	数值		
	0	1	0	1	0	0.713	0	1	0	0.713		
3	100	0	40	0.35	30	0	40	0.35	30	0	390.96	17.00
	—	—	110	0	—	—	110	0	—	—		
	—	—	0	1	0	0.713	—	—	—	—		
4	—	—	40	0.35	30	0	—	—	—	—	359.80	17.00
	—	—	110	0	—	—	—	—	—	—		
	—	—	0	1	—	—	—	—				
5	—	—	40	0.35	—	—	—	—	—	—	359.72	-1.04
	—	—	110	0	—	—	—	—	—	—		
	—	—	0	1	—	—	0	1	—	—		
6	—	—	40	0.35	—	—	40	0.35	—	—	397.46	1.04
	—	—	110	0	—	—	110	0	—	—		
7	0	1	—	—	0	0.713	—	—	0	0.713	390.97	17.00
	100	0	—	—	30	0	—	—	30	0		

引水系统过渡过程的计算分析，通过各控制阀的不同组合、联动优化，确定各控制阀的关闭规律及空气阀设置的位置、大小，说明冲击式机组过渡过程计算分析与应用。过渡过程分析为引水系统的布局、系统稳定运行及控制阀特性提供依据，对确保工程安全显得尤为必要和重要。

第四节　进水口设计

一、布置原则

进水口按功能分为引水工程进水口和泄水工程进水口。一般坝体泄流时，泄水建筑物的进水口为泄水进水口，而水电站工程或供水工程中，进水口的作用是把水流从水库输送到厂房（或水厂），此类进水口为引水进水口。进水口的分类还可以按照工程布置分为整体布置进水口和独立布置进水口。其他根据位置还有坝式进水口、河床式进水口和岸边式进水口，现在国际上常用的引水进水口多为岸边式进水口，岸边式进水口又可以分为岸塔式、岸坡式和竖井式进水口。一般引水式进水口的布置应满足如下要求：

（1）在各级运行水位下，进水口均具有良好的水力条件，水流畅顺、流态平稳、进流匀称和水头损失小；能够适应电站负荷变化，引进发电所需流量；以及一旦安全需要，可随时中断进水。

（2）在进水口前缘水域应尽量避免回流发生，避免产生贯通式漏斗漩涡。

（3）应有有效的防沙措施，防止泥沙淤堵进水口，不使推移质进入引水系统。

（4）应设置有效的排污和清污措施。

（5）具有必要的施工场地和交通运输条件，以便于建筑物施工、设备组装和运行管理。

（6）与枢纽其他建筑物布置相协调。

（7）工程量小，造价经济合理。

二、进水口布置

根据进水口的布置原则，结合南德瑞瓦图工程的地形、地质条件，进水口布置在坝体右岸上游约 25 m，为钢筋混凝土塔式结构，位于一个开挖出来的岩石凹槽内。进水口设有工作闸门，可以放空隧洞或紧急关闭，以实现检修、维护隧洞的目的；设置检修闸门 1 道，以用来检修。

在进口表面设置拦污栅，防止杂物进入隧洞和机组。隧洞进口高程 511.00 m，高于水库泥沙淤积高程 2 m 处。进口底板高程与交通道路相同，用来检修和维护隧洞和拦污栅。塔顶设置在 532.00 m 高程，在最大可能洪水（PMF）时将被淹没。因此，闸门槽需要封闭，以防杂物进入隧洞。顶盖要既能满足交通荷载，又能满足承担最大可能洪水（PMF）条件下的水荷载。

进口竖井内设置交通爬梯，位于轮式闸门的下游，以检查隧洞。竖井要满足小型设备进入隧洞，这些设备可用坝上起重机吊运进去。

三、进水口淹没深度复核

按水流条件水利水电工程进水口分为无压式进水口和有压式进水口两种型式，无压式进水口流道全程有自由水面，且水面以上与外界大气保持良好贯通，适用于在水位变幅较小的水库或河流中引用或泄放表层水的工程。有压式进水口流道均淹没于水中,并始终保持满流状态,有最小淹没深度要求,适用于在水位变化幅度较大的水库或河流中引水或泄水的工程。

为防止产生贯通式漏斗漩涡,拟用戈登公式估算进水口所需淹没深度,初定进水口底板高程,再经水工模型试验验证进口流态,戈登公式:

$$S = Cvd^{\frac{1}{2}}$$

式中 S——进水口淹没深度 m;

v——闸孔断面流速,m/s;

d——闸孔高度;

C——与进水口几何形状有关的系数,进水口设计良好和水流对称时取 0.55,边界复杂和侧向水流取 0.73。

为防止进水口产生负压,按下式估算进水口所需淹没深度:

$$S = K(\Delta h_1 + \Delta h_2 + \Delta h_3 + \Delta h_4 + \Delta h_5 + \frac{v_5^2}{2g})$$

式中 K——不小于 1.5 的安全系数;

Δh_1——拦污栅水头损失,m;

Δh_2——进水口喇叭段水头损失,m;

Δh_3——闸门槽水头损失,m;

Δh_4——压力管道渐变段水头损失,m;

Δh_5——沿程水头损失,m;

v_5——输水道平均流速,m/s。

其他符号意义同上。S 的最终取值不应小于 1.5 ~ 2.0 m。

一般情况下,底坎高程应在预计的坝前淤沙高程之上。第一个公式计算的最小淹没深度为 1.57 m,根据第二个公式计算所得最小淹没深度为 2.48 m。在水库最低运行水位 515.70 m 时,满足进水口最小淹没度的要求。

四、进水口结构的稳定分析计算

进水口结构稳定分析包括抗滑、抗浮和抗倾覆稳定分析,以及验算基础应力是否满足地基承载力要求。在进水口的结构稳定分析中主要考虑的荷载有自重荷载、水压力、扬压力、泥沙压力和地震荷载。

(一)荷载

1. 自重

由所有永久建筑的重量组成。

2. 水压力

水压力的大小由静水力学进行计算。

3. 土压力

土压力根据前文中岩土工程的要求确定,并且根据结构的运行状况进行加载。额外的荷载和边坡压实对结构所产生的影响在标准计算方法中也要考虑。

1）水平土压力 P_E

用库仑方程计算主动土压力：

$$P_E = \frac{1}{2}\gamma_2 \frac{1}{\sin\theta\cos\delta} K_A h^2 \cdot B$$

式中　γ_2——填土的重度；

h——填土的高度；

B——填土的宽度；

K_A——主动土压力系数由下式计算：

$$K_A = \frac{\sin^2(\theta + \varphi)\cos\delta}{\sin\theta\sin(\theta - \delta)\left[1 + \sqrt{\frac{\sin(\varphi + \delta)\sin(\varphi - \beta)}{\sin(\theta - \delta)\sin(\theta + \beta)}}\right]^2}$$

式中　φ——填土的内摩擦角；

β——填土表面与水平面夹角；

θ——墙面与水平面的夹角，$\theta = 90°$；

δ——土与墙的摩擦角，$\delta = 0$。

2）水平地震动土压力 P_{EQ}

$$P_{EQ} = \frac{1}{2}\gamma K_{AE}(1 - K_v)Bh^2$$

式中　K_v——竖向地震加速度，$K_v = a_v/g$，$a_v = 0.5a_h$；

K_{AE}——地震时的主动土压力系数，用下式计算：

$$K_{AE} = \frac{\cos^2(\varphi - \psi - \varepsilon)}{\cos\psi\cos^2\varepsilon\cos(\psi + \varepsilon + \delta)\left[1 + \sqrt{\frac{\sin(\varphi + \delta)\sin(\varphi - \psi - \beta)}{\cos(\beta - \varepsilon)\cos(\psi + \varepsilon + \delta)}}\right]^2}$$

式中　ε——墙背面垂直方向的夹角，$\varepsilon = 0$；

ψ——地震惯性角，按下式计算：

$$\psi = \arctan\left(\frac{k_h}{1 - k_v}\right)$$

4.地震惯性力

地震荷载计算参考于重力坝设计规范 EM1110－2－2200。

1）水平地震惯性力

$$F_{eh} = \sum GK_h$$

式中　F_{eh}——水平地震惯性力，kN；

K_h——水平地震加速度系数；

$\sum G$——结构的重量，kN。

2）垂直地震惯性力

$$F_{ev} = \sum GK_v$$

式中　F_{ev}——垂直地震惯性力，kN；

K_v——垂直地震加速度系数。

(二)荷载组合

根据工程运行情况和设计规范,进水口抗滑稳定分析考虑以下荷载组合工况。

(1)荷载工况1——施工期:荷载包括自重、土压力、闸门维修的车辆荷载及人群荷载。

(2)荷载工况2——正常水位,闸门开启:荷载包括进水口自重、对应最高运行库水位为529.50 m的水压力、土压力、扬压力和闸门完全开启时的内部水压力、闸门维修的车辆荷载及人群荷载。

(3)荷载工况3——正常水位,闸门闭合:荷载包括进水口自重、对应正常运行的最高库水位为529.50 m的水压力、土压力、扬压力和闸门关闭时的内部水压力、闸门维修的车辆荷载及人群荷载。

(4)荷载工况4——最小水位,闸门开启:荷载包括进水口自重、对应水库最低水位为515.70 m的水压力、土压力、扬压力和闸门开启时内部水压力、闸门维修的车辆荷载/人群荷载。

(5)荷载工况5——最小水位,闸门闭合:荷载包括进水口自重、对应水库最低水位为515.70 m的水压力、土压力、扬压力和闸门关闭时内部水压力、闸门维修的车辆荷载及人群荷载。

(6)荷载工况6——极端洪水,闸门开启:荷载包括进水口自重、对应300年一遇洪水库水位为529.50 m的水压力、土压力、扬压力和闸门完全开启时内部水压力。

(7)荷载工况7——极端洪水,闸门关闭:荷载包括进水口自重、对应300年一遇洪水库水位为529.50 m的水压力、土压力、扬压力和闸门关闭时内部水压力。

(8)荷载工况8——水库发生基本运行地震(OBE),闸门开启:荷载包括进水口自重、对应水库最高库水位为529.50 m的水压力、土压力、扬压力和闸门开启时的内部水压力、基本运行地震荷载(OBE)。

(9)荷载工况9——基本运行地震(OBE),闸门关闭:荷载包括进水口自重、对应水库最高库水位为529.50 m的水压力、土压力、扬压力和闸门关闭时的内部水压力;基本运行地震荷载(OBE)。

(10)荷载工况10——最大设计地震(MDE),闸门开启:荷载包括进水口自重、对应水库最高库水位为529.50 m的水压力、土压力、扬压力和闸门开启时内部水压力、最大设计地震荷载(MDE)。

(11)荷载工况11——最大设计地震(MDE),闸门关闭:荷载包括进水口自重、对应水库最高库水位为529.50 m的水压力、土压力、扬压力和闸门关闭时内部水压力、最大设计地震荷载(MDE)。

(12)荷载工况12——最大设计洪水,闸门关闭:荷载包括进水口自重、对应最大可能洪水位(PMF)洪水 R. L 540.0 m的水压力、土压力、扬压力和闸门关闭时的内部水压力。

荷载及荷载组合见表6-9。

表 6-9　　荷载及荷载组合

计算工况			自重荷载	上游水压力	下游水压力	扬压力	土压力 P_e	地震荷载	
								基本运行地震(OBE)	最大设计地震(MDE)
工况 1	非常工况	建设条件	√	—	—	—	√	—	—
工况 2	正常工况	正常水位,闸门开启(百年一遇洪水)	√	√	√	√	√	—	—
工况 3	正常工况	正常水位,闸门闭合(百年一遇洪水)	√	√	√	√	√	—	—
工况 4	正常工况	最小水位,闸门开启(最小运行库水位 515.70)	√	√	√	√	√	—	—
工况 5	正常工况	最小水位,闸门闭合(最小运行库水位 515.70)	√	√	√	√	√	—	—
工况 6	正常工况	罕见洪水,闸门开启(千年一遇洪水)	√	√	√	√	√	—	—
工况 7	正常工况	罕见洪水,闸门闭合(千年一遇洪水)	√	√	√	√	√	—	—
工况 8	非常工况	基本运行地震(OBE),闸门开启(百年一遇洪水)	√	√	√	√	√	√	—
工况 9	非常工况	基本运行地震(OBE),闸门闭合(百年一遇洪水)	√	√	√	√	√	√	—
工况 10	极端工况	最大设计地震(MDE),闸门开启(百年一遇洪水)	√	√	√	√	√	—	√
工况 11	极端工况	最大设计地震(MDE),闸门闭合(百年一遇洪水)	√	√	√	√	√	—	√
工况 12	极端工况	最大设计洪水,闸门闭合(PMF)	√	√	√	√	√	—	—

(三)抗滑稳定分析

建筑物主要靠摩擦力和凝聚力抵抗建筑物沿水平或者近水平面的滑动。抗滑安全系数是总的抗滑力与滑动力之比。如果工程建在洪积物或者土壤上,计算中不应该考虑凝聚力;如果工程建在基岩上,可以考虑凝聚力的影响。

建筑物抗滑稳定安全系数可用下式计算:

$$F.S. = \frac{(W - U) \cdot \tan\varphi + cA}{H}$$

式中 W——混凝土结构自重包括水自重、锚固和地震在垂直方向的力,kN;

U——垂直方向作用在有效基础面积的扬压力,kN;

φ——沿滑动面的摩擦角,(°);

c——分析面处的黏聚力,kPa;

H——水平方向的力,包括水压力、尾水压力、泥沙压力、地震荷载,kN;

A——有效的受压的基础面积,m^2。

(四)抗浮稳定分析

抗浮稳定系数($F.F.$)按下式计算:

$$F.F. = \frac{W}{U}$$

(五)抗倾覆稳定计算

在水流方向和垂直水流方向都需要进行抗倾覆稳定分析,通过合力在基础面的作用位置判断其抗倾覆性。合力用下式进行计算:

$$合力的位置 = \frac{\sum M}{\sum V}$$

式中 $\sum M$——建筑物上部结构荷载作用基础底面总的力矩,kN·m;

$\sum V$——垂直方向的合力,kN。

(六)地基应力

垂直方向在基面上的正应力按下式计算:

$$\sigma = \frac{\sum W}{A} \pm \frac{\sum M_x y}{J_x} \pm \frac{\sum M_y x}{J_y}$$

式中 σ——计算截面上的垂直正应力, kPa;

$\sum W$——作用在计算截面上的全部作用力法向分力的总和, kN;

$\sum M_x$、$\sum M_y$——作用在计算截面上的全部作用力对截面形心轴 x、y 的力矩总和, kN·m;

x、y——计算截面上计算点至形心轴 y、x 的距离,m;

J_x, J_y——计算截面对形心 x、y 轴的惯性矩, m^4;

A——计算截面受压部分的面积, m^2。

(七)允许稳定安全系数

抗滑和抗浮的安全系数及合力的作用位置,应该满足表6-10中的条件。组合后的荷载工况在此处可以划分为正常、非常和极端荷载工况。在土壤和基岩基础上计算的基础应力不允许超过地基承载力。

表 6-10　安全系数

荷载工况	抗滑安全系数	位置	抗浮安全系数
正常	2.0	中间的1/3	1.5
非常	1.7	中间的1/3	1.2
极端	>1.0	基础内	>1.0

(八)地基应力要求

进水口的地基应力应满足以下要求:

(1)基础面的最大压应力不能超过基础的容许压应力。

(2)一般工况下,基础面不容许发生拉应力。非常规荷载工况或者地震工况出现的拉应力不得超过0.1 MPa。

第五节　引水隧洞设计

一、洞线布置

高水头水电站的设计大多数都包括引水隧洞的设计,因此引水隧洞的设计是高水头水电站设计的关键。引水隧洞洞线布置应考虑隧洞进、出口地质条件及进水口布置条件,结合地形、地质、等条件确定。南德瑞瓦图工程引水隧洞总长约1 936 m,走向为NE77.02°,底坡0.987%。

隧洞线穿越岩性主要为玄武岩,夹有砂岩和粉砂岩,除进出口部位外,洞室上部岩体厚度40~250 m,大多数洞段上部岩体厚度超过150 m,洞线方向为近东西向,而区域层面倾向为N或NW,倾角5°~15°,而推测4条断层带或剪切带多与洞线斜交,火山岩多发育不连续面,预计成洞条件变化较大。

沿线预计穿越4个可能的断层/剪切带,预测的围岩类别比例按照Ⅰ类围岩30%,Ⅱ类围岩40%,Ⅲ类围岩20%,Ⅳ类围岩10%考虑,长度分别为Ⅰ类围岩561 m,Ⅱ类围岩775 m,Ⅲ类围岩400 m,Ⅳ类围岩200 m。

在引水隧洞出口上游约140 m处设置调压井,调压井高约90 m,内径2.5 m。调压井开挖直径3.3 m,采用喷混凝土作为初期支护,永久结构采用钢衬后回填混凝土,钢管壁厚10 mm。

二、引水隧洞纵坡设计

隧洞纵坡设计中主要考虑以下因素:

(1)隧洞进出口满足进出口水力学要求。

(2)隧洞纵坡应满足施工要求,底坡控制在1.0%以内,便于施工期和检修期排水及施工机械运行。

(3)隧洞纵坡不宜在隧洞中部向上凸,以免中部压坡线不满足要求。

根据以上的设计原则，引水隧洞纵坡确定为 0.987%。为避免引水系统沿线出现负压情况，隧洞洞顶最小水头应由隧洞的过渡过程分析确定。最小库水位是 515.70 m 的工况时，隧洞进水口中心的高程是 512.50 m，因此隧洞进水口处洞顶最小水头为 1.7 m，其他工况时，引水隧洞洞顶最小水头不能少于 3.0 m。

三、隧洞断面尺寸

隧洞开挖采用常规钻爆法施工，为方便施工，开挖横断面选用马蹄形断面，开挖断面底宽 3.3 m，侧墙高 1.95 m，顶拱开挖半径 1.65 m。

四、隧洞开挖和支护

在钻孔过程中，为了确保安全，需要采取一些施工措施，包括超前钻探，及时支护，超前预注灌浆等。无论如何，要确保整个工程中的隧洞开挖安全。常规的隧洞开挖、支护步骤参阅《岩石中的隧洞和竖井》（EM1110－2－2901）规范。

（一）设计原则及假定

对于引水隧洞的设计，一般按照以下原则：

（1）一切加固围岩的工程措施，都是为了加固不良围岩、维持围岩稳定。

（2）把所采取的工程措施（如支护、衬砌等）与围岩视为统一的复合体，即考虑支护和衬砌与围岩的共同作用。

（3）在支护、衬砌与围岩的复合体中，围岩是承受荷载（如内、外水压力等）的主体，因此，应最大限度地利用围岩，充分发挥围岩的作用。

（4）在充分考虑围岩承载能力的基础上，因地制宜地采用相应的加固措施，以维持围岩的稳定性。

（5）考虑到水工隧洞的特点，加固措施还应满足水流摩阻小、水量渗漏损失少的原则；衬砌采用混凝土或钢筋混凝土衬砌时，按限裂构件进行计算。

（二）隧洞条件和支护类型

隧洞初期支护采用工程类比法（纯经验），施工期结合安全监测及时掌握围岩变化动态、支护受力状态，调整隧洞设计。围岩类别和支护类别的划分，依据 1974 年 BARTON（巴顿）等提出的 Q 系统法。根据地质勘察资料，引水隧洞的具体分类和支护类型如下：

1. Ⅰ类围岩（Ⅰ类支护）

$Q \geq 10$。岩体条件属于好—很好，块状—中等节理发育，超挖少，一般能够自稳或需要少量支护，例如局部岩石锚杆。全断面开挖，常规进尺。

2. Ⅱ类围岩（Ⅱ类支护）

$1.0 \leq Q \leq 10$。岩体条件属于一般—差，中等—节理很发育，中等超挖，在掌子面以前 10～20 m 范围内，一般要求采取岩石锚干、喷强化混凝土等进行系统支护，全断面开挖，常规进尺。

3. Ⅲ类围岩（Ⅲ类支护）

$0.1 \leq Q \leq 1.0$。岩体条件属于很差，节理很发育/很破碎岩体，包括不同岩组接触带、断层带、剪切带，常见有破碎、蚀变或风化岩石，渗水量较大。为减少渗水，超前开挖灌浆可能是必要的。全断面开挖,较慢进度、较小的进尺,大量超挖现象。要求采用定型岩石锚杆、喷强化混凝土进行立刻支护。也可选用中心间距 1 ~ 1.5 m 的轻型—中型钢架支护,以及护壁、支架和回填。

4. Ⅳ类围岩(Ⅳ类支护)

$Q<0.1$。岩体条件属于极差。节理很发育—极发育/很破碎—极破碎岩体,断层带、剪切带含有破碎的、蚀变的岩石,或强风化、分解的岩石。在宽度 5 ~ 20 m 带内可能出现挤压或涌水、流水现象。当隧洞位于地下水位以下时,较大的洞室流水现象很可能出现,为减少出水量,超前灌浆可能是必要的。开挖循环进尺较小,在特别差岩体条件下,可能需要采取顶部导洞和台阶施工方法。在掌子面以前 1 ~ 2 m 内,需立刻采取支护措施,间距 0.5 ~ 1.0 m 的中等—重型支架可能是必要的。在挤压条件下,钢架会需要护壁、支撑、回填、仰拱支撑。为了洞脸预先支护,超前支护是必要的。

(三)隧洞支护类型

1. 一次(初期)支护

出于安全考虑每次爆破和清理完成后应进行初始支护,初始支护的喷混凝土厚度应达到 35 mm。任何时候在没有初始支护的情况下,自由长度不应超过 3 m,这是为了接着进行岩石的喷浆锚固,在进行初始支护后才能进行钻孔和工作面推进。

2. 永久支护

永久支护采用增强喷混凝土,在工作面推进之后就能进行永久支护,详细的支护尺寸和方法在施工过程中可以根据岩土工程师的建议进行调整。

五、混凝土衬砌设计

引水隧洞结构设计遵循下列原则和基本假定:

(1)在内水压力作用下,考虑衬砌与围岩的共同作用,围岩是承受荷载的主体,最大限度地利用围岩,充分发挥围岩的作用。

(2)为了减小外部水压力,需要设置排水系统以减少衬砌厚度确保隧洞在运行和维修过程中的安全。当隧洞中外部水压力远大于内水压力时,可在该处的底板和拱腹进行钻孔。排水孔的直径为 40 mm,间距为 3 m,由岩土工程师根据岩石的实际情况进行布置。

(3)考虑到水工隧洞的特点,结构设计应满足水流摩阻小、水量渗漏损失少的原则。

(4)钢筋混凝土衬砌,按限裂构件进行计算。

(一)计算荷载

1. 围岩压力

对Ⅰ、Ⅱ类围岩,开挖后围岩变形小,及时支护后变形短时间内趋于稳定。永久衬砌结构计算不再计岩石压力。对Ⅲ、Ⅳ类围岩,初期支护后变形仍有延续,施工期永久衬砌结构计算应考虑岩石压力;运行期和检修期考虑到洞周采用了固结灌浆提高围岩的完整性和弹模,可不计岩石压力。

按美国陆军工程师团规范《隧洞与竖井》(Tunnels and Shafts in Rock – EM1110 – 2 – 2901)估算围岩松动压力:

（1）Ⅲ类围岩：采用1.0倍的隧洞宽度的压力，决定于混凝土浇筑之前所允许的位移和压力释放的大小。

（2）Ⅳ类围岩：采用2.0倍的隧洞宽度的压力。

（3）侧压力等于0.5倍的垂直压力，对于爆破开挖，增加30%。

2. 内部水压力

（1）正常运转时的内部静水压力（最高发电运行水位）。

（2）瞬时内部静水压力（当机组紧急关闭时，调压井内最高水位）。

3. 外部水压力

美国陆军工程师团规范《隧洞与竖井》（EM1110－2－290）1认为：没有必要专门进行衬砌来承担外部水压力。通过衬砌和排水孔，能够减少或者近似消除外部水压力。设计的衬砌应该能够承受外部水压力。在此阶段，最大的外部水头应该根据引水洞的地形地质条件进行假定。最终的外部水压力应该根据实际开挖的隧洞进行计算。

4. 地震荷载

在隧洞的主体设计中可以忽略地震荷载。

5. 灌浆荷载

根据美国规范《隧洞与竖井》（EM1110－2－2901），灌浆荷载采用隧洞直径1/4（最大1.5 m）面的最大允许灌浆压力。

（二）计算荷载组合

计算荷载组合见表6-11。

表6-11　荷载组合和荷载系数

荷载	工况1	工况2	工况3	工况4
恒载	1.3	1.1	1.1	1.1
岩石荷载	—	—	—	1.2
运行时静水压力	1.4	—	—	—
瞬态的静水压力	—	1.1	—	—
外部水压力	—	—	1.4	1.4
活载	—	—	—	1.4

（三）隧洞衬砌

根据隧洞的结构计算，隧洞衬砌情况如下：

对于喷混凝土的Ⅰ、Ⅱ、Ⅲ（下）类围岩的隧洞段，底板采用混凝土底板，底板厚200 mm，顶部设置6 mm的间距150 mm的钢筋网，中间打一排排水孔，孔径40 mm，间距3 m，深入基岩500 mm。底板下为经过压实的隧洞开挖石渣垫层。

（1）Ⅰ类围岩，喷混凝土50 mm，顶部打一排排水孔，孔径40 mm，间距3 m，入岩500 mm。隧洞半径有两种：一种1 650 mm，一种1 550 mm，主要考虑水头损失的影响。

（2）Ⅱ类围岩，支护时喷50 mm厚混凝土，衬砌时喷混凝土50 mm，顶部打一排排水孔，孔径40 mm，间距3 m，入岩500 mm。隧洞半径有两种：一种1 650 mm，一种1 550

mm，主要考虑水头损失的影响。

（3）Ⅲ类围岩，有两种衬砌方式：一种是喷混凝土 50 mm 支护，挂网喷混凝土 100 mm 衬砌，隧洞半径 1 850 mm。固结灌浆孔，伸入围岩 3.0 m，排距 2.0 m，每排 5 孔对称布置，顶拱 1 ~ 2 孔兼做回填灌浆孔。另一种是喷混凝土 50 mm 支护，素混凝土衬砌，厚 400 mm，隧洞半径 1 550 mm，设回填灌浆孔，纵向间距 2.0 m，顶拱交错布置，1 ~ 2 孔，不设固结灌浆，不设排水孔。

（4）Ⅳ类围岩，挂网喷混凝土支护，钢筋混凝土衬砌，厚度 500 mm，半径 1 550 mm，设固结灌浆孔，伸入围岩 3.0 m，排距 2.0 m，每排 7 孔对称布置，顶拱 1 ~ 2 孔兼做回填灌浆孔，不设排水孔。

（四）隧洞灌浆

1. 回填灌浆

为提高引水隧洞承受内水压力的能力，混凝土衬砌与围岩间的缝隙，必须灌浆回填密实，才能发挥围岩的承载作用，改善衬砌的受力条件。

回填灌浆孔位于隧洞顶拱中心角 90°范围内，Ⅲ类围岩顶拱 1 ~ 2 孔交替排列，交错角 45°。Ⅳ类围岩顶拱 2 孔与 3 孔交替排列，交错角 22.5°，回填灌浆孔纵向排距 2.0 m，为了确保回填灌浆质量，灌浆孔深入围岩 10 cm，灌浆压力 0.2 ~ 0.3 MPa。

2. 固结灌浆

为改善围岩的力学性能，补强围岩开挖过程中形成的松动圈，提高围岩承载能力和减少渗漏，对Ⅳ类及更差的围岩应进行固结灌浆。

固结灌浆孔，伸入围岩 3.0 m，排距 2.0 m. Ⅲ类围岩每排 5 孔对称布置；Ⅳ类围岩每排 7 孔对称布置。顶拱 2 ~ 3 孔兼做回填灌浆孔，固结灌浆压力 0.5 MPa。

灌浆后压水检验标准：喷混凝土衬砌段透水率应小于 1.0 Lu，混凝土衬砌段透水率应小于 5.0 Lu。

六、钢衬结构设计

当隧洞内压超过外部地层及地下水压力时，混凝土裂缝的渗漏可导致岩石水力劈裂或严重渗漏，就需要对压力隧洞进行钢衬衬砌，来防止岩石的水力劈裂。当弯曲到达临界状态时，设计钢衬就必须同时考虑内压和外压。当外部荷载很大时，常常需要采用加劲环。在隧洞的出口段，岩石条件差，一般为Ⅳ类围岩，因此在出口段 80 m 范围内，设置钢衬段。钢衬的设计既要考虑内压，又要考虑外压，特别是高水头水电站的引水隧洞，更要慎重考虑。

（一）钢衬的设计原则

钢衬的结构设计遵循下列原则和基本假定：

（1）在内水压力作用下，考虑衬砌与围岩的共同作用，围岩是承受荷载的主体，最大限度地利用围岩，充分发挥围岩的作用。

（2）在外水压力作用下，钢板衬砌按明管设计，单独承受外部荷载。

（3）计算工况：工况 1 为钢衬承受最大内水压力工况；工况 2 为隧洞检修时钢衬承受最大外水压力工况；工况 3 隧洞钢衬水压试验工况。

(二)钢衬承受内压的设计

在软岩中,钢衬应按净内水压力、最大内水压力减去最小外水压力来进行设计。当岩体有强度并受限制时,就应假定钢管周围的混凝土和岩石承担内水压力。内压主要来自于机组负荷变化产生的压力上升,沿钢管长度范围内,从机组发生水锤所引起的最大压力值到调压井最高涌浪值,一般假定直线分布。如果未设调压井,则直线变化到进水口水库水位。同时,也要考虑钢管内不要出现负压,及压力水头线不得低于压力钢管线。

钢衬厚度应该根据钢管在厂房机组紧急关闭时所产生的最大水锤压力进行计算。当隧洞顶部有足够厚的岩石覆盖层和适当的岩石条件时,应考虑钢衬、混凝土与岩石的联合作用,见图6-7。

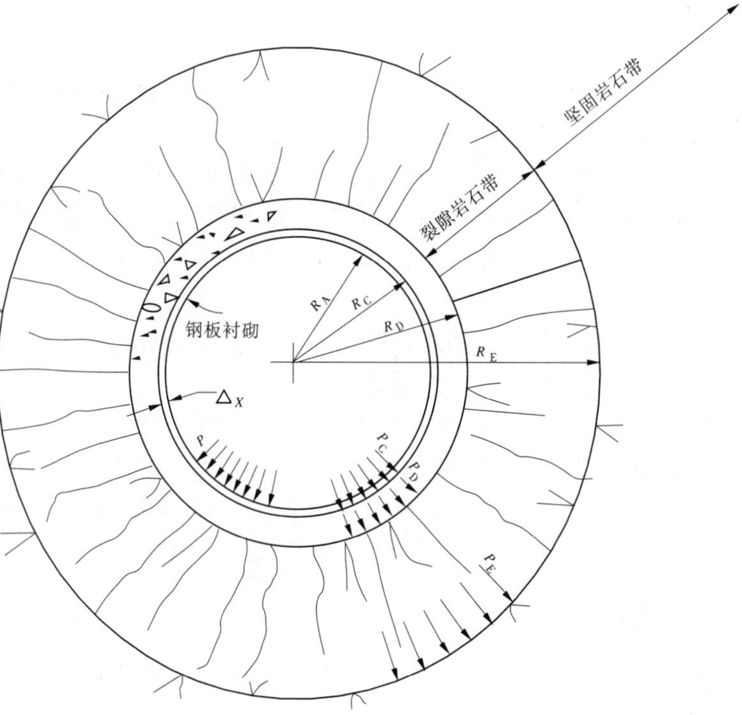

图 6-7　钢衬、混凝土和围岩的荷载条件

对于内水压力对钢衬作用的分析,需要做以下假定:

(1)假定在钢衬和混凝土以及混凝土和岩石之间存在缝隙。

(2)钢衬、混凝土及岩石之间承受的内压由于缝隙的存在分为两个阶段:第一阶段在缝隙闭合之前,由钢管单独承受内压;第二阶段当缝隙完全闭合之后由钢管、混凝土和岩石共同承受内压。

(3)假定所有的材料如钢衬、混凝土及岩石都处于弹性工作状态。

根据假定在混凝土与钢衬及岩石中间存在径向裂缝,因而混凝土不能承受环向拉力,内水压力由钢衬和岩石共同承担,计算压力钢衬环向应力的公式如下:

$$\sigma_1 = \frac{(p_i - p_c)R}{t}$$

式中　σ_1——钢衬环向应力，MPa；

t——钢衬的计算厚度，mm；

R——钢衬中心线半径，mm；

p_i——设计内水压力，MPa；

p_c——岩石承担的内水压力，MPa。

$$\Delta s = \Delta k + \Delta c + \Delta d + \Delta e$$

$$\Delta s = (p_i - p_c)\frac{R_i^2(1 - \nu_s^2)}{tE_s}$$

p_c 根据假定混凝土与岩石之间的缝隙关系由下式求得：

$$\Delta k = C_s \Delta T R_i$$

$$\Delta c = \frac{p_c R_c}{E_c}\ln\frac{R_d}{R_c}$$

$$\Delta d = \frac{p_c R_c}{E_f}\ln\frac{R_e}{R_d}$$

$$\Delta e = \frac{p_c R_c}{E_r}(1 + v_r)$$

式中　Δs——裂隙总宽，mm；

Δk——温度引起的裂隙，mm；

C_s——钢材的线膨胀系数，$C_s = 1.2 \times 10^{-5}/℃$；

Δc——混凝土受压引起的裂隙，mm；

Δd——松动圈岩石受压引起的裂隙，mm；

Δe——完整岩石受压引起的裂隙，mm。

岩石承担的内水压力 p_c 按下式计算。

$$p_c = \frac{\dfrac{p_i R_i^2(1 - v_s^2)}{tE_s} - C_s \Delta T R_c}{\dfrac{R_i^2(1 - v_s^2)}{tE_s} + \dfrac{R_c}{E_c}\ln\dfrac{R_d}{R_c} + \dfrac{R_c}{E_f}\ln\dfrac{R_e}{R_d} + \dfrac{R_c(1 + v_r)}{E_r}}$$

围岩的内压承载率随岩体的物理特性、钢衬和混凝土之间的初始间隙而大有差异，岩体良好、弹性模量较大时，内压承载率可能相当高。考虑岩体中未知因素较多，为安全起见，应校核以下工况：假定岩体不承担内水压力，钢衬单独承受内压产生的应力不得超过钢管屈服极限。

（三）钢衬承受外压的设计

隧洞钢衬的外压主要来自于外水压力，当隧洞周围混凝土出现裂缝时，周围岩体的地下水压力就会作用在钢衬上，当隧洞放空检修或维护时，外水压力就会起到关键的破坏作用。除了地下水，上游压力管道或隧洞的高压水通过混凝土裂缝向外流动，并通过岩体中的节理向下游流动，最终作用在钢衬上。还有一个外压来源就是施工期的灌浆压力，包括固结灌浆和回填灌浆，灌浆压力将会作用在钢衬上。这些外压，如果没有在设计中考虑，在外压作用下，则钢衬可能会引发压曲变形。

1. 钢衬临界压力值计算——阿姆斯图兹(Amstutz)公式

钢衬能够承受较大的内部水压力却不能承受较大的外部水压力,大多数埋管的毁坏都是由于外部水压力所致。因此,必须考虑钢衬所能承受的外部水压力。

阿姆斯图兹假定在特定的一个位置上出现一个压曲波形或凹陷,因为外压超过了钢衬的抗弯能力,所以在钢管轴线方向经常出现相当大范围的凹陷。阿姆斯图兹取一个单宽环向圈,为压曲波形或凹陷设计一个新的平均半径,沿着新的半径,压曲波形被分为两个向外和一个向内的波(见图6-8)。

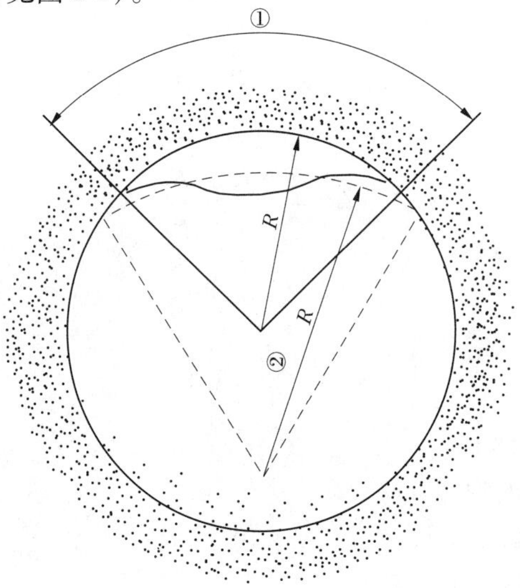

①压曲波的范围;②新的平均半径

图6-8 阿姆斯图兹假定示意图

用下式进行计算临界压力值(P_{cr}):

$$P_{cr} > k \cdot P_r$$

式中 P_{cr}——计算出的临界压力值,MPa;

P_r——实际所能承受的压力值,MPa;

k——安全系数,$k=2.0$。

钢衬的临界压力值 P_{cr}用阿姆斯图兹(Amstutz)公式计算:

$$P_{cr} = \frac{F}{r}\sigma_N\left[1 - 0.175\left(\frac{r}{e}\right)\frac{\sigma_F^* - \sigma_N}{E^*}\right]$$

σ_N 的计算:

$$\frac{\sigma_N - \sigma_v}{\sigma_F^* - \sigma_N}\left[\left(\frac{r}{i}\right)\frac{\sqrt{\sigma_N}}{E^*}\right]^3 = 1.73\left(\frac{r}{e}\right)\left[1 - 0.225\left(\frac{r}{e}\right)\frac{\sigma_F^* - \sigma_N}{E^*}\right]$$

$$i = \frac{t}{\sqrt{12}};\ e = t/2;\ F = t;E^* = \frac{E_s}{1-\nu_s^2}$$

$$\mu = 1.5 - 0.5\left(\frac{1}{1 + 0.002\dfrac{E_s}{\sigma_y}}\right)^2$$

$$\sigma_F^* = \mu\frac{\sigma_y}{\sqrt{1 - \nu_s + \nu_s^2}}$$

式中　P_{cr}——计算的临界压力值，MPa；

σ_N——由外压引起的管壁屈曲处的平均应力，MPa；

r——钢衬的内径，mm；

t——钢衬的厚度，mm；

E_s——钢的弹性模量，MPa；

ν_s——钢的泊松比；

σ_y——钢的屈服强度，MPa。

2. 钢衬承受的外部水压力计算

钢衬的外部压力主要表现为钢衬的屈曲压力，可以用雅克布森（Jacobsen）公式计算（参见ASCE工程实践手册No. 79，章节6. 2. 2）：

$$r/t = \sqrt{\left(\frac{[(9\pi^2/4\beta^2) - 1][\pi - \alpha + \beta(\sin\alpha/\sin\beta)^2]}{12(\sin\alpha/\sin\beta)^3\{\alpha - (\pi\Delta/r) - \beta(\sin\alpha/\sin\beta)[1 + \tan^2(\alpha - \beta)/4]\}}\right)}$$

$$p/E^* = \frac{(9/4)(\pi/\beta)^2 - 1}{12(r/t)^3(\sin\alpha/\sin\beta)^3}$$

$$\sigma_y/E^* = (t/2r)[1 - (\sin\beta/\sin\alpha)] + (p\sin\alpha/E^*\sin\beta)\left[1 + \frac{4\beta r\sin\alpha\tan(\alpha - \beta)}{\pi t\sin\beta}\right]$$

式中　α——弯曲凸起所对应的中心角一半；

β——弯曲半波长的新平均半径所对应的中心角一半；

p——临界外部弯曲压力；

Δ/r——钢衬与混凝土间的缝隙的缝隙率；

r——隧洞衬砌内半径；

σ_y——衬砌的屈服应力；

t——衬砌钢板厚度；

E^*——修正的弹性模量。

经验表明，对于屈曲发生在单向的凸起，阿姆斯图兹（Amsthutz）和雅克布森（Jacobsen）都采用同样的方式发展了他们的分析，在没有加肋环时，在极端屈曲应力情况下，由于混凝土的收缩和温度的变化，在混凝土与钢衬之间应考虑有空隙，这个空隙的宽度为$0 \sim 0.001r$（r为钢衬半径）。

（四）带加肋环的钢衬设计

1. 设计理论

当临界外压控制钢衬厚度时，设计人员则应从经济上分析是在钢衬外部增加加肋环还是增加钢衬的厚度，或者两者结合。加肋环的设计理论主要包括旋转对称公式、塑性变形公式和单个波理论等。

旋转对称理论假定圆形加肋环围绕钢衬圆周压曲成为偶数半波，将这些公式与阿姆斯图兹(Amstutz)公式进行比较，可以得出旋转理论求得的临界压屈压力高于阿姆斯图兹公式计算的压力。

美国垦务局对于加肋环的设计以及确定尺寸的方法提出一般塑性变形公式，把加肋环设计为一个在环间全部长度上承担所有外部荷载。加肋环的尺寸与最小屈服强度、加肋环面积和有效翼缘的面积有关。塑性变形公式是由较低外压条件下推导的，因此要求的加肋环间距较大，也就比较经济。

对于单个波理论，其实就是阿姆斯图兹公式与雅克布森公式的共同假定，即单个波的形成与混凝土的约束有关，在工程实践中，加肋环的破坏是以单个波压屈的形式出现的。当加肋环最外部的结构单元出现压屈时，加肋环的破坏就开始了，压屈是由轴向压力和凹陷波中部的压缩共同作用的结果。

2. 加肋环间的钢衬设计

加肋环间的钢衬厚度由临界外部压力确定，临界外部压力用冯米塞斯公式计算：

$$P_{cr} = \frac{E(t/r)}{1-\nu^2}\left[\frac{1-\nu^2}{(n^2-1)\left(\frac{n^2L^2}{\pi^2r^2}+1\right)^2}\right] + \frac{E(t/r)^3}{12(1-\nu^2)}\left(n^2-1+\frac{2n^2-1-\nu}{\frac{n^2L^2}{\pi^2r^2}-1}\right)$$

式中 r——管道半径；

L——加肋环间距；

t——管壁厚度；

P_{cr}——临界外部压力；

E——弹性模量；

ν——泊松比；

n——发生压屈破坏时波的数目（一般情况下，$6<n<12$）。

n 值可以用下式估算：

$$n = \sqrt[4]{\frac{(3/4)(\pi^2)/4(1-\nu^2)^{1/2}}{(L/D)^2(t/D)}}$$

式中 ν——泊松比；

D——隧洞衬砌直径；

L——加肋环间距；

t——管壁厚度。

当泊松比 $\nu=0.3$ 时，可以简化为：

$$n = \sqrt[4]{\frac{7.061}{(L/D)^2(t/D)}}$$

3. 加肋环的设计

阿姆斯图兹和雅克布森都提出了在加肋环位置上所必需的圆度，以防止管壁压屈。但阿姆斯图兹公式不适用 $2\alpha>180°$ 的情况，而雅克布森公式则不受此限制，因此一般采用雅克布森公式进行加肋环的设计。利用以下 3 个方程组进行求解。

$$r/\sqrt{(12J/F)}=\left(\frac{[(9\pi^2/4\beta^2)-1][\pi-\alpha+\beta(\sin\alpha/\sin\beta)^2]}{12(\sin\alpha/\sin\beta)^3\{\alpha-(\pi\Delta/r)-\beta(\sin\alpha/\sin\beta)[1+\tan^2(\alpha-\beta)/4]\}}\right)^{\frac{1}{2}}$$

$$(p/EF)\sqrt{(12J/F)}=\frac{(9/4)(\pi/\beta)^2-1}{(r\sin\alpha/\sin\beta)^3/[(J/F)\sqrt{(12J/F)}]}$$

$$\sigma_y/E\sqrt{(12J/F)}=\frac{h\sqrt{(12J/F)}}{r\sqrt{(12J/F)}}\left(1-\frac{\sin\beta}{\sin\alpha}\right)+\frac{p\sqrt{(12J/F)}r\sin\alpha}{EF\sqrt{(12J/F)}\sin\beta}\times\left[1+\frac{4\beta hr\sin\alpha\tan(\alpha-\beta)}{\pi\sqrt{(12J/F)}\sqrt{(12J/F)}\sin\beta}\right]$$

式中　α——弯曲凸起所对应的中心角一半；

β——弯曲半波长的新平均半径所对应的中心角一半；

p——临界外部弯曲压力；

J——外部加肋环及管壁分担的部分惯性矩；

F——外部圆形加肋环和加肋环之间的管道管壁的截面面积；

h——从加肋环的中和轴到环形加肋环单元的外缘的距离；

Δ/r——钢衬与混凝土间的缝隙的缝隙率；

r——隧洞衬砌内半径，英寸计；

σ_y——衬砌的屈服应力；

t——衬砌钢板厚度；

E^*——修正的弹性模量。

（五）荷载和荷载组合

南德瑞瓦图工程的钢衬计算需要考虑以下荷载及荷载组合。

1. 荷载

（1）运行中的内部水压力 P_{N2}；

（2）隧洞检修时最大外水压力 P_{I3}；

（3）隧洞钢衬水压试验压力 P_{T1}，取 1.3 倍的最大内水压力。

2. 荷载组合

计算工况和荷载组合见表 6-12。

表 6-12　　计算工况和荷载组合

荷载	常规		非常规
	工况 1	工况 2	工况 3
运行中的内部水压力 P_{N2}	√	—	—
隧洞检修时最大外水压力 P_{I3}	—	√	—
水压试验压力 P_{T1}	—	—	√

（六）允许的应力

钢管所使用的材料为 16MnR，等效于 ASTM A516，70 级。

允许应力：

$$[\sigma] = \mathrm{Min}(E \cdot K \cdot \sigma_s \cdot 2/3,\ E \cdot K \cdot \sigma_t/3)$$

式中 σ_s——屈服应力，MPa；

σ_t——拉应力，MPa；

E——焊缝折减系数，双面对接焊缝 $E=1.0$，有垫板的单面焊 $E=0.9$；

K——允许应力提高系数。

荷载工况见表6-13。

表6-13 荷载工况

荷载工况	系数 K
正常工况	1.0
临时工况	1.33
事故工况	1.5
非常工况	2.5
施工和水压试验工况	1.33

（七）钢衬结构的灌浆

1. 回填灌浆

为了加强对内部水压力的承受能力，对混凝土衬砌和围岩之间的接缝进行回填灌浆。回填灌浆孔布置在隧洞顶部90°的范围内，在Ⅲ类岩石处，灌浆孔按45°错列，在Ⅳ类岩石处，灌浆孔按22.5°错列，行间距为2.0 m。为了保证灌浆质量钻孔伸入围岩10 cm，由地质工程师根据隧洞衬砌的厚度和岩石的类型确定灌浆的压力。

2. 固结灌浆

为了增强围岩承压能力和减少隧洞渗漏，在Ⅳ类岩石处和基岩较弱的地方采用固结灌浆。每一排设置8个固结灌浆孔，排与排之间错列，间距为2.0 m。钻孔深度为3.0 m。隧洞顶部2～3个孔用于回填灌浆。

七、引水隧洞渗漏分析

（一）隧洞渗漏的危害

在水工隧洞设计中，特别是高水头水电站隧洞设计中，渗漏是最常见的主要病害之一。渗漏对水工隧洞的危害主要有：

（1）渗漏会使混凝土产生溶蚀破坏，降低混凝土的强度，引起并加速其他病害的发生与发展。

（2）当环境水对混凝土有侵蚀作用时，渗漏会促使混凝土内部破坏的发展。

（3）在寒冷地区，由于渗漏会使混凝土的含水量增大，促进混凝土的冻融破坏。

（4）对钢筋混凝土结构物，渗漏会促使钢筋锈蚀，加速混凝土结构老化，缩短使用寿命。

(5)对于黄土隧洞,一旦发生渗漏使黄土饱和,将有可能造成部分黄土地基的潜蚀和管涌,从而导致黄土隧洞的破坏。

(6)渗漏会导致输水隧洞水量损失,影响经济效益和社会效益。

因此,防止水工隧洞的渗漏与治理已成为国内外水工界共同关注的重大问题。对于斐济南德瑞瓦图水电站工程,隧洞设计要求的保证值是 6 L/(km·s),因此隧洞渗漏会引起发电水量损失。

(二)隧洞的渗漏情况

水库蓄水完成后,开始为隧洞充水,水位上升速度按照 2.5 m/h 控制。隧洞充满后,库水位控制在 529.50 m,进水口充水阀关闭,利用压力盒和水位传感器对隧洞进行监测 7 d,隧洞充满后,调压井水位与库水位一致,保持在 529.5 m,充水阀关闭后,如果有渗漏,则调压井水位将会下降。根据记录的水位和相应的时间,可以计算出隧洞的渗漏量。同样,可以根据标书合同 2A.14,隧洞渗漏要求小于 6 L/(km·s)的要求,得出渗漏测试的标准。

渗漏水损失量 = 调压井的水位变化的体积 + 进水口井内水体变化的体积;

调压井高程 502.00 ~ 580.00 m 的直径为 2.5 m;

调压井水位差 Δh = 调压井原始水位 − 调压井观测水位;

进水口的横断面积 = 2.95 × 3 = 8.85 m^2;

隧洞总渗漏量 $\Delta V = 3.14 \times 1.25 \times 1.25 \times \Delta h$;

渗漏时间 Δt = 两次观测记录调压井水位的时间;

隧洞总长 L(考虑调压井的渗漏长度) = 1 942.309 m;

隧洞渗漏 $\Delta V' = \Delta V/(L \cdot \Delta t)$(L/(km·s));

根据标书合同 2A.14,隧洞渗漏要求小于 6 L/(km·s);

如果 $\Delta V' < 6$ L/(km·s),则满足要求。

按照上述标准进行逆运算,则:

每小时隧洞渗漏总量 = 41.95 m^3;

渗漏水体断面总面积 = 4.91 + 8.85 = 13.76 m^2;

则调压井水位下降速度(进水口水位下降速度) = 3.05 m/h = 0.051 m/min。

因此,根据以上可以从调压井的水位(进水口闸门后的水位)变化基本判断隧洞渗漏的情况,如果水位下降速度大于 0.051 m/min,则隧洞渗漏大于 6 L/(km·s)。

根据以上情况,现场把进水口闸门关闭,隧洞出口钢管阀关闭,进行隧洞渗漏测试试验。

以时间为横坐标,水位为纵坐标,形成水位与时间的关系曲线,见图 6-9。

从曲线中可以看出,在开始阶段,水位下降速度较快,随着水位的降低,压力越来越小,水位下降的速度也逐渐变慢,说明隧洞的渗漏与外水压力有关。

把曲线分为 3 个部分计算,每部分 45 min,则 3 段的渗漏速度分别为:

$$v_1 = 114.6/45 = 2.55\ m^3/min$$

$$v_2 = 50.21/45 = 1.16\ m^3/min$$

$$v_3 = 26.99/45 = 0.6\ m^3/min$$

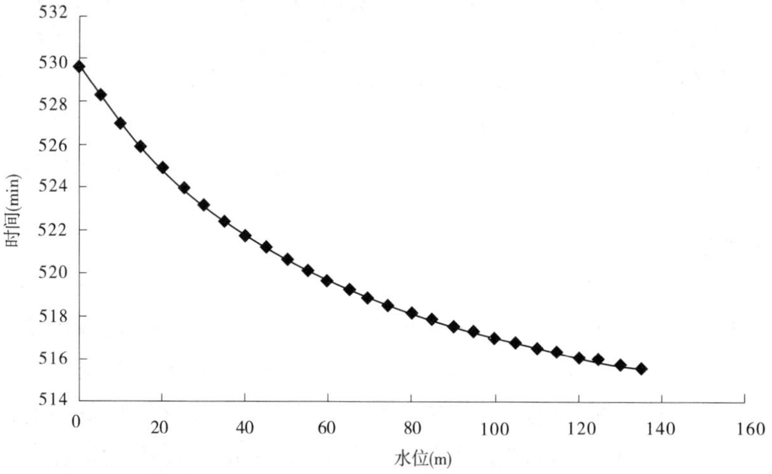

图 6-9 水位—时间关系曲线

三段时间的隧洞渗漏为:

$$V_3' = 21.86\ L/(\text{km}\cdot\text{s})$$
$$V_2' = 9.575\ L/(\text{km}\cdot\text{s})$$
$$V_1' = 5.147\ L/(\text{km}\cdot\text{s})$$

从以上分析可见,南德瑞瓦图工程隧洞的渗漏在516.5 m水位时,才能达到所设置的6 L/(km·s)的渗漏标准。

当电站在最高水位运行时,水库水位529.50 m,此时隧洞的渗漏达到0.057 m^3/s,约占隧洞引水流量15 m^3/s的0.38%。

(三)渗漏成因的分析

隧洞渗漏的种类很多,要根本解决问题,还是需要从渗漏的形成原因入手。具体分析如下:

(1)隧洞开挖后,在隧洞周围一定范围内形成了围岩松动区。在此范围内,由于地层原始地应力的调整,围岩产生变形,裂缝张开,从而使地下水沿张开裂缝流入隧洞。

(2)隧洞防排水设计上存在诸多漏洞。长期以来,人们对隧洞渗漏水病害的危害性认识不足,在隧洞设计上存在重结构、轻防渗的思想。

(3)由于隧洞内设置了排水孔,当内压大于外压时,水体通过排水孔外渗到隧洞以外,当外压大于内压时,排水孔就会排水到廊道内。

如果不考虑排水孔,只考虑隧洞衬砌及裂缝的渗漏,根据隧洞渗漏计算分析,渗漏量大约是5.35 L/(km·s),小于6 L/(km·s)的标准。

排水孔主要设置在Ⅰ、Ⅱ类围岩段,在顶拱和底板上各设一排,间距3 m,孔径40 mm,深入基岩500 mm。底板下部为一层砂砾石垫层,隧洞内的水则由排水孔首先渗透到砂砾石垫层,再通过岩体外渗。这可以从放空隧洞的检查中得到证实,当放空隧洞检查时,发现大量的水流从排水孔中渗出。

(四)底板裂缝的成因分析

根据中国的相关规范,隧洞放水水位下降速度按照不大于2 m/h控制,隧洞放水时采用的是厂房内的放空阀进行控制，最大流量可达 0.27 m^3/s，实际放水时的流量是 0.2 m^3/s。

现场放水时进水口水位从高程 529.5 m 降到 514.00 m，放水体积 213.28 m^3，包括进水口井内水体和调压井内水体，放水时间约 18 min，水位下降速度达 52 m/h，远远超出了规定要求。

隧洞内的水体体积 15 987 m^3，放水时间 22 h，水位下降速度 1 m/h，满足控制要求。

隧洞放空后，现场组织人员进入隧洞进行检查，发现靠近进口侧隧洞，700 m 以后底板的排水孔开始排水，排水畅通，从桩号 900 ~ 1 200 m，底板出现连续的贯穿裂缝，裂缝位置有时在底板中间部位，有时靠近左侧，有时靠近右侧。经检查发现，有裂缝的部位，底板上的排水孔不排水，表明排水孔堵塞，后经项目部落实施工情况，施工结束后排水孔未经扫孔。发生裂缝的部位均为喷混凝土部位，顶部排水孔畅通，因此，喷混凝土的结构未受到损坏。而底板因排水孔堵塞，在外水压力作用下产生裂缝。

经过现场研究，考虑Ⅰ、Ⅱ类围岩洞段为喷混凝土衬砌，底板的主要作用是提供一个光滑的表面，以减少水头损失，便于隧洞交通，不承担荷载，因此，确定裂缝部位的处理方式为：对该部位排水孔重新扫孔，并加密排水孔，隧洞放水速度限制在 8 m/d。

根据以上分析，在高水头水电站引水隧洞设计中，应注意以下事项：

(1) 关于隧洞渗漏标准，美国 EM1110 - 2 - 2901 规范中提供的经验数据为未衬砌岩石的渗漏为 0.5 ~5 L/(km · s)。显然这个数据没有考虑排水孔，而排水孔的作用只是排除隧洞混凝土衬砌外的水，对于岩体并没有作用。从现场充水试验检查看，没有发现隧洞进、出口附近有渗水，是否外渗水流与地下水连接汇入河道，没有更足够的数据。但至少表明，在Ⅰ、Ⅱ类围岩，喷混凝土衬砌段的排水孔对于长期的隧洞渗漏不是关键因素，起关键因素的还是岩体本身的防渗性能。

(2) 隧洞的放水速度必须得到控制，底板出现裂缝，一方面是排水孔堵塞，另一方面，也是水位下降速度太快所致。因此，在制定隧洞放水速度的标准时，要尽可能地结合工程地质条件，放慢速度。本工程最后确定的水位下降速度为 8 m/d，即 0.33 m/h。

(3) 对于隧洞需要控制充水、放水速度，对于钢管同样需要控制水位上升速度。本工程钢管的水位上升速度控制为 2.5 m/h，下降速度为 2 m/min。

第六节　调压井设计

一、调压井的作用及布置原则

高水头水电站的水电站调压井是引水系统中的一个重要建筑物，调压井的主要作用是反射水击波(由水锤引起)，限制水击波进入压力水道，以满足机组调节保证的技术要求，同时，可以改善机组负荷变化的运行条件，进而提高供电质量和电网运行调度的灵活性。

调压井的布置原则如下：

(1) 尽量靠近厂房，以缩短压力管道的长度。

(2)应有自由水表面和足够的底面积,以保证水锤波的充分反射。

(3)调压室的工作必须是稳定的。负荷变化时,引水道及调压室水体的波动应该迅速衰减。

(4)正常运行时,水流经过调压室底部造成的水头损失要小。

(5)结构安全可靠,施工简单方便,经济合理。

调压井的布置应根据地形地质条件,一般分为上调压井、下调压井和上下调压井,斐济南德瑞瓦图水电站工程的调压井为上调压井,位于引水隧洞出口上游约 140 m 处,调压井高约 90 m,内径 2.5 m。调压井开挖直径 3.3 m,采用喷混凝土作为初期支护,永久结构采用钢筋混凝土衬砌结构。调压井通过一水平连接洞与引水隧洞相连。

二、调压井设置的必要性

设置调压室的必要性应在机组调节保证计算和运行条件分析的基础上考虑水电站在电力系统中的作用、地形、地质和压力水道布置等因素进行技术经济比较后确定。

根据《水电站调压室设计规范》(DL/T 5058—1996),按下式判别是否设置上游调压室:

$$T_w > [T_w]$$

$$T_w = \frac{\sum L_i v_i}{gH_p}$$

式中 T_w——压力水道中水流惯性时间常数,s;

L_i——压力水道及蜗壳和尾水管各分段的长度,m;

v_i——各分段内相应的流速,m/s;

g——重力加速度,m/s^2;

H_p——设计水头,m;

$[T_w]$——T_w 的允许值,一般取 2 ~4 s。

$[T_w]$的取值随电站在电力系统中的作用而异,当水电站作孤立运行,或机组容量在电力系统中所占比例超过 50% 时,宜用小值,当所占比例小于 10% ~20% 时可取大值。

三、调压井水力计算

调压井水力计算包括调压井稳定断面计算及涌浪水位计算。

(一)计算条件

进行调压井水力计算时,应满足以下条件:

(1)按照电站在电网系统中的位置和运行的条件,确定水力计算的组合情况。

(2)在计算调压井的最高和最低涌波时,要确定电站的开机与关机的条件:开机顺序为逐台开启,关机包括正常关机和事故关机。

(3)引水系统水力计算糙率系数的选用:计算调压井内最高涌波时取小值,计算最低涌波取大值。

(二)调压井稳定断面积计算

南德瑞瓦图水电站工程调压井的稳定断面积按托马(Thoma)准则计算并乘以系数 K

确定($K=1.1$)。经过计算,稳定断面面积为23.18 m^2,调压井的断面满足稳定断面要求。

四、调压井的型式及特点

调压井的主要类型有简单式、阻抗式、水室式、溢流式、差动式及气垫式等几种,它们的特点及适用范围如下:

(1)简单式调压室。特点:断面尺寸形状不变,结构简单,反射水锤波效果好。但水位波动振幅较大,衰减较慢,因而调压室的容积较大;在正常运行时,引水系统与调压室连接处水力损失较大。为了克服上述缺点,可采用有连接管的圆筒式调压室。适用范围:低水头小流量电站。

(2)阻抗式调压室。将圆筒式调压室底部改为阻抗孔口,这种孔口或隔板相当于局部阻力,即为阻抗式调压室。特点:可以有效减小水位波动振幅,加快衰减速度,因而所需调压室的体积小于圆筒式。正常运行时水头损失小。由于阻抗的存在,水锤波不能完全反射,压力引水道中可能受到水击的影响。

(3)双室式调压室。特点:双室式调压室由一个竖井和上下两个储水室组成。丢弃负荷时,水位迅速上升,当水位达到上室时,其上升速度放慢,从而减小波动振幅。增加负荷时,水位迅速下降到下室中,并由下室补充不足的水量,因此限制了水位的下降。适用范围:水头较高,要求的稳定断面较小,水库水位变化比较大的水电站。上室的底部高程由水库最高水位控制,下室的顶部高程由水库的死水位控制。

(4)溢流式调压室。由双室式调压室发展而成,顶部设有溢流堰。当丢弃负荷时,调压室的水位迅速上升,达到溢流堰顶后开始溢流,限制了水位的进一步升高,有利于机组的稳定运行,溢出的水量可以设上室加以储存,也可排至下游。

(5)差动式调压室。由两个直径不同的同心圆筒组成,中间的圆筒直径较小,上有溢流口,称为升管,其底部以阻力孔口与外室相通。特点:外室直径较大,起盛水及保证稳定的作用,其断面面积由波动稳定条件控制。所需容积较小,水位波动衰减得也较快。但其构造复杂,施工难度大,造价高。适用范围:地形和地质条件不允许大断面的中高水头水电站,我国采用较多。

(6)气垫式或半气垫式调压室。在压力隧洞上靠近厂房的位置建造一个大洞室,室中一部分充水,另一部分充满高压空气。利用空气的压缩或膨胀,来减小水位涨落的幅度。适用范围:表层地质条件不适于建造常规调压室的情况下深埋于地下的引水式地下水电站。

调压井型式见图6-10。

根据本工程特点及地质条件,南德瑞瓦图工程选择阻抗式调压井。

五、调压井的结构设计

调压室可分为井式和塔式两种典型结构。塔式结构要注重内水压力、风雪作用、地震作用和温度作用的影响。井式结构主要分为大井井壁、底板、升管和顶板等。其几何形状多为圆筒或圆板。结构计算时,先分别计算各个部分的内力,再考虑整体作用。

调压井结构计算时主要考虑以下荷载:

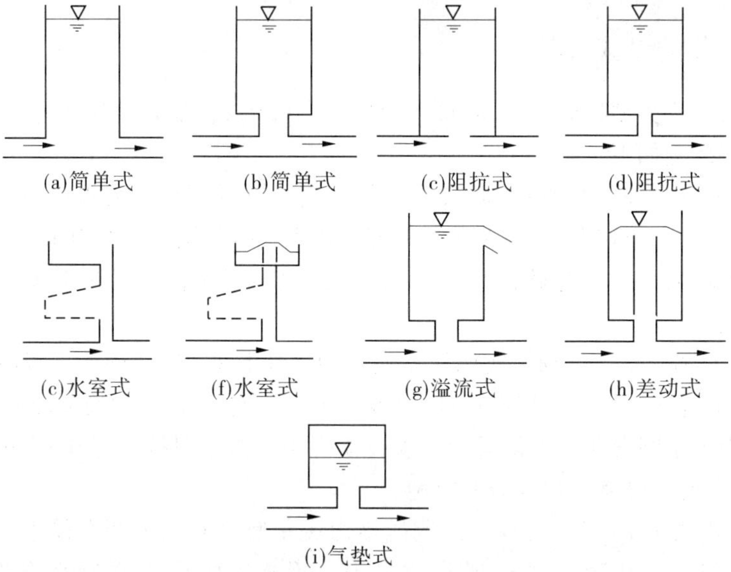

图 6-10　调压井型式图

(1)内水压力:水位由水力计算确定。

(2)外水压力:由调压井外地下水位确定。

(3)灌浆压力:回填、固结灌浆。

(4)岩石或回填土的主动土压力:围岩破碎时考虑。

(5)衬砌自重:一般影响很小,常忽略不计。

(6)温度应力:主要是运行期的温度应力。

(7)地震荷载:在地震列度超过 7 度时考虑。

按照美国规范《岩石中的隧洞与竖井》(EM 1110 - 2 - 2901),本工程计算所采用的荷载和荷载系数见表 6-14。

表 6-14　荷载和荷载系数

荷载	工况 1	工况 2	工况 3	工况 4
恒载	1. 3	1. 1	1. 1	1. 1
运行时内部静水压力	1. 4	—	—	—
瞬态时静水压力	—	1. 1	—	—
最大外水压力	—	—	1. 4	1. 4
岩石荷载	—	—	1. 2	1. 2
灌浆荷载	—	—	—	1. 4

六、调压井开挖及初期支护

调压井的开挖根据出渣方式分为正井法和倒井法,本工程开挖采用正井钻法施工。

初期支护设计参数见表 6-15。

表 6-15　　调压井初期支护设计参数

围岩类别	Q 值	支护参数
Ⅰ类	$Q>10$	局部喷混凝土，根据现场条件设置随机锚杆
Ⅱ类	$1.0<Q\leqslant 10$	喷混凝土厚 7.5 cm，系统锚杆 $L=2.0$ m，间排距 1.5 m×1.5 m
Ⅲ类	$0.1<Q\leqslant 1.0$	喷混凝土厚 7.5 cm，系统锚杆 $L=2.0$ m，间排距 1.25 m×1.25 m，根据现场条件设置钢拱架
Ⅳ类	$Q\leqslant 0.1$	锚杆直径 22 mm，长 2 m，并根据现场条件设置桁架梁或者钢支撑；挂钢丝网喷混凝土厚 100 mm，钢丝网规格为直径 6 mm，间距 0.1 m×0.1 m

第七节　压力钢管设计

一、线路布置

高水头水电站的另一个重要结构物就是压力钢管，而且压力钢管的设计也是高水头水电站的技术难题。南德瑞瓦图工程的压力钢管总长约 1 460 m，管径为 2.25 m，最大静水头 347 m，最大设计水头 397.46 m。按照当地环保部门的要求，压力钢管不得对环境和植被产生人的破坏，需采用埋藏式布置。为最大限度地减小管线的纵向坡度、进场交通便利，管线沿冲沟的坡面布置，全长 1 460 m 的管道垂直、水平的折点共有 22 个，转折角 3°～90°，管轴垂直、水平转弯半径为 6.75 m。沿线设有 2 个镇墩，分别位于引水隧洞出口阀下游 15 m 的转弯段处、距陡坡顶点 40 m 处。回填管管顶填土最小厚度为 1.6 m，受外界温度的影响减弱，钢管沿线无需布置伸缩节，与传统的埋藏式钢管布置相比，回填管具有明显的经济优势；同时，回填土石后管道沿线地表能够很好地恢复植被，有利于生态环境的保护。

为尽量减小钢管的壁厚、降低施工难度，压力钢管沿线采用高、低强度两种不同的钢材，其中中间镇墩下游侧到厂房段钢管作用水头大，采用 ASTM A517 高强度压力容器钢，其余段采用 ASTM A516 低强度钢，这样既保证压力钢管的结构安全性、经济性，同时也极大地降低了钢管的安装、焊接施工难度。

二、横断面设计

压力钢管敷设在开挖出的沟槽内，土质边坡的开挖坡度为 1∶1，当沿线遇到高于设计沟底高程的岩体，需挖除至设计高程，岩质边坡的开挖坡度为 1∶0.5；沟底底宽为 3.6 m，以满足管侧腔回填施工条件。

压力钢管沟槽开挖后，浇筑 100 mm 厚的混凝土垫层护底；压力钢管管底垫层为强透水性的级配碎石垫层，最小厚度为 200 mm。管周回填料为级配碎石，管顶最薄处厚 400

mm，宽 1.5 m，管侧级配碎石回填坡度为 1∶1，管周回填的级配碎石层应能均匀地把压力钢管的受力传到周边的回填土上。以上部位的回填料采用开挖料，在级配碎石与开挖料和土质边坡间铺设土工布。回填管结构外荷载对管壳应力状态的作用，很大程度上取决于地基的柔韧性和回填土的质量，管壳的工作条件与管壳和周围土壤是否共同工作有关。回填钢管敷设前，管底地基及管周填筑料要仔细夯实。管槽回填完毕后，表层铺设 300 mm 厚的碎石护层，钢管顶部填土最小埋深为 1.6 m，见图 6-11。

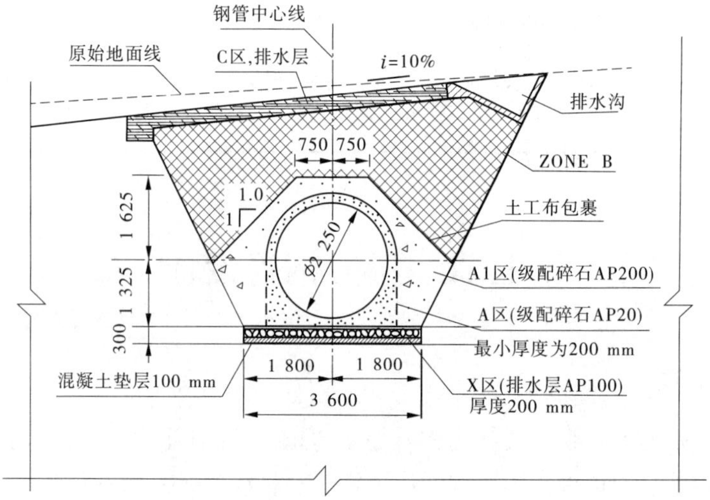

图 6-11　埋藏式压力钢管断面图

三、埋藏式压力钢管结构设计

从桩号 0 +000（钢管进厂房处）到桩号 1 +399 采用 2 种结构设计。桩号 1 +379 到 1 +399的计算采用明管结构，其他段采用埋藏式压力钢管结构。

埋藏式压力钢管结构设计采用集成化的通用结构分析与设计软件 SAP2000 及压力管道结构分析软件 AutoPIPE 等计算软件及规范推荐的计算方法进行。

南德瑞瓦图工程的压力钢管结构计算采用 SAP2000 的壳单元进行钢管在内水压力、自重及填土等荷载作用下的环向应力及变形分析，以保证压力钢管的环向应力及变形满足规范要求。AutoPIPE 为压力管道结构分析软件，主要是用来计算当一管道系统受到静态及动态荷载时，系统所承受的应力、荷载力及变形量。AutoPIPE 现在融合了 ASME、英国、欧洲、德国、日本、中国、API、NEMA、ANSI、ASCE、AISC、UBC 和 WRC 原则与设计限制，从而为整个管道系统提供全面的分析。

根据《压力钢管设计手册》（ASCE No. 79）及 ASME – B31.3 等规程、规范推荐的计算方法，可用来计算钢管在内、外压作用下的应力及变形等，以判断钢管结构是否满足规范要求。

（一）计算荷载及其组合

埋藏式压力钢管的计算荷载及荷载组合见表 6-16、表 6-17。

表 6-16　**计算荷载**

荷载		备注
内水压力	P_{N1}	最高库水位下不含涌浪或水锤时的最大净水头
	P_{N2}	最大净水头减去水头损失再加上由电站运行弃荷引起的水锤和涌浪
	P_{N3}	最小净水头减去水锤和向下的涌浪压力
	P_{EM1}	最大调速器速率在 $2L/a$ 秒以内时，闸门从部分关闭到全部关闭时产生的水锤和涌浪
	P_{EX1}	在最不利方式下故障控制设备同时工作并将闸门完全关闭时的内水压力
	P_{T1}	静水压力试验下的内水压力
活荷载	L_{L3}	汽车荷载
	E_{Q1}	抗震设计基本准则（DBC）下的地震荷载
	E_{Q2}	大坝抗震安全准则（DSC）下的地震荷载
死荷载	D_{L1}	结构及永久设备的自重
	D_{L2}	满水或部分充水时的水重
	D_{L3}	回填土或岩石的重力
	D_{L4}	包括浮力在内的外部静水压力
外部内力	P_{I3}	压力钢管排空后所受到的最大地下水渗透压力
温度荷载	T_{L1}	由日温差和季节温差引起的温度荷载
	T_{L2}	压力钢管径向温度梯度
滑动和摩擦荷载	E_{JL}	在伸缩节或机械式连接处产生的纵向摩擦荷载
	S_{FL}	支座的滑动和摩擦产生的纵向荷载
相邻支座的不均匀沉陷	D_{S1}	由单个支座沉陷所产生的荷载

（二）压力钢管允许应力

压力钢管根据作用水头的大小采用高强钢（ASTM A517）和低强钢（16MnR）两种不同钢材材料，对于水头压力较大部位，采用 A517 高强钢，减小了因钢管壁厚过大而导致的热处理、焊接应力消除等技术难度。

允许应力：

$$[\sigma] = \mathrm{Min}(E \cdot K * \sigma_s \cdot 2/3,\ E \cdot K \cdot \sigma_t/3)$$

式中　σ_s——屈服应力，MPa；

σ_t——拉应力，MPa；

E——焊缝折减系数，双面对接焊缝 $E=1.0$，有垫板的单面焊 $E=0.9$；

K——允许应力提高系数，参见 ASCE 工程实践手册 No. 79。

压力钢管应力计算工况见表 6-18。

表 6-17　　回填管结构计算荷载组合

工况	正常情况			短暂情况				事故情况		非常情况	水压试验
	工况 1	工况 2	工况 3	工况 4	工况 5	工况 6	工况 7	工况 8	工况 9	工况 10	工况 11
荷载	1	2	3	4	6	8	10	1	3	1	1
P_{N1}	*										
P_{N2}		*									
P_{N3}			*								
P_{I1}					*						
P_{I2}						*					
P_{I3}							*				
P_{EM1}								*	*		
P_{EX1}										*	
P_{T1}											*
D_{L1}	*	*	*	*	*	*	*	*	*	*	*
D_{L2}	*	*	*	*	*	*	*	*	*	*	*
D_{L3}	*	*	*	*	*	*	*	*	*	*	*
D_{L4}							*				
L_{L3}	*	*	*	*	*	*	*	*	*	*	
D_{S1}								*			
T_{L1}	*	*	*	*	*	*	*	*	*	*	*
T_{L2}							*				
S_{FL}	*	*	*	*	*	*	*	*	*	*	*

表 6-18　　压力钢管应力计算工况

荷载工况	系数 K
正常工况	1.0
临时工况	1.33
事故工况	1.5
非常工况	2.5
施工和水压试验工况	1.33

(三)回填管环向应力的计算

回填管的环向应力计算采用结构分析软件 SAP2000 的壳单元进行,钢管外包碎石土的支撑采用只压弹簧模拟,弹簧刚度的计算见表 6-19,计算简图见图 6-12。

表 6-19　　弹簧刚度的计算

回填土的压缩模量 E'（MPa）	13.7
泊松比 μ_r	0.35
钢管半径 r（mm）	1 125
面弹簧刚度 $K_r = \dfrac{E_r}{(1+\mu_r)r}$（N/mm）	0.009

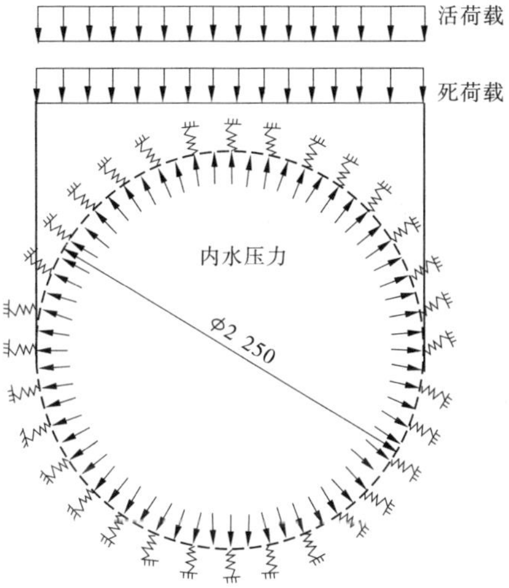

图 6-12　回填管结构计算简图

(四)回填管整体结构分析

采用 AutoPIPE 软件进行压力钢管整体结构分析，考虑最不利的温度情况，钢管安装温度为 $T_2 = 40$ ℃，最低运行温度 $T_1 = 10$ ℃，-30 ℃的温差。整体结构分析时回填土指标取上、下限两种参数进行计算，回填土参数取值见表 6-20。

表 6-20　　压力钢管整体结构分析时回填土参数取值

项目	回填土(上限值)	回填土(下限值)
有效容重(kN/m^3)	20	18.5
内摩擦角(°)	35	25
凝聚力(MPa)	0	0

按照压力钢管设计手册 ASCE No. 79 的规定，温度应力为二次应力(Q)，二次应力的基本特征是具有自限性，即局部屈服和小量变形就可以使约束条件或变形连续得到满足，为保证在重复荷载作用下材料的弹性作用，二次应力与一次主应力的组合值应该限制在

3S(S 为基本允许应力)以内,但不应超过 90% 的钢材屈服强度。其他情况的最大应力计算结果见表 6-21。

表 6-21　各计算工况下压力钢管最大纵向应力

工况	正常情况		短暂情况		事故情况		非常情况	
	工况 S1	工况 S2	工况 S1	工况 S2	工况 S1	工况 S2	工况 S1	工况 S2
最大纵向应力(MPa)	203	203	48	48	198	198	195	195
基本允许应力(MPa)	147	147	317	317	220	220	367	367
90% 的屈服强度(MPa)	292	292	292	292	292	292	292	292
基本应力比	1.38	1.38	0.45	0.45	0.9	0.9	0.53	0.53

注:工况 S1 为靠近厂房的岔管设置混凝土镇墩;工况 S2 为靠近厂房的岔道不设置混凝土镇墩。

(五)应力计算(规程、规范推荐的计算方法)

1. 最小管壁厚度(ASCE No. 79)

压力钢管的最小管壁厚度应取下列厚度值中的较大值:

(1)为充分保证运输和吊装所需的厚度。

(2)抗作用荷载所需的厚度,应给定一定的允许应力条件。可能的锈蚀允许值必须作为设计所需的附加厚度考虑。

(3)选择的管壁厚度还应考虑支座的型式和间距,以保证钢管在充满水情况下在两支座间起梁作用时的最大挠度不超过跨距的 1/360。

(4)为避免由于管内处于全真空状态而造成管道弯曲,D/t 比值应小于 158,如果不满足则需增加加劲环。

为保证运输和吊装所需的压力钢管的最小厚度(t_{min})可用太平洋电气公司(PG & E)的公式或美国垦务局的公式进行计算:

太平洋电气公司的公式:$t_{min} = D/288$ (适用于钢管直径 $D < 1\ 350$ mm)

美国垦务局的公式: $t_{min} = (D + 500)/400$ (适用于钢管直径 $D \geqslant 1\ 350$ mm)

以上两式中:t_{min} 为最小钢管壁厚,mm;D 为压力钢管直径,mm。

2. 由内压所引起的环向应力

为确定由内压所引起的环向应力,可采用下列公式:

$$S_H = P \cdot r/(t \cdot E)$$

式中　S_H—— 由内水压力所引起的环向应力,MPa;

P——内水压力(在钢管中心线处),MPa;

t——压力钢管管壁厚度,mm;

r——压力钢管内半径,mm;

E——焊缝折减系数。

3. 纵向应力计算

1) 由于弯头不平衡产生的纵向应力

弯头的纵向外在推力:　$P_1 = \dfrac{\pi D^2}{4} p$

离心力：

$$P_2 = \pi \frac{D^2}{4} \cdot \frac{v^2}{g} r_w$$

弯头不平衡产生的纵向应力：

$$\sigma_{12} = \frac{P_1 + P_2}{A}$$

式中　D——弯头的内径，m；

P_1、P_2——弯头的内部压力，MPa；

v——弯头处的流速，m/s；

A——弯头的断面面积，mm^2。

2）温度产生的轴向应力

$$\sigma_{13} = aE_s \cdot \Delta T$$

式中　σ_{13}——轴向温度应力，MPa；

a——钢的线膨胀系数；

ΔT——温度差。

3）平面应变产生的轴向应力（ASCE No. 79）

受轴向约束的钢管因内水压力作用而产生的径向膨胀会引起纵向压缩（泊松效应），相应的纵向应力为：

$$\sigma_{14} = \mu\sigma_\theta$$

式中　σ_{14}——由泊松比决定的轴向应力，MPa；

μ——钢的泊松比；

σ_θ——内部水压力产生的圆周应力，MPa。

这种应力只发生在管道受轴向约束时，它应与计算出的其他纵向应力相叠加。

4）加劲环的约束（ASCE No. 79）

由于刚性的支撑环或加劲环对管壳的约束作用，在相邻的两个支撑环或加劲环之间的钢管中会产生纵向弯曲次应力。它随着与加劲环的距离的增大而迅速减小，这种次应力是在钢管支撑环附近因弯曲变形所引起的弯曲应力，因为加劲环附近的管壳不能像远离加劲环处的管壳一样迅速地进行应力扩散。最大纵向弯曲应力由下式计算：

$$S_{LR} = 1.82\frac{A_r - C \cdot t}{A_r + 1.56t\sqrt{rt}} \cdot \frac{P \cdot r}{t}$$

式中　S_{LR}——由支撑环的作用所引起的纵向弯曲应力强度，MPa；

A_r——支撑环的面积，包括支撑环和各支撑环之间的管壳面积，钢管管壳面积在沿钢管轴线方向应算到距支撑环的距离等于 $0.78(rt)^{0.5}$ 处，mm^2；

C——由支撑环内侧到外侧之间的压力钢管长度，mm；

t——钢管的厚度，mm；

r——钢管的内径，mm；

P——管道中心线处的内部压力值，MPa。

在目前的实践中，如果最大纵向约束应力过大，加劲环两侧的钢管厚度需加大，其加

厚的最小长度 $L_R=2.33(rt)^{0.5}$。

5)压力钢管在岩土接合处产生的纵向应力

压力钢管布置中任何地基面在地震中都可能发生不均匀变形,或者由于弯头的不平衡对压力钢管产生附加力。

在岩石和土壤的接合处,地震荷载的影响范围取压力钢管直径的 5 倍,$5\times2.250=11.25$ (m),计算简图见图 6-13。

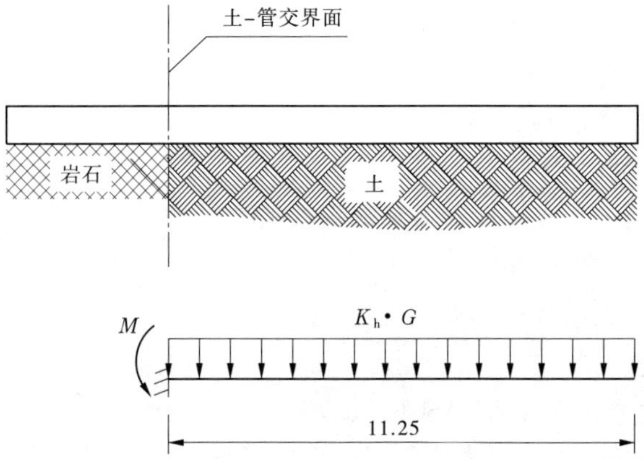

K_h 为地震在水平面的加速度系数

G 为压力钢管的恒重和水的自重在单位长度上的荷载,N/mm

图 6-13　钢管应力计算简图

压力钢管的纵向应力:

$$\sigma_l = \pm \frac{M}{W}$$

式中　M——岩石与土壤接合处的弯矩,N · mm;

W——压力钢管的截面系数,mm^3。

4. 等效应力

基于变形能量理论的等效应力如下:

$$\sigma_e = \sqrt{\sigma_t^2 - \sigma_t + \sigma_l^2}$$

式中　σ_e——等效应力, MPa;

σ_t——钢管环向应力, MPa;

σ_l——钢管纵向应力, MPa。

5. 外部压力设计

1)埋管的挠度

挠度用下式计算:

$$\Delta x = D_1 \frac{KWr^3}{EI + 0.06E'r^3}$$

式中　Δx——水平方向的变形 (允许挠度 $=0.05D$,D 为 压力钢管内径, mm);

D_1——变形的滞后系数 $=1.1$;

K——基床常数,$K = 0.1$;

E'—— 回填土变形模量, MPa;

W——单位长度上管道的荷载, MPa;

r——钢管平均半径, mm;

I——单位长度上管壁的横向惯性矩, mm^4/mm;

E——钢管弹性模量, MPa。

2)埋管的失稳计算

管道容许的失稳压力用下式计算:

$$q_a = \left(\frac{1}{F_s}\right) \cdot \left(32R_w \cdot B' \cdot E' \frac{EI}{D^3}\right)^{0.5}$$

式中 q_a——允许的屈曲压力, MPa;

H——管道上部的覆盖层厚度,m;

D——管道直径, mm;

F_s——设计系数,当 $H/D>2$ 时,设计系数为2.5;当 $H/D<2$ 时,设计系数为3.0;

h_w——管道上部的水深, m;

R_w——水浮力系数,$R_w = 1 - 0.33\ (h_w/H)$, $0 < h_w < H$;

B'——无限大弹性支撑的经验系数。

$$B' = \frac{1}{1 + 4e^{(-0.065H/0.3048)}}$$

作用在压力钢管上的所有外部荷载由以下两式计算,在计算中没有考虑活载和内部真空压力:

$$r_w h_w + R_w \frac{W_c}{D} + P_v \leqslant q_a$$

当考虑活载时用下式计算:

$$r_w h_w + R_w \frac{W_c}{D} + \frac{W_L}{D} \leqslant q_a$$

式中 r_w——水的容重, kN/m^3;

h_w——管道上方的水深, m;

P_v——内部真空压力, $P_v = 0.03$ MPa;

W_c——土的恒载;

R_w——水浮力系数;

W_L——活载(活载的容重 = HS - 20 道路的荷载(见 AWWA 手册 M-11 的表6-3), $W_L = 250D$ (lb/ft) $= 0.012D$(N/mm),当重型卡车通过的道路下有埋管时,用包钢混凝土承担卡车的重量);

D——管道直径, mm。

6. 弯曲段管道

1)满足要求的最小厚度(参照 ASME B31.3, 304.2 节)

弯曲段满足要求的最小厚度 t_m 用下式计算:

$$t = \frac{PD}{2(SEW/I + PY)}$$

$$t_m = t + c$$

式中 c——机械厚度加上腐蚀和冲蚀的厚度；

D——压力管道的外径；

E——质量系数(ASME B31.3，304.2 节)；

P——设计的内压(表压)；

S——材料应力值；

t——设计的厚度；

t_m——满足要求的最小厚度；

W——焊接点折减系数；

Y——压力系数，$Y=0.4$；

I——系数,取值为:在弯曲半径内侧处 $I=(4R_1/D-1)/(4R_1/D-2)$；在弯曲半径外侧处 $I=(4R_1/D+1)/(4R_1/D+2)$；在弯曲中心线侧壁处 $I=1.0$，R_1 为焊接弯头或管子弯曲处的弯曲半径,见图 6-14。

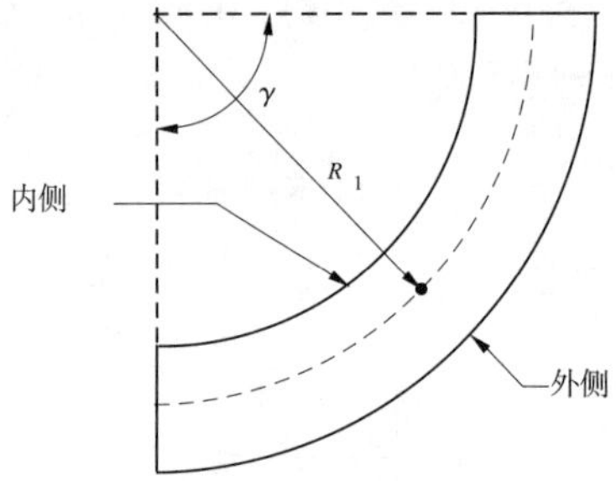

图 6-14 管道弯曲示意图

2）单弯斜接弯管

θ 角不大于 22.5°时单弯斜接弯管的最大的允许内部压力用下式计算：

$$P_m = \frac{SEW(T-c)}{r_2}\left[\frac{T-c}{(T-c)+0.643\tan\theta\sqrt{r_2(T-c)}}\right]$$

θ 角大于 22.5°时单弯斜接弯管的最大的允许内部压力用下式计算：

$$P_m = \frac{SEW(T-c)}{r_2}\left[\frac{T-c}{(T-c)+1.25\tan\theta\sqrt{r_2(T-c)}}\right]$$

式中 P_m——斜管弯管的最大允许内压；

r_2——用公称壁厚 T 的管子平均半径；

T——斜接管壁厚度；

θ——外斜接处切角；

c——机械厚度加工上腐蚀和冲蚀的厚度。

斜管示意图见图 6-15。

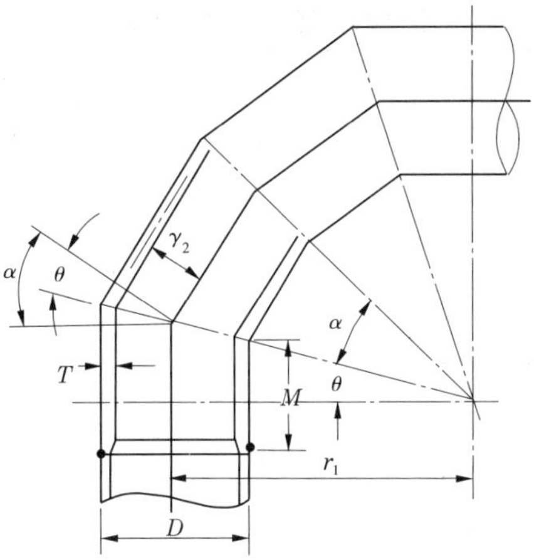

图 6-15　斜管示意图

3）弯管应力复核（ASCE No. 79 －4.5 节）

直径大于 600 mm 的弯管通常由斜接管节拼接制成，斜接管节的连接必须采用全熔透的单面或双面对接焊缝。弯管弯曲半径需要大于 1 倍的管径，但不必大于 3 倍的管径。对于弯曲半径小于 2.5 倍管径的弯管设计必须考虑弯管内缘环向拉应力的集中。采用下式进行应力复核：

$$t = \frac{PD}{Sf}\left(\frac{D}{3}\tan\frac{\theta}{2} + \frac{S}{2}\right) = \frac{PD}{2f}\left(\frac{2D}{3S}\tan\frac{\theta}{2} + 1\right)$$

式中　t——所需的弯管管壁厚度，mm；

P——设计的压力，MPa；

f——设计压力下的允许拉应力，MPa；

D——弯管的外直径，mm；

S——沿弯管内侧的管节长度，mm；

θ——管节偏转角度。

（六）明管的计算方法

引水隧洞出口段按照明管使用结构分析软件 Sap2000 进行计算。经过计算，压力钢管的管壁厚度按表 6-22 和表 6-23 取值。

四、镇墩

镇墩是压力钢管中最重要的结构物，南德瑞瓦图工程压力钢管沿线共设置 2 个镇墩，桩号分别为 PP0 +430.000 和 PP1 +379.596。设置镇墩的目的就是承担动水荷载和轴向荷载，防止钢管在安装过程中发生位移，克服可能导致钢管位移的外部荷载。为确保压力钢管结构安全，需结合地质条件，验算镇墩是否满足稳定性的要求。

（一）荷载计算

作用在镇墩上的荷载一般有自重荷载、水荷载、动量荷载、摩擦荷载、地震荷载和土荷载等。根据南德瑞瓦图水电站工程的特点，作用在压力钢管镇墩上的荷载主要有：

表 6-22　　压力钢管直线段的管壁厚度

直线段	桩号（m）	长度（m）	材料	管壁厚(mm)
Bifurc – WT2	0 ~ 172	172	A517	22
WT2 – WT3	172 ~ 222	50	A517	20
WT3 – PC – 04	222 ~ 274	52	A517	18
PC – 04 – WT5	274 ~ 366	92	A517	16
WT5 – ANC1	366 ~ 435	69	A517	14
ANC1 – PC – 06	435 ~ 578	143	16MnR	22
PC – 06 ~ PC – 08	578 ~ 755	177	16MnR	20
PC – 08 – WT9	755 ~ 830	75	16MnR	18
WT9 – PC – 10	830 ~ 892	62	16MnR	16
PC – 10 – Portal	892 ~ 1 394	502	16MnR	14

表 6-23　　压力钢管转弯段的管壁厚度

转弯点	弯曲长度（m）	材料	管壁厚(mm)
PC – 201	3. 71	A517	26
PC – 02	1. 57	A517	28
PC – 03	5. 14	A517	24
PC – 04	0. 53	A517	18
PC – 05	7. 23	A517	16
PC – 06	3. 39	16MnR	26
PC – 07	3. 04	A517	22
PC – 08	0. 65	16MnR	24
PC – 09	2. 07	16MnR	20
PC – 10	0. 74	16MnR	18
PC – 11	0. 82	16MnR	18
PC – 12	0. 66	16MnR	16
PC – 13	0. 35	16MnR	14
PC – 14	0. 53	16MnR	16
PC – 15	0. 71	16MnR	16
PC – 16	0. 53	16MnR	16
PC – 17	0. 35	16MnR	14
PC – 18	0. 35	16MnR	14
PC – 19	0. 37	16MnR	14
PC – 20	2. 19	16MnR	22

(1)镇墩自重;
(2)轴向水推力;
(3)水压力;
(4)地震荷载;
(5)土压力;
(6)压力钢管传到镇墩上的力及力矩。

(二)抗滑稳定分析

建筑物主要靠摩擦力和凝聚力抵抗建筑物沿水平或者近水平面的滑动。抗滑安全系数是总的抗滑力与滑动力之比。如果工程建在洪积物或者土壤上,计算中不应该考虑凝聚力;如果工程建在基岩上,可以考虑凝聚力的影响。

建筑物抗滑稳定安全系数可用下式计算:

$$F.S. = \frac{(W - U) \cdot \tan\varphi + cA}{H}$$

式中　W——混凝土结构自重包括水自重,锚固和地震在垂直方向的力;
　　U——垂直方向作用在有效基础面积的扬压力;
　　φ——沿滑动面的摩擦角;
　　c——分析面处的黏聚力;
　　H——水平方向的力包括水压力、尾水压力、泥沙压力和地震荷载;
　　A——有效的受压的基础面积。

(三)抗浮稳定分析

抗浮稳定系数按下式计算:

$$F.F. = \frac{W}{U}$$

(四)抗倾覆稳定计算

在水流方向和垂直水流方向都需要进行抗倾覆稳定分析,通过合力在基础面的作用位置判断其抗倾覆性。合力用下式进行计算:

$$合力的位置 = \frac{\sum M}{\sum V}$$

式中　$\sum M$——建筑物上部结构荷载作用基础底面总的力矩,kN·m;
　　$\sum V$——垂直方向的合力,kN。

(五)地基应力

垂直方向在基面上的正应力按下式计算:

$$\sigma = \frac{\sum W}{A} \pm \frac{\sum M_x y}{J_x} \pm \frac{\sum M_y x}{J_y}$$

式中　σ——计算截面上的垂直正应力,kPa;
　　$\sum W$——作用在计算截面上的全部作用力法向分力的总和,kN;
　　$\sum M_x$、$\sum M_y$——作用在计算截面上的全部作用力对截面形心轴 x、y 的力矩总和,kN·m;

x、y——计算截面上计算点至形心轴 y、x 的距离,m;

J_x、J_y——计算截面对形心 x、y 轴的惯性矩，m^4；

A——计算截面受压部分的面积，m^2。

基础应力分布见图 6-16。

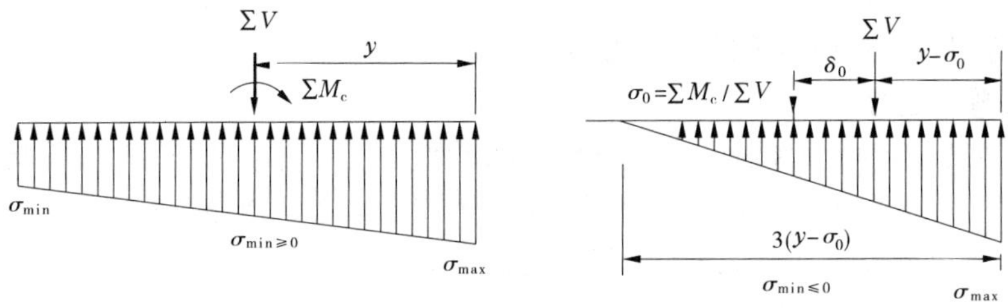

图 6-16　基础应力分布

(六)允许稳定安全系数

合力的作用位置,抗滑和抗浮的安全系数应该满足表 6-24 中的条件。组合后的荷载工况在此处可以划分为正常、非常和极端荷载工况。在土壤和基岩基础上计算的基础应力不允许超过地基承载力。

表 6-24　　允许稳定安全系数

荷载工况	抗滑安全系数	位置	抗浮安全系数
正常	2.0	中间的 1/3	1.5
非常	1.7	中间的 1/3	1.2
极端	>1.0	基础内	>1.0

(七)地基应力要求

(1)镇墩基础面的最大压应力不能超过基础的容许压应力。

(2)一般工况下,镇墩基础面不容许发生拉应力。非常规荷载工况或者地震工况出现的拉应力不得超过 0.1 MPa。

(八)计算结果

镇墩的稳定分析计算结果表明,各个工况下,镇墩的抗滑稳定安全系数及基础应力均满足要求。

五、钢管的排水与放空

(一)排水

地表水会通过回填料渗入到压力钢管管沟内,需沿管线全长,在沟底设置多孔排水软管,每隔 50 ~ 100 m 选择低洼处设一道截渗墙,在截渗墙前埋设横向排水软管,分段排除管沟内渗水。

坡度小于 20°缓坡段做黏土截渗墙,坡度大于 20°的陡坡段做混凝土截渗墙。

(二)放空

压力钢管检修前需要放空,应在管线各低洼处设置放空阀。在桩号 0 + 005.00 设一个放空阀,桩号 1 + 140.00 左右的冲淤阀可兼做放空阀。

六、空气阀设计

(一)空气阀设置的必要性

设置空气阀的主要原因有以下两个方面:

(1)压力钢管在运行过程中,水中的气体将会逸出在管道高起部位积累起来,甚至形成气阻,当管中水流发生波动时,隆起的部位形成的气囊将不断被压缩、扩张,气体压缩后所产生的压强,要比水被压缩后所产生的压强大几十倍甚至几百倍,此时管道极易发生破裂,所以在压力管道上设置空气阀进行排气。

(2)机组在运行时,遇到故障需要紧急关机,输水线路上出现水锤压力等水力因素,导致输水线路压强大幅波动,压力钢管受到高压冲击,会引起钢管阀门破坏,管件接头破裂、断开,甚至发生爆管等。压力钢管遇到地震、地层非均匀沉降、地面超重负荷、管道强度不合格等非水力因素,也可能引起管路断裂。管路一旦局部断裂,管路上在高处或阀门关闭处就会出现负压,所以在压力管道上设置空气阀补气。

国内的压力钢管设计规范没有明确提出设置空气阀,各个工程根据各自需要进行设置。通常在管线的凸处设排气阀。其他工程经验表明,在长距离输水管线设计中,较平坦的地段每间隔一定的距离(1 ~ 2 km)设置一个空气阀,文献 Fluid Transients in Pipeline System 中推荐间隔 500 ~ 800 m 设置一个空气阀,空气阀的规格是原管道直径的 1/10 ~ 1/8。在空气阀设置的允许最大间距上,国内资料介绍不多,从已投入运行的长输管线的工程经验来看,设置最大间距为 4 km,未出现问题。

斐济南德瑞瓦图水电站工程,属于长距离、高水头、高压力的输水管路,由于布置的需要,管线局部凸起,在钢管充水、放水、运行时,需要设置空气阀补气和排气。在隧洞出口布置有隔离阀,当机组故障或管路断裂时,隔离阀关闭,隔离阀后出现负压,需要设置空气阀。

(二)空气阀的设置

南德瑞瓦图工程压力钢管总长约 1 450 m,管径为 2.25 m,最大静水头 347 m,最大设计水头 402 m。按照当地环保部门的要求,压力钢管不得对环境和植被产生大的破坏,需采用埋藏式布置。为最大限度地减小管线的纵向坡度、进场交通便利,管线沿冲沟的坡面布置,全长 1 450 m 的管道,仅引水隧洞出口阀下游 20 m 的起始段为明管,其余部位均为回填管。其中,桩号 0 + 130 ~ 0 + 440 约 350 m 长管线纵坡为 27°,桩号 0 + 730 ~ 0 + 890 约 170 m 长管线纵坡为 16°,桩号 1 + 250 ~ 1 + 381 约 140 m 长管线纵坡为 18°,其余管段纵坡均为小于 15°的缓坡。管轴垂直、水平转弯半径均按 9 m 考虑。

在桩号 0 + 998.65 处和隔离阀下游侧各设有空气阀。

(三)空气阀的设计

1. 空气阀的规格

根据主合同要求,在隔离阀后布置 2 个直径 300 mm 的空气阀,在桩号 1 + 000 附近和

0 +430 附近各布置 1 个直径 100 mm 的空气阀。

2. 钢管补气量的计算

空气阀的计算主要有两个内容：

(1)确定补气(排气)量。

(2)根据补气量确定空气阀的数量。

关于钢管的补气量，国内外规范都没有明确的规定。我们从空气阀的作用分析，空气阀的主要作用是为了补气和排气。排气量一般很小，最大时是给钢管充水时，水位上升过快，如果此时隔离阀关闭，则空气阀需要排气，但这个数值可以通过限制水位上升速度进行控制。补气量与空气阀处的负压、水流流量有关，我们可以假定空气阀的补气量等于水流流量，则根据钢管内水流的最大流量，即可确定空气阀需要的最大补气量。因此，空气阀的补气量可以考虑以下因素：

(1)南德瑞瓦图水电站工程要求钢管充水时水位上升速度为 2.5 m/h，排气量为 13.9 m^3/h。水位下降时，下降速度为 2 m/min，排气量为 0.066 m^3/s。

(2)引水系统的引水流量为 15 m^3/s，如果因故障隔离阀突然关闭，隔离阀后会出现负压，需要补气，因此补气量可以按照 15 m^3/s 考虑。

(3)如果隔离阀与球阀通信中断(隔离阀关闭，球阀不关闭)与 1 台机 5 个喷针 100% 打开(调速器失效)组合，作为一种极端工况，水流流量达到 16.25 m^3/s(7.5 + 8.75 = 16.25)，空气阀的容量可以按照此设计。这是水机上的一种非常工况。

(4)当钢管因强度问题发生断裂，例如在靠近厂房的流量计井处断裂，或者进人孔密封失效时，隔离阀关闭，按照此工况考虑空气阀设置，计算出的水流流量约为 20 m^3/s，因此空气阀的补气量为 20 m^3/s。这是钢管结构上的一种极端工况。

根据以上分析，空气阀的设置需要按照以下考虑。空气阀的补气量要同时满足两种工况，工况 1：补气量 15 m^3/s + 1 个备用，工况 2：补气量 20 m^3/s，无备用。

3. 空气阀补气量的计算

在确定钢管补气量之后，需要根据补气量选择空气阀的尺寸和数量，不同的空气阀尺寸、补气量也不同。

空气阀的直径一般选钢管直径的 1/8，南德瑞瓦图工程钢管直径 2 250 mm，2 250 mm/8 = 281 mm，因此选了 300 mm 直径的空气阀。

根据参考资料《管道系统瞬态分析》(Fluid Transients in Pipeline System)，空气阀补气量一般根据经验确定，但理论上，空气阀的补气量与空气阀内外压差、空气阀进口的绝对压力及流量系数有关。空气阀的内外压差，即钢管内产生的最大负压，这由输水系统的过渡过程计算得出最大负压和钢管能承担的最大负压确定。

根据推荐的公式：

$$Q = C_s(\Delta p x p_1)^{0.5}$$

式中 Q——空气阀的补气量，m^3/min；

C_s——空气阀的流量系数(一般厂家提供)；

Δp——空气阀内外压差，0.151 bar(过渡过程计算结果表明，管内最大负压为 15.1 kPa)；

P_1——空气阀进口处的绝对压力(一般取一个大气压),1.013 bar。

对于直径 400 mm 的阀,保守的取 $C_s = 27$,则 $Q = 10.56\ m^3/s$。

显然,流量系数的选择是空气阀流量计算的关键,如何选取流量系数,成为设计的难点。如果有空气阀厂家,一般厂家根据自己的试验可以提供流量系数。在没有厂家提供数据的情况下,可以参考某空气阀厂家试验的经验数据考虑,见表 6-25。

表 6-25　　空气阀流量系数表

直径(mm)	400	600	900
流量系数 C_s	27 ~ 37	53 ~ 74	97 ~ 135

资料没有提供 300 mm 直径的流量系数,但从理论和经验规律上看,显然是降低的,保守地估计,300 mm 的阀的流量系数应该在 14 ~ 19 之间,如果取 14,则 $Q = 5.48\ m^3/s$。

根据空气阀的尺寸和内外压差,可以根据图 6-17 经验曲线确定补气/排气量。

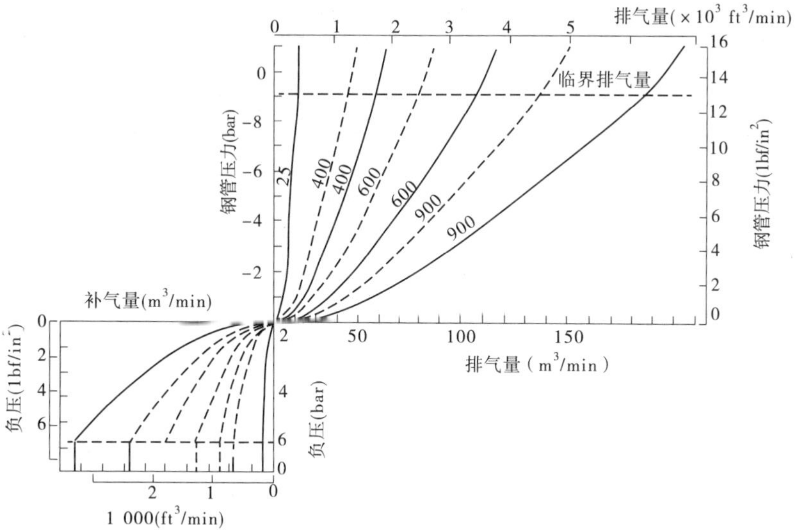

图 6-17　空气阀排气曲线

4. 空气阀的选择

根据以上钢管需要的补气量及一个空气阀的补气量,选择了一家空气阀厂,厂家提供的压力—补气量关系曲线如下:

从这个曲线中可以看出,空气阀直径为 300 mm、压力 0.15 bars 时,补气量为11 900 $m^3/h = 3.3\ m^3/s$,压力 0.35 bars 时,补气量为 17 000 $m^3/h = 4.72\ m^3/s$。

按照这个计算,要满足钢管的补气量,需要 5 个空气阀。

5. 空气阀的布置

由于隔离阀处空气阀的数量比标书合同中的 2 个多了 3 个,最高点处的空气阀比合同中的 1 个多了 4 个,因此空气阀的布置比较紧张。如果空气阀均布置在钢管上,只能满足 2 排空气阀的布置。为了解决这个问题,方便空气阀的布置和安装,在钢管上连接一个

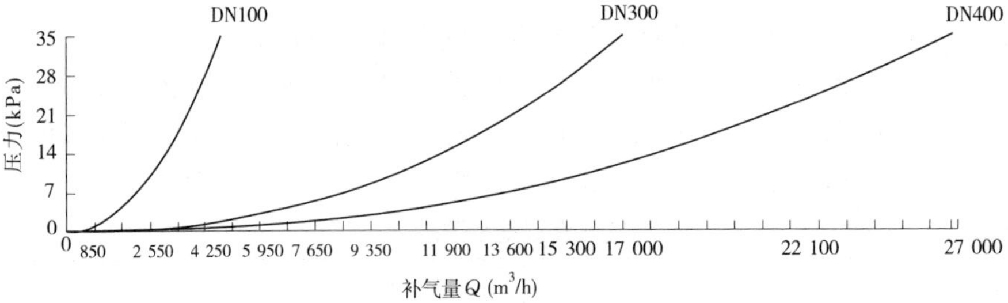

图 6-18　空气阀压力—补气量关系曲线

较大的连接管,分别连接4个空气阀,另外一个空气阀单独布置。

为了便于检修,一般规范要求在空气阀上设置检修阀。

6. 关于空气阀流量系数的讨论

根据厂家提供的曲线,可以反推出空气阀的流量系数,见表 6-26、表 6-27 和图 6-19。

表 6-26　　空气阀流量系数

直径(mm)	100	300	400
流量系数 C_s	2.2	8～9	12.6～14.2

表 6-27　　空气阀流量系数

直径(mm)	250	300	350	400
流量系数 C_s	7.35～8.5	8～9	12.2～15.7	21

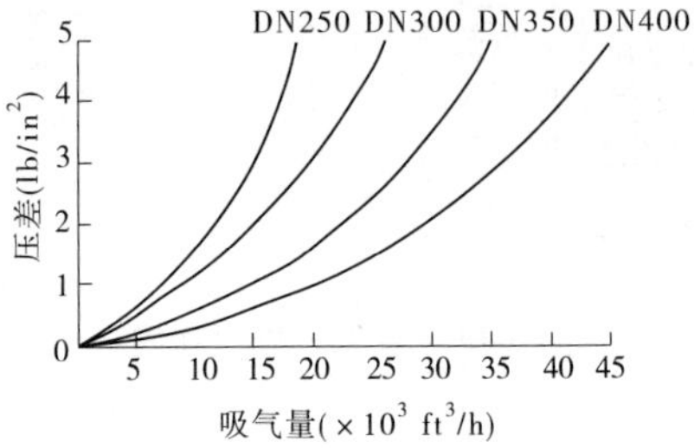

图 6-19　空气阀压力—补气量关系曲线

厂家空气阀资料见表 6-28 和图 6-20。

表 6-28　　空气阀流量系数

直径(mm)	250 (进气)	250 (排气)	300 (进气)	300 (排气)
流量系数 C_s	6.1～7.5	8.85	10.5	12.4

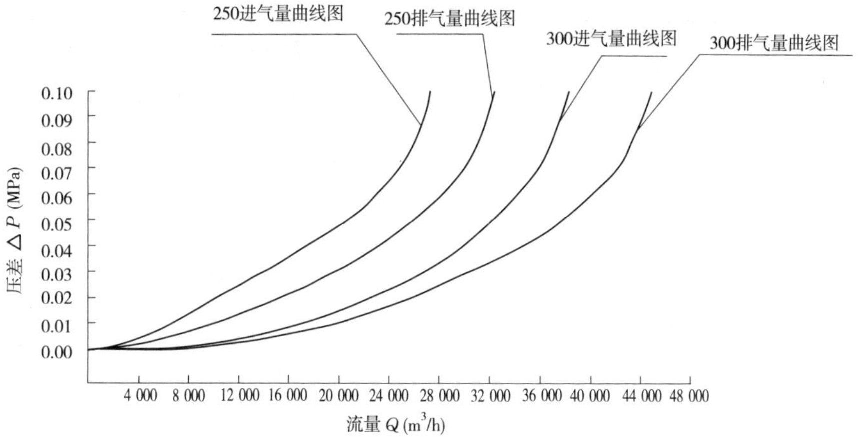

图 6-20　空气阀压力—补气量关系曲线

(四)空气阀设计小结

(1)原设计中,在最高点处只设置一个 100 mm 直径的空气阀是不够的,美国规范 No. 79 明确规定,应设置 2 个空气阀。

(2)钢管需要的补气量和排气量是钢管空气阀设计的关键,而国内外的规范及相关文献中,均对此没有明确的规定,本工程按照引水流量的大小设计是合适的。至于考虑钢管断裂工况,属于极端工况,咨询工程师的要求超出了合同范围,而且规范中明确提出,不宜用断裂工况设计计算钢管的补气量。

(3)从南德瑞瓦图工程的设计过程看,咨询工程师在开始阶段考虑问题不周,对空气阀的认识也不全面,随着深入的了解,逐步加大了要求,作为承包商的工程师,我们根据规范和合同,成功进行了索赔。

(4)南德瑞瓦图工程空气阀最终布置了 5 个,2 处共 10 个,其中一个原因是空气阀厂家资料的不完善,提供的资料无法让咨询工程师信服,资料本身的确存在问题。因此,在进行空气阀设计时,要选择一个资质较好的厂家。从后来咨询工程师介绍的澳大利亚厂家资料看,在相同压力差下(0. 35 bars),直径 300 mm 的空气阀补气量可以达到 11. 2 m^3/s。

七、压力钢管的防腐处理

(一)防腐设计

钢管的防腐包括内部和外部的防腐,主要采用以下措施:

1)钢管的外露部分,钢管内壁及明管段外壁涂刷 2 道环氧涂层(推荐采用 Denso Ltd 公司生产的 ST 环氧涂料),每层要求最小的干膜不低于 250 μm 的厚度,总共 500 μm。

(2)埋管段外壁缠重型的、自黏合的、橡胶 - 沥青合成物衬带作为防腐层。

(3)所有涂层和涂料应符合饮用水要求。

钢管防腐方案见表 6-29。

表 6-29　　钢管防腐方案

防腐部位	涂层	采用防腐材料	涂层厚度
压力钢管内壁	底漆	Denso ST Epoxy (White)	250 μm
	面漆	Denso ST Epoxy (Grey)	250 μm
压力钢管埋管外壁	底漆	Denso Primer D	100 μm
	防腐带	Densopol 80 HT Tape	
压力钢管明管段外壁	底漆	Denso ST Epoxy (Grey)	250 μm
	中间漆	Denso ST Epoxy (White)	250 μm
	面漆	Weatherseal Acrylic	40 μm

(二)防腐施工

1. 防腐表面预处理

钢管除锈采取喷射除锈方法,先将钢砂装在砂罐内,用压缩空气吹出将铁锈和氧化层等钢板表面附着物清除干净。压缩空气由 10 m^3/min 空压机提供,经储气罐进行冷却和气水分离,再经高压橡胶管与砂罐出砂管连接,压缩空气和砂粒一同从喷枪喷出。喷砂工手持砂枪,距钢管表面保持 100 ~ 300 mm 的距离,并与其垂直线成 15° ~ 30°进行喷射除锈。

钢管表面预处理前应将油污、积水、焊渣、飞溅等附着物清除干净,并磨平焊疤、毛刺等。喷射用的压缩空气应经过滤,除去油、水,空气压力 0. 4 ~ 0. 6MPa。

钢管内外壁喷射除锈后,除锈等级应达到 ISO 8501—1 标准中规定的 Sa2. 5 级,表面粗糙度 Ry40 ~ 100 μm。表面预处理后,应用吸尘器或干燥、无油的压缩空气清除浮尘和碎屑,清理后的表面不得用手触摸。当空气相对湿度大于 85%,环境气温低于 5 ℃和钢板表面温度低于大气露点以上 3 ℃,未采取有效措施时,不得进行钢管防腐表面处理。有效的措施包括遮盖、采暖或输入净化、干燥的空气,以满足对工作环境的要求。

钢管安装环缝两侧防腐表面处理不能采用喷射处理,应使用手提钢丝砂轮进行处理。先用干净的破布将油污、水渍清除干净后,再用手提钢丝砂轮机进行打磨处理,清除掉锈渍、焊渣、飞溅等,处理等级应达到 ISO 8501—1 标准中规定的 St3 级。

2. 防腐涂装

金属表面喷射除锈经检查合格后,应尽快进行防腐涂装,间隔时间一般不能超过 4 h,最长不超过 8 h。各层涂料的涂装时间间隔,应在前一道涂层达到表干后,才能进行下一道涂层的涂装,具体时间间隔应按涂料生产厂家的规定(手册)进行。涂装作业应在清洁的环境中进行,避免未干的涂层被灰尘等污染。涂装时应对安装焊缝两侧 100 ~ 150 mm 范围进行遮蔽,安装焊缝两侧 100 ~ 150 mm 范围应涂刷不影响焊接性能的车间底漆。

钢管内表面涂刷环氧树脂漆两道,采用刷涂或喷涂方式,漆膜厚度 500 μm。防腐材料采用环氧树脂漆和防腐胶带。

钢管外壁防腐胶带，使用适当的机械或手动工具，按搭接要求缠绕胶粘带，胶粘带始端与末端搭接长度应不少于 100 mm。内带和外带的搭接缝处应相互错开。缠绕时胶粘带边缝应平行，不得扭曲皱折，带端应压贴，使其不翘起。管端留 150 mm 不缠绕胶带，与安装环缝焊接垫板，涂刷不影响焊接性能的车间底漆，待安装环缝焊接后进行补缠胶带或补刷油漆。缠绕弯管、岔管等异型管件时，应选用补口带。

钢管表面预处理后，推出防腐喷砂车间，进行防腐涂装，要求台车要有足够的高度，钢管在台车上能够转动，管底部距地面至少 500 mm 高度，以便于外壁胶带缠绕时人员和工器具穿行。钢管安装环缝的防腐涂装是在钢管安装、焊接、探伤检验结束后进行，钢管内部在焊接台车上进行，外部需搭设操作平台。

3. 质量检查

(1)钢板防腐表面预处理等级检查应在良好的散射日光下，或照度相当的人工照明条件下，对照规范图片进行目视对比。

(2)涂料涂装时，如果发现漏涂、流挂、皱皮等缺陷应及时处理。每一层涂装前，应对上一层涂层外观进行检查。

(3)涂装结束后，对涂层外观进行检查，涂层表面应光滑、颜色均匀一致，厚度基本一致，黏着牢固，不起粉状。

(4)涂层厚度用红外测厚仪测定，每 2 m^2 表面不少于 1 个测点，单节钢管的两端和中间圆周上每隔 1.5 m 测一个点。

(5)钢管外壁防腐胶带缠绕质量检查时，运用目测检查，补口、补伤处应逐个检查，防腐层表面应平整，搭接均匀、无永久性气泡、皱折和破损。

(三)涂层保护

防腐完成后的钢管堆放层数以不损坏防腐层为原则，堆放时在层间及底部垫上软质物，避免损伤防腐层。安装时，从钢管堆放场汽车运输至安装现场，以及管槽内台车运输至安装位置的过程中，置放钢管的胎模与钢管接触部位须加垫胶皮，捆绑绳也要用胶皮垫好，防止损坏涂层。

(四)环保保证措施

(1)了解本地环境保护法律，确保施工不违背法律规定。

(2)及时收集空的油漆桶、稀释剂桶及其他化学废料，集中放置以避免二次污染和渗入土内。

(3)喷砂车间应封闭施工，避免粉尘污染。

(4)保证通风、换气，避免有害气体对人体造成危害。

八、压力钢管的焊接

高水头水电站的特点就是钢管承担巨大的压力，如果采用普通钢材，管壁的壁厚很大，为钢管的运输、加工、安装、焊接等带来困难，经济上也造成浪费，从结构上，普通钢材也难以满足应力要求。因此需要采用高强钢。斐济南德瑞瓦图水电站工程的毛水头 335 m，压力钢管承受的最大压力水头达 420 m，故钢管钢材采用 A517 高强钢。

对于国内水电工程,尚没有工程采用高强钢作为压力钢管的材料,对高强钢的焊接技术和焊接工艺也比较陌生。经过技术研究,组织人员经过国外专家培训,施工单位培训出了一批能够掌握高强钢焊接技术的焊工,经过实践检验,对高强钢的焊接工艺有了深入的了解。

(一)焊前预热

根据焊接工艺评定,Q345R 钢板厚度较小,不需进行焊前预热和焊后热处理;而对 A517 高强钢板,以及 Q345R 与 A517 相接的焊缝,焊前须进行不低于 95 ℃的预热,焊接时层间温度控制在 205 ℃以下,焊接完成后,在温度冷却到 95 ℃以前立即加热,至 205 ℃以上保温 4 h。采用履带式加热片对焊缝进行加热,预热温度定为 120 ~ 150 ℃。应均匀加热。其温度测量采用表面温度计。焊接时的层间温度确定为 150 ~ 160 ℃,后热温度为 250 ± 10 ℃。一般情况下,一条焊缝应连续焊完,如遇特殊情况造成焊接中断,在下次焊接前应按同样方法进行预热。

(二)焊接条件

焊接环境应符合要求,如出现下列不允许焊接的情况,应采取保护措施达到要求后方可焊接。

(1)风速:气体保护焊大于 2 m/s,其他焊接方法大于 8 m/s。

(2)相对湿度大于 90%。

(3)环境温度低于 -5 ℃。

(4)雨天露天施焊。

每条焊缝应一次连续焊完,尤其是打底层,当因故中断焊接时,应采取防裂措施。在重新焊接前,应将表面清理干净,确认无裂纹后,方可按原工艺继续施焊,在定位焊及焊接过程中,将尽量避免电弧擦伤钢板,如发生电弧擦伤将立即用磨光机把淬火层磨掉。

(三)焊接方法

压力钢管制造时,直管段纵、环缝均采用半自动埋弧弧焊接,弯管、岔管等异型钢管焊缝采用手工电弧焊接,所有主管段安装焊缝均为带垫板 V 型焊缝,因为岔、支管为异型管件,焊接垫板无法紧密贴合,所以采用双面焊接,焊接方式采用手工电弧焊接。

用于 Q345R 板材焊缝的手工电弧焊条选用 CHE507,埋弧自动焊的焊丝选用 CHW - S2,相应焊剂为 H431;用于 A517 高强钢板焊缝的手工电弧焊条选用 CHE807RH,埋弧自动焊丝选用 CHW - S12,相应焊剂为 CHF102。钢管制造焊缝管内焊缝为正缝,外壁为背缝。安装焊缝垫板在钢管外壁,从内部进行焊接。焊缝焊接前将焊丝油渍、水油、锈渍清理干净,焊缝坡口及两侧 50 ~ 100 mm 范围内的氧化物、铁锈、水、油脂、油污和其他杂质均应清理干净,焊剂按产品说明书进行烘干使用。

(四)焊缝型式

钢管制造安装纵、环焊缝坡口形式有 V 型和 X 型两种,坡口形式按美国焊接协会规范(AWS D1. 1/D1. 1M/2008)进行选择。钢管制造焊缝采用双面焊接,背缝用碳弧气刨清根。当钢板厚度不大于 22 mm 时,手工电弧焊车间制造焊缝坡口采用 B - U2,车间制造埋弧自动焊坡口采用 B - L2c - S 接头的坡口样式。当钢板厚度大于 22 mm 时,车间制造手工电弧焊缝坡口,采用规范 AWS D1. 1/D1. 1M - 2008 中图 3. 4 中 B - U3b,车间制造埋弧自动焊缝坡口采用 B - U3c - S 接头所示 X 型坡口，坡口角度均为 60°。当钢板厚度差大于 4 mm 时，须将厚板加工成 1∶3的斜度，加工斜度时，无法应用火焰切割，采用砂轮机磨削。整个压力管道中，凡不同厚度的钢板相接的焊缝全部作为制造焊缝，在钢管制造车间内焊接。

根据 ASME 规范第Ⅷ卷关于 UG - 76、UW - 31 及 UHT - 83 的要求，焊缝坡口用火焰切割加工、双面焊接的焊缝背缝用碳弧气刨清根后，须将材料熔化产生的熔渣清除干净。碳弧气刨需由熟练的专业操作人员进行操作。

钢管安装环缝采用带垫板焊接，坡口形式为规范 AWS D1. 1 - D1. 1M - 2008 中图 3. 4 中 B - U2a 接头所示的 V 型坡口，坡口角度 45°。

加劲环角焊缝不开坡口，每道加劲环由多块拼接而成，各拼接块的圆心角不小于 30°，加劲环各拼接块间的接头焊缝采用 V 型坡口。

（五）岔管焊接

岔管焊接全部采用手工焊，按焊接工艺评定的焊接规范数据执行，焊接前进行 120 ~ 150 ℃预热，焊接过程中，严格控制层间温度为 150 ~ 160 ℃，焊接完成后立即升温到 250 ℃，保温 4 h。焊接时采用微摆动多层多道焊，严格控制层间温度和焊接线能量，背缝用碳弧气刨清根。

九、钢管阴极防腐设计

由于阴极保护在输水及油气管道的成功应用，近年来，管道工程领域相继进行了输水钢管阴极保护的应用实践，美国防腐协会也逐步完善管道防腐的技术规范。根据新西兰规范及美国规范，一般埋在地下部位的钢管，应该做阴极防腐，但阴极防腐实施非常复杂，需要现场进行多种试验，收集多方面的资料，因此规范建议阴极防腐设计应该在运行之后根据运行监测的数据进行，而且需要专门的阴极防腐专家进行指导。

（一）阴极防腐设计的必要性

南德瑞瓦图水电站工程压力钢管总长约 1 460 m，引水流量 15 m^3/s，采用 A517 和 16MnR 钢材。压力钢管管径为 2. 25 m，最大静水头 347 m，最大设计水头 402 m。按照当地环保部门的要求，压力钢管不得对环境和植被产生大的破坏，需采用埋藏式布置。为最大限度地减小管线的纵向坡度、进场交通便利，管线沿冲沟的坡面布置全长 1 460 m 的管道。

根据钢管的布置及厂房接地系统设计，出现以下两个问题：

问题一：钢管通过球阀与厂房机组连接一个整体，厂房的接地极对钢管来说就是阴极，接地对于钢管的阴极腐蚀产生影响。

问题二：钢管与厂房机组连接成一个整体，钢管对整个厂房接地系统也产生影响。

两个问题的关键就是钢管与接地的关系，如果钢管与厂房机组切断电连接，形成电隔离，那么钢管的接地需要设计独立的接地系统。如果钢管与厂房接地连接，那么钢管就有发生阴极腐蚀的可能。

根据工程布置，要做到钢管与厂房机组的电隔离，只能在球阀处增加绝缘法兰，用绝缘螺栓连接，或者绝缘垫片。但对于高水头电站，压力水头高达 402 m，连接法兰的密封难以实现，球阀就会漏水，甚至强度受到影响，而影响电站的运行。

因此，我们着重研究钢管与厂房连接整体时，应对钢管发生阴极防腐的机理及可能产生的后果进行研究。

（二）钢管阴极防腐采用的设计规范

关于阴极防腐的规范，钢管的设计规范 No. 79 和美国防腐协会都有论述，本工程采用的阴极防腐设计规范如表 6-30。

表 6-30 阴极防腐设计规范

序号	规范名称	标准号
1	Galvanic (sacrificial) anodes for cathodic protection	AS 2239 - 2003
2	Cathodic protection of metals - pipes and cables	AS 2832. 1 - 2004
3	Manual and Report on Engineering Practice No. 79	ASCE
4	Cathodic protection External organic coatings for the corrosion protection of buried or immersed steel pipelines used in conjunction with cathodic protection Tapes and shrinkable materials	BS_EN_12068 - 1999
5	Application of Cathodic Protection for External Surfaces of Steel Well Casings	NACE_RP0186 - 2001
6	Recommend method of external corrosion protection for buried and underwater pipe	NACE_RP0169 - 2002

（三）钢管的腐蚀机理

钢管的环境主要有水、空气和土壤，南德瑞瓦图水电站工程为埋藏式埋管，因此处于土环境中。钢管在土中的腐蚀是水腐蚀的一种特殊情况，中性土中的腐蚀是阴极的去极或因氧的活性所引起的去钝造成的，因此氧的浓度及潮湿的环境更能促进腐蚀的发生。

土一般为中性电解质，土的导电性控制着腐蚀的强度和范围。在腐蚀反应过程中，电流的大小控制着金属的损耗率，根据欧姆定律，电流大小与驱动电压和电路电阻有关。因此，土壤引起的钢管腐蚀与土壤的酸碱度、导电性、电阻率、渗透性及地下水情况有关。

钢管在土壤环境中的腐蚀主要为电化学反应过程，腐蚀原电池是其最基本的形式。对土壤的腐蚀性进行正确评价是实施阴级保护的前提，在工程实际中常通过测量钢管环境的土壤电阻率（Ω·m）和自然电位（-V）来评价土壤腐蚀性。对于大多数情况，土壤电阻率越小，自然电位负值越大，则土壤的腐蚀性越强。电阻率与土壤腐蚀性的评价标准参见表 6-31，自然电位与土壤腐蚀性的评价标准参见表 6-32。土壤环境经测定和评价为腐蚀性强、较强和中等的，一般都应进行阴极保护。

土壤电阻率与土壤腐蚀性（Ω·m）见表 6-31、表 6-32。

表 6-31　各国土壤腐蚀性参数

腐蚀性	中国	前苏联	英国	日本	美国	法国
极强	—	<5	<9	—	—	<5
强	<20	5 ~ 10	9 ~ 23	<20	<20	5 ~ 15
中等	20 ~ 50	10 ~ 20	23 ~ 50	20 ~ 45	20 ~ 45	15 ~ 25
弱	>50	20 - -100	50 ~ 100	45 ~ 60	45 ~ 60	—
很弱	—	>100	>100	>60	60 ~ 100	>30

表 6-32　自然电位与土壤腐蚀性

自然电位(-V)	>0.55	0.45 ~ 0.55	0.30 ~ 0.45	0.15 ~ 0.30	<0.15
腐蚀性	强	较强	中	弱	极弱

(四)阴极防腐设计

钢管最大缺陷是在自然环境中易产生腐蚀,因此做好钢管的内外防腐是延长钢管使用寿命的重要施工环节。防腐设计分为物理防腐和化学防腐,物理防腐就是在钢管外喷涂涂层,目的是切断钢管与外界腐蚀物质的联系,把钢管封闭保护起来。化学防腐就是通过电化学反应,防止和控制电化学腐蚀的措施,阴极防腐就属于化学防腐。

阴极保护的原理:当两种金属在电解质中发生电连接时,由于电位差,电子从活泼金属向不活泼金属移动,不活泼的金属称为阴极,活泼金属称为阳极。当阳极发生电流时,它在电解质中溶解成离子,同时产生电子。阴极通过与阳极电连接而获得电子,结果就是阴极负极化,起到防腐保护的作用。

根据美国《钢管设计手册》(No. 79),以铜/硫酸铜为参考电极,电位大于 -0.85 V 作为钢管阴极保护的最小标准。也就是说,相对于饱和铜/硫酸铜电极的管道保护电位至少为 -850 mV,小于 -0.85 V 则不需要进行阴极保护。

(五)阴极保护常用方法

阴极保护分为两种方法:直流电流法和外加电流法。

1. 牺牲阳极法

直流电流法就是牺牲阳极法(sacrifices anode method),当钢管处于一个腐蚀环境中,保护钢管的阳极(与钢管连接的镁或锌)与钢管形成一个腐蚀电池,阳极(镁或锌)则会被腐蚀掉,从而保护了阴极(钢管),因此叫牺牲阳极法。这种方法的实质是腐蚀的转移,腐蚀本身还是存在的,只是由腐蚀钢管转化为腐蚀阳极(镁或锌)了。根据一般工程经验,镁或锌在与钢管组成腐蚀电池时,电压一般在 0.5 ~ 1.0 V,由于电压较低,所产生的电流也较低,一般为 50 ~ 100 mA。

牺牲阳极法的原理如图 6-21 所示。

2. 外加电流法

外加电流法也叫强制电流法(见图 6-22),与牺牲阳极相反,外加电流法需要一个外

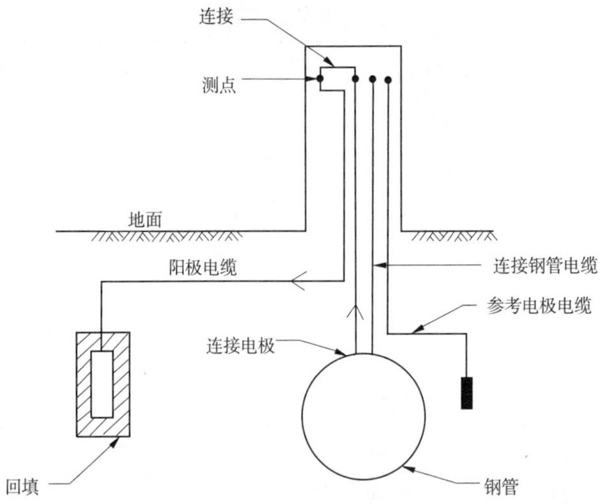

图 6-21　牺牲阳极法原理示意图

部电流电源,用整流器将脉冲电流形成直流。由于电流由外部电源提供,驱动电压及电流不需要阳极提供,因此,阳极可以采用较为贵重的材料,如石墨等,更加经久耐用。

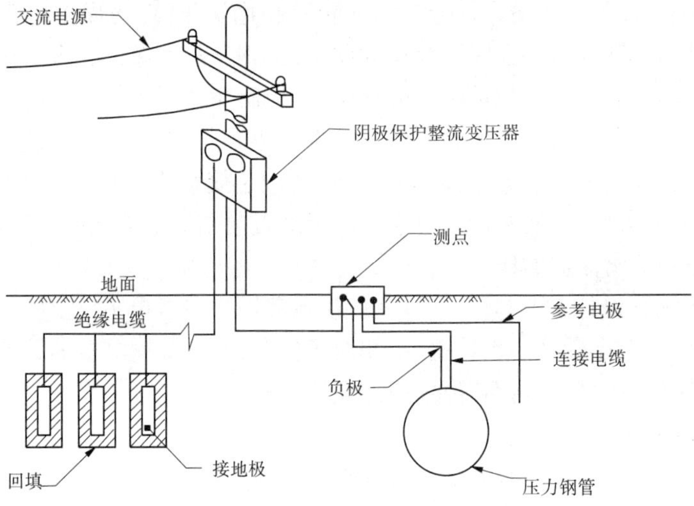

图 6-22　外加电流法原理示意图

(六)阴极防腐设计需要的基本资料

在进行钢管阴极防腐设计前,需要收集大量的现场资料,确定设计参数。对于埋设地下的钢管,由于地下水和土壤的存在,金属表面都有潜在的腐蚀可能。因此,以下因素都会影响阴极防腐的设计。

1. 钢管周围土的特性

(1)电阻率;

(2)酸碱度(pH 值);

(3)溶解盐的成分;

(4)潮湿程度;

(5)含气量。

2. 钢管周围土壤的不常见成分

(1)矿石;

(2)灰、矿渣或其他诱发腐蚀的物质;

(3)污水;

(4)某些减轻硫酸盐物质或其他细菌;

(5)白蚁或其他啮齿动物。

3. 外加电流法

(1)直流系统;

(2)接入电源;

(3)地球磁场的影响。

4. 气候和潮汐

(1)降雨;

(2)温度;

(3)闪电;

(4)地下水;

(5) 结构物的运行条件;

(6)金属表面最大、最小温度;

(7)温度变化的幅度;

(8)结构受力及变化;

(9)其他因素的影响;

(10)腐涂层的老化;

(11)不同金属材料的连接;

(12)磨损;

(13)腐蚀。

以上关于腐蚀因素和资料,有些只能等到钢管安装、回填后方能得到,即使如此,也很难准确估算出来,因为影响腐蚀的因素每天都在变化,这些变化无法准确预测。即使在同一个断面,钢管的顶部与底部也不尽相同。规范建议,除非能够确定不需要进行阴极防腐,否则就应该考虑阴极保护措施。

(七)阴极防腐设计

1. 主要技术参数

(1)工程的使用寿命;

(2)钢管保护电压(-850 mV);

(3)最小保护电流密度。

最小保护电流密度是阴极保护设计的重要参数,它的大小与被保护管道覆盖层质量、种类和管道周围的土壤电阴率大小等因素有关,但一般难以进行理论计算。参照同类工程的运行数据,钢管阴极保护设计最小保护电流密度采用外加电流法用 0.3 ~ 0.4

mA/m²，牺牲阳极法用 0.15 mA/m²。

2. 牺牲阳极材料的选择

据管道沿线土壤电阻率测量结果，参照石油行业《埋地钢制管道牺牲阳极阴极保护设计规范》和《镁合金牺牲阳极应用技术标准》，进行牺牲阳极材料和规格的选择，见表 6-33、表 6-34。

表 6-26　牺牲阳极材料种类的选择

土壤电阻率(Ω·m)	可选阳极种类
>100	带状镁阳极
60～100	镁(－1.7 V)
40～60	镁
<40	镁(－1.5 V)
<15	镁(1.5 V)
<5	锌

表 6-34　镁阳极规格的选择

土壤电阻率(Ω·m)	可选择阳极规格
>100	2 kg 或 4 kg
100～50	4 kg 或 8 kg
50～20	8 kg 或 11 kg
20～10	11 kg 或 14 kg

3. 牺牲阳极设计简要计算

根据斐济地电阻率的测试结果，地电阻值按 100 Ω·m 计算，可以选用镁作为牺牲阳极。

(1)单支镁阳极输出电流计算式为：

$$I = 150\,000 \times F \times Y/p$$

式中　I——单支镁阳极的输出电流，mA；

F——重量修整系数；

Y——电位修正系数；

p——土壤电阻率，Ω·m。

取 F 为 1.16；Y 为 －0.93；p 按实测当地土壤电阻率取平均值为 100 Ω·m。

经计算得 I_{Mg} =1 617 mA。

(2)每组镁阳极支数计算式为：

$$N = b \times I_A/I_{Mg}$$

式中　b——备用系数，取 2；

I_A——每组阳极需输出保护电流，mA。

我们在实施中取每组阳极保护长度为 250 m，最小保护电流密度取 0.15 mA/m^2，被保护管道管径为 2.25 m。则 $I_A = 0.15 \times 2.25 \times 3.14 \times 250 = 188.4$ mA。

所以，$N = 2 \times 188.4/77 = 4.89 \approx 5$ 支。

（3）阳极使用寿命采用美国 HARCO 防腐公司的经验公式：

$$T = 57.08 W\eta / I_{Mg}$$

式中　W——为单支阳极重量，lb；

η——为系数，通常取 0.75。

则设计寿命为：$T = 57.08 \times 14 \times 2.2 \times 0.75/77 \approx 17$ 年。

（八）阴极保护措施

限于钢管与厂房机组进行电隔离比较困难，因此钢管与厂房接地系统连接一体。鉴于接地系统与厂房钢筋连接，因此接地作为阴极，钢筋和钢管同作为阳极，可以减少钢管的电腐蚀。

钢管对厂房接地系统产生影响，因此在进行厂房的接地计算时，把钢管考虑到整个模型中进行设计。

从腐蚀保护的标准看，驱动电压小于 −0.85 V 时，可以不进行阴极保护。现场进行了电压测试，测试结果为 −0.2 V，因此不需要进行阴极保护。

从发生阴极腐蚀的原理看，如果把钢管与土壤绝缘，可以减少因钢管与土壤的接触发生的腐蚀。良好的涂覆层可以保护构筑物以上的外表面不受腐蚀，地下或水下的金属结构物通常在使用前涂覆防护涂层用以将金属与电介质环境电绝缘隔离。如果金属构筑物能够做到完全电绝缘隔离，金属在电介质中的腐蚀电池的形成将受到抑制，腐蚀电流将无法产生，从而防止金属的腐蚀。

然而，完全理想的涂覆层是不存在的，由于施工过程中的运输、安装及补口、热应力及土壤应力、涂层的老化及涂层微小的存在，金属结构物的外涂层总会存在一些缺陷，而这些缺陷最终将导致金属的局部腐蚀产生。阴极保护技术和涂层联合应用则可以有效解决这一问题。一方面阴极保护可有效地防止涂层破损处产生的腐蚀，延长涂层使用寿命，另一方面涂层又可大大减少保护电流的需要量，改善保护电流分布，增大保护半径，使阴极保护变得更为经济有效，对于裸露或防腐涂层很差的地下或水下金属构筑物，阴极保护甚至是腐蚀防护的唯一可选择的手段。因此，我们建议业主在工程竣工后，在钢管运行期间，加强对阴极腐蚀的监测，如果发生较为严重的腐蚀，则考虑进行保护。

十、钢岔管结构设计

（一）设计原则及假定

岔管是钢管设计中最复杂的部位，南德瑞瓦图工程的压力钢管上的岔管采用非对称 Y 型结构一分为二，主管管径为 2.25 m，支管管径为 1.7 m。压力管道出口分岔管采用非对称月牙形内加强肋叉管。

（二）计算方法

岔管管壁强度采用瑞士 EW 计算方法；月牙形内加强肋岔管结构计算方法，采用中国水电站压力钢管设计规范推荐的近似计算方法初步估算。

为了保证分岔管在不同运行状况下的安全和稳定，在初始确定分岔管的外形之后，采用结构分析软件 ANSYS 进行三维有限元的分析计算。

岔管体形参数应符合下列规定：

(1)分岔角 $\omega_{23}=55°\sim90°$为宜；

(2)钝角区腰线折角 $a=10°\sim15°$为宜；

(3)支锥管腰线折角 $a\leqslant20°$为宜；主锥管腰线折角 $a=10°\sim15°$为宜；

(4)最大公切球半径 R_0 宜为主管半径 R_1 的 1.1～1.2 倍。

1. 岔管管壁强度计算

第一步按公式计算出各个锥形管节中的环向应力 σ_z，第二步根据组成分岔管的各个锥形管节连接处的管壁折角 β 值，按下述公式计算出形状系数 K_i，然后利用图 6-23 的曲线查出应力集中系数 f。将环向应力 σ_z 乘以应力集中系数 f_i，即得到各个不同锥度的锥形管节连接处的管壁应力。

计算点叉管环向管壁强度计算：

$$\sigma_z = P \times R/\delta$$

式中 P——分岔管计算断面处的内水压力，MPa；

R——分岔管计算断面处的半径，mm；

δ——分岔管计算断面处的壁厚，mm。

形状系数 K_i 的计算：

$$K_i = \sqrt{\frac{R}{\delta_i}}\sin\beta_i$$

式中 K_i——计算点形状系数；

δ_i——管壁壁厚；

β_i——管壁折角。

管壁的组合应力 σ_r 的计算：

环向管壁应力 $\sigma_1=f\times\sigma_z$；

轴向管壁应力 $\sigma_2=0.5\times\sigma_1$。

计算组合应力，按第四强度理论：

$$\sigma_r = \sqrt{\sigma_1^2+\sigma_2^2-\sigma_1\sigma_2} = \sqrt{0.75\sigma_1}$$

(三)荷载及计算工况

1. 计算荷载

(1)岔管承受的最大内水压力 P_{N2}；

(2)水压试验时岔管承受的内水压力 $P_T=1.5P_{N2}$；

2. 计算工况

计算工况见表 6-35。

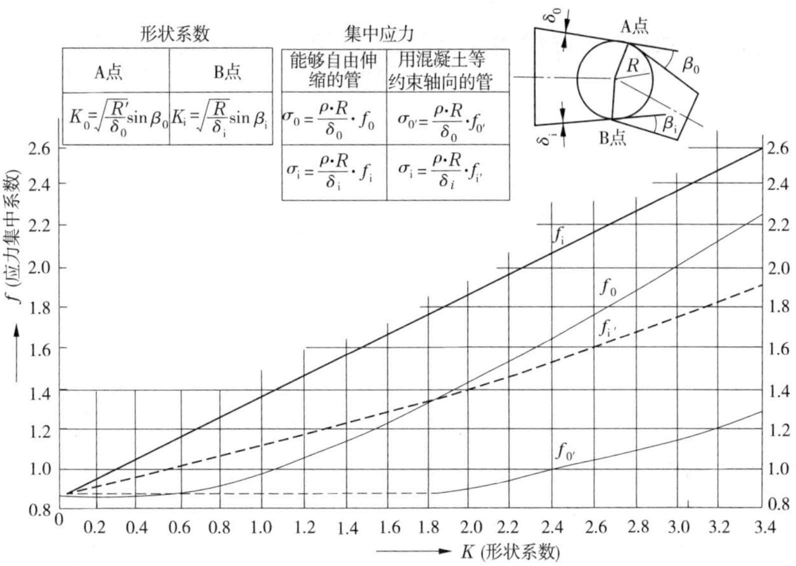

图 6-23　岔管计算用图

表 6-35　　**荷载及荷载组合**

计算工况	正常工况	非常工况
	工况 1	工况 2
最大内水压力 P_{N2}	√	—
水压试验时内水压力 P_T	—	√

(四)钢岔管的允许应力

钢管的材料采用 ASTM A517,岔管允许应力与压力钢管相同。

第七章　厂房及附属建筑物设计

第一节　厂房布置

把水能转换成电能的工厂称为水力发电厂，安装水轮发电机组及其他附属机电设备和辅助生产设施的建筑物称为水电站厂房。通常由主厂房和副厂房组成，但小型水电站也有的不设副厂房。主厂房又分主机间和安装间。主机间装置水轮机、发电机及其附属设备；安装间是机组安装和检修时，摆放、组装和修理主要部件的场地。副厂房包括专门布置各种电气控制设备、配电装置、电厂公用设施的车间以及生产管理工作间。主厂房、副厂房连同附近的其他构筑物及设施统称厂区，是水电站的运行、管理中心。

水电站厂房按其结构及布置特点分为地面式厂房、地下式厂房、坝内式厂房和溢流式厂房。地面式厂房按其位置不同，又分为河床式厂房、坝后式厂房和岸边式厂房。地下式厂房位于地下洞室中，也有的地下厂房其上部露出地面。坝内式厂房位于坝体空腔内。溢流式厂房位于溢流坝坝趾，坝上溢出水流流经或跃过厂房顶，泄入尾水渠。厂房内安装的水轮发电机组的型式，按水电站的水头大小等因素确定

南德瑞瓦图水电站工程的厂房位于巴河河谷，在布娅卜亚（Buya Buya）村方向，巴河的左岸，位于一个陡峭的河谷。在这个位置有一块平地，最有利于布置厂房建筑物。厂区主要由主厂房、副厂房、变压器场及输变电线路升压站等主要建筑物组成。需要说明的是，本工程应该属于跨流域项目，大坝所在河流为辛嘎托卡（Sigatoka），水流流向斐济岛南部的辛嘎托卡城，而厂房所在河流为巴河，河流流向斐济岛的北部城市巴城。

根据厂区地形条件以及巴河的洪水位，确定整个厂区的地面高程。厂房基础尽量放到岩石上，在平面上，厂房建筑物后面是陡峭的岩石边坡。因此在布置时考虑靠近河道，将缩窄河道，导致河水位升高，减少发电时间，增加水流对建筑物冲刷的危险。远离河道，则会增加边坡开挖，加大工程投资。

在工程施工时，加大了厂房布置区范围内河道的宽度，并炸毁河中巨石，疏浚了河道。所以，河道宽度足够保证向下游河道宣泄洪水流量，以确保在施工期内围堰是安全的。

一、厂房建筑物总体布置

（一）主副厂房布置

主厂房为岸边式厂房，主厂房地面高程高于厂区地面高程，为 199.60 m，长 42.4 m，宽 18 m，总高度 32.0 m，其中地面以上高度为 18.20 m。厂房内布置 2 台五喷嘴垂直冲击式水轮发电机组，机组间距 13.60 m，发电机单机容量为 22 MW，总装机 44 MW，最大引水流量 15 m^3/s。总发电量估计平均每年为 101 GW・h。

副厂房位于主厂房右侧及上游侧，总长约 29.80 m，宽 7.2 m，为 2 层地面厂房。副厂

房内主要布置有中央控制室、办公室、休息室、车间、文件室以及设备室、仪器室等。

（二）厂区排水

尾水从厂房出来以后，直接进入河道，考虑尾水管与河道垂直，因此对尾水出口采用钢筋混凝土衬砌，以保护厂房基础不被冲刷。

厂房后侧为一个高边坡，在边坡上部布置排水渠，以排除山坡上的雨水，排向巴河。这些排水渠都布置在同一侧，间隔为 3 m，高程为 207 m，底宽为 1.5 m，两侧斜坡高宽比为 0.5∶1，深 1 m，设计泄流能力为 5 m^3/s。在排水渠一侧设置 2 m 宽的交通道路，以便清理水渠内的落石及杂物。排水渠与进厂道路交叉处设置 1 个 2 孔埋涵，涵管前设置 1 个小的跌水池，以减小上部水流的流速。

在边坡坡脚同样设置排水渠，在厂房升压站向两侧分别排向巴河，在和进厂道路交叉处设置 1 个带钢篦子的排水沟，以便排除厂区的雨水。

在进厂道路桩号 0 + 100 处，设置 1 个 3 孔排水涵，排除引水钢管外的水流及雨水，并对涵管上下游边坡进行保护。

厂房屋顶的排水通过排水系统，通过地下埋管排向巴河。

（三）进厂道路

厂区通过交通道路对外连接，在工程竣工阶段，业主增加了混凝土路面作为进厂道路。在厂房后面变压器与升压站之间设防火通道，可到事故油池。

厂房升压站通过长 5.4 km 的输电线路和开关站相连，在升压站出线塔架和变压器之间即为防火通道，在厂房和升压站之间设有电缆沟，以安装电气电缆。

运送设备的车辆应满足能够进入施工区域和厂房的条件，并且可以在厂房前的停车场掉头转弯。

斐济当地运输公司提供了货运汽车弯道半径及其总长度 17.65 m，弯道半径为 12.85 m。

进入厂房区设有大门，厂区周围全部用栅栏围护，确保厂区安全。在大门外，布置有 600 m^3 容量的消防水池，直径 13 m。

（四）安全防护墙

当巴河尾水位为最大可能洪水位（PMF，高程为 195.100 m）时，防护墙可以保护厂房防止洪水漫入。

厂房地面结构依据巴河上的最大可能洪水位进行设计，防止汛期洪水进入厂房。防护墙的设计需要获取混凝土结构的极限抗压强度和最大允许裂缝宽度，挡土墙采用美国规范设计《防护工程及防浪墙》（EM 1110 – 2 – 2502）。

二、厂房布置

（一）主厂房布置

主厂房分为主机段和安装场段，其中主机段长 30.225 m，安装场段长 12.625 m。从上到下依次布置发电机层、水轮机层、蜗壳层及尾水管等层。

在主厂房和安装场之间布置 1 条伸缩缝，宽 20 mm，缝隙用闭孔泡沫板材料进行填充，并用止水材料密封，防止渗漏。

1. 厂房上部(地面)结构

为了方便描述,将厂房分为上部结构和下部结构。发电机层(高程为 199.60 m)以下的部分统称为下部结构,发电机层以上的部分称为上部结构。

厂房上部结构为框架结构,由钢筋混凝土框架柱和钢结构屋顶组成。上部结构支撑吊车、墙体和厂房屋顶。

上部结构的高度应该满足最高吊装的需要,并为拆卸机组大修留有足够的空间,以保证其他机组正常运行。桥吊要有足够的能力承受最大荷载,以便能够吊装和维修水轮机、发电机及其他设备。上部结构的安装场的大门要能够使货车可以进入厂房并停在桥吊下面。

1)桥吊

桥吊的容量足以吊装预估的最大荷载,以便安装和维修水轮机和发电机及其相关设备。

该厂房使用1台有轨双钩桥吊,其起重规格为80/20 t 。该桥吊的主吊钩可以起吊发电机最重的部分——质量约75 t的带轴发电机转子;副吊钩可以起吊进水阀门(不含平衡器)。

2)发电机

发电机采用埋入式布置,在发电机层(高程为 199.60 m)之下,风罩为钢筋混凝土圆形结构。发电机附近布置有调速器、机组控制盘及动力盘等。在主厂房右端和安装场侧设有楼梯,在机组之间和前端布置 3 个 2.6 m×2.6 m 的吊物孔,用以吊装设备和物品。发电机层的高程是由多个因素综合决定的,如水轮机的高程、其他部件的尺寸、巴河最大可能洪水(PMF)位、进场道路终点高程等。可以肯定的是,发电机层高程要高于最大可能洪水(PMF)位和道路的最低高程,主机房层的安装场要有足够的空间满足 1 台发电机和 1 台水轮机同时维修的要求。桥吊的有效操作范围要保证在大修 1 台机组时可以吊装所有设备,并且不会影响另 1 台机组的正常运行。

3)墙体和支柱

厂房墙体全部为混凝土墙体,屋顶采用“人”字型钢桁架结构,由工字钢和角钢组成,并设有天窗,便于采光。在墙体前面和厂房后面建有一些钢筋混凝土支柱,尺寸大致为 800 mm×1 200 mm,间隔分别为 6.2、6.3、7.3 m。这些支柱延伸到下部结构,并支撑在厂房基础上。

4)与建筑相关的其他事宜

建筑区的外围墙体采用混凝土或者混凝土砖块(在中国称之为轻混凝土空心砖),内部墙体采用轻质墙体,而且必须满足防火等级。主控室、厨房和卧室(在副厂房中)需要设置窗户。厂房内需要提供所有与建筑物相关的工程,包括所有结构设计、机电设备、水暖设备、暖气供应、通风设备、空调设备、楼房供电系统等厂房需要设置紧急照明灯和有标识的逃生通道。在楼房入口处和设备区需要设置照明设施,并且由 1 个主光电池进行控制。上部结构的墙体需要设置窗户,以便采集更多的自然光。

2. 下部结构

1) 水轮机层

水轮机位于水轮机层，高程为 195.80 m。发电机组的立柱型机座上设置检修孔（人孔），在机组之间和前端布置 3 个 2.6 m×2.6 m 的吊物孔，用以吊装设备和物品。主厂房右侧布置楼梯供人员出入。水轮机左侧布置水冷系统，右侧布置油系统和液压系统。

在高程 192.50 m 处布置蜗壳和控制阀，在高程 188.50 m 处布置尾水管。尾水闸门可防止洪水通过尾水渠进入厂房。

2) 厂房地基

经过现场勘查，基岩出现在高程 186 m 处，基岩表面凹凸不平。经现场咨询工程师同意，承包商用混凝土覆盖基岩以防岩石风化。

承包商补充勘查地质状况的结果显示，岩石地基达到了厂房建筑物的设计标准。

（二）各层平面布置

1. 高程 199.60 m 楼层平面布置

该楼层位于安装场，布置有活动场地、上机架、定子、转子、楼梯、轨道栏杆和机罩等。安装场长 12.4 m（顺水流方向），宽 15.3 m，在上游侧墙体（与尾水水流方向一致）上有一扇大门可供人员进入车间。

主厂房内有 2 台机组，1#发电机和 2#发电机，间距为 7 m。在发电机组周围分别布置了机组动力控制箱、温控仪、终端机以及 CO_2 控制箱和中性控制板。每台机组都配备 12 套 PLC、AVR 保护装置、配电箱。在地板上设有 4 个开口，以便人员下到 191.60 m 高程处进行材料置换和阀门启闭。

靠近厂房上游坝墙的地方设置 2 个 11 kV 的高压开关站，尺寸为 6 300 mm×1 800 mm，距离支柱一侧 800 mm。在厂房上游侧墙体有 2 个宽 1.5 m 的门，可以通往外面的变压器，中间有 1 道防爆墙相隔。

在靠近安装场的一侧设有楼梯，可以通往 195.60 m 高程和 191.60 m 高程，在另一侧设有钢梯通往桥吊。

考虑到设置防火通道的要求，在厂房的河边建有 1 个 1.5 m 宽的通道，采用混凝土预制板建造，沿厂房长度方向延伸，与厂房长度一致。

2. 高程 195.60 m 楼层平面布置

该楼层也位于安装场，布置有配电室、LV 开关室、储气室、辅助变压器室以及通风室等。这些房间都被墙体隔开，两侧房间中间有走廊。为了防火要求，每一个房间的门都可以分别向内和向外打开。

主厂房内有 2 台内径为 4 m 的机组，1#发电机和 2#发电机。该楼层设有人孔，可供人员通往发电机层。与上一个楼层一样，在地板上设有 4 个开口，以便人员下到 191.60 m 高程处进行材料置换和阀门启闭。

靠近上游坝墙一侧布置 2 个发电机液压设备。在安装场一侧布置楼梯，通往 195.60 m 高程和 191.60 m 高程，在另一侧设置钢梯，通往下一楼层。

人员可通过台阶通往下游侧水轮机尾水管顶部平台，以便操作和维护尾水闸门。

3. 高程 191.60 m 楼层平面布置

该楼层位于安装场下面，布置有通风室、储油室、隔离阀、隔离井及管阀室。同样地，这些房间都被墙体隔开，两侧房间中间有走廊。为了防火要求，每一个房间的门都可以分别向内和向外打开。

主厂房内的 2 台机组，1#发电机和 2#发电机，分别有 5 个喷油针。设有 2 个主阀可停止运转的发电机。

设有台阶可通往 192.50 m 高程处，楼梯和钢梯终止于该楼层。

4. 高程 187.70 m 楼层平面布置

该楼层也位于安装场下面，是厂房的箱型基础，是整个厂房的承重结构。基准高程为 187.200 m。箱型基础的板厚为 1.2 m，在浇筑顶板之前，要用砂砾石回填。

在尾水管路中布置有多个冷却器，经冷却的尾水由此流入巴河。在厂房下游侧外面布置 2 个尾水闸门，它们都有自己的启闭装置。假如发生洪水时，可以远程操控启闭装置，使闸门关闭。这是操控系统的一部分，操作人员可以不必在现场。

当需要维修养护时，要将油池泵和疏水泵移至合适位置，以便使用桥吊主吊钩通过吊物孔将其吊出。

（三）副厂房布置

副厂房位于主厂房的北侧及东侧，为地面 2 层（局部 1 层）框架结构，主要包括：控制盘室、柴油发电机室、油罐室、消防泵房、雨淋阀室、机修间、砂轮机室等生产用房，以及宿舍、卫生间、厨房、起居室等生活用房。

副厂房一层为互相独立的生产用房，彼此之间以防火墙相隔，均设置直通室外的出口，满足使用功能的同时也满足了疏散要求。二层生活用房设 2 个安全疏散出口，其中 1 个与主厂房连通，另 1 个通至室外的上人屋面。用于疏散的门、走道、楼梯的宽度、高度均满足防火规范的要求。主厂房南侧为油水分离室、通风机房和储油室，为单层框架结构。

副厂房各房间功能划分明确，与主厂房相通的门窗均采用防火门窗。

在主厂房南侧墙面上设置钢爬梯，以便运行期的检修维护。爬梯设计满足澳大利亚—新西兰规范的设计与构造要求，全部高度范围内设置安全护笼。

主厂房设置雨水收集系统，集水的水箱置于副厂房屋面上。

第二节　厂房整体稳定性分析

厂房整体稳定性分析包括抗滑、抗浮、抗倾覆稳定分析，以及验算基础应力是否满足地基承载力要求。稳定性分析不考虑诸如桥吊、水轮机和发电机等机电设备的质量。房结构的基本设计基于以下因素：

（1）适用性；

（2）安全性；

（3）符合规范、标准和法律；

（4）耐久性；

（5）维护要求。

一、荷载

厂房整体稳定性分析计算时考虑以下荷载。

（一）静荷载

静荷载是指所有永久建筑物的自重，包括墙体、楼板、屋顶、隔板、楼梯和固定检修的设备以及预加应力的静效应。

（二）水压力

水压力的大小是根据水静力学原理计算的。

以下工况考虑了巴河中的洪水流量：

（1）最小来流量；

（2）正常（运行工况），2.33 年一遇洪水；

（3）正常（运行工况），10 年一遇洪水；

（4）非正常工况，1 000 年一遇洪水；

（5）极端工况，最大可能洪水（PMF）。

（三）风荷载

垂直和侧向风荷载均按以下考虑。

（1）强度和稳定性分析：年超过率为 1/2 500；

（2）运行工况（包括变形、止水和其他要求）：年超过率为 1/25。

1. 现场风速

现场风速（$v_{sit,\beta}$）是由风向 β（一般为 8 个主方向）和以地面为参考的高度 z 决定的（AS/NZS 1170.2），如下所示：

$$v_{sit,\beta} = v_R M_d (M_{z,cat} M_s M_t)$$

式中　v_R——当地 3 s 风速，与年超过率 $1/R$ 有关，m/s；

$$v_{R1} = F_C \times (122 - 104R^{-0.1}) = 1.05 \times (122 - 104 \times 2\,500^{-0.1}) = 78(\mathrm{m/s})$$

$$v_{R2} = F_C \times (122 - 104R^{-0.1}) = 1.05 \times (122 - 104 \times 25^{-0.1}) = 49(\mathrm{m/s})$$

M_d——风向乘数，与方向 β（8 个主方向）有关，$M_d = 1.0$；

$M_{z,cat}$——地形参数与高度乘数之比，$M_{z,cat} = 1.20$；

M_s——屏蔽乘数，$M_s = 1.0$；

M_t——地形乘数，$M_t = 1.0$。

计算结果为：

$$v_{sit,\beta} = 78 \times 1.0 \times (1.2 \times 1.0 \times 1.0) = 93.8(\mathrm{m/s})$$

$$v_{sit,\beta} = 49 \times 1.0 \times (1.2 \times 1.0 \times 1.0) = 58.7(\mathrm{m/s})$$

2. 设计风压力

计算风压力与建筑物结构有关，单位为帕斯卡（Pa），公式如下：

$$p = (0.5\,\rho_{air})\,[v_{des,\theta}]^2\, C_{fig}\, C_{dyn}$$

式中　p——结构表面正常受风的设计风压力，根据 C_p 值（用来评估 C_{fig} 取值）的不同，计算风压力可表示为 p_e、p_i 或者 p_n，Pa，大气压以上为正，大气压以下为负；

ρ_{air}——空气密度，一般取为 1.2 kg/m^3；

$v_{des,\theta}$——设计风速(与建筑物正交);

C_{fig}——空气波形因数,计算迎风面时取为1.0,背风面取为-1.0;

C_{dyn}——动力特性系数,其值取为1.0。

当风向不同时,墙体风荷载分别为:

(1)年超过率为1/2 500时,

$$W_{k1} = 0.5 \times 1.20 \times 93.8^2 \times 1.0 \times 1.0 = 5.28(\text{kPa})$$

$$W_{k2} = 0.5 \times 1.20 \times 93.8^2 \times (-1.0) \times 1.0 = -5.28(\text{kPa})$$

(2)年超过率为1/25时,

$$W_{k1} = 0.5 \times 1.20 \times 58.7^2 \times 1.0 \times 1.0 = 2.07(\text{kPa})$$

$$W_{k2} = 0.5 \times 1.20 \times 58.7^2 \times (-1.0) \times 1.0 = -2.07(\text{kPa})$$

(四)土压力

由于厂区布置有变压器,在进行土压力计算时需要考虑设备、车辆的附加荷载。

1.水平土压力 p_E

采用库伦公式计算有效土压力:

$$p_E = \frac{1}{2}\gamma_2 \frac{1}{\sin\theta\cos\delta} K_A (h + 2\Delta h) h \times B$$

式中 γ_2——土的有效容重(高于地下水位即为天然容重,低于地下水位采用浮容重);

H——计算土体在垂直面上的高度;

Δh——变压器的等效土体高度,m;

B——计算土体在垂直面上的宽度;

K_A——有效土压力系数,计算公式如下:

$$K_A = \frac{\sin^2(\theta + \varphi)\cos\delta}{\sin\theta\sin(\theta - \delta)\left[1 + \sqrt{\dfrac{\sin(\varphi + \delta)\sin(\varphi - \beta)}{\sin(\theta - \delta)\sin(\theta + \beta)}}\right]^2}$$

式中 φ——填土的内摩擦角;

β——填土表面与水平面夹角;

θ——墙面与水平面的夹角,$\theta = 90°$;

δ——土与墙的摩擦角,$\delta = 0$。

2.考虑静力和动荷载的水平土压力 p_{EQ}

$$p_{EQ} = \frac{1}{2}\gamma K_{AE}(1 - K_v)B(h + 2\Delta h)h$$

式中 K_v——地震垂直加速度,$K_v = a_v/g$, $a_v = 0.5a_h$,单位同重力加速度 g;

K_{AE}—— 地震有效土压力系数,计算公式如下:

$$K_{AE} = \frac{\cos^2(\varphi - \psi - \varepsilon)}{\cos\psi\cos^2\varepsilon\cos(\psi + \varepsilon + \delta)\left[1 + \sqrt{\dfrac{\sin(\varphi + \delta)\sin(\varphi - \psi - \beta)}{\cos(\beta - \varepsilon)\cos(\psi + \varepsilon + \delta)}}\right]^2}$$

式中 ε——墙体的垂直倾角,$\varepsilon = 0$;

ψ ——地震惯性力角,$\psi = \arctan(\dfrac{k_h}{1 - k_v})$。

(五)地震荷载

建筑物的设计必须考虑地震荷载,当遭遇设计地震状况时,要保证工程不受破坏性影响。工程设计考虑以下地震状况:

(1)强度及稳定性分析:年超过率为1/2 500;

(2)运行工况(包括变形、止水和其他要求):年超过率为1/25。

地震惯性力是根据拟静力法进行计算的。另外,墙体及墙体周围土体和地下水的一部分的自身惯性力也要在计算时考虑进去。

上面所提到的所有荷载计算都是按照美国《重力坝设计规范》(EM 1110-2-2200)进行的。水平地震惯性力:

$$F_{eh} = \sum GK_h$$

式中 F_{eh}——水平地震惯性力,kN;

K_h——地震水平加速度系数,

$$K_{ho} = a_{ho}/g;\ a_h = 0.09g(\text{OBE})$$

$$K_{hM} = a_{hM}/g;\ a_h = 0.25g\ (\text{MDE})$$

$\sum G$—— 结构总重,kN。

(六)球阀及配水管水推力

球阀及配水管水推力见表7-1。

表7-1　　球阀及配水管水推力

工况	上游水位 H_u (m)	直径 D(m)	内水压力 p (MPa)	水推力 P_n (kN)	水推力 P_n 对基础底的力臂 z(m)
工况1~11,13,14	540.000	1.100	—	3 290	7.800
工况12	—	1.100	3.806	3 617	7.800

注:瞬时值(紧急状况)p=3.806 MPa。

二、荷载组合

根据规范,荷载组合工况如下所示:

(1)正常运行;

(2)正常运行+洪水(s);

(3)正常运行+地震(s);

(4)正常运行+暴风(s);

(5)紧急工况(s);

(6)维修工况(s);

(7)施工期工况(s)。

厂房整体稳定分析各荷载组合工况,见表7-2。

表 7-2　　容许安全系数

荷载组合工况	容许抗滑安全系数	作用位置限制条件	容许抗浮安全系数
正常组合	2.0	中间的1/3	1.5
非正常组合	1.7	中间的1/3	1.2
极端组合	>1.0	基础内	>1.0

三、抗滑稳定性分析

建筑物主要靠摩擦力和凝聚力抵抗建筑物沿水平或者近水平面的滑动。抗滑安全系数是总的抗滑力与滑动之比。如果工程建在洪积物或者土壤上,计算中不应该考虑凝聚力;如果工程建在基岩上,可以考虑凝聚力的影响。

建筑物抗滑稳定安全系数可用下式计算:

$$F.S. = \frac{(W - U) \times \tan\varphi + cA}{H}$$

式中　W——混凝土结构自重,包括水自重、锚固和地震在垂直方向的力;
U——垂直方向作用在有效基础面积的扬压力;
φ——沿滑动面的摩擦角;
c——分析面处的黏聚力;
H——水平方向的力,包括水压力、尾水压力、泥沙压力、地震荷载;
A——有效的受压的基础面积。

四、抗浮稳定性分析

抗浮稳定安全系数($F.F.$)应该按照下列公式计算:

$$F.F. = \frac{W}{U}$$

式中　$F.F.$—— 抗浮稳定性安全系数;
W——向下作用力的总和;
U——向上作用力的总和。

五、抗倾覆稳定性计算

沿水流方向和垂直水流方向的抗倾覆稳定性都要计算,用建基面上合力作用点的位置来判断抗倾覆稳定性安全与否。合力作用点的位置由以下公式计算(EM 1110 – 2 – 2200 第 4 – 4 页):

$$y = \frac{\sum M}{\sum V}$$

式中　y——应力位置,m;

$\sum M$——对结构上游面坡趾处的力矩总和,kN·m;

$\sum V$——铅直力的总和,kN。

六、地基应力计算

建基面上的垂直正应力按下列公式计算:

$$\sigma = \frac{\sum W}{A} \pm \frac{\sum M_x y}{J_x} \pm \frac{\sum M_y x}{J_y}$$

式中　σ——建基面上的垂直正应力, kPa;

$\sum W$——作用在机组段上的全部作用力在计算截面上法向分力的总和,kN;

$\sum M_x$, $\sum M_y$——作用在机组段上的全部作用力对计算截面形心轴 x、y 的力矩总和,kN·m;

x, y——计算截面上计算点至形心轴 y、x 的距离,m;

J_x, J_y——计算截面对上计算点至形心轴 y、x 的惯性矩,m^4;

A——计算截面受压部分的面积,m^2。

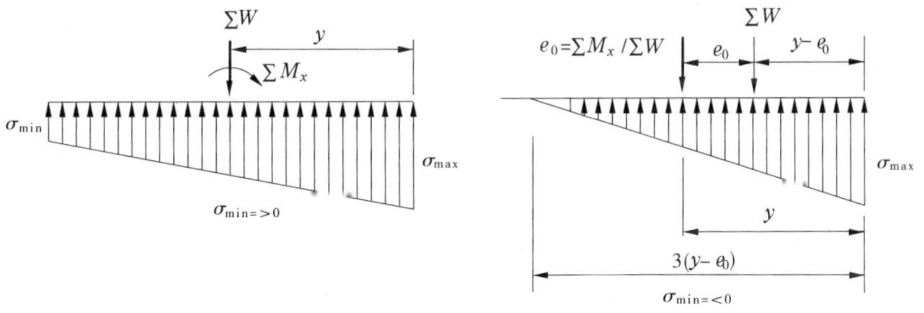

图 7-1　地基应力分布示意图

七、稳定性容许安全系数

建基面上合力作用位置和抗滑稳定安全系数及抗浮稳定安全系数都要符合标准,如表 7-2 所示。这里的荷载组合工况根据给定荷载作用的可能性分为正常组合、非常组合和极端组合。在正常组合工况和非正常组合工况中,土体或岩石地基上的计算压力不能超过地基容许承载力。承包商要根据勘查报告、地质条件、地基组成成分等建筑结构和荷载情况等信息详尽严密地估算厂房区域的地基承载力。当计算应力时,如果厂趾处的等效应力是负的,那么受拉区的容许压应力则为 0,基本应力要重新分配(也就是说,假定地基交界面上没有受拉能力)。

八、地基应力承载要求

主厂房地基承载面上最大压应力不能超过地基允许压应力。

第三节 厂房结构分析

一、厂房上部结构计算

(一)计算准则及假定

厂房上部结构按3D框架结构进行计算。

(二)荷载

稳定计算主要考虑以下荷载:

(1)恒定荷载 D;

(2)桥吊荷载;

(3)风荷载 W;

(4)温度荷载 T;

(5)地震荷载 E;

(6)活荷载 L;

(7)土压荷载 H。

厂房结构计算要考虑足够的质量(包括每一个独立结构),目的就是满足稳定性要求并降低机组振动带来的影响。

厂房设计时,在适当的地方也要考虑1台桥吊的影响。桥吊的规格要满足能够吊起最重单体设备的要求。现在,承包商已经确定了桥吊的设计能力,所以用来设计桥吊轨道和支撑结构的参数(比如荷载组合、冲击容许值、横向及纵向冲击力等)都是桥吊供应商已经确定了的,并且符合恰当的建筑物标准。

一些主要设备的荷载值都是假定的,在以后的资料搜集过程中需要进行修改。不同时间段的活荷载也是不断变化的,所以在计算中活荷载也是假定的,同样需要修改。活荷载按表7-3进行取值。

表7-3 各层活荷载分布值

位置	最小活荷载(kPa)	位置	最小活荷载(kPa)
发电机层及以下	50	活动场所、办公室、走廊和楼梯	5
下层厂房楼板	15	上部结构屋顶	1.5
车间及副厂房	5		

(三)荷载组合工况

根据规范ACI318,荷载组合与荷载系数如下:

(1)$U=1.35D+1.5W_{a1}+1.5H$

(2)$U=1.35D+1.0W_{a2}+1.0H$

(3)$U=0.9D+1.0W_{a2}+1.0H$

(4)$U=1.4D$

(5) $U=1.2(D+T)+1.6(L+H+W_{a1})$

(6) $U=1.2D+1.0W+1.0L$

(7) $U=1.2D+1.0E+1.0L$

(8) $U=0.9D+1.0W+1.6(H+W_{a1})$

(9) $U=0.9D+1.0E+1.6(H+W_{a1})$

式中，W_{a1}为巴河正常蓄水位（10 年一遇洪水）；W_{a2}为巴河最大可能洪水（PMF）位。

每一个荷载组合中详细的荷载系数见表 7-4。

表 7-4　各个荷载组合的荷载系数

荷载组合	恒定荷载	活荷载	桥吊满荷载	桥吊半荷载	桥吊空荷载	水压力	土压力	温度荷载	风荷载	OBE (0.13g)	MCE (0.37g)
1	1.35	—	—	—	—	1.50 (W_{a1})	1.5	—	—	—	—
2	1.35	—	—	—	—	1.00 (W_{a2})	1.0	—	—	—	—
3	0.9	—	—	—	—	1.00 (W_{a2})	1.0	—	—	—	—
4	1.40	—	—	—	—	—	—	—	—	—	—
5	1.20	1.60	1.60	—	—	1.60 (W_{a1})	1.60	1.20（升温）	—	—	—
6	1.20	1.60	1.60（右）	—	—	1.60 (W_{a1})	1.60	1.20（升温）	—	—	—
7	1.20	1.60	1.60（左）	—	—	1.60 (W_{a1})	1.60	1.20（降温）	—	—	—
8	1.20	1.60	1.60（右）	—	—	1.60 (W_{a1})	1.60	1.20（降温）	—	—	—
9	1.20	1.00	1.60（左）	—	—	—	—	—	1.0（逆风）	—	—
10	1.20	1.00	1.60（右）	—	—	—	—	—	1.0（逆风）	—	—
11	1.20	1.00	1.60（左）	—	—	—	—	—	1.0（顺风）	—	—
12	1.20	1.00	1.60（右）	—	—	—	—	—	1.0（顺风）	—	—
13	1.20	1.00	1.60（左）	—	—	—	—	—	1.0（逆风至边墙）	—	—
14	1.20	1.00	1.60（右）	—	—	—	—	—	1.0（逆风至边墙）	—	—

续表 7-4

荷载组合	恒定荷载	活荷载	桥吊满荷载	桥吊半荷载	桥吊空荷载	水压力	土压力	温度荷载	风荷载	OBE (0.13g)	MCE (0.37g)
15	1.20	1.00	1.60 (左)	—	—	—	—	—	1.0 (顺风至边墙)	—	—
16	1.20	1.00	1.60 (右)	—	—	—	—	—	1.0 (顺风至边墙)	—	—
17	1.20	1.00	—	1.00 (左)	—	—	—	—	—	1.00	—
18	1.20	1.00	—	1.00 (右)	—	—	—	—	—	1.00	—
19	1.20	1.00	—	—	1.00 (左)	—	—	—	—	—	1.00
20	1.20	1.00	—	—	1.00 (右)	—	—	—	—	—	1.00
21	0.90	—	—	—	—	1.60 (W_{al})	1.60	—	1.0(逆风)	—	—
22	0.90	—	—	—	—	1.60 (W_{al})	1.60	—	1.0(顺风)	—	—
23	0.90	—	—	—	—	1.60 (W_{al})	1.60	—	1.0 (逆风至边墙)	—	—
24	0.90	—	—	—	—	1.60 (W_{al})	1.60	—	1.0 (顺风至边墙)	—	—
25	0.90	—	—	—	—	1.60 (W_{al})	1.60	—	—	1.00	—
26	0.90	—	—	—	—	1.60 (W_{al})	1.60	—	—	—	1.00
27	工况 1 ~ 26 的包络线										

(四)偏移量

操作性能的设计必须包括结构极限偏移量。容许偏移量需要根据国际上最好的实践指南来确定,但同时也要符合以下规范的最小值。

对于设备的操作(例如厂房桥吊)来说,偏移量是极为重要的, 那么该设备的允许偏移量是受到控制的。

$$厂房/桥吊支柱\ \Delta_{max} = 高度/600$$

$$厂房屋顶构件\ \Delta_{max} = 跨度/300$$

桥吊主梁 Δ_{max} = 跨度/800

桥吊轨道间移动允许偏差 = 10 mm

二、厂房下部结构计算

(一)荷载

(1)恒定荷载 D;

(2)活荷载 L;

(3)地震荷载 E。

(二)荷载组合工况

根据规范 EM1110 - 2 - 2104,荷载组合如下:

(1) $U = H_f(1.4D + 1.7L)$

(2) $U = 0.75[H_f(1.4(D + L) + 1.5OBE)]$

(3) $U = 0.75[H_f(1.0(D + L) + 1.25MDE)]$

式中,H_f为水工结构系数,受拉构件 $H_f = 1.65$;除受拉构件外,$H_f = 1.3$。,

三、副厂房结构计算

(一)活荷载

(1)楼板:5 kN/m^2;

(2)屋面板:1.5 kN/m^2。

(二)风荷载

横向风荷载和纵向风荷载同时按如下设计。

(1)强度和稳定性方面:风荷载概率为 1/2 500;

(2)正常使用方面(包括变形等):风荷载概率为 1/25。

1. 场地风速($v_{sit,\beta}$)

根据规范 AS/NZS 1170.2:

$$v_{sit,\beta} = v_R M_d(M_{z,cat} M_s M_t)$$

式中　v_R——3 s 阵风风速;

M_d——风向系数;

$M_{z,cat}$——高度系数;

M_s——屏蔽系数;

M_t——地形系数。

2. 设计风速

设计风速等于场地风速:

$$v_{des,\theta} = v_{sit,\beta}$$

$$v_{des,\beta} = 78 \text{ m/s(极限状态)}$$

$$v_{des,\beta} = 47 \text{ m/s(正常使用状态)}$$

3. 设计风压

设计风压:

$$P = (0.5\rho_{air})[v_{des,\theta}]^2 C_{fig} C_{dyn}$$

式中 ρ_{air}——空气密度，一般取 1.2 kg/m^3；

$v_{des,\theta}$——垂直设计风速；

C_{fig}——体形系数，$C_{fig}=0.8-(-0.3)=1.1$（对顺风墙面）；$C_{fig}=-0.5-0=-0.5$（对逆风墙面）；$C_{fig}=-0.5-0=-0.5$（对侧墙面）；$\alpha<10°$，$C_{fig}=-1.3-0=-1.3$（对于迎风屋面）；$C_{fig}=-0.6-0=-0.6$（对于逆风屋面）；

C_{dyn}——动态相应系数，取值为 1.0。

4. 荷载组合

根据美国 ACI 318 规范，荷载组合如下：

(1) $U=1.4D$

(2) $U=1.2D+1.6L$

(3) $U=1.2D+1.0W+1.0L$

(4) $U=1.2D+1.0E+1.0L$

(5) $U=0.9D+1.0W$

式中，D 为恒载，L 为活载，W 为风载，E 为地震荷载。

(三) 岩石锚杆基础

对于副厂房，2～5 轴部分带地下室，2 层结构；5、6 轴之间不带地下室，局部 2 层结构。两部分采用不同的结构形式，然而到 203.97 m 高程后，形成一个大房间，需要两部分同时处于一个高程，这就要解决两部分的不均匀沉降问题。针对这一特殊情况，对 5、6 轴部分采取如下处理：在此部分施工之前，要求将开挖的基岩面处理为统一的高程 186.0 m，高于此高程的部分凿除，低于此高程的部分用素混凝土填平。高程 186.0～187.5 mm 之间采用 C15 素混凝土进行抛填浇筑。187.5～198.3 m 高程内全部采用混凝土支撑结构进行地基处理，上部结构的柱子直接插入此支撑结构内。混凝土支撑框架内用砂砾石进行回填，要求回填土压实系数不小于 0.93。每层混凝土支撑框架内的梁施工之前，回填土必须回填至梁底高程。采用岩石锚杆基础将混凝土支撑结构柱子的钢筋直接插入岩石内。

岩石锚杆施工技术要求为：锚杆采用 G60 钢筋，直径为 25 mm；锚杆孔直径为 50 mm，采用水泥砂浆灌孔，水泥砂浆的强度不低于 30 MPa；灌浆前，应将锚杆孔清理干净；锚杆锚入下部岩石内（除了素混凝土部分）的长度不小于 2 500 mm；每个柱下的锚杆至少选取 4 根做拉拔试验，拉拔力控制值应不小于 $R=147.3$ kN。

四、屋顶支撑设计

(一) 屋顶布置

屋面结构型式为轻型钢结构，主体承重结构设计合理使用年限为 50 年，建筑结构安全等级为二级，结构重要性系数为 1.0。

屋盖系统采用：彩色压型钢板＋保温层、高频焊接 H 型钢檩条、圆钢屋面梁水平支撑系统及刚性系杆。

屋面钢梁采用焊接工字型组合截面梁，材质为 Q345B。

屋面檩条间设置双层圆钢拉条及圆钢管刚性系杆，材质除檩条为 Q345B 外，其余均为 Q235B。

结合屋盖主体承重结构采用实腹式焊接工字型组合截面梁的特点，屋盖支撑系统由横向水平支撑（上弦平面）、刚性系杆和隅撑组成。横向支撑和刚性系杆布置如图 7-2 所示。

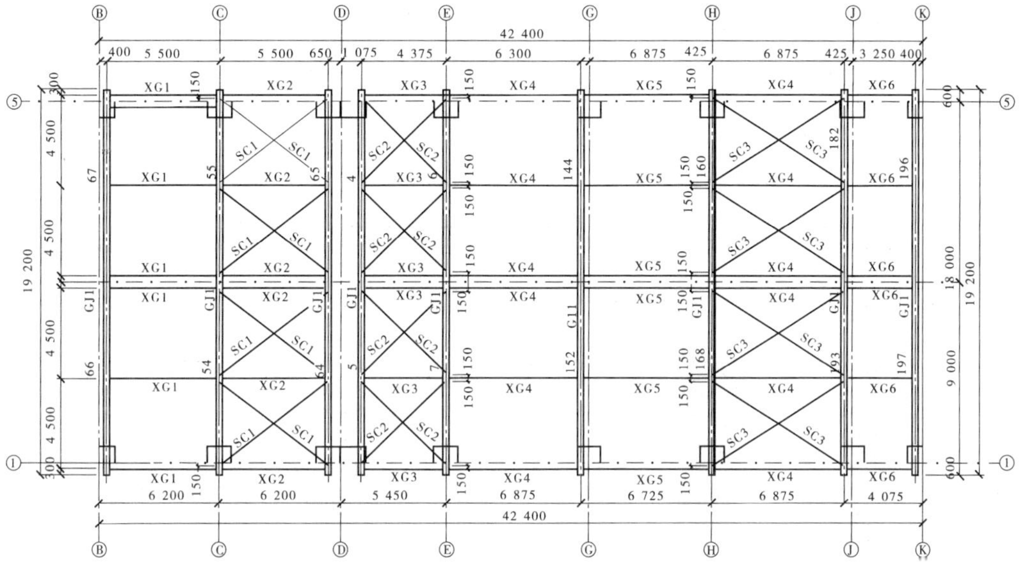

图 7-2　屋盖横向水平支撑及刚性系杆布置（单位：mm）

（二）横向水平支撑设计

1. 荷载作用

按照设计咨询方意见，山墙风荷载、吊车水平制动力及水平地震作用由厂房纵向钢筋混凝土框架体系承担，横向水平支撑起限制屋架钢梁侧向屈曲的作用。屋架钢梁侧向屈曲约束力按下式计算：

$$N_{\mathrm{res}} = 0.025\sigma_{\mathrm{c,max}}A_{\mathrm{f}}$$

$$\sigma_{\mathrm{c}} = \frac{P}{A_{\mathrm{n}}} + \frac{M_3}{Z}$$

式中　$\sigma_{\mathrm{c,max}}$——屋架钢梁受压翼缘最大压应力；

A_{f}——屋架钢梁受压翼缘面积；

A_{n}——屋架钢梁净截面面积；

P——钢梁轴向压力；

M_3——屋架钢梁弯矩；

Z——屋架钢梁抗弯界面模量。

2. 内力分析

横向水平支撑计算模型为平面桁架，垂直腹杆为刚性系杆（Φ133 ×6.5 圆钢管），斜向腹杆为柔性圆钢拉杆（Φ32）。

节点荷载考虑负荷范围内各屋架钢梁侧向屈曲作用，即 $F=3N_{res}$。

计算简图及内力分析结果见图 7-3。

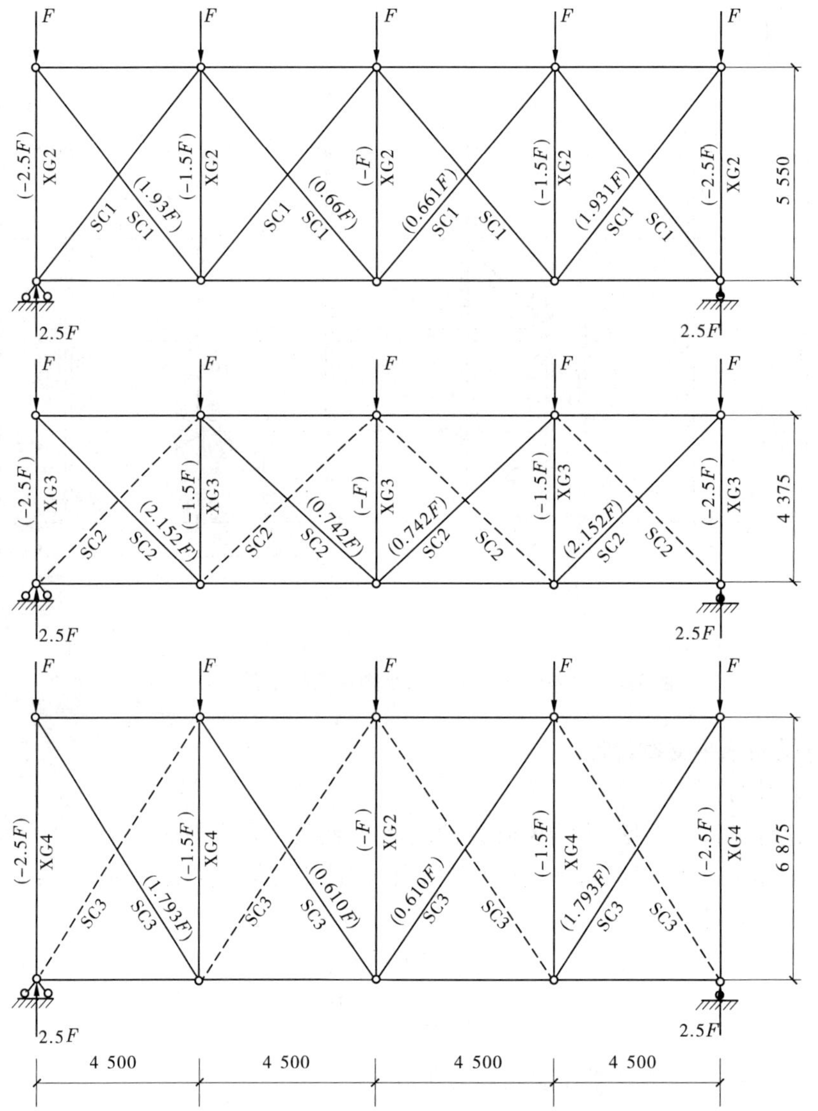

图 7-3　横向水平支撑计算简图（单位：mm）

屋架钢梁受压翼缘压应力计算结果归纳见表 7-5。

表 7-5 屋架钢梁受压翼缘压应力

梁单元	内力工况	$M_3+\delta M_3$ (kN·m)	P (kN)	A_n (mm²)	Z (mm³)	σ_c (MPa)
66/67	M_{3max}	-161.53	-593.38	17 216	4 206 169	-72.87
	M_{3min}	-343.07	493.16	17 216	4 206 169	-52.92
	P_{max}	-343.07	493.16	17 216	4 206 169	-52.92
	P_{min}	-223.51	-610.33	17 216	4 206 169	-88.59
54/55	M_{3max}	340.42	-156.16	17 216	4 206 169	-90.00
	M_{3min}	-427.59	65.70	17 216	4 206 169	-97.84
	P_{max}	-59.06	133.50	17 216	4 206 169	-6.29
	P_{min}	-59.06	-180.31	17 216	4 206 169	-24.51
64/65	M_{3max}	902.13	131.60	17 216	4 206 169	-206.83
	M_{3min}	-581.94	11.05	17 216	4 206 169	-137.71
	P_{max}	902.13	131.60	17 216	4 206 169	-206.83
	P_{min}	-1.83	-53.55	17 216	4 206 169	-3.55
5/4	M_{3max}	517.30	90.54	17 216	4 206 169	-117.73
	M_{3min}	-422.02	24.14	17 216	4 206 169	-98.93
	P_{max}	517.30	90.54	17216	4206169	-117.73
	P_{min}	36.25	-71.66	17 216	4 206 169	-12.78
7/6	M_{3max}	743.70	-24.59	17216	4 206 169	-178.24
	M_{3min}	-878.36	48.93	17 216	4 206 169	-205.98
	P_{max}	-777.44	270.74	17 216	4 206 169	-169.11
	P_{min}	-33.52	-103.60	17 216	4 206 169	-13.99
152/144	M_{3max}	898.51	24.51	17216	4 206 169	-212.19
	M_{3min}	-1 029.45	-3.57	17 216	4 206 169	-244.96
	P_{max}	-683.68	208.36	17 216	4 206 169	-150.44
	P_{min}	-19.13	-66.91	17 216	4 206 169	-8.43
168/160	M_{3max}	862.63	3.80	17 216	4 206 169	-204.87
	M_{3min}	-1 013.62	15.97	17 216	4 206 169	-240.06
	P_{max}	-709.84	257.78	17 216	4 206 169	-153.79
	P_{min}	-28.45	-91.55	17 216	4 206 169	-12.08

由表 7-5 可知, $\sigma_{c,max}=244.96\ MPa$。

则节点荷载为:

$$F=3N_{res}=3\times0.025\times\sigma_{c,max}\times A_f=73.5\ kN$$

由内力计算结果可知,斜腹杆最大拉力设计值为:

$$N_t^*=158.2\ kN$$

垂直腹杆最大压力设计值为:

$$N_c^*=183.8\ kN$$

按照新西兰《钢结构规范》(NZS 3404.1 & .2 1997)复核构件强度及稳定性如下。

对于轴心受拉的斜腹杆,截面名义抗拉强度为:

$$N_t=\min(N_{t1},N_{t2})=\min(A_g f_y,0.85k_{te}A_n f_u)=189\ kN$$

$N_t^*<\varphi N_t$,故构件抗拉强度满足要求。

对于轴心受压的垂直腹杆,截面名义抗压强度为:

$$N_s=k_f A_n f_y=607.0\ kN$$

修正后的受压构件长细比:

$$\lambda_n=\left(\frac{L_e}{\Gamma}\right)\sqrt{\frac{k_f f_y}{250}}=149$$

构件柔度折减系数:

$$\alpha_c=\xi\left[1-\sqrt{1-\left(\frac{90}{\xi\lambda}\right)^2}\right]=0.346$$

则构件名义抗压强度为:

$$N_c=\alpha_c N_s=210.1\ kN$$

可见:

$$\begin{cases}N_c^*<\varphi N_s\\N_c^*<\varphi N_c\end{cases}$$

即截面轴心抗压强度及构件轴心抗压强度(稳定性)均满足要求,所拟定的构建截面是合适的。

从以上分析结果可以看出,通过合理选择屋架水平支撑系统计算模型,拟定适宜的构件截面尺寸,可以保证屋架结构在安装、使用过程中的整体稳定性,加强结构的空间作用。

第四节　边坡稳定分析

根据咨询工程师的要求,承包商已经完成了厂房后面的永久边坡和临时边坡的稳定性分析。为了确保施工期边坡的稳定,根据现场工程师的建议,对于施工期的边坡稳定性计算特别增加了 3 个剖面进行分析。

应用 2 个被实践证明了的方法进行边坡稳定分析:瑞典圆弧法和简化的毕肖普法。两种方法都采用总应力进行分析。

一、计算依据和基本数据

(一)边坡地质条件

厂房建设区内及规划厂房位置后面的天然边坡较陡地向下延伸,坡度大概为30°。

通过5个钻孔(PH1 ~ PH5)取样,绘制了厂房施工现场的地质剖面图。

稳定计算中的地质构成包括坡面冲刷物(Q_4^{pl+el})、新生代火成岩(Mba)、始新系沉积岩(Ra)。为了便于计算,每个典型剖面构造的特性参数按表7-6进行选择。

表7-6　典型剖面岩土物理力学指标

岩石组成或岩性	内摩擦角(°)	黏聚力(kPa)	天然容重(kN/m³)	饱和容重(kN/m³)
坡面冲刷及残积物(Q_4^{pl+el})	30	10	17.5	19.5
新生代火成岩(Mba)	24	50	20.5	22
始新系沉积岩(Ra)	26	1 000	20	22

(二)地下水

根据厂房施工现场的预定钻孔PH1 ~ PH5来观察地下水位,见表7-7。

表7-7　钻孔PH1 ~ PH5中地下水位

钻孔编号	地下水位(m)	地面高程(m)	孔深(m)	钻孔日期
PH1	195.35	200.41	30.81	2009-03-13
PH2	187.92	192.81	26.3	2009-04-03
PH3	186.99	187.40	20.3	2009-04-15
PH4	188.62	201.11	30.8	2009-03-25
PH5	187.93	197.62	39.8	2009-03-12

(三)地震特性

地震荷载用拟静力法进行估算,水平系数乘2/3地震峰值,比如:

(1) $OBE = 2/3 \times 0.13\ g = 0.09\ g$;

(2) $MDE = 2/3 \times 0.37\ g = 0.25\ g$。

二、计算方法理论

应用2个被实践证明了的方法进行边坡稳定分析:瑞典圆弧法和简化的毕肖普法(见图7-4)。两种方法都采用总应力进行分析 。计算公式如下所示:

(一)瑞典圆弧法

$$K = \frac{\sum_{n=1}^{N}\{[\Delta W(\cos a - r_u \sec a)] - \Delta Q \sin a \times \tan\varphi' + c'\Delta x \times \sec a\}}{\sum_{n=1}^{N}(\Delta W \sin a + \Delta Q \times R_d)} \tag{7-1}$$

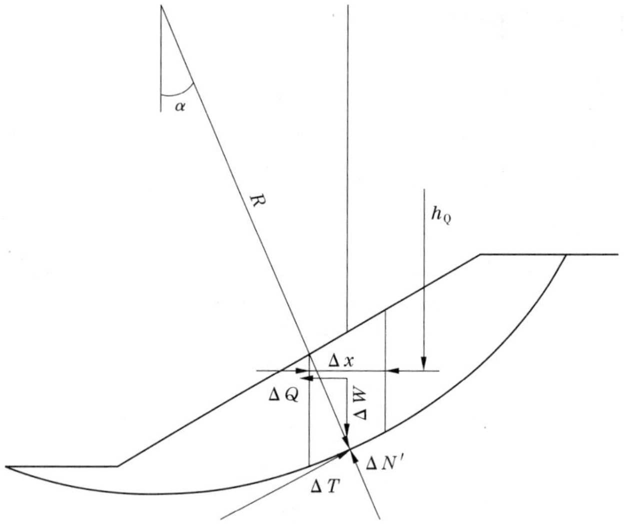

图 7-4　边坡滑动面简图

式中　K——计算整个滑动体中滑动力时的安全系数；

Δx——土条的宽度；

N——土条的个数；

ΔW——土条重量（浸润线以上采用天然湿容重，浸润线以下采用饱和容重），kN；

a——土条铅垂线与经过土条滑动面中点的圆弧半径的夹角（°）；

c'，φ'——土体抗剪强度指标，计算总应力和有效应力时，抗剪强度指标取值不同；

$R_d = h_Q/R$，h_Q 为水平地震荷载与滑动圆弧弧度中心之间的垂直长度；

r_u——渗透压力系数，$r_u = \dfrac{u}{\Delta W/\Delta x}$；

u——渗透压力；

ΔQ——水平地震惯性力。

（二）简化的毕肖普法

$$K = \frac{\sum_{n=1}^{N}[\Delta W(1 - r_u) \times \tan\varphi' + c'\Delta x]/[\cos a(1 + \tan a \times \tan\varphi'/K)]}{\sum_{n=1}^{N}(\Delta W\sin a + \Delta Q \times R_d)} \tag{7-2}$$

式中参数定义见式（7-1）。

三、计算工况及容许安全系数

根据上面一系列对边坡的描述，稳定性分析将以地质剖面 A、B 及 C 进行计算。计算工况如下几种。

（1）工况 1：施工期，容许安全系数为 $FS_{req} = 1.2$。

（2）工况 2：运行期（小于 10 年一遇洪水位），容许安全系数为 $FS_{req} = 1.5$。

(3)工况3：运行期（最大可能洪水（PMF）位），容许安全系数为 $FS_{req}=1.4$。
(4)工况4：运行期(小于10年一遇洪水位+地震荷载)，容许安全系数为 $FS_{req}=1.2$。
(5)工况5：从最大可能洪水(PMF)位水位骤降，容许安全系数为 $FS_{req}=1.3$。

第五节 厂房蜗壳二期混凝土保温保压设计

一、保温保压现状

20世纪30年代，水电站机组蜗壳的焊接质量检验一般采用压水试验方法，同时达到消除焊接应力，取消混凝土与蜗壳间的弹性垫层。

随着高水头、快转速、大容量的水轮机蜗壳的出现，如三峡电站、目前国内已建或在建的抽水蓄能电站中，蜗壳的检测采用压水试验，浇筑混凝土时采用保压措施。

蜗壳在保压状态下浇筑外围混凝土，在水电工程中已经普遍应用，主要目的是检验水轮机蜗壳、座环焊缝的焊接质量，消除焊缝焊接应力，在蜗壳保持一定压力状况下，进行二期混凝土浇筑，以取消常规使用的弹性层，利用蜗壳与混凝土联合受力，减少混凝土钢筋用量。

当蜗壳在保压状态下进行混凝土浇筑时，由于混凝土的水化热，使得蜗壳温度上升，导致较大变形，从而影响安装精度和混凝土结构。由于该部位结构体型不规则，受力状态非常复杂，常规的结构力学都无法进行分析。一般采用线性或非线性有限元进行分析，有的大型工程还需要进行仿真分析。但这些理论计算和分析成果，由于存在结构简化、边界条件假定等难以解决混凝土凝固过程中温度变化对蜗壳变形影响的问题，因此，如果在蜗壳外围混凝土浇筑过程中，能够采取保温措施，使得蜗壳的温度没有变化，则可以解决蜗壳因温度上升而导致的变形问题。保温的目的是保持蜗壳的温度不变，减少蜗壳变形，采取的措施是用蜗壳中的水带走混凝土中的热量。

由于蜗壳在保压状态下，相当于一个密封的压力容器，只要使蜗壳内的水变成循环水，即可解决保温的实施问题。保温措施实施的关键是温度设计，即如何确定水温。蜗壳内的水通过减压阀和加压阀，可以实现水的内外循环，但循环水流量的大小、蜗壳内要保持的水温温度的确定，是保温措施实施的技术关键难题。很多工程因无法确定水温和流量，最终放弃保温方案，改用弹性垫层或无损探伤替代。

目前，在国内外水电工程项目中，采用保温保压措施的很少，一般都只采取保压措施，因此，对于保温保压设计的研究具有一定的先进性。

蜗壳外围混凝土结构的安全是至关重要的，如果该结构在机组运行时产生过大的变形或者混凝土开裂现象严重，会影响到机组的稳定运行以及其上部结构的稳定，尤其对于高水头冲击式机组的电站，在巨大的内水压力作用下，如果蜗壳外围混凝土结构的承载能力降低或不足将会危及电站厂房的安全。

对于高水头冲击式机组，蜗壳外围的混凝土与钢蜗壳需要联合受力，因此钢蜗壳在外围混凝土浇筑时，内部需要保持一定的压力。同时，外围混凝土在浇筑时，将使钢管温度上升，导致变形，因此钢蜗壳内应该保持一定的稳定温度。

斐济南德瑞瓦图水电站工程为高水头冲击式机组，安装五喷嘴垂直冲击式水轮发电机组，金属蜗壳，最大毛水头 335 m。根据机电设备，对于厂房进行了初步的布置，据初步结构分析，蜗壳外围混凝土结构比较单薄，结构配筋量较大，如果按照常规混凝土设计，机组运行时，蜗壳外围混凝土将承担蜗壳内巨大的水压力，混凝土无法承担这部分荷载，因此，在可研阶段需要对保温保压措施进行可行性的专题研究，以解决厂房布置的后顾之忧。

二、保温保压设计的理论依据

(一)保压的基本原理

在进行蜗壳安装施工时，把蜗壳进出口密封后，蜗壳就成为一个压力容器，充水后，容器内压力上升，蜗壳产生一定变形，此时保持压力不变，进行蜗壳外围混凝土的浇筑，压力一直保持到混凝土强度不会因蜗壳泄压而变形再放水泄压。蜗壳泄压后，蜗壳与外围混凝土之间将产生缝隙，这个缝隙的大小由多种因素决定。当工程正常运行时，蜗壳内部压力上升到与保压时的压力相同时，混凝土与蜗壳就会贴得很紧。但往往由于水温、气温和约束条件等的变化，蜗壳与混凝土之间不一定能够贴得很紧，如果此时还有缝隙，则蜗壳将承担全部的内水压力，同时，机组运行时可能产生较大振动，如果混凝土与蜗壳之间缝隙压得过紧，混凝土将承担较大部分的内水压力，从而影响混凝土的结构安全。因此，保压的最终目的是蜗壳与外围混凝土之间承担的内力的合理分配。

(二)保压压力对蜗壳外围混凝土结构的影响

影响蜗壳外围混凝土结构的因素很多，除混凝土结构自身的因素外，还受保压水头的变动、蜗壳与混凝土之间是否有缝隙、蜗壳的边界条件、蜗壳外围混凝土浇筑温度和运行时蜗壳内的水温等多个因素的影响。

机组充水运行时，首先由蜗壳单独承担荷载(保压压力)，剩余的荷载由混凝土与蜗壳联合承担。

假定最大水头压力为 p，保压压力为 p_k，蜗壳分担的压力为 p_s，混凝土分担的压力为 p_c，则：

$$p = p_k + p_s + p_c$$

保压压力的大小对蜗壳及外围混凝土都有很大的影响，保压压力越小，蜗壳与混凝土联合承担的压力就越大，外混凝土结构与蜗壳之间的间隙就越小，那么在设计水头运行条件下，混凝土结构承受内水压力就越大，混凝土结构就会承担更大的负荷，混凝土结构的配筋就增加。保压压力越大，蜗壳与混凝土联合承担的压力就越小，外围混凝土结构与蜗壳之间的间隙就越大，在设计水头运行条件下，混凝土结构所承受内水压力就越小，所需配置的钢筋就越少，但在正常水头下，蜗壳与外围混凝土之间就可能存在一定的缝隙，机组运行时会发生振动。因此确定保压压力的大小是保温保压设计的关键步骤，一般保压压力不宜大于机组运行的最小水头。

(三)蜗壳与其外围混凝土之间缝隙大小与压力的关系

在机组运行时，蜗壳与混凝土结构之间的紧密程度，会影响机组的运行。例如混凝土结构可分担一部分内水压力，蜗壳与混凝土结构的联合受力可改变蜗壳单独受力的刚度，蜗壳与混凝土结构的联合受力体自振频率比蜗壳单体的自振频率要高得多等。

蜗壳与混凝土之间缝隙的大小主要取决于保压浇筑时的压力大小，如果按照最大水压力进行保压设计，则蜗壳与混凝土之间的缝隙最大；如果保压压力较小，则缝隙尺寸较小，甚至没有缝隙。

(四)保温的基本原理

混凝土在浇筑过程中，水泥的水化热使得混凝土的温度上升，从而引起蜗壳因温度上升而变形。南德瑞瓦图水电站工程蜗壳的初步结构分析结果表明，蜗壳的温度上升 5 ℃后，变形非常严重，因此提出蜗壳在保压浇筑过程中应该采取保温措施，否则会导致蜗壳变形移位，影响机组运行安全。

要采取保温措施，从传热学的角度就是热传递，把水泥的水化热通过采取措施，传递出去。一般水工上采取水流作为对流介质，把热量传递出去，从而降低蜗壳表面的温度。

在确定保温温度和水流温度的情况下，通过混凝土的热学性能，计算出水泥的水化热放热过程和温升过程，即可估算出放热总量和水流的热传递量，从而确定水流流量。

三、保压压力的确定

根据保压设计的基本原理，保压的目的就是预先使蜗壳变形，因此保压压力就是运行时，设计者希望蜗壳承担的荷载。即：蜗壳外围混凝土承担的荷载 = 运行时出现的最大荷载 - 保压压力 - 蜗壳分担的荷载。

机组运行时，出现最大水头的工况为发生水锤时，蜗壳内发生最大压力，因此，要确定保压压力，需要先进行机组的过渡过程计算(即水锤计算)。

南德瑞瓦图水电站工程采用国际通用过渡过程计算软件 Pipe2000 程序进行了初步分析。

过渡过程计算结果：蜗壳处最大压力为 3.94 MPa，最小压力为 2.92 MPa。

通过对蜗壳周围的混凝土结构进行分析，由于南德瑞瓦图水电站工程蜗壳外围混凝土结构较为单薄，希望混凝土结构尽量少地承担荷载，保压压力取 2.90 MPa，此时蜗壳与混凝土联合承担的最大压力为 1.04 MPa。

四、保温温度及流量确定

(一)基本参数

混凝土密度 ρ	2 470 kg/m^3
混凝土比热容 c	0.939 kJ/(kg·K)
导温系数(热扩散系数) a	0.1 m^2/d
混凝土导热系数 λ	2.684 W/(m·K)
水的导热系数为 λ_ω	0.599 W/(m·K)
水的普朗特数 Pr	7.02
水的黏度系数 μ	1.004×10^{-3} kg/(m·s)
水的密度 w	998.2 kg/m^3

水的比热容 c_w　　　　4.2 × 10^3 J/(kg · K)

配水环管容积　　　　16.635 m^3

(二)保温温度确定

机组配水环管外围混凝土浇筑时,混凝土散发大量热量的水化热,使得蜗壳温度上升,从而引起蜗壳变形,因此需要把混凝土散发的热量尽快散去,以使蜗壳的温度保持不变。

根据巴河的水温资料,在 9 月份的水温在 19 ~ 22 ℃之间,可以根据浇筑时的温度修改,因此可以取(20 ± 3) ℃作为保温温度。

(三)水泥水化热估算

利用水化热计算公式可以计算水泥的水化热,进而计算循环水流量的估算。

根据试验资料,水泥累积水化热计算公式如下:

$$Q_t = Q_0(1 - e^{-mt}) \tag{7-3}$$

式中 Q_t——在龄期 t 时的累积水化热,J/kg;

Q_0——水泥水化热总量,J/kg;

t——龄期,d;

m——常数,与水泥品种、比表面等有关(这里取 0.384)。

式(7-3)变为:

$$Q_t = 240(1 - e^{-0.384t}) \tag{7-4}$$

对式(7-4)两边求导,得出单位时间内水泥的放热量为:

$$Q_t = 92.16e^{-0.384t} \tag{7-5}$$

当 $t = 1$ d 时,$Q_t = 2.62$ J/(kg · h);

当 $t = 2$ d 时,$Q_t = 1.78$ J/(kg · h);

当 $t = 3$ d 时,$Q_t = 1.21$ J/(kg · h)。

可以看出,水化热的放热速率逐渐下降,第一天的放热速率最大。

由于公式中最短的时间间隔为 1 d,跨度较大。

假定 1 d 之内的放热为线性分布,最大值发生在 12 h,则单位时间放热最大值为 5.23 J/(kg · h)。

(四)绝热温升估算

由水泥水化热计算式(7-3)可以导出混凝土绝热温升计算公式:

$$\theta = \theta_0(1 - e^{-mt}) \tag{7-6}$$

$$\theta_0 = \frac{WQ_0}{cp} \tag{7-7}$$

式中 W——水泥用量;

c——混凝土水化热;

p——混凝土容重。

根据一般混凝土配合比,按照美国 ASTM 规范,标准抗压强度 32 MPa 混凝土的水泥用量为 473 kg，估算的混凝土绝热温升为 48.8 ℃。

（五）热流密度

热传递的方式为传导、对流和辐射，作为本专题研究的对象为混凝土与蜗壳内的水体，因此主要考虑对流。

热流密度就是单位时间内通过单位面积的热量，当混凝土与水流接触时，表面热流量与混凝土表面温度和水温之差成正比。假定水化热的传导过程为一维稳态轴对称热传导问题，可以建立一个极坐标系，以蜗壳某截面的圆心为坐标原点，以该截面的径向为极坐标方向。

设绝热最高温度位置出现在界面所在混凝土体的最大内切圆位置，根据南德瑞瓦图水电站工程的初步布置，大约在 2.5 m 处，温升为 48.80 ℃，温度取 70 ℃；混凝土与水流交界处的极坐标 $r_0 = 0.5$ m；表面温度设定 23 ℃。

根据热量守恒得出热流密度控制方程：

$$\theta \frac{1}{r} \frac{\partial}{\partial r}\left(\lambda r \frac{\partial t}{\partial r}\right) + Q_0' = 0 \tag{7-8}$$

积分后可估算出内壁面热流密度为 $q = 7\ 000\ \mathrm{W/m^2}$。

（六）流量计算

保温时间 14 d；下层温升不考虑（由于浇筑时间长），上层考虑暴露于空气（过很久再浇筑），气温 24 ~ 29 ℃；根据这些资料，按照传热学原理，可以计算蜗壳的温升和循环水的流量。

1. 换热系数

对流是由固体与流经其表面的流体之间存在的温差产生的换热现象。流入固体表面的热流为：

$$q = h \cdot A \cdot (t_a - t_w) \tag{7-9}$$

式中　h——对流换热系数，$\mathrm{W/(m^2 \cdot K)}$；

A——有效对流换热面积，$\mathrm{m^2}$；

t_w——固体表面温度，℃；

t_a——周围介质温度，℃。

换热系数：设水温 = 20 ℃，则与壁面的温差 $\Delta t = 3$ ℃，换热系数 $h = q/\Delta t$，$h = 2\ 331\ \mathrm{W/(m^2 \cdot K)}$。

2. 努谢尔特数（nusselt number）

努谢尔特数（nusselt number）反映出同一流体在不同情况下的对流换热强弱，是一个说明对流换热强弱的相似准则数；在导热热阻一定的条件下，Nu 愈大，发生于流体与固体壁面之间的对流换热过程愈强烈。

根据试验，管内湍流换热的努谢尔特数 Nu：

$$Nu = 0.023 Re^{0.8} Pr^{n} \tag{7-10}$$

对于加热流体，$n = 0.4$；

式中 Re——雷诺数；

Pr——普朗特数。

$$Pr = \mu c_p / \lambda$$

其中水的黏滞系数 $\mu = 1.005 \times 10^{-3}$；水的比热容 $c_p = 4.2 \times 10^3$ J/(kg·K)；水的导热系数 $\lambda = 0.599$ W/(m·K)；故 $Pr = 7.02$。

根据上式，雷诺数 $Re = 1\ 295\ 143.29$。

$$Re = vd/\mu$$

其中，$v = 1.03$ m/s；转为体积流量：$F_w = 1.02$ m^3/s。

上述计算做了比较大的简化，得到的结果为估算值，下一阶段将做详细研究。

五、施工措施

（1）在混凝土浇筑前，首先要确定施工分层分块、浇筑时间安排和混凝土入仓温度等。

（2）根据现场情况及配水环管的尺寸，决定采取将配水环管进水口及靠近进水口的4个喷嘴法兰处采用闷头封堵。

（3）在进水口闷头上开孔，外引水管，连接水泵，在配水环管末端处喷嘴装设1个安全阀泄压阀，确保环管内水压为保压压力。

（4）假定水温在19～22 ℃，所以在配水环管浇筑过程，只需要降温，降温可以利用配水环管进口处的水泵向环管内打水，安全泄压阀动作排水（排水至尾水），达到环管内水循环，进行热量交换带走热量，从而达到降温。即配水环管进口处水泵作用为：保压和使环管内水流动进行热交换。

（5）打压用水源：直接抽取现场河水（当中午时分，水温高于20 ℃时采取向河水内加冰块的形式使河水降温）。

（6）保温保压使用设备：水泵、截止阀、止回阀、监视用压力表、压力传感器和温度计等（见图7-5）。保温保压施工流程见图7-6。

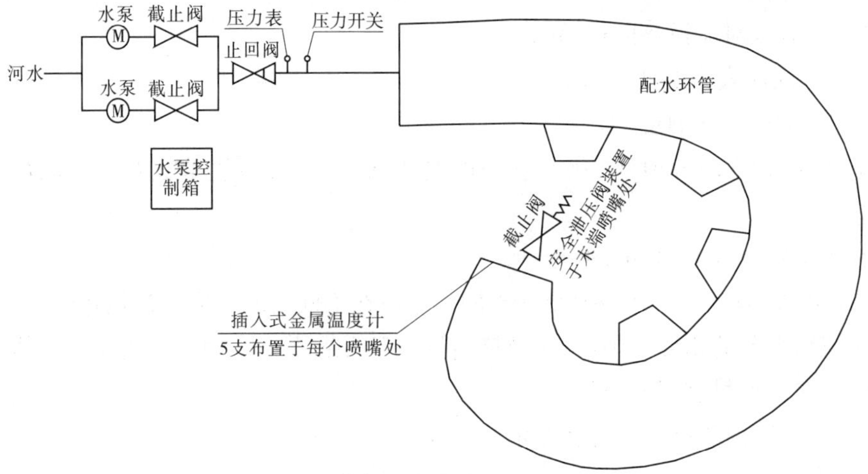

图7-5 保温保压浇筑设备连接示意图

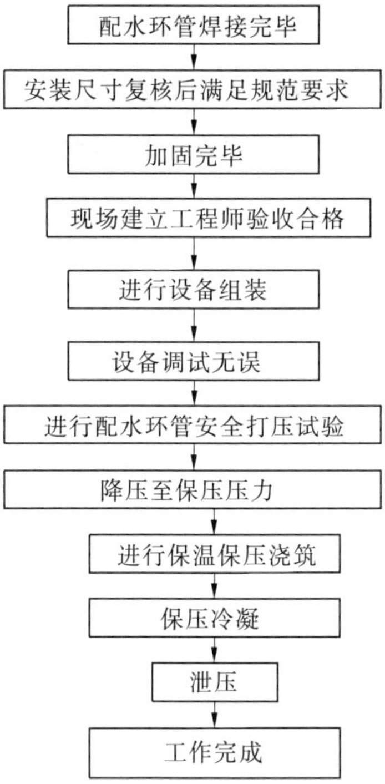

图 7-6　保温保压施工流程

第六节　施工导流

一、导流标准

厂房为岸边式厂房，厂房的基础施工时，需要把基坑与巴河隔离开，保持基坑干燥。厂房的围堰导流标准为 2 年一遇全年洪水，相应洪峰流量为 236 m^3/s。

工程区旱季为 5～12 月，厂房部位巴河主要水文资料见表 7-8。

表 7-8　巴河主要水文资料表

洪水重现期（年）	全年流量（m^3/s）	水位（m）	5～12 月流量（m^3/s）	水位（m）
1	103	188. 91	56	188. 50
2	236	189. 75	128	189. 09
2. 33	242	189. 79	131	189. 11
5	354	190. 35	214	189. 63
10	446	190. 76	282	190. 00
50	648	191. 56	431	190. 70
100	734	191. 87	495	190. 97
1 000	1 016	192. 78	704	191. 76
10 000	1 219	193. 38	—	—
100 000	1 617	194. 44	—	—

二、导流程序

根据坝址处的地形条件,本工程施工导流程序为:
(1)在旱季对原河床右侧进行扩挖疏通,利用扩挖后的右侧河床过水。
(2)在河床左侧沿河修建挡水围堰后,进行厂房施工。
(3)施工结束后拆除围堰。

三、导流建筑物设计

导流建筑物主要为沿河床左侧布置的围堰。考虑到施工围堰的临时交通要求,堰顶宽度确定为 8 m,堰顶高程 193.5 m,最大堰高 6 m,两侧边坡坡度 1∶1.5。围堰临水侧采用铅丝笼块石和抛石护坡,以确保边坡稳定。围堰防渗体采用临水面黏土防渗斜墙。围堰施工前需先清理右侧河道,挖除覆盖层和部分岩石,保证河道过流能力。

第八章　输变电线路的设计

第一节　概　　述

斐济南德瑞瓦图水电站工程 132 kV 输变电架空线路总长 4 852.98 m，是连接厂房到开关站的双回路线路。132 kV 高压输电线路是该电站送出工程的重要组成部分，线路起点为发电厂房上游侧的 132 kV 升压站门形出线构架，终点在距厂房 4.9 km 外的 132 kV 开关站，经开关站内的出线构架与斐济现有的 132 kV 主电网“T”型接入并网。该输电线路初步设计时 17 基铁塔，其中包括终端塔架 2 基、转角塔架 5 基、直线塔架 10 基，在施工时，因塔基基础与交通道路矛盾而取消。最大铁塔高度 45 m，导线采用断面为 150 mm^2 的铝包钢绞线，按同塔双回路设计。现场海拔大约在 500 m，日平均气温 32 ℃，基本运行地震加速度 0.13g；最大设计地震加速度 0.37g。

由于斐济地处热带海洋，每年都有数次破坏性较大的台风经过。因此，在项目投标时，电站业主就要求高压输电线路必须能抵御 2 500 年一遇的超强台风，即按照 90 m/s 的风速进行设计、采购和施工，远远超过国内高压输电线路 35 m/s 的最高风速设计标准，这不仅在国内绝无仅有，而且在国际上也是屈指可数的。

第二节　基本资料

一、风速设计要求

南德瑞瓦图水电站工程在斐济有着重要地位，占据国家电网电力的 15%，直接影响斐济国家电网的安全运行，一旦出现事故，就会影响整个斐济国家电网。输变电线路对于业主斐济电力局是一个非常重要的输电线路，对线路设计要求如下：

(1)线路使用年限：100 年；

(2)线路风速：1 000 年一遇(后经业主工程师同意，采用 750 年一遇)；

(3)正常风速：25 年一遇；

(4)线路设计风速：不小于 90 m/s；

(5)导线上的压力：不小于 2.8 kPa(温度 20 ℃)。

风荷载是输变电线路塔架设计的控制性荷载，不仅直接影响输变电线路的塔架、导线，也影响塔架的基础设计、间距设计等，是输变电线路设计中的一个重要参数。斐济地处南太平洋地区，属于热带雨林气候，雨量充沛，常受热带飓风袭击，而且飓风破坏力强。根据澳大利亚—新西兰标准，风速应该按照 2 500 年一遇的超台风考虑，风速为 90 m/s，该标准远远超过其他规范标准，更是大大超过中国输变电线路最大设计风速为 35 m/s 的要求。

二、塔架资料

从厂房升压站到开关站，线路上共有17个编号P11塔架，但在施工过程中，由于编号P11塔架的位置与道路及当地1个低压线路冲突，取消了编号P11#塔架，因此最终共16个塔架。其中包括终端塔架2基、转角塔架5基、直线塔架9基。详细的塔架资料见表8-1。

表8-1　　塔架信息表

编号	塔架类型	距离(m)	累积距离(m)
P1	终端塔	283.47	283.47
P2	转角塔	374.50	657.97
P3	悬吊塔	151.53	809.50
P4	转角塔	279.60	1 089.10
P5	悬吊塔	354.28	1 443.38
P6	悬吊塔	180.92	1 624.30
P7	悬吊塔	275.18	1 899.48
P8	悬吊塔	244.86	2 144.34
P9	悬吊塔	420.83	2 565.17
P10	悬吊塔	169.46	2 734.63
P12	悬吊塔	479.07	3 213.70
P13	转角塔	404.55	3 618.25
P14	悬吊塔	282.29	3 900.54
P15	悬吊塔	313.38	4 213.92
P16	悬吊塔	304.08	4 518.00
P17	终端塔	334.98	4 852.98

三、导线的净距要求

导线的净距要求见表8-2。

表8-2　　导线净距要求

工况	最小净距(m)
正常地面	6.7
道路交叉	7.6
建筑物、柱、结构物、墙体等	4.6
其他通讯导线	3.0
其他通讯支撑	4.6

四、导线的设计标准

1. 导线特性

密度	0.677 kg/m
直径	17.5 mm
极限抗拉强度	63.5 kN
弹性模量	88 GPa
膨胀系数	18.4×10^{-6}/℃

2. 导线最大拉力

导线最大拉力为70%的极限抗拉强度(极端风速下,20 ℃温度)。

3. 导线振动标准

导线振动标准为15.5%极限抗拉强度(10 ℃,30 Pa风压)。

第三节　线路设计

输变电线路从厂房升压站开始,经过16个塔架,到达开关站,全程水平距离4 852.98 m,编号P1～P17,中间P11塔被取消。132 kV输变电线路与进厂房道路、11 kV低压线路交叉,沿进开关站道路布置,途中没有其他建筑物。P8塔之前的每个塔由进厂房道路通往塔的位置,除P4。P5塔交通困难外,其他塔交通比较容易。P8～P17塔基本位于进开关站道路两侧,交通比较方便。

第四节　输变电线路塔架结构设计

一、风荷载计算

风荷载计算分以下3种工况。

(一)工况一:最大风荷载

750年一遇

基本风速	$v_R=83$ m/s
风向系数	$M_D=0.95$
地形和高度系数	$M_{ZCAT}=1.12$
地面系数	$M_T=1.41$
设计风速	$v_D=v_R\times M_D\times M_{ZCAT}\times M_T=124.51$ m/s
设计风压	$P_d=0.6\times v_D^2=9.31$ kPa

(二)工况二:正常风荷载

25年一遇

基本风速	$v_R=53$ m/s
风向系数	$M_D=0.95$

地形和高度系数　　$M_{ZCAT}=1.12$

地面系数　　$M_{T}=1.41$

设计风速　　$v_{D}=v_{R}\times M_{D}\times M_{ZCAT}\times M_{T}=79.51\ m/s$

设计风压　　$P_{d}=0.6\times v_{D}^{2}=3.79\ kPa$

（三）工况三：正常维修工况

基本风速　　$v_{R}=45.5\ m/s$

风向系数　　$M_{D}=0.95$

地形和高度系数　　$M_{ZCAT}=1.12$

地面系数　　$M_{T}=1.41$

设计风速　　$v_{D}=V_{R}\times M_{D}\times M_{ZCAT}\times M_{T}=68.26\ m/s$

设计风压　　$P_{d}=0.6\times V_{D}^{2}=2.79\ kPa$

二、塔架结构基础荷载计算

（一）荷载及荷载组合

塔架结构共分 3 种：TDT、TDL、TDH，见表 8-3。

表 8-3　　塔架型式

塔的型式	塔的编号	备注
TDT	1,4,9,17	终端塔和转角大于 23°的张力塔
TDL	3,5,6,7,10,12	转角小于 23°的悬吊塔
TDH	2,8,13,14,15,16	转角小于 5°的悬吊塔

根据架空电力线路专用软件 PLS - CADD 设计程序，输入地形，建立线路模型，输入基本数据后，计算每种塔型的荷载分布，然后计算出导线的荷载、绝缘子荷载及塔架荷载。

每种塔型的计算工况也不同，对于 TDL 塔型，共 46 种工况。其中正常工况 4 种，分为最大风速和正常风速，根据垂直荷载的不同，每种风速分 2 种工况。导线断裂是 1 种工况，从 OPGW 到三相导线，两两断裂组合，共 26 种工况，加上线路维护 16 个工况，共 46 种工况。

对于 TDH 塔型，也是 46 种工况，对于 TDT 塔型，共 92 种工况，限于篇幅，不再详述。

（二）塔架的荷载树

表中作用在塔上的横向、纵向、垂直向荷载可以用荷载树表示，如图 8-1 所示。

根据荷载及荷载组合，输入计算机程序，可以计算出塔架结构各个部分的构件上的荷载（见图 8-2），通过计算机程序计算出每个构件的内力，然后核算截面强度。

（三）塔架基础连接板设计

塔架结构计算完成后，即可计算出塔架与混凝土基础连接板（stub）的受力，从而进行塔架基础的结构设计。

以 TDL 型式的塔架为例，求解基础连接板、夹板及螺栓的受力。TDT 和 TDH 与 TDL 型式的计算方法相同。

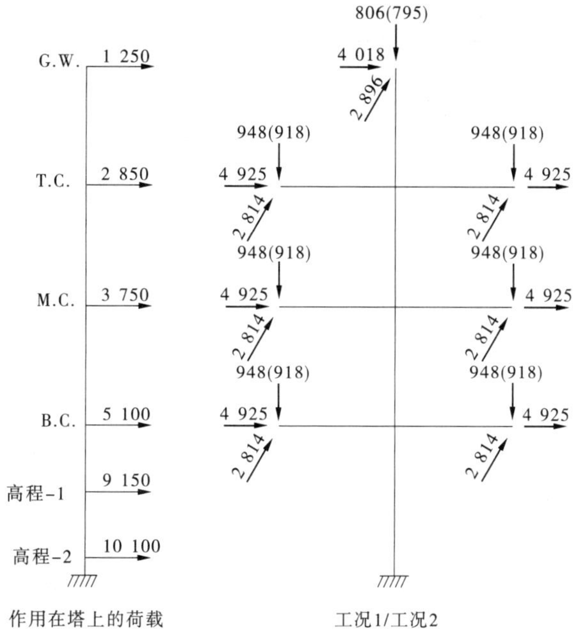

图 8-1　作用在塔上的荷载树(单位:kN)

1. 连接板

连接板的尺寸	150 mm×150 mm×12 mm
压力	1 096.1 kN
上升力	1 008.75 kN
剪力	41.88 kN
连接板截面面积	34.77 cm^2
钢材的抗压强度	25 MPa
抗拉屈服强度	362 MPa

连接板抗压和抗剪强度校核:$A_c = C/F_y + T/(0.75F_y) = 31.82\ cm^2$,根据 ASCE10－97,$A_c < A$,满足要求。

连接板抗上升力和抗剪强度校核:$A_u = U/F_y + T/(0.75F_y) = 31.82\ cm^2$,根据 ASCE10－97,$A_u < A$,满足要求。

2. 夹板

夹板尺寸	100 mm×100 mm×8 mm(15 cm 长)
根部半径	$r = 0.85$ cm
法兰厚度	$t = 0.8$ cm
夹板长度	$b = 15$ cm

$$X = t \times (F_y/(1.19 \times f'_c))^{1/2} = 2.790\ 6(\text{cm})$$

单个夹板的承载力:

$$F_b = 1.19 \times f'_c \times b \times (t + r + X/2) = 135.9(\text{kN})$$

需要夹板的数量:$n = U \times F/F_b = 7.422\ 9$(个);选用 8 个长 15 cm 的 100 mm×100

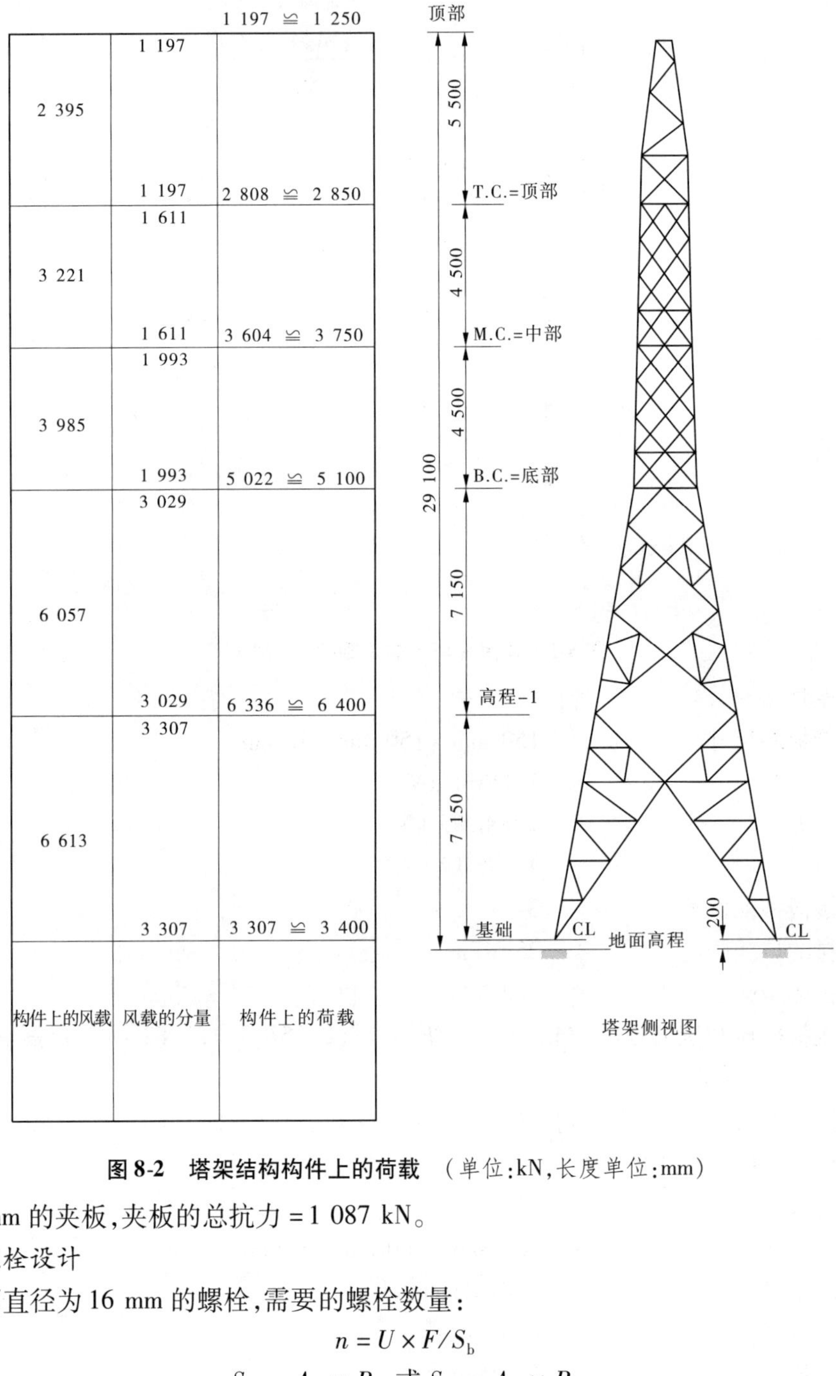

图 8-2　塔架结构构件上的荷载　(单位:kN,长度单位:mm)

mm×8 mm 的夹板,夹板的总抗力 = 1 087 kN。

3. 螺栓设计

采用直径为 16 mm 的螺栓,需要的螺栓数量:

$$n = U \times F / S_b$$

$$S_b = A_b \times B_s,\text{或} S_b = A_b \times B_b$$

式中　S_b——螺栓的强度;

A_b——螺栓的截面面积;

B_s——螺栓的抗剪强度;

B_b——螺栓的承载力。

$n_s = 15.87$ 个；$n_b = 10.51$ 个，因此需要 16 个螺栓，即每个夹板需要 2 个螺栓。

第五节　塔基础设计

塔基础共 16 个，每个塔基础有 4 个小基础，分为两类，一类是浅基础，另一类是深基础，这要取决于地质条件。

一、塔基础的布置

塔基础的布置其实是线路的布置，在确定线路之后，对每个塔基进行详细的勘察。在施工前，现场对每个基础的位置进行了详细的勘察，对于明显不合适的塔基位置进行了移动。其主要原则是：

(1)尽量远离悬崖部位，以便于布置基础；

(2)尽量布置在岩石基础上；

(3)塔基周围排水保持畅通；

(4)位置开阔，利于开挖施工；

(5)尽量避开交通道路及其他低压线路；

(6)交通便利部位。

对于 P7(与道路冲突)、P9(与低压线路交叉)、P11(与道路交叉)及 15#(交通不便)等塔基分别进行了移动，其中 11#塔因无合适位置而被取消。

每个塔的基础由 4 个小基础组成，分别为 a,b,c,d，从厂房出发第一个塔架为 T1，朝开关站方向依次为 T2，T3…T17，每个塔架的小基础编号顺序按照顺时针方向排列，如图 8-3所示。

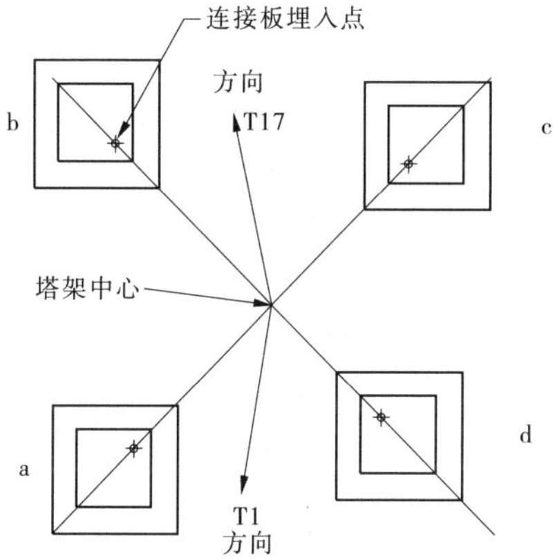

图 8-3　塔架基础平面图

二、塔基础体型

每个塔的 4 个小基础 a,b,c,d 的顶高程和高度均不相同，但截面尺寸相同，下部基础尺寸为 4 000 mm×4 000 mm，上部承台截面尺寸为 1 700 mm×1 700 mm。

塔架与基础的连接板埋入混凝土基础 3.1 m，塔架上部结构在“K”点依靠连接板及夹板与基础连接。

三、塔架基础的结构计算

在进行塔基础的设计时,采用的荷载来自于塔架生产厂家提供的塔架结构计算,对于TDT、TDH、TDL 3 种塔型,统一采用了最大的荷载组合和最不利的计算工况,进行塔基础设计。

(一)杆塔基础计算

1.基础应力

基础向下压力	1 450 kN
基础向上的拉力	1 420 kN
x 方向的剪力	370 kN
y 方向的剪力	370 kN
$x-y$ 平面上的剪力	523 kN

(二)基础尺寸

基础宽度 x 长度	4 000 mm×4 000 mm
基础深度	1 200 mm
基础承台尺寸	1 700 mm×1 700 mm
基础高出地面高度	300 mm
基础最大高度	12 000 mm
基础地面以上高度	3 500 mm

(三)基础地质条件

抗剪强度	35 kPa
内摩擦角	22°
容重	16 kN/m^3
凝聚力	0.5 MPa
承载力系数	0.9
强度缩减系数	0.6
锚杆钻孔直径	50 mm
钻孔深度	4.0~5.0 m
锚杆直径	25 mm
岩石抗剪强度	270 kPa
锚杆抗拉拔力(4.0 m 长)	170 kN
锚杆抗拉拔力(5.0 m 长)	212 kN
锚杆数量	16
锚杆承担的抗拉拔力	2 720 kN

(四)基础承载力

基础压力	240 kPa

（五）基础设计

基础配筋	直径 25 mm，间距 200 mm
单宽最大弯矩	487 kN · m/m
单宽最大允许弯矩	646 kN · m/m

（六）承台设计

承台区是按照最小配筋率设计。

垂直向钢筋	直径 32 mm
抗剪钢筋	直径 13 mm，间距 200 mm
最大弯矩	4 440 kN · m
抵抗弯矩能力	5 040 kN · m
抗剪	满足要求
抗弯	满足要求

（七）连接板

基础连接板埋深	3 m
需要的锚固面积	$6.7\times10^{4}\ \mathrm{mm}^{2}$
提供的锚固面积	$12.0\times10^{4}\ \mathrm{mm}^{2}$

允许弯矩大于最大弯矩，满足要求。

第九章　开关站设计

第一节　开关站布置

斐济南德瑞瓦图水电站工程 132 kV 开关站包括厂房侧升压站和开关站，通过 132 kV 双回路输变电架空线路连接，线路总长 4 852. 98 m。

开关站布置在距离厂房 5. 4 km 以外的一个山坳里，为室外露天 132 kV 开关站，总尺寸 62 m×65 m，控制楼布置在开关站进门的左侧。

线路从线路终端塔 T17 塔接入，通过 PG1、PG2 两个接入塔，进入开关站。开关站内布置有接入塔、电流互感器、电压互感器和隔离开关等电气设备，通过 2 个出线架 VG 和 WG 与 132 kV 线路连接，左侧通往瓦劳电站，右边通往乌达电站。南德瑞瓦图水电站工程开关站对于业主斐济电力局是一个非常关键的部位，这里连接了包括瓦劳、乌达、南德瑞瓦图等 3 个重要的输变电线路，并将未来规划的另 1 个电站接入此开关站控制系统内，该开关站几乎控制了斐济电网的 80% 的负荷。

开关站控制楼位于整个开关站的东北角位置，为地面一层框架结构，建筑面积 158. 73 m^2，建筑长 14. 3 m，宽 11. 1 m，双坡屋顶，屋顶至室外地坪高 6. 25 m。控制楼内功能划分明确，其中包括控制室、通讯室、电池室、柴油发电机室、油罐室、储藏室、生活供水室以及卫生间等生产用房。控制楼建筑西南方向放置雨水收集系统的储水罐 1 个，东北方向放置室外变压器 1 台。

开关站控制楼内设 1 个出入口，各功能房间均通过走廊到达室外，其中生活供水室、油罐室和控制室设直通室外的出口。所有房间之间的隔墙均为 200 mm 厚钢筋混凝土墙体，满足不同火灾危险性分类房间的防火分隔要求。

室内电缆沟设置由角钢和花纹钢板制成的沟盖板，方便日常运行和维修。

蓄电池室设置洗眼设备(eye wash station)，是为安全生产而配备的必要的设施。

柴油发电机室、油罐室设集油坑，并配备油位计，方便监测油坑内的油量。

生活供水室设置排水沟，可将溢出的水及时排出室外。

在走廊上部 3. 4 m 高处设置 1 层钢筋混凝土板，用以放置电力电缆，并通过储藏室内设置的挑板与门进入该空间，便于日后维修。

第二节　开关站厂区设计

一、开关站排水系统设计

开关站沿开关站四周设有排水沟，集中排往开关站以外的山沟峡谷。排水沟布置靠南侧的排水沟由中间向东西两侧排水，坡度0.2%，东西两侧排水沟沿开关站周围向北排向大门口，坡度0.2%。排水沟断面设计为梯形，底宽300 mm，最低高度600 mm，两侧边坡1∶0.5，为挂网喷混凝土，厚度100 mm。

为排除电缆沟内的积水，分别在3个电缆沟拐角处和末端埋设排水管，集中排往2个分集水井，2个分集水井再通过管路排往总集水井，并排向开关站外部。

1#集水井尺寸为800 mm×800 mm，深1 500 mm，通过直径200 mm的PVC管路排向总集水井。2#集水井尺寸为800 mm×800 mm，深1 200 mm，通过直径200 mm的PVC管路排向总集水井。2个集水井的混凝土厚度为200 mm。

总集水井的尺寸为1 200 mm×2 850 mm，深1 500 mm，井壁厚度200 mm。

集水井顶部设钢篦子，以便周围的雨水流向集水井。

二、开关站电缆沟及交通设计

（一）电缆沟设计

开关站内的电气设备电缆通过电缆沟通往控制楼，在控制楼内对开关设备进行控制。电缆沟南北向设置3个，东西向设置1个，电缆沟尺寸有2种，一种宽750 mm，一种宽1 100 mm，深度均为1 150 mm。电缆沟的布置以靠近电气设备基础、便于布线、节约电缆为原则，电缆沟的尺寸根据电缆的数量和重量确定。

开关站电缆沟从控制楼东西两侧进入控制楼，电缆沟内的电缆主要为控制电缆。

电缆沟盖板为混凝土盖板，为了防止雨水进入电缆沟，业主工程师要求防水密封，但最后工程竣工时，也没有进行密封，业主单位认为密封了不方便维修和检查。

（二）开关站的交通道路

开关站位于一个乡村公路的中间，为此对原交通道路进行改道。该乡村公路把厂房和大坝连接起来，通往塔屋瓦（Tawuva）。

开关站内两侧及中间布置有交通道路，便于检修开关站内的电气设备和车辆通行，道路路面为200 mm厚的砾石。

三、开关站塔架基础设计

（一）塔架基础布置

开关站内总计有44个杆塔基础，这些基础用来支撑机电电气设备的塔架结构，包括接入塔PG1、PG2的基础F1 2个，出线塔WG、VG的基础F1 2个，CT、VT公用基础FA 2个，低压母线架FB1基础10个，支撑低隔离开关架基础FB2基础11个，CVT基础FC 3个，高压母线和隔离开关公用基础FD 2个，高压母线塔架基础FE 4个，高母线与CVT公用基础FF 4个，CT和CB公用基础FH 3个和CB基础FG 1个。

塔架结构基础的尺寸及数量详见表9-1。

表 9-1 塔架基础清单

基础名称	编号	尺寸(mm)	数量
PG1、PG2 基础	F1	7 000 × 13 000 × 450	4
CT、VT 基础	FA	6 720 × 3 210 × 450	2
低母线基础	FB1	5 100 × 2 500 × 450	10
低隔离开关基础	FB2	5 100 × 2 500 × 450	11
CVT 基础	FC	6 720 × 2 200 × 450	3
高母线和隔离开关基础	FD	7 000 × 4 200 × 450	2
高母线基础	FE	7 000 × 3 000 × 450	4
高母线和 VT 基础	FF	7 000 × 4 200 × 450	4
CT、CB 基础	FH	6 720 × 3 210 × 450	3
CB 基础	FG	6 720 × 2 200 × 450	1

(二)塔架基础的设计要求

对于开关站基础混凝土结构施工提出了要求,除满足规范规定的混凝土施工要求外,针对本工程还包括以下要求:

(1)混凝土浇筑前,所有开挖和钢筋均需经过工程师检查。

(2)所有基础接地经管路与主接地网连接。

(3)所有的基础均应坐落在坚硬的砾石或风化岩石岩石层上,遇到软泥土应挖除,用碎骨料或沙砾石回填并碾压,每层碾压厚度 150 mm,最小承载力。

(4)所有基础混凝土应具有高抗酸性,骨料粒径 20 mm,最大水灰比 0.45,最大塌落度 100 mm。

(5)应把基础表面的水排走,远离螺栓和墩台。

(三)高强螺栓的设计要求

在基础设计中,高强螺栓的设计十分重要,对于高强螺栓的要求也得到业主工程师的高度重视,在设计时对于高强螺栓的施工,提出了以下要求:

(1)所有螺栓为热镀锌处理,满足 BS ENO 1461 要求,制作完成后顶部 150 mm 范围内喷漆处理。

(2)所有螺栓应固定在基础板上,顶部有一个临时模板,以保证放置精度(±0.5 mm)。对于高强螺栓不允许现场弯折、焊接、安装等。

(3)高强螺栓不能固定死,基础板下可以不灌浆,混凝土到基础板最大间隙为 35 mm,包括螺母。

(4)采用角钢 90 mm × 90 mm × 8 mm ,长 300 mm ,附在螺栓底部,在 2 个方向上提供

防止螺栓拔出的力。

第三节　塔架设计

一、设计荷载

（一）风荷载

和输变电线路的风荷载计算一样，设计风速计算如下：

$$v_D = v_R \times M_D \times M_{ZCAT} \times M_T$$

式中　v_R——基本风速，取 83 m/s；

M_D——风向系数，取 0.95（飓风）；

M_{ZCAT}——地形和高度系数，对于 5 ~ 15 m 高的结构取 0.8 ~ 0.95；

M_T——地面系数，北风取 1.1 ~ 1.17，西北风取 1.41，西风取 1.53；

设计风压

$$p_d = 0.6 \times v_D^2$$

根据以上计算，各个设备杆塔结构的风压计算见表 9-2。

表 9-2　杆塔结构风压计算成果表　（单位：kPa）

设备高度（m）	北向风压	西北向风压	西向风压
<5	3.3	4.7	5.6
7	3.8	5.4	6.5
15	4.6	6.6	7.9

对于导线和接地线，根据规范 ENA C(b1) 中的附录 A 进行计算，但注意以下：

跨度折减系数，考虑空间与风的动力影响，对于跨度 20 ~ 70 m 的线路，折减系数 S_{RF} = 0.8 ~ 0.93。

由于风向与线路的夹角，风压的折减系数 $f = \sin^2\theta$。

考虑以上因素，线路的风压计算成果见表 9-3。

表 9-3　线路风压计算成果表　（单位：kPa）

线路跨度（m）	风压正交	风压斜交
20	7.4	4.1
40 ~ 55	6.7	3.9
71	6.4	3.8

（二）地震荷载

根据计算需要，地震荷载按照澳大利亚—新亚兰规范 AS/NZS 1170.5 执行。对于电气设备的基础平台，采用拟静力法进行计算。需要说明的是，当同一设备的地震荷载小于

30% 的风荷载时，杆塔的基础设计不受地震荷载的控制。

（三）线路荷载

在设备与母线之间的母线跳线，大约 2 m 长，呈半圆形，直径为 0.9 ~ 1.5 m，在相邻的基础台之间会有 0.2 m 的位移调节。母线跳线没有留残余拉力，最大设计荷载纵向 2.0 kN，横向 1.5 kN，在极端设计工况下才会出现。

跨度 20 ~ 71 m 的导线和接地线的跳线，线路的拉力是根据悬垂和折减设计拉力综合考虑的。线路的设计拉力主要考虑如下：

（1）1.3 kN（极端工况的 2.05%，20 ℃），用于塔架和塔之间的线路；

（2）1.5 kN（极端工况的 1.86%，20 ℃），用于塔架之间的接地线路。

线路的拉力计算成果见表 9-4。

表 9-4　导线拉力计算成果表　（单位：kN）

导线	最小拉力	正常拉力	风产生的拉力
导线跨度 ~30 m	0.8	7.1	13.2
导线跨度 ~55 m	1.4	10.8	19.3

（四）荷载组合

杆塔结构和承台应该按照极限状态法进行设计，对于杆塔基础，必须考虑最不利的工况如极端活荷载、风荷载和地震荷载等，最严重的极端荷载工况如下情况。

工况一　最大永久荷载

$$R_u > 1.2 \times G_e + 1.5 \times Q_t \tag{9-1}$$

工况二　最大风荷载

$$R_u > W_u + 1.2 \times G_e \tag{9-2}$$

工况三　最大地震荷载

$$R_u > E_u + 0.9 \times G_e + Q_t \tag{9-3}$$

式中　R_u——承台或基础的最小强度；

G_e——设备、承台和基础的自重；

Q_t——线路荷载；

W_u——作用在构件上的极端风荷载；

E_u——作用在构件上的极端地震荷载。

经分析计算，工况二的最大风荷载是最大的荷载，是杆塔基础设计的控制工况。

（五）母线荷载

母线上的荷载包括自重、地震荷载和极端风荷载等，风荷载为控制工况，计算结果见表 9-5。

表 9-5　母线荷载计算表　（单位:N/m）

荷载类型	高压母线 E—W 方向
自重	87
地震荷载	59
短路荷载	245
风荷载	763
绝缘柱上的最大荷载组合	7 000

（六）基础上的荷载

各种荷载组合，应用到基础上的荷载，乘以荷载系数后的计算结果见表 9-6。

表 9-6　作用在基础上的荷载

基础类型	最大底板荷载（kN）	最大水平荷载（kN）	倾覆荷载（kN·m）
FA（GB 和 CT）	42	82	180
FB（低母线和隔离开关）	19	33	157
FC（CVT）	21	21	147
FD（高母线和隔离开关）	30	99	437
FE（高母线）	12	33	144
FF（高母线和 CVT）	34	54	291

二、塔架基础设计

（一）基础的稳定及应力

1. 基础结构计算

基础的厚度是 450 mm，经过结构计算，按照最小配筋率配筋，即 $\rho > 0.7/f_y = 0.0016$，配直径 16 mm 间距 250 mm 双向钢筋，配筋率达到 0.002，满足要求。

2. 基础稳定复核

基础尺寸由风荷载工况控制，抗倾弯矩作用在基础的连接板上。根据作用在塔架上的荷载，计算基础的稳定性和强度。杆塔基础抗倾复核计算见表 9-7。

表 9-7　杆塔基础抗倾复核结果

基础类型	弯矩 M/M'	复核结果
FA（CB 和 CT）	<243/287	满足要求
FB(低压母线和 CISCON)	243/287	满足要求
FC（CVT）	112/167	满足要求
FD(高压母线和 DISCON)	562/593	满足要求
FE(高压母线)	205/219	满足要求
FF（高压母线和 CVT）	<562/593	满足要求

注：:M = 倾覆作用弯矩；M' = 抗倾弯矩。

结果表明，当只有风荷载作用时，基础底部应力范围为 25 ~ 74 kPa，满足小于承载力 150 kPa 的要求。

(二)基础板的抗弯与抗剪验算

杆塔的稳定需要基础板有足够的强度，因此需要对每个基础的最大弯矩和最大剪力进行校核计算，计算成果见表 9-8。

表 9-8　杆塔基础弯矩及剪力计算成果表

基础类型	单位最大弯矩（kN · m/m）	最大剪力（MPa）	结果
FA（CB 和 CT）	<55	<0.31	满足要求
FB（低压母线和 CISCON）	55	0.31	满足要求
FC（CVT）	78	0.28	满足要求
FD（高压母线和 DISCON）	61	0.28	满足要求
FE（高压母线）	62	0.26	满足要求
FF（高压母线和 CVT）	62	0.33	满足要求
最大容许值	102	0.70	—

三、杆塔结构设计

对于杆塔的设计，主要就是出线塔架的结构设计，其他构架均和开关站相同。所有构件的设计均按照规范 ASCE10—97 执行。

(一)材料特性

(1)高强钢材应满足规范 ISO—630 标准，级别 E—355。

屈服强度 $f_y = 362$ MPa；抗拉强度 $f_u = 499.6$ MPa；承载力 $1.5f_u = 749.5$ MPa。

(2)低碳钢应满足以下指标。

屈服强度 $f_y = 280.4$ MPa；抗拉强度 $f_u = 418.1$ MPa；承载力 $1.5f_u = 627.1$ MPa。

(3)螺栓。直径 16 mm 的螺栓应满足规范 ISO—898 的要求，螺栓级别为 5.6 级，螺母 5.0 级，其机械性能满足以下要求：剪应力 316.1 MPa；抗拉强度 510 MPa。

(二)荷载

作用在塔架上的荷载由风荷载控制，不同工况作用在杆塔上的风压如下：最大风荷载工况(横向)6. 90 kPa;最大风荷载工况(纵向)6. 90 kPa。

(三)对构件的要求

(1)避雷防护角度:30°。

(2)杆件长细比不得大于以下数值:顶端构件≤ 120;支撑构件≤ 200;零杆件≤ 250;抗拉杆件≤ 400。

(3)角钢的最小厚度。支撑柱:5 mm;顶部:5 mm;X 型支撑构件:5 mm;其他构件:4 mm;零杆件:4 mm;最小断面:45 mm ×45 mm ×4 mm。

(四)杆塔的内力计算

根据以上条件,考虑自重、风荷载、地震荷载后,利用分载法,计算塔架结构的内力,见图 9-1,为风荷载作用下力的分布。

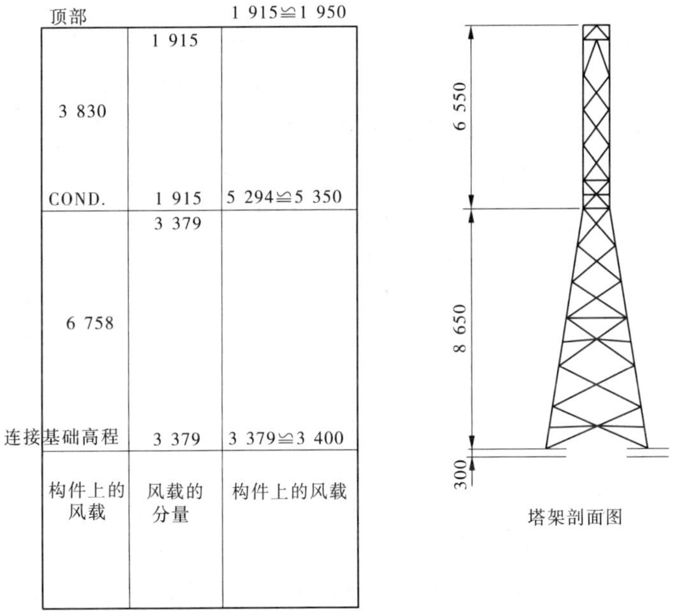

图 9-1　塔架风载示意图(单位:荷载,kN;高度,mm)

第四节　厂房升压站设计

厂房升压站布置在厂房后侧,布置有出线塔、电流互感器、电压互感器和隔离开关等。升压站区域长 33 m,宽 21 m,外围设有栅栏,防止闲杂人等进入,并设有排水沟,排除升压站内的雨水。在竣工阶段,考虑到安全问题,把升压站和变压器一起用栅栏隔离起来,防止闲杂人员进入。

厂房升压站的设计在委托输变电线路设计合同时,一起委托给了新西兰 Linetech 公司,包括塔架基础、塔架结构、电气设备布置、接地和防雷等设计内容。但升压站的施工土建部分由中国水电集团项目部承担,电气设备及塔架的制作安装由 EPCI 公司承担。

一、升压站的布置

厂房升压站与主变压器相隔 1 个消防通道，布置有 1 个出线塔、3 个塔基础，基础中心间距 12.5 m。由于基础位于边坡上，为了增加杆塔的稳定性，在斜坡上设置支撑，因此出线塔的基础由 A、B 基础组成，A 基础支撑 C4、C5、C6 柱，B 基础支撑 C1、C2、C3 柱。

基础 C、D、E 分别为电压互感器、隔离开关、电流互感器的基础，各为 2 个，即 1 台机组 1 套升压设备，2 套设备之间布置有电缆廊道，电缆由此通往厂房控制室。

升压站区域长 33 m，宽 21 m，外围设有栅栏，防止闲杂人等进入，并设有排水沟，排除升压站内的雨水，排水沟与厂区排水相连，统一排往河道。

二、基础设计

升压站基础共有 A、B、C、D、E 基础等 5 种型式，基础 A、B 为出线塔基础，也是最复杂的基础。基础 A 为条形基础，基础尺寸为 6 500 mm × 3 500 mm × 1 600 mm，承台尺寸 2 100 mm × 2 400mm × 2 200 mm，混凝土基础内埋设塔架的钢埋件。

基础 B 的尺寸为 7 400 mm × 4 000 mm × 1 600 mm，承台尺寸 2 400 mm × 2 400 mm × 1 850 mm，基础内埋设井字钢架结构，用以支撑塔架。

基础 C 的尺寸为 6 720 mm × 2 200 mm × 450 mm，上部设 3 个承台，承台尺寸 720 mm × 720 mm，承台高 300 mm。

基础 D 的尺寸为 5 100 mm × 2 500 mm × 450 mm，设 2 个承台，承台尺寸 720 mm × 720 mm，承台高 300 mm。

基础 E 的尺寸为 4 100 mm × 2 700 mm × 450 mm，设 2 个承台，承台尺寸 800 mm × 650 mm，承台高 300 mm。

基础 C、D、E 的埋件为 4 × M24 mm 的高强螺栓，螺栓级别 G8.8 级，埋入深度 360 mm，底部有井字架锚固。基础表面有锚板，通过螺栓与塔架连接，锚板尺寸为 500 mm × 500 mm × 20 mm。锚板下部 Linetech 公司原要求保持空隙，后修改为用化学灌浆，最终施工单位用砂浆回填 3 mm 厚。

所有基础均坐落在沙砾石回填层上，回填层厚 150 mm，最小承载力 150 kPa，地表面采用 150 mm 厚的沙砾石层铺设。

三、升压站出线塔设计

对于升压站杆塔的设计，主要就是出线塔架的结构设计，其他构架均和开关站相同。所有构件的设计均按照规范 ASCE10—97 执行。

（一）荷载

1. 风荷载

不同工况作用在杆塔上的风压如下：

最大风荷载工况（南北向）	6.40 kPa
最大风荷载工况（东西向）	5.80 kPa
正常工况风荷载	2.40 kPa

维护工况风荷载　　　　　　0.10 kPa

2. 维修荷载

考虑维修条件下，线路上人员对作用在塔架的中心荷载按 3.0 kN 计。

(二)杆塔的荷载计算

根据以上条件，考虑自重、风荷载、地震荷载后，利用分载法，计算塔架结构的内力。图 9-2 为地震荷载作用下塔架力的分布，图 9-3 为风荷载作用下塔架力的分布。

塔架自重	塔架高度	累积重量	构件上的地震荷载
170	12.686	27 423	485
125	11.086	15 338	271
125	9.486	11 230	198
125	7.886	7 761	137
125	6.286	4 931	87
154	4.686	3 373	60
154	3.086	1 463	26
154	1.486	339	6
139	0.000	0.000	0

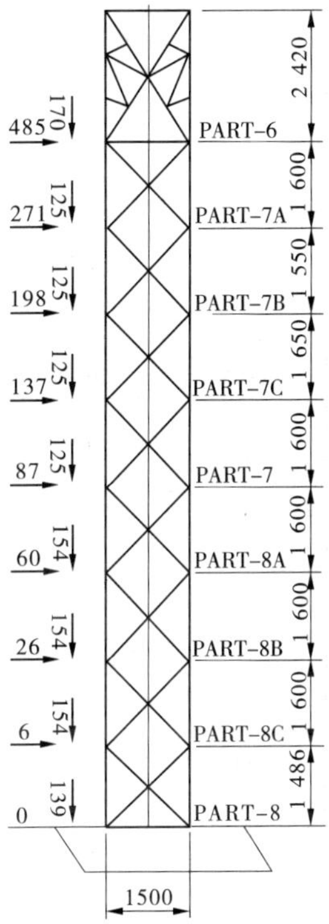

塔架横剖面图

图 9-2　塔架地震荷载分布(单位:荷载,kW;长度,mm)

(三)杆塔基础板和螺栓的设计

1. 基本资料

基础板长 N　　　　　　350 mm

基础板宽 B　　　　　　350 mm

螺栓间距　　　　　　250 mm(见图 9-4)

承台尺寸 N_1　　　　　　500 mm

G.W.	278	278~300
4952	720	720~730
	882	882~900
	882	882~900
	882	882~900
	882	882~900
高程1	1478	1478~1500
4660	1695	1695~1720
	1288	1288~1300
	1678	1678~1700
高程2	1086	1086~1100
6091	878	878~890
	878	878~890
	878	878~890
	878	878~890
	878	878~890
	852	852~870
C.L.	412	412~430
构件上的风载	风载的分量	构件上的风载

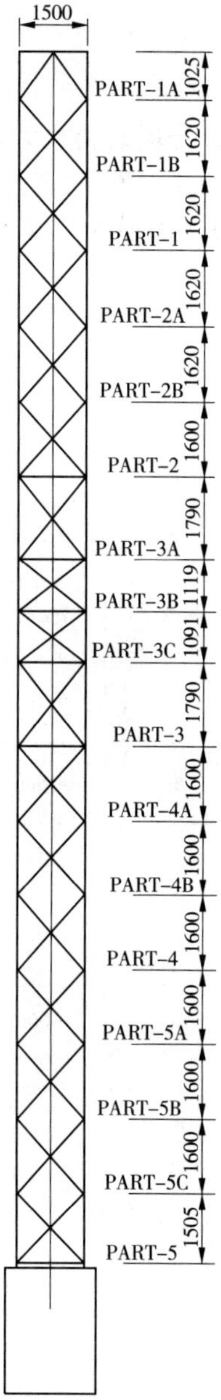

塔架剖面图

图 9-3　塔架风荷载分布图(单位:荷载,kW;高度,mm)

基础板面积 A_1　　　　122 500 mm^2

承台面积 A_2　　　　250 000 mm^2

混凝土抗拉强度 f'_c　　　　32 MPa

极限状态法的混凝土强度:

$$f_b = \varnothing \times (0.85 \times f'_c) \times \sqrt{(A_2/A_1)}$$

$$f_b = 0.65 \times (0.85 \times 32) \times (25\,000/122\,500)$$
$$= 25.257(\text{MPa})$$

2. 承载力验算

最大压力 P_c　　465 958 N

承载能力 F_c　　3.80 MPa < 25.257 MPa

满足要求。

3. 构件厚度验算

根据静力学平衡方程,计算基础应力。

最大向上拉力 P_u　　54 291 kg(532 595 N)

锚固力 P_{al}　　133 149 N

假定断面 a－a 受弯,则

受弯杆件力臂长度 l_s　　54 mm

弯矩 M_p　　7 190 028.6 N·mm

受弯断面长度 l_b　　251 mm

需要的板厚:

$$t_s = \sqrt{(4 \times M_p)/(\varnothing \times l_b \times F_y)}$$
$$= \sqrt{(4 \times 7\,190\,029)/(0.90 \times 251 \times 355)}$$
$$= 18.94 \text{ mm} < 20 \text{ mm}$$

满足要求。

4. 螺栓强度验算

4 个 M30 的螺栓,长 900 mm,级别 G8.8 级(规范 ISO—898)。

锚栓断面面积 A_s　　706.85 mm^2

G8.8 级螺栓的抗拉强度 F_u　　800 MPa

M30 螺母的承载面积 A_{bg}　　1 445.1 mm^2

螺栓允许抗拉强度:

$$T_s = \varnothing \times 0.75 \times A_s \times F_u$$
$$= 0.75 \times 0.75 \times 452.4 \times 800$$
$$= 318\,083 \text{ N} > 133\,149 \text{ N}$$

满足要求。

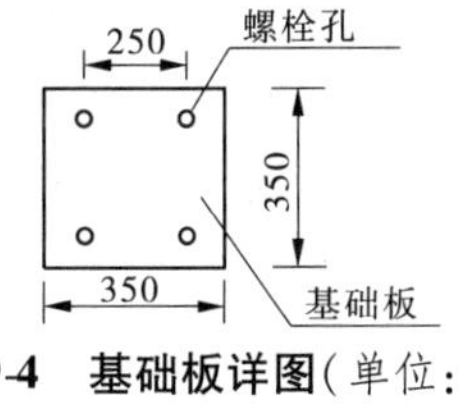

图 9-4　基础板详图(单位:mm)

锚栓的抗拉拔强度:

$$T_{s1} = \varnothing \times \psi \times A_{bg} \times 8 \times f'_c$$

混凝土裂缝系数 $\psi = 1.4$;

$$T_{s1} = 0.70 \times 1.40 \times 967.75 \times 8 \times 32$$
$$T_{s1} = 362\,547 \text{ N} > 133\,149 \text{ N}$$

满足要求。

第十章　金属结构

南德瑞瓦图水电站工程的金属结构主要分布在大坝溢洪道和底孔、电站进水口、厂房尾水等部位。主要设备见表 10-1。

表 10-1　　主要设备

名称及规格	闸门类型	数量	位置	启闭设备
溢洪道 6. 0 m × 13. 7 m − 18. 1 m 表孔弧形闸门	弧形闸门	3 孔	拦河坝	2 × 1 000 kN 液压启闭机
溢洪道 4. 2 m × 4. 2 m − 40. 2 m 底孔工作闸门	滑动闸门	2 孔	拦河坝	2 000/900 kN 液压启闭机
进水口 3. 0 m × 3. 0 m − 29 m 事故闸门	定轮闸门	1 个	电站进水口	630 kN 液压启闭机
进水口 3. 0 m × 3. 0 m − 29 m 检修闸门	滑动闸门	1 个	电站进水口	履带吊
进水口拦污栅 14. 4 m × 7. 3 m − 1 m	固定栅	1 个	电站进水口	履带吊
进水口清污机	自动式	1 套	电站进水口	—
厂房尾水 3. 5 m × 2. 8 m − 6. 6 m 检修闸门	滑动闸门	2 个	厂房尾水	122. 5 kN 电动葫芦

每孔溢洪道设置 1 套表孔弧形闸门，在洪水期用来控制堰的水位和通过堰的流量。每套弧门设有 1 套液压启闭机操作系统，每套液压启闭机设 1 套独立的液压油泵站。因最低水位低于堰顶高程，可在低水位期进行弧门的检修维护，因此在弧门的上下游不另设检修门槽。

每孔底孔设置 1 套平面滑动工作闸门，用来冲沙和堰后的杂物，施工期兼作导流孔。每套底孔闸门通过 1 套液压启闭机操作，2 套底孔液压启闭机与隧洞进口事故闸门液压启闭机及生态阀共用 1 套油泵站。为方便底孔工作闸门检修维护，在其上游设置 1 道检修门槽。

第一节　溢洪道表孔弧形闸门

一、弧形闸门设计参数

孔口数量	3 孔
闸门数量	3 套
底坎高程	516. 40 m

正常设计水位　　529. 8 m
极端设计水位　　534. 50 m
孔口宽度　　6. 0 m
闸门高度　　13. 7 m
最大启闭水位　　529. 8 m
启闭设备　　液压启闭机
闸门全开全关时间　　14 min
启闭速度　　0. 61 m/min

二、设计荷载工况

设计荷载工况及荷载系数见表 10-2。

表 10-2　　**弧形闸门荷载工况**

荷载工况	闸门位置	H_s	H_o	D	E_1	E_2	Q_1	Q_2	F_s	F_t	W_1	W_2	W_3
1a	关闭	1. 4		1. 2	—	—	1. 2	—	—	—	—	—	—
1b	关闭	1. 4		1. 2	—	—	—	1. 2	—	—	—	—	—
2	提升开启	1. 4		1. 2	—	—	—	—	1. 4	1. 0	—	—	—
3a	关闭	1. 4		1. 2	1. 0	—	—	—	—	—	—	—	—
3b	关闭	1. 2		1. 2	—	1. 0	—	—	—	—	—	—	—
4	开启中卡阻	1. 4		1. 2	—	—	—	—	—	—	—	—	—
5	持住(1 个液压缸)	1. 4		1. 2	—	—	—	—	1. 4	1. 0	—	—	—
6	完全开启	—	—	1. 2	—	—	—	—	—	—	1. 3	—	—
7	完全开启	—	—	1. 2	—	—	—	—	—	—	1. 3	—	—
8	完全开启	—	—	1. 2	—	—	—	—	—	—	—	—	1. 3

荷载定义如下：
H_s——正常水位静水压力；
H_o——可能最大洪水位静水压力；
D——闸门重量；
E_1——基本运行地震荷载；
E_2——最大设计地震荷载；
Q_1——液压系统关闭压力；
Q_2——液压系统开启压力；
F_s——水封摩擦荷载；

F_t——支铰轴摩擦力；
W_1——垂直作用于弧门面板的风压力；
W_2——45°作用于弧门面板的风压力；
W_3——水平作用于弧门面板的风压力；
M——淤沙压力。

三、弧门结构

弧形闸门正常运行时为露顶式，弧形闸门采用斜支臂，按表10-2荷载工况设计。闸门面板曲率半径为15 000 mm，设置3根水平主梁，设2根支臂，每根支臂采用了3支腿结构，支铰轴承采用自润滑球面轴承，支铰将支承于闸墩牛腿上。闸门底止水采用条形橡皮水封，侧止水采用L型橡皮水封。为便于闸门检修，在闸门上及闸门支铰与启闭机支铰下端均设置检修平台。闸门亦设有半自动机械锁锭装置，以便弧门检修。

四、弧门主要参数及信息

闸门型式	表孔弧门
闸门外形尺寸	6 m×13.7 m
闸门面板曲率半径	15 000 m
闸门设计水头	18.1 m
设计总水压力	12 666 kN
闸门止水型式	侧水封:L型，底水封:条型
止水橡皮材料	天然橡胶
支铰轴径	300 mm
闸门操作方式	动水启闭
闸门质量	59 640 kg
埋件质量	10 905 kg

五、弧门启闭设备——液压启闭机

每套弧形闸门采用1套2×1 000 kN液压启闭机启闭操作。每套液压启闭机设1套独立的油泵站，油泵站放置于坝肩的控制房内。每套油泵站设1个电泵和1个备用柴油马达泵，在电泵事故或系统失电情况下可自动启动柴油马达泵，柴油泵设有自动补油系统。液压启闭机既可通过控制楼内的表孔门PLC控制，也可远程控制。

控制楼位于溢洪道右岸偏上游侧，油泵站距弧门油缸约150 m的路线距离，直线距离约90 m，油管路均敷设于密封的油管沟内。

液压启闭机主要参数及信息：

闸门设计启闭水位	529.8 m
启闭机型式	液压启闭机
额定启闭容量	2×1 000 kN
工作行程	8.5 m

最大行程	(8.5+0.2)m
闸门启闭速度	0.61 m/min
油缸直径	340 mm
活塞杆直径	220 mm
杆腔计算压力	17.11 MPa
电机功率	30 kW
启闭机生产厂家	武汉力地液压启闭机厂

六、弧门控制单元(PLC)

每一溢洪道表孔弧形闸门设一控制单元(PLC),3 个表孔门共设 3 个 PLC,表孔门的主要作用是泄洪,3 个表孔门 PLC 软、硬件各自独立,又有通信联系,互相交换信息。即使通信中断,各 PLC 也可按 2.5PID 控制正确独立运行。

在闸门运行过程中,3 孔门中第 2 孔门首先进行开、闭操作,然后再动作第 1、3 孔门,每次步长 30 cm 垂直位移。

为使水位测量更加准确,在水库上游设有 4 个水位计用于表孔弧门控制的水位计,4 个水位计首先分别接入 3 个表孔弧门控制柜内的模拟量隔离分配器和堰 PLC 柜中的模拟量隔离分配器,然后再分别转接到每一表孔弧门 PLC 及堰 PLC,即:每一表空弧门 PLC 及堰 PLC 均采集 4 个水位信号进行加权平均,以保证水位测量的可靠准确。

为保护闸门水封,在程序上分为淹没度程序和非淹没度程序,淹没度是指门底部边沿和上游水位之间的距离,通常运行在淹没度程序, 2.5PID 运行在淹没度程序中,若淹没度小于 0.7 m,在下降过程中则停门,如果想全关,必须人为退出淹没度程序,才能全关闸门。

当水位大于 530.2 m 时,表孔门全开。此时没有开启顺序要求,只因厂用电容量限制,各表孔门应错峰启动。当水位在 530.2 ~ 529.8 m、闸门不在全开位,且淹没度大于 0.7 m 时,则按 2.5PID 进行闸门的升、降、停控制;若淹没度小于 0.7 m,在上升过程中则直接开至全开位,在下降过程中则停门。当水位在 529.8 ~ 525 m、闸门不在全关位,且淹没度大于 0.7 m 时,则按 2.5PID 进行闸门的升、降、停控制;若淹没度小于 0.7 m,在上升过程中则直接开至全开位,在下降过程中则停门。当水位小于 525 m,闸门不在全开位,且淹没度大于 0.7 m 时,则按 2.5PID 只进行闸门的降、停控制,不进行开启操作,即:若计算要求的闸门开启开度大于当前的闸门开度,则保持目前开度,程序退出。

闸门关闭初始阶段,若淹没度小于 0.7 m,则首先关闭至 0.7 m 淹没度,然后再按 2.5PID 进行闸门的升、降、停控制。

当某一个门检修或出现问题时,因为 3 孔 PLC 都是各自计算,所以不受影响。其他 2 孔门仍按计算结果执行,最终达到设定水位。

表空闸门监控对象:液压操作系统中的电动泵、柴油泵,启门电动阀,闭门电动阀,左右纠偏阀,液压系统压力,柴油补油泵及柴油箱的补油电磁阀。

第二节　底孔工作闸门

一、底孔工作闸门设计参数

孔口数量	2 孔
闸门数量	2 套
底坎高程	499.80 m
正常设计水位	529.8 m
极端洪水位	540.00 m
正常设计水头	30 m
极端设计水头	40.2 m
淤沙高程	509.0 m
孔口宽度	4.2 m
孔口高度	4.2 m
最大启闭水位	529.8 m
启闭方式	动水启闭,有局部开启工况
启闭设备	液压启闭机
启闭速度	0.45 m/min

二、设计荷载工况

设计荷载工况及荷载系数见表 10-3。

表 10-3　　底孔闸门设计荷载系数及工况表

荷载工况	闸门位置	H_s	H_o	D	E_1	E_2	Q_1	Q_2	F_s	M
1	关闭	1.4	—	1.2	—	—	1.2	—	—	—
2	提升开启	1.4	—	1.2	—	—	—	—	1.4	—
3a	关闭	1.4	—	1.2	1.0	—	—	—	—	—
3b	关闭	1.2	—	1.2	—	1.0	—	—	—	—
4	开启中卡阻	1.4	—	1.2	—	—	—	1.2	—	—
5	关闭	—	1.4	1.2	1.0	1.0	—	—	—	—
6	淤沙关闭	—	1.4	1.2	—	—	—	—	—	1.6
7a	淤沙关闭	1.4	—	1.2	1.0	—	—	—	—	1.6
7b	淤沙关闭	1.2	—	1.2	—	1.0	—	—	—	1.6

三、底孔闸门结构

底孔闸门为平面滑动闸门,上游止水,靠液压启闭机下压力动水闭门。滑块采用约与门等高的长滑块。为减小磨阻力，止水采用带聚四氟乙烯贴面的止水。底孔闸门结构按极端洪水位设计，同时考虑门前9.2 m门前淤沙。

为改善门槽的水力条件，采用1∶10斜坡错距式门槽。主轨采用铸钢铸造，无突出物，主轨面与侧护角面光滑过度，用以提高门槽抗泥沙冲刷和抗气蚀能力。止水坐板采用不锈钢加工面。

四、底孔闸门主要参数及信息

闸门型式	潜孔平面滑动闸门
孔口尺寸	4.2 m×4.2 m
支承跨度	4.7 m
闸门设计水头	40.2 m
设计淤沙高度	9.2 m
设计总水压力	9 906 kN
闸门止水型式	侧水封：P型
	底水封：条型
止水橡皮材料	天然橡胶
闸门操作方式	动水启闭
设计启闭水头	30 m
闸门质量	18 500 kg
埋件质量	14 889 kg

五、启闭设备——液压启闭机

底孔靠液压启闭机下压力动水闭门，根据水工体型，启闭机设置高度与门顶距离约26 m，需1根长的压杆，根据闸门启闭水位计算，闸门采用2 000 kN/900 kN（启门力/闭门力）液压启闭机操作。闸门检修时需通过现场履带起重机把油缸、油缸支架及拉杆吊起，将拉杆锁在孔口后移开油缸，再将闸门提起。闸门也可锁于孔口以便检修维护。

2套底孔闸门、进水口事故闸门及生态阀共用1套油泵站，油泵站放置于堰的控制房内，油泵站设2台油泵电动机组互为备用。紧急情况下控制房可提供备用电源。每台液压启闭机都将装设有闸门开度传感器。闸门的控制盘设有自动和手动切换开关，自动状态下闸门可根据需要通过堰PLC打开或关闭，手动状态下闸门可通过控制板上的按钮打开或关闭。闸门也可远程控制。

液压油管路的布置走向也是从控制楼至底孔液压油缸处，油管敷设于密封的油管沟内。

导流期间闸门的启闭可通过现场起重机操作。

六、液压启闭机的主要参数及信息

闸门设计启闭水位	529.8 m
启闭机型式	液压启闭机

额定启闭容量	2 000 kN/900 kN
工作行程	4.5 m
最大行程	(4.5 +0.1) m
闸门启闭速度	0.45 m/min
油缸直径	450 mm
活塞杆直径	250 mm
杆腔计算压力	18.2 MPa
无杆腔计算压力	5.7 MPa
电机功率	30 kW

第三节　底孔检修门槽

考虑底孔受淤沙冲刷较易磨损，为底孔工作闸门检修维护的方便，在底孔工作闸门上游增设 1 道检修门槽，门槽尺寸及结构与工作闸门相同，后施工期制作一混凝土闸门。

第四节　电站引水隧洞进口金属结构

南德瑞瓦图水电站工程装设 2 台冲击式机组，2 台机共用 1 个引水隧洞，隧洞进口共 1 孔，设有拦污栅、清污机、进口检修闸门和进口事故闸门。当水轮机进口阀门关闭和水轮机故障时，就要快速关闭进口事故闸门以隔离隧洞。进口检修闸门设置于事故闸门的上游，以便进口事故闸门的检修和维护，必要时也可起到对隧洞的双重隔离作用。

拦污栅倾斜布置于进水口前，闸顶设自动清污机。栅后为 1 道进口检修门及 1 道进口事故闸门。为防止洪水漫顶，污物进入引水遂洞，2 道闸门井上方用盖板密封。

一、隧洞进口拦污栅

取水口用混凝土墩分为 3 孔，设 3 套拦污栅，中间设混凝土墩支承，栅后连通布置。拦污栅为潜孔式拦污栅，设 1 套带有高架轨道及清污抓爪的自动格栅式清污机。拦污栅可在水位较低或无水时提出清理及检修，拦污栅的启闭由现场履带式起重机操作。

(一) 拦污栅设计参数

孔口数量	3 孔
栅的数量	3 扇
倾斜度	75°
底坎高程	511.00 m
栅顶高程	518.00 m
孔口垂直高度	7 m
取水口总宽度	14.4 m
拦污栅孔口净宽	(4.5 +4.6 +4.5) m
栅条净距	25 mm

设计荷载	1 m 水位差及 100 kN 原木撞击力
清污机操作平台高程	532.00 m

(二)拦污栅结构

拦污栅为可拆的固定栅,每扇拦污栅用螺栓固定在四周的支承埋件上。拦污栅设计水压差为 1 m,并考虑 100 kN 撞击力。栅条的断面形状为矩形,栅条间净距定为 25 mm。栅条焊接在支承框架上,框架梁为焊接结构工字梁。

(三)拦污栅主要参数及信息

拦污栅型式	潜孔固定栅
拦污栅数量	3(扇)
孔口尺寸	4.5 m×7 m;4.6 m×7 m;4.5 m×7 m
设计水头差	1 m
栅条截面尺寸	14 mm×150 mm
拦污栅质量	18 303 kg;18 435 kg;18 303 kg
埋件质量	1 086 kg

二、隧洞进口清污机

隧洞进口清污机设于拦污栅顶部,采用自动格栅清污机。主要组件包括:高架轨道、移动电车、液压抓斗、自动和手动操作系统及保护装置。清污机能够通过手动控制、时间控制、液压位控制实现全自动操作,且能实现侧向自动定位,能自动完成下降抓斗、闭斗、提升、将污物倾倒入清污拖车中的全过程。轨道一端设有检修平台用于抓斗的检修维护。

拦污栅清污机主要参数及信息:

套数	1
操作平台高程	532.00 m
清污深度	约 21 m
清污抓斗走行宽度	约 22 m
清污抓斗容量	2 t
清污抓斗宽度	2.5 m
清污抓斗材料	不锈钢
清污抓斗走行速度	20 m/min
清污抓斗起升速度	10 m/min
起升电机容量	7.5 kW

三、隧洞进口检修闸门

(一)检修闸门设计参数

孔口数量	1 孔
闸门数量	1 套
底坎高程	511.00 m
正常设计水位	529.8 m

可能最大洪水位	540.0 m
正常设计水头	18.5 m
极端设计水头	30 m
孔口宽度	3.0 m
孔口高度	3.0 m
最大启闭水位	529.8 m
启闭设备	现场履带吊
操作方式	静水启闭

(二)设计荷载工况

设计荷载工况及荷载系数见表10-4。

表10-4　进口检修闸门设计荷载系数及工况表

荷载工况	闸门位置	H_s	H_o	D	E_1	E_2	Q	F_s
1	关闭	1.4	—	1.2	—	—	—	—
2	提升打开	1.4	—	1.2	—	—	—	1.4
3a	关闭	1.4	—	1.2	1.0	—	—	—
3b	关闭	1.2	—	1.2	—	1.0	—	—
4	卡阻打开	1.4	—	1.2	—	—	1.2	—
5	关闭	—	1.4	1.2	—	—	—	—

(三)进口检修闸门结构

闸门为平面滑动闸门。闸门采用自润滑复合材料滑块支承。面板及止水装置设置在下游侧,底止水为条形橡皮水封,侧止水与顶止水为P头橡皮水封。闸门采用多主梁结构,主梁为焊接工字钢梁。闸门操作方式为静水启闭,启门前通过隧洞充水阀充水平压后静水启门;考虑隧洞充水阀事故,启闭机容量也可满足动水启门。按合同方案要求闸门通过钢丝绳与现场履带起重机相连,闭门后,钢丝绳悬挂于孔口上方的挂钩上。闸门不用时亦通过锁锭装置锁于孔口上方。

(四)进口检修闸门主要参数及信息

闸门型式	潜孔平面滑动闸门
孔口尺寸	3 m×3 m
支承跨度	3.4 m
闸门设计水头	29 m
设计总水压力	2 562 kN
闸门止水型式	顶侧水封:P型
	底水封:条型
止水橡皮材料	天然橡胶
闸门操作方式	静水启闭
闸门质量	4 640 kg

埋件质量	6 620 kg

四、隧洞进口快速事故闸门

(一)进口快速事故闸门的设计参数

孔口数量	1 孔
闸门数量	1 个
底坎高程	511.00 m
正常设计水位	529.80 m
极端设计洪水位	541.00 m
正设计水头	18.5 m
极端设计水头	29 m
孔口宽度	3.0 m
孔口高度	3.0 m
最大启闭水位	529.8 m
启闭设备	液压启闭机
操作方式	动水启闭
启门速度	0.4 m/min
闭门速度	8 m/min(快速闭门)

(二)设计荷载工况

设计荷载工况及荷载系数见表 10-5。

表 10-5 快速事故闸门设计荷载及系数工况表

荷载工况	闸门位置	H_s	H_o	D	E_1	E_2	Q	F_s
1	关闭	1.4	—	1.2	—	—	—	—
2	提升打开	1.4	—	1.2	—	—	—	1.4
3a	关闭	1.4	—	1.2	1.0	—	—	—
3b	关闭	1.2	—	1.2	—	1.0	—	—
4	卡阻打开	1.4	—	1.2	—	—	1.2	—
5	关闭	—	1.4	1.2	—	—	—	—

(三)进口快速事故闸门结构

该闸门为平面滚轮闸门，按表 10-5 荷载工况设计。闸门采用 8 个悬臂轮,滚轮轴承采用自润滑滑动轴承,为便于安装调整,保证滚轮踏面的共面度,支承滚轮采用偏心轴结构，滚轮直径为 600 mm。止水装置设置在上游侧,底止水为条形橡皮水封,侧止水与顶止水为 P 头橡皮水封。该闸门动水闭门,在机组事故时要快速闭门,闭门水位按 529.80 m 考虑,闸门靠自重闭门,闸门内设铸铁加重块置于闸门梁格内以保证可靠闭门。启门时可先通过隧洞充水阀充水平压后静水启门,但考虑到充水阀事故,启闭机容量仍按动水启门选择。

(四)进口快速事故闸门主要参数及信息

闸门型式	潜孔平面滚动闸门
孔口尺寸	3 m×3 m
支承跨度	3.4 m
闸门设计水头	29 m
设计总水压力	2 578 kN
闸门止水型式	顶侧水封:P 型 底水封:条型
止水橡皮材料	天然橡胶
闸门操作方式	动水闭门,静水启门
设计启闭水头	29 m(轮子无卡阻)
闸门质量	10 747 kg
配重质量	15 612 kg
埋件质量	8 789 kg

(五)启闭设备——液压启闭机

该闸门通过液压启闭机操作,闸门正常情况下静水启闭,特殊情况下可 529.8 m 水位下动水启门;闸门靠自重闭门,闭门力按 540.0 m 水位下轮子无卡阻及 534.5 m 有 1 个轮子卡阻 2 种工况计算。启闭机容量为 630 kN,启闭机与闸门通过拉杆连接。液压启闭机上设有液压锁,平时闸门全开时悬吊在孔口上方,闸门需检修时,在闸门全开状态下,通过现场起重机连同油缸与闸门一起提出孔口,为方便检修,闸门及拉杆均设锁锭装置并可锁定于孔口上方。

进口快速闸门与底孔闸门的液压启闭机共用 1 个油泵站,油泵站放置于堰的控制楼内,泵站设置 2 套油泵电动机组互为备用。液压启闭机设有闸门开度传感器。启闭机的控制板应设有自动和手动切换开关,自动状态下闸门可根据需要通过堰 PLC 打开或关闭,手动状态下闸门可通过控制盘上的按钮打开或关闭。闸门也可远程控制。

液压油管路的布置走向也是从控制楼至底孔液压油缸处,油管敷设于密封的油管沟内。

(六)液压启闭机的主要参数及信息

闸门设计启闭水位	529.8 m
启闭机型式	液压启闭机
额定启闭容量	630 kN
工作行程	4.0 m
最大行程	(4.0+0.1) m
闸门启门速度	0.4 m/min
闸门闭门速度	8 m/min
油缸直径	260 mm
活塞杆直径	140 mm
杆腔计算压力	16.7 MPa

电机功率	7.5 kW

第五节　电站尾水金属结构

2台机设2个尾水出口,为了机组检修,且为保护厂房,防止高的下游洪水进入,每个尾水出口设1孔尾水检修闸门,共2孔。每孔尾水闸门由1套独立的固定电动葫芦操作。闸门平时为常开状态,由电动葫芦悬吊于孔口上方,当下游洪水或机组事故时,可通过远程操作静水关闭闸门。

一、尾水检修闸门设计参数

孔口数量	2孔
闸门数量	2个
底坎高程	188.50 m
正常设计水位	191.2 m
极端洪水位	195.8 m
正常设计水头	2 m
极端设计水头	6.6 m
孔口宽度	3.5 m
孔口高度	3.7 m
设计启闭水位	191.2 m
操作方式	静水启闭
启闭设备	电动葫芦
启闭速度	3.5 m/min

二、设计荷载工况

设计荷载工况及荷载系数见下表10-6。

表10-15　尾水检修闸门设计荷载系数及工况表

荷载工况	闸门位置	H_s	H_o	D	E_1	E_2	Q	F_s
1	关闭	1.4	—	1.2	—	—	—	—
2	提升打开	1.4	—	1.2	—	—	—	1.4
3a	关闭	1.4	—	1.2	1.0		—	—
3b	关闭	1.2	—	1.2	—	1.0	—	—
4	开启中卡阻	1.4	—	1.2	—	—	1.2	—
5	关闭	—	1.4	1.2	—	—	—	—

三、尾水检修闸门结构

尾水检修闸门为平面滑动闸门，按表10-6荷载工况设计。闸门采用自润滑复合材料滑块。止水装置设置在上游侧(相对下游洪水)，底止水为条形橡皮水封，侧止水与顶止水为P头橡皮水封。闸门采用单吊点。闸门静水操作方式为静水启闭，小开度提门充水平压后静水启门。

四、尾水检修闸门主要参数及信息

闸门型式	潜孔平面滑动闸门
孔口尺寸	3.5 m×3.7 m
支承跨度	3.9 m
闸门设计水头	6.6 m
设计总水压力	721 kN
闸门止水型式	顶侧水封:P型
	底水封:条型
止水橡皮材料	天然橡胶
闸门操作方式	静水启闭
闸门质量	3 890 kg
埋件质量	3 045 kg

五、启闭设备——电动葫芦

尾水闸门启闭设备为122.5 kN固定电动葫芦，共2套，即可现地通过控制箱操作，也可远程控制。电动葫芦上设有码盘式行程指示装置及保护装置。

六、电动葫芦主要技术参数及信息

启闭机型式	固定式电动葫芦
额定启闭容量	122.5 kN
工作行程	8 m
最大行程	8.5 m
闸门启闭速度	3.5 m/min
电机功率	13 kN

第六节　坝上起重机

现场设1台150 t履带式起重机，用于溢洪道弧形闸门、底孔工作闸门、电站取水口拦污栅和事故闸门和检修闸门的安装维护或启闭。起重机同时也服务控制楼。

履带式起重机各项主要工作半径及质量见表10-7。

表 10-7 履带式起重机主要参数表

项目	吊物最大质量（t）	工作半径（m）	所需最大起升高度（m）
弧门的安装与维护	15	32	18
底孔闸门的吊出维护	35	8	32
拦污栅的吊出维护	10	16	22
进口检修闸门的启闭及吊出	40	9	22
进口快速事故闸门的吊出维护	40	9	22

第十一章　水力机械

第一节　水轮发电机组及其附属设备

南德瑞瓦图工程电站装设2台单机容量为22 MW的立轴五喷嘴冲击式水轮发电机组,参与斐济电网调峰。

一、水轮机

(一)基本参数

1. 发电引用流量

发电引用流量	2×7.5 m^3/s

2. 水库水位

最大洪水位	541.00 m
最大运行水位	530.50 m
水库正常蓄水位	529.50 m
水库平均水位	525.91 m
水库最低发电水位(2台机)	517.50 m
水库最低发电水位(1台机)	515.70 m

3. 尾水位

设计洪水位(P=42.9%)	189.75 m
设计洪水位(P=20%)	190.35 m
设计洪水位(P=10%)	190.76 m
设计洪水位(P=1%)	191.87 m
最大可能洪水位(MPF)	195.10 m
最高满发尾水位	191.40 m

4. 水力损失(取水口至机组前)

2台机运行(Q=2×7.5 m^3/s)	11.40 m
1台机运行(Q=7.5 m^3/s)	4.24 m

5. 环境条件

日平均气温	32 ℃
最高气温	40 ℃
最低气温	5 ℃
最高水温	30 ℃
相对湿度	50%~90%

基本运行地震（OBE）　　50%的概率超过100年

最大设计地震（MDE）　　2 500年一遇

（二）水轮机额定水头

1. 毛水头

单机满发最大毛水头　　335.70 m

平均毛水头　　332.11 m

最小毛水头　　321.90 m

2. 净水头

单机满发最大净水头　　331.46 m

2台机机满发最大净水头——水轮机额定水头　　324.30 m

2台机机满发最小净水头　　312.10 m

溢洪道闸门检修状态时最小运行水头　　317.66 m

（三）水轮机主要参数

水轮机为立轴五喷嘴冲击式水轮机，水轮机主轴与发电机主轴采用法兰连接，水轮机旋转方向俯视为顺时针旋转，喷针及折向器均由调速器控制。主要参数如下：

水轮机型号　　CJA475 - L - 170/5 * 15.7

额定水头　　324.30 m

额定流量　　7.5 m^3/s

额定工况下的效率　　90.08%

额定转速　　428.6 r/min

飞逸转速　　772 r/min

额定比转速　　45.9 m · kW

喷针个数　　5

斗叶个数　　19

转轮直径　　1.7 m

转轮外径　　2 194.4 mm

射流直径　　157 mm

额定输出功率　　21.4 MW

最大输出功率　　21.96 MW

（单机运行且水库水位在529.50 m，净水头为331.46 m，额定流量 $Q=7.5\ m^3/s$，效率 $\eta\approx90.3\%$）

极端最大输出功率　　22.45 MW

（发电机输出功率为21.95 MW且额定效率为97.77%，极端输出功率 = 21.95 ÷ 97.77% = 22.45 MW）

水轮机安装高程　　193.8 m

排气高度　　2.4 m

(四)水轮机主要特点

南德瑞瓦图工程电站水轮机的喷针及折向器为协联联动关系。斐济电网容量小且联系脆弱,在东西部电网联系中断后,本站将承担西部电网的大部分负荷。此时如果出现部分甩负荷,则系统频率将突然上升,影响电网安全。如喷针和折向器间保持一个很小的间隙并保持随动,且由于折向器动作比喷针要快很多,折向器快速动作,将一部分射流折向,减小机组出力,使电网频率快速降至合格水平。然后,喷针关至合适开度,使喷针与折向器再次保持一定开度并继续协联动作。此项功能在调速器的功能中称为"紧急频率调节"(又称"折向器 cut in 调节")。另外,当调速器检测到网频的上升速度较快时,也将自动进入该流程。

水轮机同时设有一个制动喷嘴,用于在机组停机过程中减少停机过程中机组空转的时间。制动喷嘴在机组转速降至50%时开始投入,当转速降至20%时退出,同时投入机械制动。制动喷嘴的投入和退出由一个电磁液压阀控制,其液压油源来自调速器。

(五)调保计算

南德瑞瓦图水电站的调保计算与输水系统的过渡过程计算是作为一个整体进行计算的,采用了国际通用商业软件 Pipe2010。经计算,配水环管最大压力出现的工况是正常蓄水位 529.5 m,2 台机均为空载且同时紧急关机的工况,此时配水环管最大压力为 393.73 m。

由于机组为冲击式机组,喷针和折向器分别为不同的接力器控制,故机组转速升高与压力上升没有必然联系,可分别进行计算。经计算,最大转速上升出现在正常蓄水位 529.5 m、水轮机出力为 21.96 MW 时机组突然甩负荷的工况,折向器关闭时间为 2 s,此时机组最高转速为 515.2 r/min,上升率为 20.2%。

二、调速器

(一)基本参数

(1)折向器动作时间:

全关时间	2 s
全开时间	2 s

(2)喷针动作时间:

全关时间	30 ~ 120 s, 可调
全开时间	30 ~ 120 s, 可调
操作油压	63 bar

(二)调速器型式及说明

调速器是以 PID 调节规律为基础的数字式电液调速器即微机调速器。具有频率—输出功率调整、转速调整、开度控制、电力系统频率自动跟踪、自诊断和容错及稳定等功能,具有按机组出力自动切换喷嘴数的功能,可对 5 个喷嘴及相应折向器分别进行控制,调速器能现地和远方进行机组的自动、手动开、停机和事故停机。

调速系统包括数字式控制单元、电液执行机构、反馈装置、测速装置、转速继电器、压力油罐、油泵和回油箱等。

在调速器至喷针及折向器接力器的操作油管上设置了单向节流阀，目的是防止操作油管爆裂时喷针突然关闭而产生水锤。在喷针接力器的供排油管路上每路设置1个，共设置10个，规格为DN6，PN63；在折向器接力器的供排油管路上每路设置1个，共设置10个，规格为DN20，PN63。

调速器所有的功能借助于微处理机来实现。微处理机接收转速信号、水位信号、水头信号、反馈信号、频差信号、来自计算机监控系统的单元控制器的操作指令和参数给定指令，同时输出电信号经过放大后作用于受控液压系统，操作水轮机喷针及折向器。

数字式控制单元和相应的电气回路布置在调速电气柜内，该柜的尺寸为高2 200 mm、宽800 mm、深600 mm，电液执行机构集中安装在1个电液伺服柜内构成机械柜，该柜与油压装置回油箱安装在一起。电气柜布置在发电机层，机械柜及回油箱布置在水轮机层。

（三）调速器基本规格及主要参数

调速器型号	CJWT－5/5－6.3
电液转换方式	比例伺服阀
油压装置型式	氮气蓄能罐式
压力油罐工作压力	6.3 MPa
压力油罐容积	0.8 m^3
回油箱容积	1.3 m^3
供油泵流量	40 L/min

（四）调速器性能要求及保证

1.静态特性

调速器有良好的静态特性，在接力器全行程范围内转速对接力器位置的关系曲线近似直线，其非线性度不大于2%～5%。

在额定转速和任何喷针开度下，测至喷针接力器的转速死区不超过0.02%，喷针接力器能够反应的最小转速变化对额定转速之比的百分值定义为转速死区的1/2。

在稳态工况下，对任何两喷针之间的位置偏差，在整个行程范围内均不大于全行程的2%。

2.动态特性

由电子调节器动态特性示波图上求取的$K_p(1/b_t)$、K_I值与理论值的偏差不超过±5%。

机组甩100%额定负荷后，在转速变化过程中偏离额定转速3%以上的波峰不超过2次。

机组甩100%额定负荷后，从折向器接力器第一次向开启方向运动起，到机组转速波动相对值不超过±0.5%为止所经历的时间不大于40 s。

接力器不动时间：机组输出功率突变10%额定负荷，从转速变化0.01%～0.02%额定转速开始，到喷针接力器开始动作的时间间隔，不超过0.2 s。

3.稳定性

当机组空载运行或带孤立负荷运行时，调速系统能稳定地控制机组转速；当机组与厂内其他机组,或与电网内机组并列运行时,调速系统能稳定地在零到最大输出功率范围内控制机组输出功率;如果水轮机的水力系统是稳定的,当满足下列条件时,调速系统被认为是稳定的。

(1)发电机在空载额定转速下或在额定转速及孤立系统带恒定负荷下运行,永态转差率整定在2%或以上时,调速器能保证机组运行3 min内转速波动值不超过额定转速的±0.15%。

(2)机组在电网中从零到任何负荷间运行时,永态转差率整定在2%或以上,由调速器引起的功率波动值不大于±0.2%。

(3)电气装置在工作电源与备用电源切换时,水轮机喷针接力器的行程变化不超过其全行程的±2%;调速器操作模型进行手、自动切换时,机组有功输出的波动不超过±5%。

调速器允许带电插拔故障插件。

4. 电气部分漂移值

调速器电气部分的漂移值折算到转速相对值:时漂8 h不大于0.2%、温漂每1 ℃不大于0.005%,电压漂移(±10% U_r)不大于0.05%。

5. 可靠性

无事故连续运行时间不少于30 000 h,在此期间机组不因调节装置故障而被迫停机,大修间隔不少于5年。

6. 喷针、折向器协联控制系统

调速器的喷针、折向器非协联动作,采用10套全数字式机械液压系统分别控制5个喷针接力器、5个折向器接力器。

(五)调速器技术参数及功能要求

1. 调速器参数调整范围

调节参数满足机组稳定运行要求,并在下列范围内连续可调:

永态转差率 b_p 为0~10%,在线可调,级差1%。

P.I.D参数中比例增益 k_p 为0~20 s,积分增益 k_I 为0~10 s^{-1},微分增益 k_D 为0~5 s。

增益值在线可调,可根据操作模式自动进行调整。在比例和积分功能模块中提供可独立调整的增益。

人工转速死区调节范围±1%,可由软件调整,调整分辨率0.01%。

2. 转速、输出功率调节范围

转速调节范围0~110% n_r,转速设定变化率软件可调(至少可在20~40 s内由最大调至0,反之亦然)。

当转速调整设定在10%及以下、机组在110%转速以下运行时,调速器允许喷针全开;当转速调整设定在0且机组空载时,允许转速降至90%;机组转速在90%~110%时允许机组并网。

功率给定调整范围0~115% P_r,调整分辨率1%。

频率给定调整范围 ±10%,调整分辨率0.5%。

开度限制整定范围0~105%,调整分辨率1%。

3. 功能要求

调速系统具有下述功能。

1）控制功能

（1）快速频率跟踪功能：为了缩短同期时间，调速器有频率跟踪器，并具有优良调节特性，使机组频率快速跟踪电网频率，频率差接近0。

（2）频率及紧急频率控制：即用喷针控制频率，调速器通过PID计算，增减喷针开度。当频率大于50.41 Hz且频率在上升的趋势，或频率小于49.59 Hz且频率在下降的趋势时，则调速器自动进入正常频率调节模式；当频率小于50.40 Hz且频率在下降的趋势，或频率大于49.61 Hz且频率在上升的趋势时，则调速器自动转回原来的控制模式。当频率大于50.50 Hz或小于49.5 Hz时，则调速器进入紧急调频模式，同时向机组PLC发进入紧急调频信号（该信号是脉冲量），机组收到该信号，则再向调速器发频率调节令；当频率小于50.40 Hz且频率在下降的趋势，或频率大于49.61 Hz且频率在上升的趋势，则调速器不再复位到原来的控制模式，而是在正常频率模式。

（3）功率控制：本工程的功率控制是由调速器自己完成的，按PID调节，同时加上了计算的功率变化率反馈，做PID的二次调节，以保证功率变化率平滑，且斜率不超过2 MW/min。机组PLC通过模拟量给调速器下发功率给定值，同时需要给投外部模拟量功率给定开关量指令，调速器接到该信号，则按机组PLC下发的给定值做调速器的功给值。喷针开启数量及开度切换点是调速器厂根据主机厂给定的效率曲线并略作调整。

（4）折向器控制：调速器通过PID计算，增减折向器开度。当频率达到51 Hz且频率还在上升趋势，或频率达到51.5 Hz，则进入折向器控制模式；当机频小于49.75 Hz，且频率还有下降趋势，则复位折向器调节，折向器推出控制。PID计算喷针开度，然后根据主机厂给出的喷针—折向器协联关系曲线，查出折向器的开度。

调速器应能实现单喷嘴或多喷嘴启动机组。并能根据负荷变化自动或手动切换为单喷嘴或任意数量喷嘴运行。

在调速器电气柜上，设有“现地—远方”切换旋钮和“自动—手动—测试”切换旋钮来选择调速器的控制模式。

2）寻优功能

在正常运行时根据电站水头及负荷变化自动调整喷针开度和投入或脱离运行的喷嘴数以达到机组保持高效率运行。为使喷嘴数变换工况点运行的稳定，加喷嘴的负荷大于减喷嘴的负荷，加减喷嘴数负荷之差可在3%～10%额定输出功率范围内调整。投入和脱离运行喷嘴的次序可按实际需要设定和改变。

3）自适应功能

调速器具有较强的自适应能力以提高调节品质。根据喷针开度、有效水头和机组输出功率所反映的运行工况（如空载或并网运行）自行调整调节参数（K_I、K_P、K_D）和控制结构，以实现在任何工况下均能以相应的最优参数和最佳控制结构参与调控。

4）开停机

（1）正常开停机：机组PLC向调速器发开机令和用折向器同期令（折向器同期令也就是正常频率调节令，再开机时，调速器认为是用折向器同期令），调速器接到开机令，通过开度调节方式将机组频率升至45 Hz,后转入频率调节方式,因接到用折向器同期令,故采用折向器调节机频以达到尽快同期的目的,在同期过程中由机组通过脉冲方式发频率给定增/减令。同期结束后调速器将投折向器同期令复归。正常停机先按功率曲线(斜率不超过2 MW)减负载到0,然后通过比例阀关闭喷针,折向器。

(2)事故停机:根据机组事故信号,由自动装置发出停机命令或计算机监控系统的指令关机至0开度或空载开度。

5)手动—自动跟踪

调速器手动操作时,电气上设有开度跟踪环节,以保证需要时机组能快速无扰动地切入自动。切换时功率波动不得超过5%。

6)水头反馈机构

调速器设有水头反馈机构,能根据运行水头自动保持最佳的工作喷嘴数和负荷的关系,自动调整空载开度和限制开度。

7)水位控制机构

调速器设有水位控制机构,能根据上游水位的情况自动地增加或减少喷针开度、增减喷嘴数或开机台数,使上游水位保持在设定的正常水位运行。

8)在线自诊断功能和容错功能

调速器具有下述在线自诊断功能和相应的容错功能:

(1)模/数转换器和输入通道故障;

(2)数/模转换器和输出通道故障;

(3)反馈通道故障;

(4)液压随动系统故障;

(5)程序出错和时钟故障;

(6)控制设备故障(包括折向器控制装置故障)和测量信号出错(包括测速系统故障);

(7)事故关机回路故障;

(8)操作出错诊断;

(9)喷针开度限制装置故障(包括水位控制机构故障)。

9)离线自诊断及调试功能

调速器具有下述离线自诊断功能:

(1)数据采样系统的精度检查;

(2)数字滤波器的参数检查和校正;

(3)调节参数检查及调整;

(4)程序检查;

(5)喷针—折向器联动控制检查和调整;

(6)修改和调试程序;

(7)CPU和总线诊断。

10)保护功能

(1)故障保护:当调速系统的故障性质仍允许机组继续运行时,调速器能保持机组原运行状态工作且不影响机组正常和事故停机，同时将故障信号送往电站监控系统，故障消除后自动平稳地恢复工作。对于大事故，机组应停机，电气柜上的指示灯应指示故障，调速器应有至少2个电气上独立的调速器故障信号输出。

(2)速度保护：设有2套离心式过速开关(机械速度开关)，带2对独立不接地常开接点，操作范围为115% ~150% n_r 可调。机械开关在机组达到飞逸转速时也可正常工作，开关接地可从常开到常关切换。

(3)蠕动保护：调速器设有零转速检测装置，当机组在停机状态下主轴角位移达到3°(或更少)时，输出开关信号，用于保护和报警。蠕动保护在机组转速达到20%时切除。

(4)加速度保护：调整器对机组开机过程的转速、加速度进行监测并根据设定的加速度值对越限作出保护性反应，同时经开关量输入/输出接口输出越限信号。

(5)事故低油压保护：当压力油源的压力降至事故低油压整定值时，动作 trip A，应使机组紧急停机。

(六)调速器电源

发电机电流互感器额定电流1 A，电压互感器二次额定电压110 V/63.5 V；直流电源110 V；交流电源415 V/240 V；系统频率取自母线电压互感器，额定电压110 V，变化范围0 ~110 V。

(七)调速器主要部件要求

1. 微处理机

微处理机采用高可靠性、低功耗、抗干扰性强的32位工业用微机，可用率不小于99.9%；微处理机有足够的模拟量输入/输出接口通道数，以满足采样、控制、显示的需要；有足够的开关量输入/输出接口通道数，以满足状态监视、控制、信号和报警的需要；微处理机通过RS485通信接口实现与计算机监控系统的unit PLC的数据交换，除数字通信外，对于重要的信息、控制命令和事故信号，调速器还应通过I/O点直接接入unit PLC，调速器输入/输出接点采用独立的无源接点；其通信规约为MODBUS规约。

微处理机电源由厂用交流电源和厂内直流电源供给，互为热备用，装置在厂用电源电压偏差范围(交流或直流)内正常工作，电源交直流切换和电压波动不应影响微处理机正常运行，在电源消失后自动报警并自动保存存贮器内的内容，微处理机的电源回路设有过电压、过电流保护，过电压保护装置应能自动复归。

2. 液压随动系统

液压随动系统各部件之间的机械连接尽可能短，采用组合阀块结构，主供油回路与控制油回路分开设置，以避免互相干扰，油管接头没有渗油现象，过滤器保证控制油的质量，滤网能方便地更换、清扫。

在电液调节装置的调节参数、指令信号及输入信号不变的条件下，油压在正常工作范围内变化时，所引起的主接力器位移不大于全行程的0.5%。

电液转换器有很强的抗污能力，并在滤油精度为60 μm时，调速器仍能正常工作，电液转换器直接驱动主配压阀。

3. 测速装置

机组转速测量采用1路齿盘测速。齿盘测速装置由装在水轮机主轴上的齿盘转速变送器和相应的转速信号处理回路构成。

4. 转速信号器

足够数量的电气转速开关接点，满足对速度保护的要求。接点数满足机组监控需要，并留有一定的裕量。

5. 电气回复机构

调速器和喷针接力器之间采用电气反馈回复机构。设有反映喷针接力器位置的位移变送器和折向器位置的行程变送器，变送器输出信号为4～20 mA。

6. 控制装置和仪表

安装在柜面上的控制装置和仪表对称地排列，所有的仪表、控制装置，其尺寸和外观相互协调，完整地用导线与附近的端子接线板连接，接线板装在柜子内仪表的底部。

仪表为平装型的白盘。黑字和黑色指针，精度不低于1.5级。仪表有防眩玻璃盖，其装潢到与柜子协调一致。

控制开关带指示灯，且为开关板式，带合适的有色罩和整装电阻，指示灯能从盘的前面更换。

调速器将以下信息送 unit PLC。

1）状态信号

（1）“现地—远方”旋钮的位置；

（2）“手动—自动—测试”旋钮的位置；

（3）调速器油泵“手动—关闭—自动”旋钮的位置；

（4）调速器操作模式；

（5）每个油泵的运行指示；

（6）各种工况的报警信号；

（7）喷针全开或全关位置；

（8）机组蠕动。

2）4～20 mA 模拟信号

（1）各喷针及折向器位置；

（2）喷针位置设定点；

（3）转速及转速设定值；

（4）功率及功率设定值；

（5）人工失灵区；

（6）永态转差率；

（7）油压及蓄能罐内油位；

（8）回油箱油位及油温。

3）从电站控制系统可以实现下列对调速器的电气控制

（1）喷针开度限制设定的增减；

（2）转速设定值的增减；

（3）功率设定值的增减；

（4）紧急停机电磁阀跳闸。

(八)油压装置

油压装置由油泵、蓄能罐和回油箱等组成。

1. 油泵

油压装置有2台相同的螺杆油泵,1台工作,1台备用。每台油泵每分钟的供油总量不应小于喷针接力器和折向器接力器总有效容量的1.75倍,油泵由低启动电流的三相感应电动机直接驱动,并可连续工作,油泵可在最大油压下不注油直接启动。电动机功率不超过11 kW,设计为全压直接启动。

每台油泵配有由卸荷阀、安全阀、止回阀、截止阀等组成的组合阀和用于自动启停油泵的压力继电器。安全阀有足够的容量,作为卸荷阀的后备保护装置,当油压高于最高工作油压上限10%时,安全阀开始排油;当油压超过工作油压上限的16%时,安全阀排出2台油泵的全部供油量。

电动机的控制方式采用"连续运行—间断运行—手动运行—停止运行"4挡,互相切换。间断运行方式为当压力油罐的油压降到正常工作油压下限时启动油泵组,而压力升高到正常工作油压上限时关闭油泵组。启动油泵电动机的磁力起动器或开关应适用于频繁操作。

油泵既能单独运行又能联合运行,在联合运行时,油泵能自动交替作工作泵,同时能手动选定工作泵。当油压低于工作泵工作压力下限时自动启动备用油泵。任一台油泵应能与油系统其他部分正常工作。控制设备和指示仪表组合在调速器机柜内。

2. 蓄能罐

采用皮囊式(充高压氮气)蓄能罐,其设计、制造、试验、验收和证明均应按照ASME标准《锅炉和压力容器规程》第Ⅷ章第1部分进行,设计压力不小于系统最大操作压力的1.1倍。蓄能罐的容量满足在油泵不启动的情况下实现全部10个接力器2次开—关循环操作。蓄能罐总容积不小于喷针及折向器接力器工作容积的20倍,蓄能罐工作容积满足喷针及折向器一次关—开—关的操作。

蓄能罐配有压力表、压力信号器、液位变送器、带有阀门的整套油位指示计、浮子式油位开关、安全阀、供气接口、手动排气阀和1套自动补氮气装置。压力信号器和油位开关在油压和油位变化时,能可靠地发出信号。油位开关为浮子式,单极单掷,类似磁放大器型式(无填料压盖)。

除压缩空气管道和安全阀接头外,蓄能罐的所有油管进出口都安装在正常最低油位以下,以防止低油位时压缩空气进入调速系统供油管道。每个油罐均设置进人孔、主油阀、吊耳和支座等,清扫和检修压力油罐时,可以通过旁通阀将蓄能罐内的油排至回油箱。

3. 回油箱

回油箱的容积为1.3 m^3。回油箱的形状及布置使油泵有足够的工作高度。

回油箱有检修用的进人孔,装有网状过滤器或单独的油泵吸油过滤器,所有的过滤器均能方便拆卸清理,而不需排空回油箱。回油箱设有嵌入式油位指示器、油位信号器(提供高低油位报警及极低油位停机信号)、油混水信号器、呼吸器、加油口接头和阀门、排油口接头和阀门、化验取油样考克以及循环滤油用的接头和阀门。在合适位置布置1套温度变送器,以监视调速系统油温。在回油箱的合适位置布置调速器机柜。

回油箱无裂纹、裂缝或盲孔，所有焊缝要连续，并经热油渗透试验合格。

回油箱配置有适合的油冷却器，并配有油冷却器外部管路上的检修阀门和相关自动化元件，冷却器所需的用水量不超过5 m^3/h。

（九）管路

调速系统主供油管路、阀门及管件均采用不锈钢材料，用法兰连接。调速系统主供油管油的最大流速不得超过5 m/s。

三、进水主阀

南德瑞瓦图工程电站引水方式为一管二机。由调压井引出直径为2.25 m的主管，到厂房前设岔管，由1个月牙肋岔管分成2条支管进入主厂房。1#机引水道最长，从调压井至配水环管进口的$\sum L = 1\ 426$ m。

（一）水轮机进水主阀基本规格及主要参数

阀门型式	双密封球阀
公称直径	1 100 mm
最大设计压力	4.35 MPa
操作方式	液压开启、重锤关闭
液压系统压力	16 MPa
阀轴的布置方式	卧轴
阀门的开启时间	30～90 s（可调）
阀门的关闭时间	30～90 s（可调）

（二）设计说明和运行条件

进水阀及其附件的最大承压水头不小于385.20 m。

进水阀采用油压开启，重锤关闭。

进水阀开启前，向阀后充水平压，当阀两侧的压力差不大于1.0 MPa时，进水阀能灵活、平稳、准确地开启。

机组正常停机或检修时进水阀能可靠而严密的关闭，关闭灵活、平稳、准确。在机组任何运行工况下进水阀都能连续正常工作，机组故障时进水阀能动水关闭，关闭时无有害的振动和变形。

进水阀全开时的水流阻力系数近似0。进水阀的活门只处于全开或全关位置，不作调节流量用。

阀门的漏水量标准满足ANSI B16.104的V级标准，且在最大水头下全关时的漏水量不大于0.1 L/min。

进水阀有足够的强度和刚度，上、下游法兰可传递出现的最大轴向力，阀壳配有坚固的底座能把全部垂直荷载包括延伸部件和水的重量、接力器拉力等安全地传递到混凝土基础上。当接力器支承在混凝土基础上时，可保证在最大操作力矩下接力器基础受压。

进水阀底座可容许钢管的少量伸缩带来的位移，底座底面与底板接触面要加工光滑。基础螺栓孔为腰形孔。

由于厂房尺寸限制，进水球阀及其上下游短管的总长度不超过3 850 mm。

进水阀能手动和自动操作,可在现地和远方监控。进水阀带有全开、关位置指示,并能输出锁定投入、切除信号。

(三)结构和材料

进水阀主要部件的材料:阀体采用铸钢或焊接钢板;活门用铸钢或结构钢;止水圈采用不锈钢;阀轴用锻钢;接力器缸体用锻钢,接力器活塞用铸钢,连接活塞至操作杠杆的活塞杆应镀铬,操作杠杆为钢制,键在阀轴上;工作密封用耐磨抗蚀的不锈钢,密封面堆焊507 钼;检修密封用耐磨抗蚀的不锈钢;伸缩节用钢板焊接;伸缩节活动密封面堆焊不锈钢;进水阀前的连接管采用不需预热即能与引水钢管焊接的钢板。

阀壳分两瓣,用法兰连接。阀壳外部有活门位置指示器,底部设有排污管、排污阀及检修阀(口径为 DN50 mm)。排污阀采用不锈钢密封面的球阀,阀体采用钢制。检修阀为楔型闸阀,铜密封面。配套提供阀的配对法兰、螺栓螺母等附件。

活门与阀轴采用刚性连接。活门流道的形状为光滑的圆筒内面,过流表面应加工,以减小水头损失和水力振动,并具有必要的水力自密封性能。

阀轴与轴承及轴颈密封接触的部位采取热套可更换的不锈钢钢套或衬有厚度不小于6 mm 的抗腐蚀内衬等防锈措施。加工时可保证阀轴的同心度、同轴度及振摆度。

阀轴轴承采用套筒式轴承,支撑在阀体上,设计轴承压力不超过 210 kPa。阀轴轴瓦采用自润滑钢背复合塑料材料。所有支撑轴承均采用自润滑材料。

在阀体下游侧延伸段上设 2 套自动补气排气阀及其检修闸阀(1 套工作,1 套备用),并设置合适的管路将排气过程中排出的水引至指定地点。

进水阀上游侧设检修密封,下游侧设工作密封。进水阀上、下游活动密封环设在阀壳上,活动密封环采用抗空蚀、抗泥沙磨损的不锈钢材料,其相对的滑动面采用不锈钢衬套并有牢固的阀体固定。进水阀应能在不拆开阀壳的情况下更换检修密封、工作密封及轴颈密封。下游工作密封的操作和阀的控制联动,油源取自阀的油压装置。上游检修密封通过手动阀的操作来控制,并在手阀上提供锁定装置,以防误操作。2 台进水球阀共用 1 台便携式手动油泵,来操作检修密封。

进水阀操作机构的容量可满足在各种情况下 60 s 内完成一次全开或全关操作行程的要求。进水阀在关闭位置有可靠的手动操作机构的机械锁定装置,并带有位置接点。锁锭投入、拔出各位置接点 2 付,且各接点独立引出。进水阀锁定装置有足够的强度,能承受接力器的最大操作力。

(四)缩节及上下游连接管

伸缩节为套筒式,装设在进水阀下游侧,与水轮机配水环管进口段法兰连接,公称直径与进水阀一致,公称压力为 4.0 MPa,伸缩量为 10 ~ 20 mm。

进水阀伸缩节结构紧凑可靠、拆装方便,滑动面采用不少于 3 道聚四氟乙烯密封圈,伸缩节及上下游连接管不带支座,其自重及水体的重量都通过法兰及接头来承受。

为减轻滑动面的磨蚀,伸缩节滑动面堆焊 1Cr18Ni9Ti 不锈钢,堆焊面采用精加工,并满足对表面粗糙度的规定。

在进水阀上游侧设置直径与进水阀相同的连接管,一端与进水阀法兰连接,一端与电站压力钢管焊接连接。

在伸缩节下游侧设置直径与进水阀相同的连接管,一端与伸缩节法兰连接,一端与电站配水环管进口段焊接连接。

(五)旁通管路

进水阀设置 DN25 mm 旁通阀,其开启和关闭时间在正常操作条件下在 10 ~ 30 s 范围内可调,以防开关时发生过大的水击。旁通阀型式为带不锈钢针尖及座圈的针阀,操作型式为油压及手动操作,油压来自油压装置。旁通阀可在最大压差下自由进行开关操作。手轮操作机构上带有防止在液压操作时误操作的装置,可提供带 2 个电气独立接点的限位开关,以完成控制功能。

旁通阀前后均应设有公称压力为 4.0 MPa 的手动闸阀作为旁通阀的检修阀。检修阀为铸钢结构,带楔形闸板及铜座密封。

旁通管路布置在进水阀的阀门右侧(从上游向下游看)的上侧部,可靠支撑在进水阀阀壳上。旁通管的下游侧管口接于下游短管(或伸缩节)上。对跨过压力钢管伸缩节的旁通管路应设置伸缩节。

(六)空气阀等

在下游连接短管上设置 2 套自动进排气阀及其检修闸阀、旁通管接口和压力表或压力传感器接口,空气阀的直径可满足充水时排气和进水阀动水关闭时补气的需要。空气阀的开关自动、可靠,关闭后严密不漏,并设置必要的管路装置将排气过程中带出的水引至规定地点。空气阀最顶部应不高于阀门中心线以上 1 400 mm。

(七)进水阀操作控制系统

1. 操作机构

进水阀采用重锤式,其操作机构由接力器、活塞、操作杆、液压操作油管和锁定装置等组成。接力器采用直缸摇摆式,操作压力油源来自液(油)压装置。为避免蝶阀在动水关闭时引起阀门的振动,在接力器开启和关闭腔的油管上装设节流阀。接力器和重锤布置在阀门左侧(从上游向下游看),重锤向下游侧落下。重锤在上举和下落过程中,不与周围设备、土建结构发生任何干扰。

2. 液压站(机械液压系统)

进水阀的压力油源的额定油压不低于 16 MPa。操作油牌号为 L - TSA32。

液压站由油泵组、蓄能罐、回油箱、管路、阀门、表计、压力继电器、液位指示器、液位信号器、滤油网和附件等组成。

3. 油泵组

液压站应有 2 台相同的电动油泵。每台电动油泵每分钟的供油量不小于接力器总有效容积的 0.65 倍,电动油泵由三相感应电动机直接驱动,并可连续工作。

每台油泵配有卸荷阀、安全阀、止回阀和截止阀。

油泵既能单独运行又能联合运行,油泵采用轮流启动,互为备用的工作方式。油泵控制采用 PLC 控制,当油压降低时启动主用泵,当油压继续下降时自动启动备用泵并发信号,油压恢复正常值时自动停止工作泵和备用泵。为满足控制要求,配置了足够数量的压力信号器。可输出油泵运行、油泵故障、控制电源消失、控制装置故障、手动/自动方式、事故油压低等无源信号接点,并有数据通信口与电站监控系统通信。

(八)蓄能罐

蓄能罐的总容积应不少于3倍进水阀接力器的总容积,同时还可满足在不启动油泵的情况下进水阀关—开或开—关2次动作,且压力油罐尚存必须的油量和保持最低允许油压的要求。

蓄能罐的设计、制造、试验、验收和证明均按照ASME标准进行,最大允许工作压力不小于系统最大运行压力的1.2倍。

蓄能罐配有压力表、压力传感器、油位信号器、安全阀、供气接口、充气装置等,压力信号器和油位信号器在油压和油位变化时,能可靠地发出信号,自动保持油压和油位都在设计范围内。

每只蓄能罐的底部还应装设排油管和排油阀。

(九)回油箱

回油箱的容积能容纳进水阀操作系统全部油量的1.2倍。

回油箱内回油区和净油区间设有滤网,滤网便于更换和检修。回油箱设油位指示器、油位信号器、加油口接头和阀门、排油口和阀门、化验取油样阀门以及循环滤油用的接头和阀门。

回油箱无裂纹、裂缝或盲孔,所有焊缝连续,并经煤油渗透试验合格,回油箱采用钢板焊接结构。

(十)管路与阀门

机械液压系统包括液压站、控制柜、接力器之间的管路、阀门和管件。

管路采用不锈钢无缝钢管和高压软管,刚性管路采用法兰连接,与柔性管的连接采用卡套连接,管路系统的公称压力满足液压系统最大运行压力的要求。

整个管路系统的密封严密,保证不漏油。

(十一)电气控制系统

进水阀及其附属设备采用PLC控制,能在现地和远方按规定程序自动或手动操作,设备的动作应准确、可靠。

进水阀的开启程序见图11-1。

进水阀的关闭程序见图11-2。

进水阀的PLC控制系统能实现与电站计算机监控系统的通信,其串行通信接口采用485接口。

进水阀及其附属设备控制电源采用直流110 V。

进水阀开启所需的差压信号由安装在上、下游连接管上的压力传感器或差压变送器提供。

进水阀设置控制柜。控制柜内装设自动化元件、指示灯、电气端子和电加热器等。

进水阀设有行程指示器和行程传感器。在现地控制箱上装设可显示阀门前后压差的双针压力表。

进水阀控制柜上有下列信号显示仪表并输出接点,带*者还输出DC 4~20 mA模拟量信号,将其引至计算机监控系统:

(1)进水阀全开、全关的位置信号接点(各位置不少于2副);

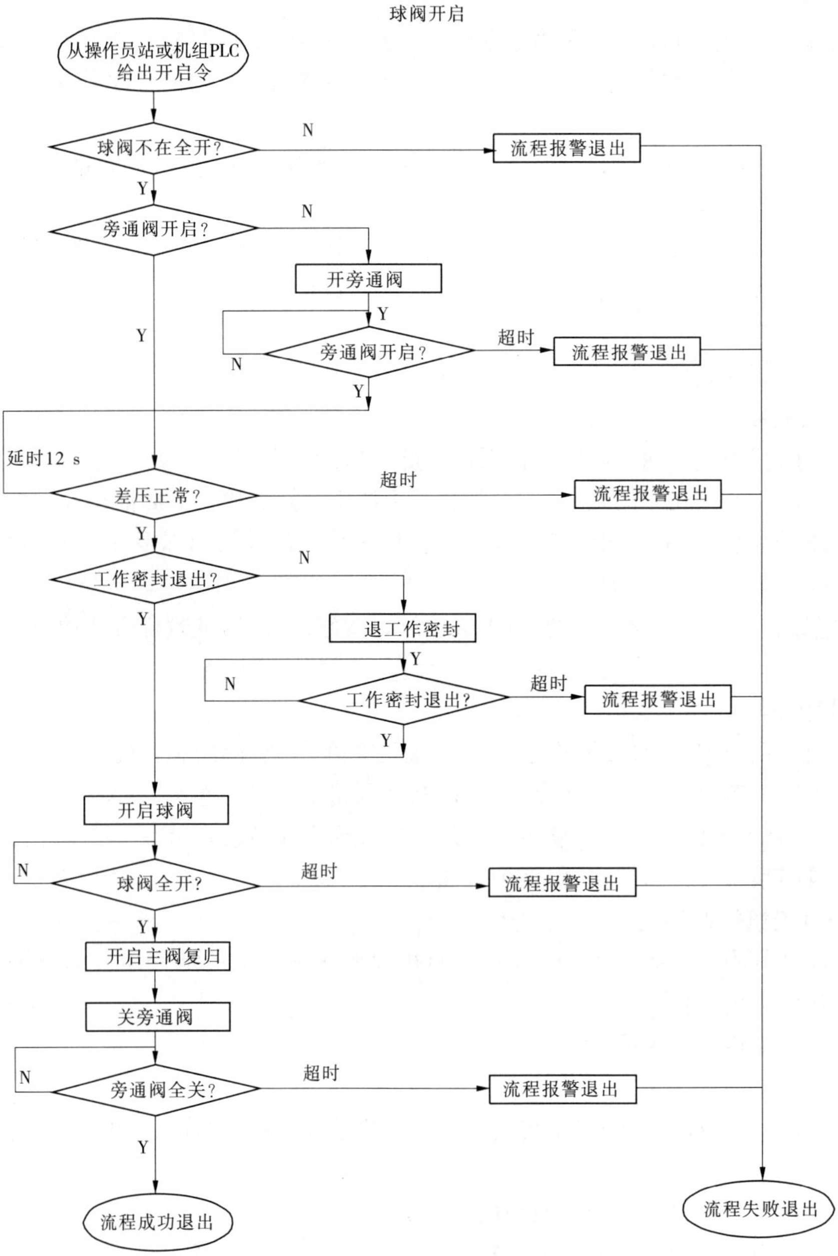

图 11-1　进水阀开启程序图

(2)进水阀锁定投入与拔出的信号接点(各位置不少于 2 副);

(3)进水阀上下游压力差的差压信号接点;

(4)工作密封和检修密封位置信号接点(工作密封各位置不少于 2 副);

(5)检修密封机械锁定的投入和拔出信号;

(6)旁通阀开关位置信号接点;

(7)蓄能罐内油压过高、过低和事故低油压的报警信号接点;

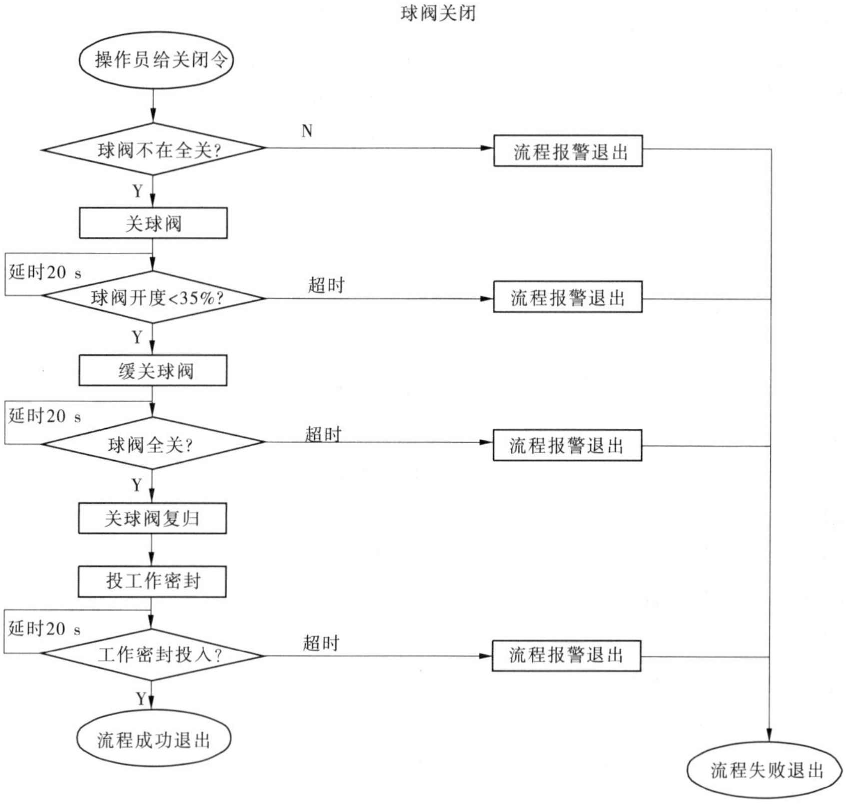

图 11-2　进水阀关闭程序图

(8)进水阀上、下游压力;
(9)进水阀操作油压;
(10)油泵交流电源消失故障信号接点;
(11)进水阀直流控制电源消失故障信号接点;
(12)备用油泵启动信号接点;
(13)控制柜内、控制系统装置(PLC)故障信号接点;
(14)油泵故障信号接点;
(15)进水阀远方/现地方式接点。

四、发电机

(一)发电机基本规格及主要参数

型号型号	SF22 - 14/3600
额定容量	27.5 MVA
额定功率	22 MW
额定电压	11 kV
额定电流	1 443 A

功率因数	0.80(滞后)
额定转速	428.6 r/min
飞逸转速	772 r/min
额定频率	50 Hz
额定效率	97.77%
旋转方向	俯视顺时针
转动惯量	230 t·m^2
定、转子绝缘等级	F 级
冷却方式	密闭自循环空气冷却
满载励磁电压	167.6 V
满载励磁电流	749.2 A
直轴同步电抗 X_d(不饱和值)	1.081%
直轴同步电抗 X_d(饱和值)	0.899%
交轴同步电抗 X_q(不饱和值)	0.662%
交轴同步电抗 X_q(饱和值)	0.622%
直轴瞬变电抗 X_d'(不饱和值)	0.290%
直轴瞬变电抗 X_d'(饱和值)	0.276%
直轴超瞬变电抗 X_d''(不饱和值)	0.227%
直轴超瞬变电抗 X_d''(饱和值)	0.200%
负序电抗 X_2	0.217%
零序电抗 X_0	0.117%
正序电阻 R_1(75 ℃)	0.016 694 Ω
励磁电阻 R_f(75 ℃)	0.187 8 Ω
直轴瞬变开路时间常数 T_{do}'	6.916 s
直轴瞬变短路时间常数 T_d'	1.741 s
定子绕组短路时间常数 T_d''	0.094 s

(二)发电机本体结构

发电机定子机座置于埋入混凝土基础的底板上,并承受上机架及其支持件的重量,支撑推力轴承的支架能承受发电机转子、水轮机转轮、主轴的重量和作用于转轮的不平衡力,并能承受短路工况下的不平衡力。上机架支撑着可拆卸的平台,平台上开有进人门。上机架可传递不平衡磁拉力引起的切向力。在所有转动部件和带电部分周围均配有可靠、合适的防护。发电机各轴承支架,基础板及结构部件避免与水轮机的固有频率发生有害的谐振。

(三)定子

定子包括定子机座、铁芯和绕组等主要部件。

根据运输条件,发电机定子采用分瓣结构,工厂内叠片下线,工地现场组合并下合缝线。定子机座具有足够刚度和硬度,能承受热磁应力和扭力。并应保证在绕组和铁芯组装后整体吊运时,不会伤害绕组和铁芯。

定子铁芯的内径便于水轮机全部部件通过定子吊出。

定子铁芯采用低损耗、无时效、优质冷轧硅钢片,漆膜厚度均匀,体积电阻符合有关规定。每片用绝缘漆或其他合适的材料涂于两面以减低涡流损失,在工厂叠片下线,叠片之间所有连接均为搭接,形成一个连续铁芯,叠片用足够的键或鸽尾固定到定子机座上,并经压紧结构压紧,鸽尾与双鸽尾定位筋的配合考虑了定子铁芯热膨胀,其径向具有足够的间隙。叠片时采取有效的压紧措施,铁芯最终叠压力 1.4 ~ 1.6 MPa。叠片槽部公差不大于 0.3 mm,各种运行工况下,铁芯在振动频率为 100 Hz 时允许双幅振动量不大于 0.03 mm。

定子铁芯内的通风沟布置使气流顺畅,风量分配均匀,定子上下两端回风,让定子铁芯充分冷却,风摩阻损耗最小。

定子端箍采用非磁性材料,定子铁芯齿压板的压指也采用非磁性材料。

定子绕组为星形连接。三相的相序为俯视逆时针 U,V,W。

线圈在定子槽内与铁芯之间的配合紧密,当 1.05 倍 U_N 时,线棒对地电位应不超过 10 V。

线圈股线采用有效的换位方式减少损耗和减少股线间的温差。定子绕组导体为软铜线,其电导系数应符合相关标准。

线圈的端部和连接线牢靠地支撑和固定,以防止发电机在可能遭受最严重的短路时引起的作用力而产生变形和振动,所有的接头和连接用银铜焊,并符合有关国际标准的技术要求。

定子绕组在实际冷态下,直流电阻在最大与最小两相间的差值,在校正由于引线长度不同引起的误差后不超过最小值的 1.5% 。

绕组绝缘,按 IEC 标准规定的 F 级绝缘,应用高等级绝缘树脂的绝缘结构,并进行真空加压浸渍或模压成型,使绝缘和线棒成为无空隙的严密而均匀的整体。

(四)转子

转子由转轴、磁轭和磁极等部件组成,转子在结构上具有足够的机械强度。整个转子的设计和制造能安全承受最大飞逸转速 30 min,而不产生任何有害变形及接头开焊等情况。

磁极应由薄钢板叠压而成,鸠尾或 T 尾用楔形键和相配合的槽固定到磁轭上,并用楔形键固定就位,楔形键在磁轭两侧锁紧,以防止键松动后脱出。磁极压板采用锻钢加工成型。

磁极线圈采用铜带四角焊接结构,极身、托板绝缘采用整体压制密封结构,以防止油污进入。线圈使用 F 级绝缘,线圈间的极间连接可靠,并便于检修拆卸。

转子上装有纵横轴阻尼绕组,阻尼绕组设计成使 X_q'' 与 X_d'' 之比接近于 1。阻尼条与阻尼环之间用银焊,阻尼环间采用多层箔紫铜片制成的连接片柔性连接,用螺栓紧固。

制动环采用分块结构,以便于拆装。

(五)轴承

推力轴承可承受水轮发电机组所有转动部分的重量,以及水轮机不平衡力在内的组合荷载。允许水轮发电机组在停机后立即启动和在事故情况下不制动停机,并在各种工况下运行，包括从机组飞逸转速不加制动到停机的整个过程。推力轴承能承受 30 min 的飞逸转速。紧急情况下，可允许不顶转子或外加油压而开机或停机。另外，可在 50% ~ 110% 额定转速下连续运行而不伤害机组，在 1.1 倍额定转速到最大飞逸转速下可运行 30 min。

运行中，推力轴承的结构作到严防油气的逸出，配用排油雾风机。在正常运行温度下，如果轴承冷却水中断，允许带额定负荷无损运行 10 min。

导轴承是分块的、可调的，导轴承设计成在不干扰转子和推力轴承的情况下可以装拆、更换、检修。轴瓦温度不超过 70 ℃，并且能承受 30 min 的飞逸转速。

各轴承采用可靠的防止甩油、漏油、油气逸出的措施。

（六）上、下机架

下机架能通过发电机定子取出，上导轴承支架不需要取出集电环就可以取出导轴承，在热膨胀的情况下导轴承仍保持同心。

在下导轴承支架的顶部或下部，配有钢密封隔板。有 2 个带有铰链板的孔洞，可供人员出入。

（七）发电机冷却系统

冷却器对称地布置在定子机座周围形成一个密闭的再循环冷却系统。空气的循环靠转子旋转而产生的风扇作用而形成。

冷却器数量采用 $N+1$ 方式，在任一台冷却器退出运行时，不影响发电机按额定工况运行。各部分的温升不超过规定值。

冷却器的最高进水温度为 30 ℃。当发电机在额定转速、额定功率因数、额定电压时，空气冷却器有足够的冷却容量，出风温度不高于 40 ℃，并保证发电机所有部件温升不超过规定值。

在每个空气冷却器出口处装设空气电阻温度计 1 个。在其中 2 个冷却器另装设 2 个冷风电阻温度计，同时装设热风电阻温度计 2 只。

冷却器形式为立式，使用材料是不锈钢管。空冷器设置收集冷凝水的装置以及排气阀等。各个冷却器的进出口管路设球阀及压力表旋塞、排气阀等。

（八）润滑油冷却系统

润滑油的冷却方式为水冷却。冷却器独立安装，以便拆卸任何一个冷却器都无需拆解轴承。

每个轴承油槽中应装设一个材料是不锈钢的油冷却器，在规定的温度下，有足够的能力按轴承的运行要求把油冷却。

冷却器中冷却水中断后，允许机组以额定值运行 10 min 后正常停机而对轴承无损害。

（九）制动和顶起装置

发电机下机架上装设 1 套空气操作（正向和反向）的机械制动装置，当发电机转速下降到 20% 额定转速时，投入制动装置。

机械制动器适应最大气压为 0.8 MPa，并按贮气罐初始压力为 0.5 MPa 设计制动器。制动器兼供顶转子之用，顶起转子后可机械锁定卸去油压。制动器顶起行程为 10 ~ 15

mm。

制动块具有坚固、耐磨、耐热、不含金属成分和导电物质、可更换的摩擦表面,其表面不会在制动过程中因发热而损坏,也不会因摩擦粘住或卡住,摩擦时不产生有害物质和粉末。制动器的空气管路尺寸足够,并在制动周期完成后毫无限制地让制动块完全松开,每个制动块配有 2 个限位开关,分别指示制动块已松开复位或已经投入。各制动块限位开关,开接点并联(制动块投入)引出、闭接点串联引出引至发电机现地端子接线箱,每个制动块的投入、复归开关位置分别引出一对接点。

制动系统配置发电机内部制动用压缩空气管路、阀门、配件、制动盘及高压油泵等。

五、励磁系统

水轮发电机采用整流式静止励磁方式,励磁电源取自发电机机端的励磁变压器,经三相全控桥整流后,向发电机提供励磁电流。一套励磁系统由励磁变压器,晶闸管功率整流桥,灭磁开关、非线性灭磁电阻及转子过电压保护回路,励磁调节器,操作、检测、保护、信号及起励回路等部分组成。

(一)励磁系统基本性能

励磁系统可保证当发电机励磁电流和电压为额定负载下励磁电流和电压的 1.1 倍时,能长期连续运行,同时能满足发电机最大容量和发电机不同工况运行要求。在交流 380 V/220 V 系统,电压偏差范围为额定值 ±15%,频率偏差范围为 -3 ~ +2 Hz;在直流 220 V 系统,电压偏差范围为额定值的 -15% ~ +10% 范围内,励磁系统能保证发电机在额定工况下(或最大出力工况下)长期、连续运行。励磁系统能在机端电源频率为 45 ~ 77.5 Hz 范围内,维持正确工作,可满足机组、变压器及线路零起升压要求,并在规定的发电机进相运行范围内和突然减少励磁时,励磁系统能保证稳定、平滑地进行调节。

励磁系统具有强行励磁和逆变灭磁的能力。当发电机端正序电压下降到额定值的 80% 时,励磁系统应能提供 2 ~ 2.5 倍额定励磁电压和 3 倍额定励磁电流,持续时间不小于 50 s。

在发电机空载运行情况下,频率值每变化 1%,自动励磁调节系统可保证发电机电压的变化值不大于额定值的 ±0.1%。

(二)励磁变压器

励磁电源变压器容量为 500 kVA,11/0.38 kV,采用防潮三相干式环氧密封变压器。变压器绕组有防腐蚀、防潮措施。变压器除铁芯、绕组及封闭式外壳以外的所有金属部件均热浸镀锌。变压器高低压线圈之间采取金属屏蔽并接地。变压器设置接地端子和接线夹以及提升的吊环或吊钩。变压器采用自然空气冷却。每相变压器绕组内装两个铂制的、用于测绕组温度的电阻式温度计,在 0 ℃时的电阻值为 100 ±0.1 Ω。此外,装 1 个用于监视绕组温度的、带有两对可调、电气回路独立且不接地的报警和跳闸接点且具有现地显示的温度信号计。

(三)整流装置

整流装置采用三相全控桥式整流电路,选用参数指标较高的硅晶闸管元件,功率整流桥并联支路数为 2,每臂串联元件采用 1 个。功率整流桥并联支路的 1 个桥臂退出工作时,可保证发电机能带额定负荷和额定功率因数连续运行,在这种情况下,可以手动或自动限制强行励磁。可控硅元件及熔断器等为组件形式,并具有互换性以便于测试、检修或更换。每个硅晶闸管整流器的整流臂设置 1 个限流熔断器。在整流装置的交、直流侧均应设相应的过流、过压保护,并相互配合协调。

功率整流元件,采用风冷元件。整流装置各并联桥路均分别装于自己的整流柜内。整流柜设置低噪音风机,在安装风机处噪声不大于 70 dB。风机接至不同厂用电供电电源上,当一段厂用电故障时,自动切换至另一段厂用电电源上,冷却风机设有手动、自动投切回路,及相应的控制回路、风机运行信号等。

(四)励磁调节器

励磁调节器采用具有 PID 调节规律的双微机励磁调节器,设有 2 个自动电压调节通道和 1 个手动控制单元,自动调节为完全的双通道,每个通道从输入到输出可独立工作,1 套对另 1 套没有任何约束。在开机前,应选定调节方式。2 个自动电压调节通道从电压采集回路就完全分开,2 个电压通道之间采用跟踪控制角的方式,实现自动跟踪及故障时的自动切换。

励磁调节器交流工作电源电压在短时间波动范围为 55% ~120% 额定值的情况下,励磁调节器能维持正常工作。自动励磁调节器能保证发电机机端调压精度优于 0.5%;保证发电机机端电压调差率整定范围不小于 ±15%,并按 0.5% 的挡距分挡,调差特性有较好的线性度;能在发电机空载电压 20% ~120% 额定值范围内进行稳定、平滑地调节;在发电机空载运行状态下,自动励磁调节器和手动控制单元的整定电压变化速度,不大于额定电压 1%/s,不小于额定电压 0.3%/s;自动励磁调节器有自动电压跟踪回路,在机组同期并网之前使机组电压迅速跟踪系统电压;手动控制单元的调节范围,下限不高于发电机空载励磁电压的 10%,上限不低于 110% 额定励磁电压。

发电机空载运行,转速在 0.95 ~1.05 额定转速范围内的情况下,突然投入励磁系统,使发电机端电压从 0 上升至额定值时,电压超调量不大于额定电压的 10%,振荡次数不超过 3 次,调节时间不大于 5 s。机组突然甩掉额定有功负载和额定无功负载后,发电机电压超调不大于 10% 额定值,振荡次数不超过 1 次,调节时间不大于 1 s。

励磁调节器具有的功能:

(1)发电机电压自动调节(自动通道),调节规律采用 P、PI、PID 可选。

(2)励磁电流的给定值和实测值偏差进行调节。

(3)自动通道的相互跟踪及切换。自动通道可任意指定其中 1 个为工作通道,另 1 个为热备用通道。备用通道可自动跟踪工作通道的电压给定值,并利用自动检错功能对 2 个通道的输入、输出以及其他量进行在线检测监视。当工作通道故障时,可自动切换到备用通道工作,也可手动切换到备用通道工作,切换均无扰动。

(4)手动通道和自动通道相互跟踪及切换。两通道之一工作,另一备用时,备用通道按照输出信号相等的准则自动改变电压或电流的给定值。正常运行时两自动通道可相互切换。若只有 1 个自动通道处于完好状态,则自动通道故障时自动切换到手动通道。手动通道可用手动方式切换到自动通道,自动通道也可用手动方式切换到手动通道,所有切换均无扰动。

(5)系统电压跟踪。为实现机组与系统的快速同步,励磁系统应设置发电机电压跟踪系统电压环节。

(6)过励限制及最大励磁限制。根据磁场绕组的热稳定要求对励磁电流进行限制,当励磁电流小于1.1倍额定励磁电流时,本功能不起作用;当励磁电流大于1.1倍时,则按反时限曲线经过规定时间自动将励磁电流限制在额定励磁电流;若励磁电流大于3倍额定励磁电流,则立即自动限制在3倍,且时间为20 s,然后限制到额定励磁电流;在规定的时间内,若励磁电流又一次超过1.1倍,则立即加以限制。

(7)欠励限制。根据机组实发有功功率,对发电机励磁电流最小值进行限制,当低于有功功率所要求的极限最小电流时,将励磁电流限制在极限电流以上,欠励限制延时完成,其限制曲线比发电机失磁保护的有功功率—励磁电压判据留有一定裕度,以相互配合。

(8)V/Hz限制。根据发电机电压、频率的大小,调整励磁电流,使发电机电压不超过由频率电压关系所确定的数值,主要用来防止发电机和主变压器过激励、发电机不并网时空载误强励或励磁误调整造成的空载过电压。并与正常转速调整范围内的电压调整的频率特性配合,与电压调节范围相配合。

(9)电力系统稳定器(PSS)。电力系统稳定器的附加调节单元,其有效频率范围一般为0.2~2.0 Hz,并具有必要的保护、控制和限制电路。

(10)控制参数的在线修改。可在线修改各种控制参数,进行在线修改时,不影响励磁系统的正常运行。

(11)容错功能。对于自动通道和手动通道,当发生被调量反馈信号丢失、各种给定指令信号丢失等故障时,首先考虑通道切换,在不能切换时将有容错功能。当处于容错运行时,仍保证安全运行。

(12)保护功能设置。励磁系统应设直流侧短路过电流保护及励磁绕组回路过电压保护装置外,尚需设置:①功率整流柜的过电流和过电压保护;②电压互感器断线保护;③无功或电压波动超过允许值保护;④功率柜冷却风机故障、电源消失及断相保护;⑤励磁变压器保护(由其他设备供货商提供)。

(13)现地人机联系。在励磁盘上除装设测量仪表和控制信号设备外,还可在线选择显示重要的实时运行参数、给定参数以及计算参数。

(14)通信。备有串行通信口,与电站监控系统交换的信号,可用串行口传送至电站计算机监控系统。另外,有现地调试、显示通信接口。

(15)自诊断、自恢复。①能诊断到包括过程通信在内的每一个插件,并能指出故障性质。当硬件故障时,软件可及时发现;当软件出现故障时应立即切换至另一调节器。②当电源消失和恢复供电,以及调节器停止后又起动,能够自动按实时状态恢复工作。

(五)起励装置

提供有直流起励的成套设备,包括电源进线、开关及内部连接的电线。发电机正常运行时,采用残压起励。并设有起励后自动退出和起励不成功的控制、信号、保护、闭锁回路。起励电源的电流为10%发电机空载励磁电流。

(六)灭磁装置与过电压保护

励磁系统设逆变灭磁和自动灭磁装置2种灭磁方式,机组正常停机采用逆变灭磁,事故停机采用自动灭磁装置灭磁。在任何需要灭磁的情况下(包括发电机空载强励)都将保证可靠快速灭磁。

过电压保护装置保证发电机励磁绕组两端的电压瞬时值不超过出厂耐压试验时该绕组对地耐压试验电压幅值的70%。

自动灭磁装置带磁场断路器,磁场断路器采用快速灭弧直流断路器,最小断流能力不大于额定励磁电流的6%,最大分断电流不小于额定励磁电流的300%,电压大于强行励磁时发电机励磁绕组的顶值电压。其操作电源额定电压为直流220 V,操动机构保证断路器可靠合闸和分闸(采用双跳闸线圈),并有电气和机械防跳措施。

灭磁开关为单极双断口,带有一个不少于6对常开、6对常闭触点的辅助开关,其寿命不小于50 000次跳合闸操作。灭磁开关选用DXM11型。

磁场灭磁电阻采用氧化锌非线性电阻,其容量确保在最严重灭磁工况下,承受的耗能容量将不超过其工作容量的80%,同时,当20%的电阻组件退出运行时,仍能满足最严重灭磁工况下的要求。

转子励磁绕组及功率整流装置过电压保护装置采用非线性电阻,非线性电阻过电压保护装置动作应可靠,并能自动恢复。非线性电阻的工作容量应有足够的裕度,并允许连续动作。在额定工况下,元件负荷率应小于60%。非线性电阻动作电压最低瞬时值高于最大整流电压的峰值并高于自动灭磁装置正常动作时产生的过电压值。动作电压最高瞬时值低于功率整流桥的最大允许电压,且不超过出厂试验时励磁绕组对地耐压试验电压幅值的70%,动作值的分散性不超出±10%。由非线性电阻吸收的过电压能量,应小于非线性电阻过电压保护装置的最大工作能量,并留有足够的裕度。

非线性电阻元件的伏-安特性、耗能容量、低压泄漏电流必须进行测定,其技术指标需符合设计要求。

磁场灭磁及转子过电压时,灭磁电阻将自动接入。硅晶闸管整流输出侧过电压保护装置,在发生过电压时能自动投入。

磁场断路器和灭磁电阻等组装在励磁装置的灭磁柜中,柜内装设监视非线性电阻各并联支路阀片有无故障和过电压动作的指示装置。

在发电机非全相及失步时,滑极保护装置提供反向和正向的感应磁场电流通路,以保证转子回路和励磁回路不受过电压破坏。

第二节　技术供水系统

技术供水系统主要供发电机空气冷却器、各部轴承冷却器等用水。本电站采用尾水冷却器冷却、水泵加压的清水密闭循环冷却供水方案。机组冷却水的循环路径是:机组各冷却器→水泵→尾水冷却器→机组各冷却器,通过尾水冷却器与电站尾水交换热量。在发电机层下游墙布置有容量为100 L的膨胀水箱,为密闭系统提供一个自由水界面,同时可以向密闭系统补充由于渗漏等产生的损耗。膨胀水箱的补充水源取自电站生活水。水泵布置在水轮机层的机墩旁,每台机设2套,1台工作,1台备用。为节省能源,水泵电机配置了变频控制器,当机组出力较低或电站尾水温度较低时可以使水泵降低频率运行以节省电能。频率的设定由操作员根据运行经验设定,没有自动设定的要求。

尾水冷却器布置在尾水流道内,为方便从稳水栅的栅格处吊运,每台机组的尾水冷却器被拆分为8个,每个单体的尺寸小于2 131 mm×1 575 mm×800 mm。各主要设备的主要参数如下。

一、水泵

水泵主要参数:

型号	IL150/320-37/4
型式	立式离心泵
叶轮直径	323 m
额定流量	320 m^3/h
额定扬程	31 m
额定点效率	80%
电机功率	37 kW

二、尾水冷却器

尾水冷却器主要参数:

型号	XLQ-22/271.1-W
换热功率	525.15 kW
设计进水温度	31.66 ℃
设计出水温度	30 ℃
计算河水温度	28 ℃
散热主管规格	ϕ25 mm×3.5 mm
实际散热面积	287.76 m^2
额定流量下水头损失	9.0 m

第三节 排水系统

排水系统包括渗漏排水系统及洪水系统。

在主厂房191.6 m高程2台机组之间有一集水井,集水井底高程为185.0 m。此井兼做渗漏集水井及洪水井,高程185.0~188.5 m的集水井用于收集厂房的渗漏积水及机组检修时流道内的积水,2台潜水排污泵布置在185.0 m高程;188.5 m高程以上的集水井用于收集冲入厂房的洪水,2台潜水排污泵作为洪水泵布置在188.5 m平台上。

在高程185.0~188.5 m的渗漏积水及流道检修积水,通过2台渗漏排水泵将水抽送至厂外的油污水池内,然后通过油水分离设备将油污分离至油桶,将处理后合格的水排至厂房下游河道。

当洪水涌入厂房并进入集水井时,由于渗漏排水泵容量较小,水位将超过188.5 m平台并升至洪水泵启动水位。此时洪水泵启动并由Station PLC控制变频运行,将井内积水直接排至下游河道内。洪水泵启动时渗漏排水泵自动停止运行。

各主要设备的主要参数包括以下几个方面。

一、渗漏排水泵

渗漏排水泵主要参数:

型号	WQ2210 - 407 - 65
型式	潜水排污泵
额定转速	1 445 r/min
额定流量	50 m^3/h
额定扬程	22 m
电机功率	5.5 km

二、洪水泵

洪水泵主要参数:

型号	WQ2210 - 407 - 65
型式	潜水排污泵
额定转速	980 r/min
额定流量	120 m^3/h
额定扬程	12 m
电机功率	55 kW

三、油水分离器

油水分离器主要参数:

型号	ZYSC - 5
额定流量	5 m^3/h
额定转速	2 900 r/min
处理后含油量	<5 mg/L
电机功率	2.2 kW

为方便洪水泵投运前试验,也为了电站投运后的洪水泵定期试验,设置了向集水井充水的管路,该管路引自生活供水系统。管路的末端设置有DN50 mm的工作闸阀,布置在高程191.6 m层下游墙上,工作阀门正常处于关闭状态。在需要进行试验时,打开阀门向集水井内充水,待试验完成时即可靠关闭阀门并上锁。

各排水泵及油水分离设备的运行控制水位见表11-1。

表11-1　排水系统运行控制水位　（单位:m）

集水井位置	集水井井底高程	报警水位	停泵水位	工作泵投入水位	备用泵投入水位
渗漏集水井	185.0	185.80	186.0	187.6	188.0
洪水集水井	188.5	189.40	189.6	190.8	191.1
油污水池	195.6	196.40	196.6	197.8	198.1

电站集水井设有1套投入式水位计,渗漏排水的2台水泵通过水位控制排水泵的启/停,渗漏排水泵的自动控制由Station PLC完成,手动控制在415 V配电柜完成。

2台洪水泵现地均设有控制柜,集中监控通过Station PLC实现,与渗漏排水控制用水位信号共用。根据洪水量的多少,1台运行或者2台同时运行,同样按洪水量多少电动机运行在不同的频率,以实现最佳的排水效果,每一洪水泵设有1面控制屏,布置在低压盘室,完成现地手动、自动控制,变频自动控制由Station PLC完成。

2台油水分离器,每台5.37 kW,每一油水分离器设有1个控制箱,电站油污水池设有1套液位信号计(5个浮球),根据液位信号控制油水分离器的启/停,自动控制由Station PLC完成,手动控制在控制箱完成。

第四节　压缩空气系统

本系统主要用于机组的制动用气以及厂内吹扫和风动工具用气。主要设备包括2台低压螺杆空压机,2台冷干机,1个3 m^3 主贮气罐及2个机组用贮气罐,并设有监视系统压力的压力变送器。每个机组1 m^3 的自用贮气罐与供气总管之间设有止回阀,以保证在主供气管道或主贮气罐故障时仍可保障机组制动用气。正常情况下,2台空压机通过不同的压力启动值,实现空压机的主/备控制。如果将空压机设置为远方控制状态,Station PLC可根据设置在供气主管上的压力变送器的信号控制空压机的启停。空气压缩机能实现轻载启动、定时自动排污等控制功能,实现排气压力、润滑油液位等保护功能,外送故障信号以及与电站控制系统通过RS485口通信等。

低压空压机和主贮气罐及其控制设备布置在安装场下高程195.6 m的空压机及贮气罐室。

各主要设备的主要参数如下。

一、空压机

空压机主要参数:

型号	UP5-18-8
型式	螺杆式
额定流量	2.85 m^3/s

排气压力	8.5 Bar
电机功率	18.5 kW
冷却方式	空冷

二、空气干燥机

空气干燥机主要参数：

型号	IR36R
型式	冷冻式
额定流量	3.6 m^3/min
额定功率	1.75 kW
露点温度	3～6 ℃

第十二章　电气一次

第一节　电站接入系统及电气主接线

斐济南德瑞瓦图水电站装机 2 台，单机容量为 22 MW，总装机 44 MW。电站以 2 回 132 kV 出线Π接至已有 132 kV 输电线路，从而接入电网。

电站的发电机与变压器采用单元接线，开关站 132 kV 接线则采用单母线分段接线。

厂房内的主变及所有 132 kV 开关设备为户外敞开式布置。因为是发变组单元接线，厂房内主变及 132 kV 开关设备均接入 unit PLC。机端的 11 kV 设备也接入 unit PLC。

开关站 132 kV 开关设备均为户外敞开式布置，接线方式为单母线，2 回进线，3 回出线。母线上设有 2 个隔离开关实现不同运行方式的转换。断路器操作机构为弹簧储能型，进线断路器为三相操作，出线断路器为单相操作。各间隔断路器、隔离开关等的监控通过进、出线保护装置完成，母线上的隔离开关等监控通过母线保护装置完成，开关站的操作员站采用 SIMATIC Rack PC 547B + V2211H，布置在 RTU 屏上，通过操作员站可以实现对开关站所有设备的监控。

此外，开关站 RTU 还负责开关站的直流系统、415 V 系统、安防门禁系统及通风系统等的监控。

厂房主接线图如图 12-1 所示。

开关站主接线图如图 12-2 所示。

第二节　11 kV 封闭母线

11 kV 封闭母线用于连接水轮发电机组主引出线、发电机机压配电装置及升压变压器的低压侧。封闭母线采用三相共箱式，额定电压为 12 kV，额定电流为 3 000 A。封闭母线的主要参数如下：

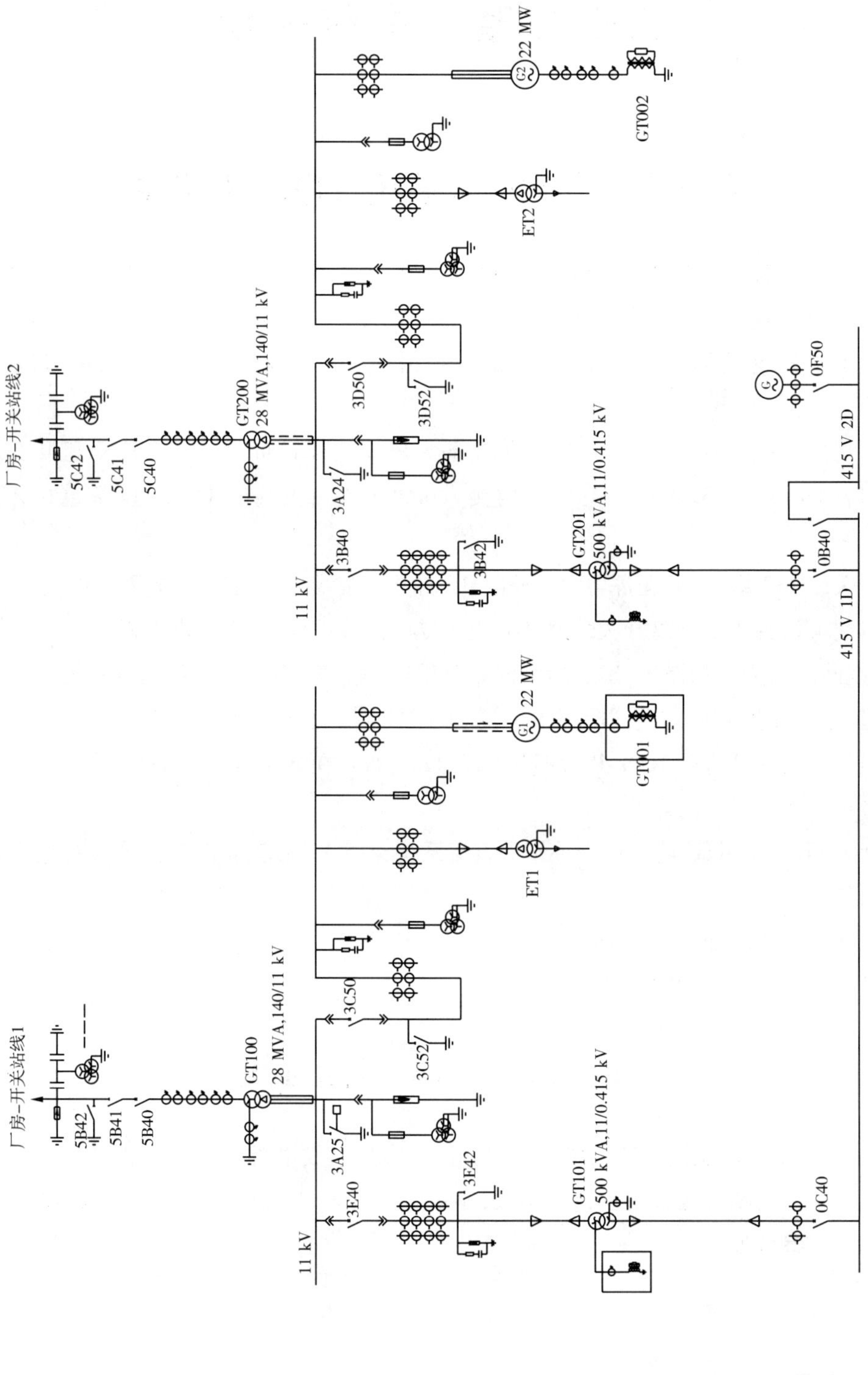
厂房-开关站线1
5B42
5B41
5B40
GT100
28 MVA,140/11 kV
3C50
3C52
3A25
3E40
3E42
11 kV
GT101
500 kVA,11/0.415 kV
0C40
ET1
G1
22 MW
GT001
厂房-开关站线2
5C42
5C41
5C40
GT200
28 MVA,140/11 kV
3D50
3D52
3A24
3B40
3B42
11 kV
GT201
500 kVA,11/0.415 kV
0B40
415 V 1D
415 V 2D
0F50
G
ET2
G2
22 MW
GT002

图 12-1 厂房主接线图

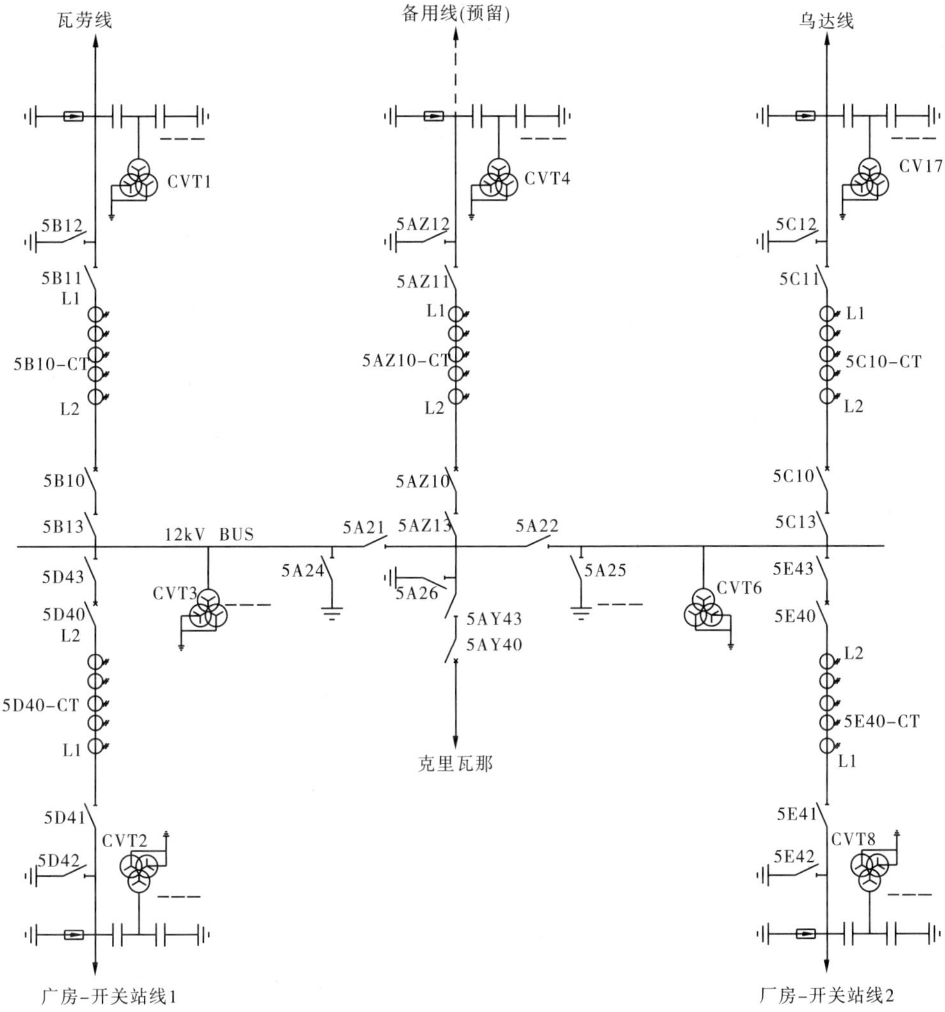

图 12-2　开关站主接线图

型号	NSPB BGFM－11/3000A
型式	户内/户外
数量	50 m
防护等级	IP56
额定频率	50 Hz
系统额定电压	11. 0 kV
最高运行电压	12. 0 kV
额定电流	3 000 A
额定动稳定电流	100 kA
额定短时耐受电流	31. 5 kA(3 s)
绝缘水平	额定短时工频耐受电压:48 kV/min
	额定雷电冲击耐受电压:85 kV

冷却方式	自冷
截面尺寸	宽度:900 mm
	高度:560 mm
导体材料	铜(2 mm×10 mm×120 mm)/相
外壳材料	铝

第三节　发电机机压配电装置

电站水轮机发电机组与升压变压器采用单元接线,在主厂房发电机层为每台机组配置1组机压配电装置,每组配电装置包含6面12 kV金属铠装中置式户内开关站柜,每组开关柜包含发电机进线柜、发电机励磁柜、发电机VT柜、发电机断路器柜、母线VT柜及站变馈线柜。开关柜的主要参数件如下:

开关柜型号	KYN28－12
开关柜深度	1 500 mm/1 660 mm
开关柜宽度	800 mm/1 000 mm
开关柜高度	2 300 mm

(一)断路器

	发电机出口断路器	站变分支断路器
型号	HVX17TH－40－31	HVX－12TH
额定频率	50 Hz	50 Hz
最高运行电压	15 kV	12 kV
额定雷电冲击耐受电压	75 kV	75 kV
额定电流	3 150 A	1 250 A
额定最高运行电压下的开断容量(RMS)	50 kA	40 kA
额定关合电流(瞬时)	137 kA	100 kA
脱扣器型式	弹簧脱扣	弹簧脱扣

(二)电流互感器

型号	LZZBJ9－12TH
额定二次电流	1 A
额定容量	20 VA
保护等级	5P20
测量等级	0.2/0.5

(三)电压互感器

型号	JDZ10－10TH
额定一次电压	11 000/$\sqrt{3}$ V
额定二次电压	110/$\sqrt{3}$ V
保护等级	3P

测量等级	0.2		

（四）避雷器

安装位置	1G1/2G1	1G4/2G4	1G2/2G2
型号	SDB1－11Z	SDBI－11D	YH5WZ－15TH/40.5
系统标称电压	11 kV	11 kV	11 kV
持续运行电压	12 kV	12 kV	12 kV
标称放电电流	5 kA	5 kA	5 kA
陡波电流冲击残压	≤46.5 kV	≤46.5 kV	≤46.5 kV
雷电冲击电流残压	≤40.5 kV	≤40.5 kV	≤40.5 kV
操作冲击电流残压	≤34.5 kV	≤34.5 kV	≤34.5 kV

第四节　11 kV中性点设备

南德瑞瓦图水电站11 kV中性点采用高阻接地方式，2台水轮发电机及2台厂用变压器11 kV中性点引出后经过电阻接地，电阻采用单相配电变压器二次侧并联电阻形式。中性点设备的设备的主要参数如下所示。

（一）11 kV中性点柜

型号	FZJ11kV－230A－60s
型式	户内
额定电压	11.0 kV
外形尺寸（长×宽×高）：	1 000 mm×1 000 mm×2 200 mm
数量	4套
防护等级	IP42

1. 干式单相环氧树脂接地变压器

额定容量	30 kVA
额定一次电压	11 kV
额定二次电压	0.24 kV
额定频率	50 Hz
绝缘等级	H
温升限制	F
绝缘材料	Nomex
绝缘水平	一次侧工频电压耐受值：37 kV/1 min 一次侧雷电冲击耐受值：95 kV 二次侧工频电压耐受值：3 kV/1 min
冷却方式	自冷

2. 二次侧电阻

型式	干式，层叠框架结构
电阻材料	不锈钢（PGR）

电阻值　0.6 Ω

3. 电流互感器

型号　LZZBJ9－10A1

变比及保护等级　5/1 5P20

额定二次容量　30 VA

(二)发电机中性点电流互感器

型号　AS12/185h/4

准确级　5P20/5P20/0.2/0.1

额定电流　1 600/1 A

额定容量　20 VA/20 VA/10 VA/20 VA

额定短时耐受电流　100 kA/1s

额定动稳定电流　140 kA

数量　6 台

第五节　主变压器

南德瑞瓦图水电站设置2 台 132 kV 主变压器,将发电机机端电压由 11 kV 升压至 132 kV,从而接入电网。主变压器采用3 相双绕组油浸式自冷升压型变压器,额定容量为 28 kVA。主变压器的主要参数如下:

安装位置　户外

频率　50 Hz

绕组数量　2

相数　3

冷却方式　ONAN

额定容量　28 MVA

额定电压

　　一次侧额定电压　140 kV

　　二次侧额定电压　11 kV

系统最高电压

　　一次侧　147 kV

　　二次侧　12 kV

雷电冲击耐受电压

　　高压侧　650 kV

　　中性点　325 kV

　　低压侧　75 kV

一分钟工频电压耐受值

　　一次侧　275 kV

　　二次侧　35 kV

中性点	75 kV
接线组别	
高压侧	YN
低压侧	d11
额定容量下阻抗值	9.5%
无载调压分接头	9 (1.25% each)
平均噪音水平	64 dBA
最小效率	99.5%
尺寸	
长度	6 070 mm
宽度	4 000 mm
高度	6 764 mm
质量	55.67 t

第六节　132 kV 开关设备

电站 132 kV 开关站为户外敞开式,开关站距离厂房约 5.6 km,中间通过架空线路连接。开关站内 132 kV 接线采用单母线分段接线,设置 3 个进线间隔(包含 1 个未来间隔)及 3 个出线间隔(包含 1 个预留出线间隔)。主厂房主变上游侧设置 132 kV 开关设备用于主变高压侧与 132 kVK 开关站的连接。132 kV 开关设备的主要参数如下所示。

(一)132 kV 断路器

型式　户外, SF6 绝缘,单断口瓷瓶支柱式

数量	4 套(三极联动 5B40,5C40,5E40,5F40)	9 套(单极, 5B10,5C10,5D10)
型号	LW35－145TH	LW35(F)－145TH
最高运行电压	147 kV	147 kV
额定电流	1 250 A	1 250 A
额定开断容量	31.5 kA	31.5 kA
关合电流	80 kA	80 kA
短时耐受电流	31.5 kA	31.5 kA
操作机构型式	弹簧操作机构	弹簧操作机构

(二)132 kV 隔离开关

型号	GW4－145TH
最高运行电压	147 kV
额定电流	1 250 A
短时耐受电流	31.5 kA
操作机构形式	电动/手动

(三)132 kV 电流互感器

型号	LCW－145THW3

最高运行电压	147 kV
线路保护 CT	
二次绕组数量(保护)	4
额定二次电流	1 A
额定容量	15 VA
保护等级	5P20
变比	400/200/100/1
二次绕组数量(测量)	1
额定容量	15 VA
准确等级	0.5
变比	400/200/100/1
质量	750 kg

(四)132 kV 电压互感器

型号	JDCF－145THW3
最高运行电压	147 kV
一次绕组额定电压	132 kV
二次绕组	
额定电压	110 V
额定容量	20/10 VA
准确级	3 P/0.2
变比	$132/\sqrt{3}:0.11/\sqrt{3}:0.11/\sqrt{3}$ kV
重量	720 kg

(五)132 kV 电容式电压互感器

型号	WVL132TH－10H
最高运行电压	147 kV
一次绕组额定电压	132 kV
二次绕组	
额定电压	$110/\sqrt{3}$ V
额定容量	10/20 VA
准确级	0.2/3P
变比	$132/\sqrt{3}:0.11/\sqrt{3}:0.11/\sqrt{3}$ kV
额定电容	10 000 PF
重量	465 kg

(六)132 kV 避雷器

型号	Y10W－145/353 W
系统额定	145 kV
持续运行电压	115 kV

操作冲击电流残压(峰值)	296 kV
陡波电流冲击残压(峰值)	385 kV
雷电冲击电流残压(峰值)	353 kV
质量	225 kg

第七节　415 V 厂用电系统及应急电源系统

一、电站厂房 415 V 厂用电系统及应急电源系统

电站厂房厂用电系统采用 415 V 一级电压供电,供电系统采用 3 相 4 线或 5 线制,中性点直接接地。厂房 415 V 配电系统包括 2 台厂用变压器,1 台柴油发电机及 415 V 开关设备,厂用电接线采用单母线分段接线,Ⅰ段母线(1D)为全厂负荷供电,该母线电源引接自 2 台厂用变压器,厂用变压器的额定容量均为 500 kVA;Ⅱ段母线作为全厂重要负荷的备用电源,母线电源引接自发电机,柴油发电机的额定容量为 312.5 kVA。415 V 厂用电两段母线的电源进线断路器设有施耐德的 ATMT - TA 控制器,实现 2 台厂用变压器及 1 台柴油发电机的电源切换。

厂用电两段母线及 3 个供电电源的运行方式如下:

(1)正常情况下,2 台厂用变压器均带电,但是只有其中 1 台变压器为 1D 母线供电,柴油发电机不投入运行。

(2)如果为 1D 母线供电变压器失去电源,另外 1 台厂变代替其为 1D 供电。

(3)如果 2 台变压器均失去电源,柴油发电机立即投入通过 2D 为厂房内重要负荷供电。

重要负荷供电采用二级分盘供电,配电盘电源分别引接自厂用电母线 1D 和 2D,来自 1D 母线的电源为主供电电源。2 个电源之间设置双电源切换装置,以实现 2 个电源的切换。

厂用变压器的容量根据 2 台机组全运行及 1 台机组工作 1 台机组检修 2 种工况下进行负荷统计,经统计计算,2 台厂用变压器的额定容量均选择为 500 kVA。厂用变压器采用户内干式环氧浇注变压器,配置金属外壳。厂变高压侧中性点采用 Z 型接线,中性点引出后经电阻接地。

厂房内柴油发电机的容量根据正常工况、应急排水工况及 1 台机组黑启动工况 3 种工况下进行负荷统计,经统计计算,柴油发电机的额定容量选择为 312.5 kVA。

415 V 配电盘柜采用施耐德公司 Blokset 抽屉式户内开关柜,415 V 断路器采用施耐德公司真空断路器。

厂房 415 V 配电系统包括 2 台厂用变压器,1 台柴油发电机及 415 V 开关设备信息均接入 station PLC,其中柴油发电机的补油泵自动控制由 station PLC 完成,手动控制设在 415 V 配电盘上。

二、堰上415 V厂用电系统及应急电源系统

堰上415 V配电系统采用415 V、3相4线或5线、中性点直接接地系统。堰415 V配电系统包括1台堰用变压器,1台柴油发电机及415 V开关设备,接线采用单母线接线,设置2个供电电源,主电源来自当地电网11 kV架空线路,设置容量为315 kVA的配电变压器1台,备用电源引接自柴油发电机,柴油发电机额定容量为312.5 kVA。2个电源进线柜中设有施耐德的ATS－NSX/4P控制器,实现站用变压器及柴油发电机的电源切换。

堰上配电变压器及柴油发电机容量的选择是根据正常堰上辅助负荷供电及应急闸门启闭2种工况下进行统计。其中应急闸门启闭工况下,仅考虑3孔闸门同时工作(3个表孔或者2个表孔和底孔),而且3孔闸门启闭机逐台启闭。经过计算,堰上变压器的额定容量选择为315 kVA,柴油发电机的额定容量选择为312.5 kVA。

堰415 V配电系统包括1台堰用变压器。1台柴油发电机及415 V开关设备,上述所有信息均接入堰PLC,其中柴油发电机的补油泵自动控制由堰PLC完成,手动控制设在415 V配电盘上。

三、开关站415 V厂用电系统及应急电源系统

开关站415 V配电系统采用415 V、3相4线或5线、中性点直接接地系统。开关站415 V配电系统包括1台站用变压器,1台柴油发电机及415 V开关设备,接线采用单母线接线,设置2个供电电源,主电源来自当地电网11 kV架空线路,设置容量为50 kVA的配电变压器1台,备用电源引接自柴油发电机,柴油发电机额定容量为62.5 kVA,2个电源进线电源柜中设有施耐德的ATS－NSX/4P控制器,实现站用变压器及柴油发电机的电源切换。

1台站用变压器、1台柴油发电机及415 V开关设备信息均接入开关站RTU,其中柴油发电机的补油泵自动控制由开关站RTU完成,手动控制设在415 V配电盘上。

四、隔离阀415 V厂用电系统

隔离阀415 V配电系统采用415 V、3相4线或5线、中性点直接接地系统,设置容量为30 kVA配电变压器1台。

1台变压器及415 V开关设备、上述所有信息均接入钢管阀PLC。

第八节　照明系统

电站内照明系统分为正常工作照明和事故照明。厂房内设置照明盘1面,正常工作照明由厂用变压器供电;事故照明采用双电源供电,主供电电源引接自厂用变压器,备用电源引接自柴油发电机,照明盘内设置1套双电源切换系统以完成两路电源的切换。

电站厂房、堰上、开关站均设置了户内和户外照明,建筑物通道内设置应急通道指示灯,出口设置出口指示灯,各区域照度要求符合合同及规范要求。户外照明多采用泛光

灯，厂房主机间采用金卤灯，控制室等房间采用荧光灯。灯具均采用飞利浦公司产品。

第九节 防雷接地系统

为了减少直击雷对电气设备、人身的伤害，电站厂房、堰上控制楼、开关站及隔离阀控制楼设置了防雷系统。电站厂房、堰控制楼及隔离阀控制楼屋顶均设置了避雷带，避雷带就近与接地网可靠连接；厂房上游侧及新建 132 kV 开关站利用出线构架，设置了避雷线进行防雷保护。

为了减少操作过电压对人身和设备的损害，电站厂房、堰上控制楼、开关站等区域在充分利用自然接地体的基础上设置了接地系统。接地材料采用铜，接地材料之间的连接采用热熔焊接。各个区域接地系统的接地电阻不大于 1 Ω。

第十三章　电气二次及通信

第一节　计算机监控系统

一、系统配置说明

南德瑞瓦图工程水电站采用国电南瑞水利水电自动化公司成套的、有成功经验的SSJ－3000型水电厂计算机监控系统。

(一)网络结构

南德瑞瓦图水电站计算机监控系统采用全开放的分布式环网结构。网络上各节点计算机采用局域网(LAN)连接,与上级调度部门采用广域网连接,厂房、大坝及压力钢管截断阀之间采用100 Mb/s光纤以太环网连接。厂房与开关站之间通过SEL2032和SEL3332通信。此外通过厂房交换机与业主营地实现通信,通过开关站SEL3332通信管理机与VUD调度中心通信。

厂房内设有2台unit PLC、1台station PLC、2台操作员工作站、1台历史数据库工作站。发电机保护、调速器、励磁及主变在线监测通过RS485通信接口与unit PLC通信,直流、火灾报警及400 V计量仪表的信号通过RS485通信接口与station PLC通信,厂房内的各保护系统信息通过SEL2032通信管理机将信息上传到SCADA系统。

大坝内设有3台弧门PLC和1台堰PLC。大坝处的直流、火灾报警及400 V计量仪表的信号通过RS485通信接口与堰PLC通信。

压力钢管截断阀处设有1台钢管阀PLC。压力钢管截断阀处的直流、火灾报警、流量计及400 V计量仪表的信号通过RS485通信接口与钢管阀PLC通信。

开关站设有1台SCADA RTU,开关站的所有信息均汇聚于此。

(二)配置原则

(1)计算机监控系统的冗余化措施,系统工作站因数据处理量大,且为全厂信息处理的核心,采用双部件结构即双重化冗余。

(2)按功能和控制对象配置硬件,将功能尽可能分散。

(3)为了提高系统的可维护性和可利用率,减少人员培训费用和系统维护费用,便于调试及运行人员掌握系统,整个系统尽量采用相同类型的硬件平台,并且要求满足机组现地控制单元能够分期投运的要求。

(4)为了满足系统实时性要求和保证系统具有良好的开放性,硬件平台将最大限度地采用现在流行的且严格遵守当今工业标准的产品,以便为应用开发提供最大的灵活性和使系统能够方便地升级,从而达到保护用户对系统初期投资的目的。

(5)计算机技术参数是根据目前市场上计算机主流产品的技术性能确定的,由于计算机技术的发展和更新换代,计算机设备均采用主流计算机设备中较高档次的产品。

(三)硬件配置

1. 站控级设备

1)历史数据库服务器1台

选用德国西门子(SIEMENS)公司生产的 SIMATIC Rack PC 547B 服务器。

基本配置:

CPU 处理器	Inter Core 2 Duo E4300,1.8 GHz
内存	2 GB DDR2 677
硬盘	250 GB SATA
光盘驱动器	DVD - ROM
网络接口	1 * 10/100/1 000 Mb/s
图形卡	集成
彩色液晶显示器	美国 HP22 in HP LE2208W(1 680 × 1 050)
串口扩展装置	MOXAC168H

2)操作员工作站2台

选用德国西门子(SIEMENS)公司生产的 SIMATIC Rack PC 547B。

基本配置:

CPU 处理器	Inter Core 2 Duo E4300,1.8 GHz
内存	2 GB DDR2 677
硬盘	250 GB SATA
光盘驱动器	DVD - ROM
网络接口	1 * 10/100/1 000 Mb/s
图形卡	集成
彩色液晶显示器	美国 HP22 in HP LE2208W(1 680 × 1 050)

3)HMI/IPC 工作站9套

选用德国 SIEMENS 公司生产的 SIMATIC Rack PC 547B。

基本配置:

CPU 处理器	Inter Core 2 Duo E4300,1.8 GHz
内存	2 GB DDR 2677
硬盘	250 GB SATA
光盘驱动器	DVD - ROM
网络接口	1 * 10/100/1 000 Mb/s
图形卡	集成
彩色液晶显示器	美国 HP22 in HP LE2208W(1 680 × 1 050)

4)移动式 MMI

选用 IBM R400 型便携机,硬件配置如下:

CPU	P8700,2.53 GHz
内存	2 GB

硬盘	320 GB
光驱	Rambo
显示屏	14.1 in WXGA LED
网卡	Realtek BGN

Modem/指纹/摄像头/蓝牙/WIN7HB/1 +1 + C。

5)打印设备

(1)A3 幅面黑白激光打印机:选用美国 HP LJ5200n 黑白激光打印机。

(2)A3 幅面彩色激光打印机:选用美国 HP LJ5550 彩色激光打印机。

6)FGPS 时钟装置(1 套)

选用南京英奥公司生产的 SZ - DU 型 GPS 标准时间同步钟装置。

7)网络装置

选用德国 Hirschmann 公司生产的工业级以太网交换机。

配置说明:

(1)厂站级交换机、station PLC 交换机。厂站级交换机及 station PLC 交换机配置德国 Hirschmann 公司生产的 MS20 系列百兆工业级交换机。每台交换机提供 2 个 100 M 单模光口,6 个 10/100 M RJ45 电口。

(2)现地 PLC 交换机。机组 PLC、大坝 PLC 设置 1 套冗余 10/100 M 自适应工业型以太网交换机。每一个现地控制单元的交换机通过单模光纤、网络线形成 100 M 光纤环网。各 PLC 的 10/100 M 交换机各配置 6 个 RJ45、2 个单模光口。

(3)采集及通信屏(电站侧)。配置 1 台 SEL2032 通信管理机与电厂内的 SEL 保护继电器通信及 GPS 对时,负责采集四遥数据后上传到 SCADA 系统。SEL2032 通过光纤与开关站的 SCADA RTU 相连接,通信规约为 DNP3.0 Over Ethernet。

配置 1 台 CISCO 光纤交换机用于与开关站 SCADA RTU 或 SCADA 通信,通信协议为 DNP3.0。

(4)SCADA RTU 盘(开关站侧)。配置 1 台 SEL3332 通信管理机用于开关站内的保护继电器通信及 GPS 对时和电站四遥数据的采集。配置 1 台 GPS 负责开关站控制保护设备的对时,输出要带 IRIG - B 和脉冲信号,同时具备串口对时方式。配置 1 台 CISCO 光纤交换机用于与电站及 SCADA 的通信,通信协议为 DNP3.0。

2. 现地控制级设备

1)可编程控制器(PLC)

现地控制单元采用 4 套 SJ - 500 系列单元监控装置,分别是 2 套 unit PLC、1 套 station PLC 及 1 套堰 PLC。此外还有 1 套钢管阀 PLC。

每台 unit PLC 中均配有 1 套微机自动准同期装置和 1 套手动准同期装置;2 个交流量采集装置(测点为机端及主变高压侧);1 个有功/无功变送器;3 块有功无功电度表,分别计量主变高压侧(主副表)及发电机出口;1 套通信管理装置等,并装设 1 套独立于计算机监控系统外的水力机械保护单元。每套 unit PLC 由 3 个盘柜组成,布置在电站主厂房发电机层。Unit PLC 采用法国施耐德 unity Quantum 系列产品。

Station PLC 为双 CPU,互为备用方式运行。Station PLC 配 3 块有功无功电度表和通信管理装置等,电度表计量点为厂变出线及柴油机。Station PLC 配置 1 套 unity PLC,用于与电站 SEL2032 装置通信,规约采用 DNP3.0。Station PLC 由 3 个盘柜组成,布置在电站副厂房继保室内。Station PLC 采用法国施耐德 unity Quantum 系列产品。

堰 PLC 由 2 个盘柜组成,布置在堰坝控制楼内。堰 PLC 采用法国施耐德 unity Quantum 系列产品。

弧门 PLC 由 1 个盘柜组成,布置在堰坝控制楼内的液压站旁。弧门 PLC 采用法国施耐德 unity Premium 系列产品。

钢管阀 PLC 由 1 个盘柜组成,布置在压力钢管截断阀控制室内。钢管阀 PLC 采用法国施耐德 unity Premium 系列产品。

所有控制流程都放在 PLC 中,保证了上位机或网络故障时 PLC 仍能正常工作。

(1)PLC CPU 模件。考虑到水电站的重要性,机组现地控制单元、站用现地控制单元及坝区现地控制单元均选用了目前施耐德公司出品的 unity Quantum 系列 CPU 模件,型号为 140CPU67160 型,其特点如下:

①CPU 字长 32 位。

②最高中断为非屏蔽的,中断级为 8 级。中断级的类型分为事件中断和时间中断,其中事件中断能别高,中断的分配按照优先级来分。当 CPU 在处理一般级别的中断时,如产生了高级中断,则立刻停止一般级别的中断而立即处理高级别的中断;如果在处理高级别的中断时无论是产生一般级别或高级别中断都不处理,等此高级别中断处理结束后再处理下一个级别的中断。

③具有优先级中断功能。支持 128 个应用中断,其中定时中断最大 32 个,I/O 中断最大 128 个,系统中断如硬件故障中断等为不可屏蔽中断。

④CPU 包括在位运算器、直接存贮器。

⑤CPU 速度为所选序列控制器中档次最高的,其主频位 266 MHz。

⑥其中单条指令的执行时间算法。布尔型:0.052 5 μs…0.075 μs;定点字型:0.045…0.06 μs;浮点字型:0.40…0.50 μs。

⑦按每毫秒执行千条指令数算法。100% 布尔型:10.28 Kins/ms;65% 布尔型 + 35% 数值型:10.07 Kins/ms。

⑧具有故障报警和“看门狗”功能。

⑨具有电源故障保护和电源恢复自动再启动特性。

⑩直接存贮器存贮容量为 2 MB,同时可以通过插入扩展内存卡的形式将内存扩到 7 MB。

⑪寻址容量不少于 1 Mb。

⑫存贮器具有错误检测功能和保护特性。

⑬存取时间小于 120 ns。

⑭具有 50% 总的存储容量留作备用。

⑮RAM 存储器是电池支持的,带后备电池。

⑯机内总线为标准化,具有 100 M 以太网接口和 MB + 接口。

⑰具有数字协同处理器芯片,并与系统时钟速度相匹配。

(2)I/O 模件。

①PLC 中的一些重要信号采集模件中含有独立的协处理器,例如事件记录模块 140ERT85410,其协存储器,处理器为 8 位 33 MHz。事件记录模块可以记录 4 096 个带有时标的事件,响应时间为 1 ms。

②所有模件均支持带电热插拔。

③并且开关量输出模块具有故障可预定义功能。

④温度量采集模块:根据《招标文件》要求,选用 Quantum 公司生产的 RTD 模块 140ARI03010,其可以输入 PT100、200、500、1 000 等信号。

(3)配套设备。水力机械保护单元配套设备包括紧急事故停机操作按钮、开关电源和开出继电器等。功能如下:

①水力机械保护单元上安装带保护罩的紧急停机按钮。紧急停机装置可能在机组 LCU 故障情况下,自动完成机组停机的全过程。

②当机组发生 TRIP A 紧急事故或按下紧急停机按钮时,一方面将此紧急事故信号输入计算机监控系统中,启动机组紧急事故停机程序进行紧急停机;另一方面启动常规水机保护,直接作用于跳机组出口断路器、机组调速器关闭导水叶、励磁系统跳灭磁开关和关闭机组进水口快速闸门。

③对机组各种 TRIP A 停机信号,包括事故停机按钮的信号,如果其中某个现场信号只有一个接点输出,则在 PLC 屏上加装此信号的端子型信号继电器,信号继电器的接点分别输入计算机监控系统和水机保护停机装置。

④对机组各种水力机械故障信号,可直接将故障信号输入计算机监控系统中。

⑤水力机械保护回路的电源独立取自电厂直流系统 DC 110 V。

2)通信接口

采用南京南瑞集团公司的 SJ－30 通信管理装置,SJ－30 通信管理装置采用高度集成的工业级 PC/104 CPU 模块为核心部件,并具有 8 个独立的标准串行接口、一个 CAN 现场总线接口和一个以太网接口,主要用于完成现地控制设备和多个现地功能子设备之间的数据通信功能,并能灵活应用于计算机监控系统中的其他数据通信环节,可以有效满足计算机监控系统中的不同需求。

该装置具有以下主要特点:

(1)核心采用了高度集成、自栈结构、IBM－PC/AT 兼容的 PC/104 CPU 模块,每个通信通道均采用独立的中断及收发电路设计,具有极高的可靠性。

(2)嵌入 LINUX 操作系统作为软件平台,充分利用了 X86 CPU 的任务切换机制,实现了真正的多任务、多用户环境;系统平台稳定可靠、功能开放、编程规范。

(3)具有 8 路标准串行接口、一个 CAN 现场总线接口(支持 CAN2.0B 协议)和一个以太网接口(10 M/100 M),各个通信接口均能够独立编程,支持多连联接方式,能灵活应用于各种实际需求。

(4)支持在线自诊断、自恢复功能;支持通过局域网进行远方诊断和维护。

(5)组态界面友好,人机交互快捷方便,提供通用的行业驱动程序包和产品库函数,易于使用和维护。

3）配套设备

（1）同期装置。在机组 PLC 中各配 1 套 SJ－12D 单对象双微机自动准同期装置。微机自动准同期装置作为正常同期并网时使用，手动准同期装置用于人工实现同期并网。

SJ－12D 双微机自动准同期装置特点：

①本装置为双微机系统，二系统间互相独立，即二系统由完全不同的硬、软件组成，双 CPU 分别采用完全不同的算法执行以便保证机组并网的最大可靠性。因而装置具备很高的可靠性。与同类装置比较，本装置具备高集成度、高可靠性、元件少、性能完善的特点。

②装置采用现代控制理论对合闸相角差进行预测控制，对被同期对象的电压、频率实行变参数调节，提高了同期精度，同时提高了并网速度。

③装置可支持多达 16 个同期对象，每个对象可以设置成机组型的开关对象或输电线路型的开关对象。

④每个对象的同期参数可以分别设定，互相之间没有任何联系。

⑤支持对开关两侧电压进行相角补偿、电压补偿。

⑥装置的所有参数全部采用数字式整定，自动校正零点和线性，因此特别方便装置的运行和维护，甚至可以说，真正做到了装置免维护。

⑦全汉字菜单界面，清晰直观，操作简便。

SJ－12D 微机自动同期装置性能：

①允许压差设定值是可调的，调整范围为 －15 ~ ＋15 V。

②允许相差设定值是可调的，调整范围为 0 ~40 ℃。

③允许频率设定值是可调的，调整范围为 －0.5 ~ ＋0.5 Hz。

④通过调试软件及装置本身均可实现导前时间测试功能。

⑤电压升/降输出信号时间是可调的，调整范围为 0.05 ~2 s。

⑥电压升/降输出信号间隔时间是可调的，调整范围为 1 ~20 s。

⑦速度增/减输出信号时间应是可调的，调整范围为 0.05 ~2 s。

⑧具有电压调节匹配特性和频率调节匹配特性测试功能，自动检测出最佳的 $\mathrm{d}U/\mathrm{d}t$ 及 $\mathrm{d}f/\mathrm{d}t$ 值，显示在显示屏上供用户选择使用。

⑨辐射/抗干扰能力（EMC）满足 IEC 61000 标准。

⑩设置一个自动准同期装置投/切开关。

手动准同期装置包括下列设备：

①1 个机组和断路器对侧电压的同期电压表。

②1 个机组和断路器对侧电压的同期频率表。

③1 个同步表及同步表投/切开关。

④1 个断路器跳/合开关。

⑤1 套继电器。

⑥1 个同期检测继电器（用于机组并网时相角闭锁）。该继电器具有在系统无压或在断路器两侧无压的情况下，允许断路器合闸的特性。

（2）智能交流采集装置。在 PLC 中配置美国 ALSTO 公司生产的 MTWIE4B2010IN10

系列交流量采集装置。此装置的精度为0.2级。该表采集精度精确，性能稳定可靠。

(3)变送器。在PLC中选用了海盐普博公司生产的变送器。每台机组PLC上配置0.2级的2个有功功率变送器FPWT和1个无功功率变送器FPKT(双路输出)。

(4)多功能智能电能表。各套现地PLC配有美国EIG公司生产的SHARK 2000.2 S级发电机单向有功和无功多功能智能电能表；多功能智能电能表至少满足如下要求：

①发电机多功能智能电能表有功电度测量精度为0.2 S级，无功电度误差不大于1%。

②额定电压输入为AC110 V，额定电流输入为1 A。

③发电机多功能智能电能表能单向计量有功和无功电度。

④多功能智能电能量表与LCU之间采用串口连接。

⑤在外界电场、磁场干扰下输出值变化不得超过基本误差的绝对值。

⑥多功能智能电能表的辅助电源由各自的LCU的电源装置供电。

⑦多功能智能电能表为数字式电度表，并具有分时计量功能。

(5)交直流双供电。除压力钢管截断阀PLC外，其他PLC均采用直流双供电，每套电源装置均采用2路电源同时供电方式，2路电源分别为2段直流母线，任何一路电源故障不影响PLC的正常运行。

(四)软件配置

1.软件设计

软件高度模块化，以便修改时减少对其他部分的影响，并能使测试和调试程序简化。

程序之间的数据能做到共享。

按照开放式的接口，服务和支持格式规范，使应用软件能以最少的修改实现在不同系统间的移植；并能同本地的或远程系统中的应用实现相互操作；方便用户以迁移的方式实现用户的交互。

2.软件配置

应在HMI、HMI Reports、Historian、Devepment Studio、Information Server、SCADA Alarm中采用Intouch模式。

3.操作系统

基于PC的操作系统与微软Windows兼容。该系统包括在PLC和HMI IPC内对任何功能进行配置和程序设计所需要的所有必要软件。

操作系统可安装在便携式个人计算机和维护个人计算机中。该操作系统便于配置数据文件的下载和上载。该系统对可编程序算法进行程序设计、下载、调试和存储。

4.程序设计语言

PLC的程序设计包采用符合IEC 61131－3的工业标准包，并完全与DAC软件集成。控制程序的执行不需要任何专用数据库。控制程序采用梯形图、功能块图、顺序功能图、结构化文本、指令表和基于C＋＋的例行程序。程序自动编制文档，程序设计包支持在线和离线研发、离线模拟、文档编制和报告性能。

5. HMI 数据库

1)数据库设计支持下列输入类型

(1)模拟输入——直接从 A/D 转换器或从 I/O 装置内的寄存器读取模拟值,并自动将原始计数转换为工程单位。

(2)模拟报警——报警中止和远程确认的报警能力。

(3)计算——根据其他数据库输入进行算术计算。

(4)数字输入——直接从输入模块或从 I/O 装置存储器中的一个位检测开关或继电器的逻辑状态。

(5)数字报警——报警中止和远程确认的报警能力。

(6)数字输出——直接在输出模块中或在 I/O 装置存储器内的一个位中,在输出继电器中设置逻辑接通/断开状态。

(7)各个数据库点均应包括仪表位号名称、硬件装置名称、地址、特定参数、信号调节要求和点说明。数据库与 PLC 数据库共用,以便确保所有装置范围内的位号名称的通用性。

(8)数据库保存为一个标准的 Windows 文件。

(9)数据库维护设施完全与图形显示系统集成。

(10)数据库采用高级数据操作语言,即结构化查询语言(SQL)。

2)数据库生成

(1)提供数据库生成软件,以便于生成和修改数据库文件,建立和改变 LCD 图像,完成必要的数据库和应用程序的连接而不破坏联机运行。数据库和 LCD 图像的生成及修改可采用 LCD 和键盘以人机对话的方式进行。

(2)存放在实时数据库中的数据是由数据采集系统提供的数据。操作人员输入的数据仅取代遗漏或错误数据。实时数据库可储存每次循环所采集到的或操作人员输入的全部数据,状态和特殊的编码信息。所有数据按用户程序可直接使用的形式存放。

(3)存放在系统参数数据库中的数据包括常数、曲线及其他由程序员、操作员正常手动输入的数据。频繁存取的数据常驻在高速存储器中。

3)数据库管理软件

数据库管理软件满足下列要求:

(1)支持应用软件直接快速存取数据,以及对数据的修改、查询、扩充和实时处理。

(2)保持应用程序和数据之间的高度独立性,控制数据的完整性和统一性。

(3)保持数据库中数据的可靠性。

(4)提供数据库保护,以防人为或程序造成不正当的修改。

(5)应用软件中使用任何编程语言编制的应用程序都可以使用数据库中的数据。

(6)完成性能监视的统计资料。

4)数据采集软件

数据采集软件具有配合数据库提供检测和处理电站监控和管理所需数据的能力。数据采集软件满足如下要求:

(1)能按周期方式和请求方式实现数据采集。

(2)能对模拟输入量进行死区测量,零读数死区和越限检查处理。

(3)能对模拟输入量进行工程单位变换处理。

(4)能对数字输入量变化,以及由正常状态到异常状态或相反的变化进行检查处理。

(5)能对数字输入量频繁报警进行检查处理。

(6)能支持实时计算处理。

(7)数据采集和处理速度应满足实时性要求。

6. 诊断软件

为了提高系统可利用率和可维修性,监控系统配置完备的诊断软件。

1)周期性在线诊断软件

(1)能对主控级计算机及外围设备提供周期性的在线诊断。

(2)能对现地控制单元及接口设备提供同期性的在线诊断。

(3)能对通信网络及接口设备提供周期性的在线诊断。

(4)在线诊断发现的故障信息应有报警显示和记录。

2)请求在线诊断软件

系统在线运行及人机对话情况下,对系统中某一外围设备能使用请求在线诊断进行测试和检查。

3)离线诊断软件提供离线诊断工具

以便对系统中心计算机设备或组件进行查找故障的诊断。

7. 支援程序和实用程序

在操作系统的管理下,支援程序能改善管理程序和应用程序的性能,实用程序能改善操作维护程序的性能和用作执行日常任务的程序。

提供的支援程序和实用程序,其特性如下:

(1)具备有效的编辑软件,以进行应用软件的开发。这些编辑软件包括标准的汇编语言编辑程序、高级语言编辑程序、交互式数据库编辑程序、交互式图像编辑程序、交互式报告编辑程序和可编程计算软件等。并能通过 LCD 终端交互式地进行程序的开发、修改、试验。包括利用交互式软件方便地修改数据库、LCD 画面和制作报表等。

(2)具备容易使用和代码汇编的装配程序。

(3)具有计算机和接口设备同步联机诊断软件以及脱机诊断软件,联机诊断不破坏实时操作。

(4)具有对应用软件进行检验和修改的实用程序。

(5)具有存储器转储的实用程序。

二、系统功能说明

(一)总体要求

按“无人值班”设计原则设计整个计算机监控系统。系统能实时、准确、有效地完成斐济电站被控对象的安全监控,其主要功能如下:

(1)数据采集和处理;

(2)安全运行监视;

(3)控制操作与调节;

(4)自动发电控制(AGC);
(5)自动电压控制(AVC);
(6)人机接口;
(7)统计记录与设备运行管理指导;
(8)语音报警功能;
(9)系统通信;
(10)系统自诊断;
(11)远程维护和诊断;
(12)培训。

(二)主要控制对象

电站的 2 台发电机组和所有电气设备,132 kV 开关站所有电气设备,堰的闸门,水库水位,输水压力管道流量等。

1. 每台机组 PLC 主要控制对象

(1)进口阀;
(2)水轮机及调速器;
(3)发电机及励磁系统;
(4)保护系统;
(5)升压变压器;
(6)11 kV 和 132 kV 断路器及隔离开关;
(7)技术供水系统;
(8)尾水叠梁门;
(9)机组水利测量;
(10)其他主要辅助系统和设备。

2. 电站 PLC 主要控制对象

(1)全厂交、直流电源系统;
(2)备用柴油发电机;
(3)全厂渗漏及洪水排水系统;
(4)压缩空气系统全厂通风机系统等;
(5)油水分离器;
(6)火灾报警系统;
(7)门禁系统。

3. 堰 PLC 的主要控制对象

(1)3 个溢洪道闸门;
(2)2 个底孔闸门;
(3)1 个进口事故闸门;
(4)1 个生态放水阀;
(5)水库水位、拦污栅后水位、调压井水位;
(6)输水压力管道流量等。

上述底孔闸门、进口闸门和生态放水阀共用一套液压系统。

(三)系统功能

监控系统所有人机界面均具备中/英文切换功能。

1. 站控级基本功能

1)数据采集

(1)自动采集各现地控制单元的各类实时数据;

(2)自动采集来自调度的数据;

(3)自动采集外接系统的数据信息;

(4)接收由操作员向计算机监控系统手动登录的数据信息。

2)数据处理

对每一设备的每种数据类型进行数据处理,用以支持系统完成控制、监视和记录能力。数据处理包括如下内容:

(1)对采集的数据进行可用性检查,对不可用的数据给出不可用信息,并禁止系统使用;

(2)对接收的数据进行报警处理检查,对采集的数据进行数据库刷新;

(3)形成各类报警记录并发出音响、中文和英文语音、电话语音;

(4)生成各类运行报表;

(5)形成历史数据记录;

(6)生成趋势曲线图记录;

(7)进行事件顺序记录及处理;

(8)主、辅设备动作或启停次数和运行时间的统计处理。

3)运行监视

(1)状态变化监视:所有开关量的状态改变都显示、记录,并可根据需要选择打印。

(2)越/复限检查:接收各现地控制单元的越限报警信号,如模拟量越/复限、梯度越限、开关量状变和监控系统自诊断故障等各种信息。当发生紧急事件时,如保护装置动作、机组事故停机等,自动推出相应画面和事故处理指导,画面闪光和变色,打印事故追忆记录。

(3)过程监视:监视机组开、停机过程。显示过程的主要操作步骤,当发生过程阻滞时,在液晶显示器上显示阻滞原因,并将机组自动转换到安全状态或停机。

(4)趋势分析和异常监视:提供趋势(分析)功能以用于显示一些变量的变化,趋势分析程序能在趋势显示画面上以曲线形式显示趋势数据。计算机能储存至少30帧趋势显示,每帧能显示至少6条趋势曲线。趋势显示能使用10种不同的时间标度,趋势显示间隔时间能由运行人员在操作员站键盘上进行选择,并能进行在线趋势显示。采样周期最小为250 ms,时间长度最小为10 min,并可以自由组态和调整。提供在启动过程中发电机和水轮机轴承的温度—时间趋势监视。趋势数据主要为以下类型:

①甩负荷时的电流、电压、转速及进口压力分析,采样周期不大于250 ms,时间长度为10 min,并可以组态和调整。

②开机过程温度分析,采样周期不大于1 s,时间长度为30 min,并可以组态和调整;

③日负荷曲线，采样周期最小为 1 min，时间长度为 24 h，并可以组态和调整；

④年负荷曲线，采样周期为 1 h，时间长度为 1 年，并可以组态和调整。

(5)事故和报警报告。事故顺序记录：反映系统或设备状态的离散变化顺序记录。

①事件和报警按时间顺序列表的形式出现。记录各个重要事件的动作顺序、事件发生时间（年、月、日、时、分、秒、毫秒）、事件名称、事件性质，并根据规定产生报警和报告。事件的排列是最新数据冲掉最老数据。事件和报警储存在计算机的数据库内，根据操作员的需要将依以下的形式显示在屏幕上：过程事件表、过程报警表、系统列表。

②事件表至少包括 5 000 个最新的事件。每个事件打印输出占有一行，这一行包括日期、时间、信号描述和信号状态。这里日期按年、月、日给出，时间按时、分、秒、毫秒给出。信号描述是指信号名称、状态，和/或模拟量限值的一串文本。事件记录作为历史记录保存 2 年，并能在线检索，支持组态及过滤功能。

③报警表包括 3 000 个最新的报警量。报警量被操作员确认和报警条件消失后从报警表中撤销。如果有最新的未被确认的报警行为和如果有从有关对象的动态数据显示出特定颜色的状态指示，则在所有的画面上闪光指示报警，直到该报警被确认后才转为静态显示，并保留到与报警条件存在的时间一样长，支持组态及过滤功能。报警被确认是通过操作员的键盘和鼠标来实现的。可用两级报警优先权，并用下列颜色指示。

红色：高级优先，如跳闸或主设备故障；黄色：警告，要求运行人员纠正故障。

报警按顺序以 1 ms 分辨率的发生时间打印出来。当操作人员已知道所有状态变化和报警状态变化，以及电力系统的异常状态已被清除时，报警报告予撤除。报警表包括全部报警状态和模拟量越限报警。

④计算机操作员站最少能显示最新 30 条事件、报警和系统列表。操作员能通过键盘逐页翻屏选择所要观察的一页。

⑤操作员能在事件、报警、系统列表发生时手动或自动打印。事件按顺序并以 1 ms 分辨率打印出发生事件的时间。操作员可取消任意打印任务。

(6)事故追忆和相关量记录。系统始终存储事故发生前 10 个采样点和事故后 30 个采样点的主要参数及数据采样值，每个采样周期为 1 s。事故追忆值为 220 kV 线路有功和无功功率、3 个线电压、三相电流及频率；主变零序电流和主变温度；发电机定子三相电压、三相电流、转子电压和电流、有功功率、无功功率、转速、喷针位移以及流量等。

当机组推力轴承、上导、下导、水导、定子线圈温度越限报警时，同时记录该机组的上述参数值。

4）人机联系及操作

计算机监控系统配置全套外部设备，具有通用字符标准键盘和鼠标，彩色显示器。以运行实时应用程序并执行如下功能：

(1)历史数据保存和检索。

(2)画面显示。

(3)既能用英文也能用中文字母编辑信息。

(4)操作员站能完成实时的监视、控制调节和参数设置等，但不允许修改或测试各种应用软件。事故时自动或按人员召唤实时打印主要设备的各类操作，事故和故障记录及有关参数和表格。

(5)实时控制和调节：

①机组自动、分步开/停/紧急停机，同期并网以及运行工况的转换；监视机组开、停机过程，显示过程的主要操作步骤，当发生过程阻滞或出现异常情况时，程序中止执行，显示阻滞原因、提示故障部位和操作指导，并将机组自动转换到安全状态或停机，操作员也可以进行人工干预。

②控制断路器及隔离开关的投入和切除。

③公用设备控制。可对全厂的公用设备，如中、低压空压机，各类排水泵，风机等进行监视、控制。

④借助于键盘和鼠标，可查询电站的实时生产过程的状况或征询操作指导意见，将有关参数、条文用画面显示或打印出来，通过画面显示的图形、数据的实时变化、闪光和报警语句监视电站的实时运行状况，并可通过图形上的软功能键对电厂的运行过程发出控制命令。可发出机组启/停、有功功率增减无功功率增减、断路器分合闸命令、闸门开启关闭命令，隔离开关的分/合，油泵、水泵、风机等公用设备启/停等命令，并可设置和修改各项给定值和限值。交互产生或修改用于实时显示的图形文件及相应图形库，符号库和英文/汉字编辑。

(6)屏幕显示器。图形系统为全图形英文动态画面，具有完备的手段实现图形任意移动，能方便地对图形进行建立、扩充、平移、增/删、翻动等。屏幕显示器能自动或经运行人员的召唤，实时显示电站内主系统的运行状态、主要设备的动态操作过程、事故和故障、有关参数和运行监视图、操作接线图等画面，以及趋势曲线，各种一览表、测点索引等，定时刷新画面上的设备状况和运行数据，且对事故报警的画面具有最高优先权，可覆盖正在显示的其他画面，事故时自动推出画面和处理指导。并可经运行人员的召唤，显示有关历史参数和表格等。

屏幕显示器具有多窗口及动态英文/汉字显示功能，可对屏幕上任意区域拼装所关注的多个独立画面，并在画面上输出英文/汉字(包括菜单、操作提示、报警语言、报表、英文/汉字搜索和操作员信息提示等)。

主要画面及表格如下：

电站的主接线

厂用电系统图

直流系统图

主机及其附属设备系统图

全厂油、气、水系统图

消防系统图

保护系统图

各类曲线

各类棒图

正常操作及事故操作指导

厂房横剖面图

发电机引水系统纵剖面图
操作记录统计表
事故和故障统计表
继电保护定值表
越限报警报表
事件顺序记录报表
电量分时计度报表
日、月、年生产报表
设备运行状态统计报表
历史报表

5)统计和制表打印

能方便地生成和修改表格,并能方便地查询、维护数据库,可自由生成过去任意时段的报表。

打印包括定时打印和召唤打印,召唤打印包括实时打印和历史打印,事故、故障时自动打印。

打印的表格有:
操作记录统计表
事故和故障统计表
继电保护定值表
越限报警报表
事件顺序记录报表
电量分时计度报表
日、月、年生产报表
设备运行状态统计报表(如保护动作次数、断路器动作次数、机组启停次数及运行小时数、闸门各开度下的开启次数及运行小时数等)
历史报表

6)系统自诊断和自恢复

系统具备自诊断能力,在线运行时对系统内的硬件及软件进行自诊断,并指出故障部位的模件。自诊断内容包括以下几类:

(1)计算机内存自检。

(2)硬件及其接口自检,包括外围设备、通信接口和各种功能模件等。当诊断出故障时,自动发出信号;对于冗余设备,能自动切换到备用设备。

(3)自恢复功能(包括软件及硬件的 WATCH - DOG 功能)。

(4)掉电保护,服务器及现地控制单元在异常掉电后重新启动,不影响系统立即投入正常运行。

(5)远程诊断和维护:计算机监控系统具有远程诊断和维护功能,可在异地通过网络对站级计算机和现地控制单元进行在线诊断和远程维护、组态。

(6)系统恢复或重装后,可以通过备份数据(刻录光盘介质或可移动硬盘)直接恢复系统。

2. 操作员工作站

(1)2 台操作员工作站互为热备用。2 套冗余工作站中,通过冗余备份软件,保证实时数据的唯一性。

(2)完成实时数据库(监控系统数据库的 SCADA 部分)的数据采集与管理。开关量报警处理、模拟量越限检查、数据库数据的指定计算、实时数据传播到其他服务器和工作站等任务。

(3)操作员工作站的功能包括图形显示、定值设定及变更工作方式等。运行值班人员通过彩色液晶显示器可以对电厂的生产、设备运行做实时监视,取得所需的各种信息。电厂所有的操作控制都可以通过鼠标及键盘实现。

3. 历史数据工作站

(1)主要完成处理、归档,数据库管理,历史数据库的生成、转储,参数越复限记录,测点定义及限值存储,各类运行报表生成和储存等数据处理和管理。

(2)系统按指定的周期和存储实时数据库缓冲区中的数据转储到该系统,实现实时数据的长期存档。

(3)该工作站兼做通信工作站,配置 1 套 8 串口扩展卡,用于 GPS 时钟同步装置等设备的通信。

4. 移动式工作站

(1)移动式工作站作为工程师工作站,用于系统维护和管理人员进行修改系统参数、修改定值,增加和修改数据库、画面和报表,并可做一些操作培训工作。

(2)主要负责系统的维护管理、功能及应用的开发、程序下载等工作。

(3)本系统设置 2 台移动式工作站。

5. 现地人机接口工控机

(1)现地控制单元采用 PLC + 工控机方案,并要求在任何一台现地 HMI 上均可以操作所有的电站设备。

(2)现地人机接口工控机作为在现地监视和控制本 PLC 和其他 PLC 的界面,可以在授权情况下控制和监视本 PLC 的相关实时信息。

(3)配置的 9 台现地人机接口工控机具有相同的控制权限,即任何一台工控机在授权情况下均可以控制全厂的设备。9 台 HMI 分别设置在厂房操作员站 1、厂房操作员站 2、厂房 unit PLC 盘 1、厂房 unit PLC 盘 2、堰操作员站、开关站 RTU 盘、FEA 办公室、乌达操作员站及 SCADA 控制中心。

(4)现地人机接口工控机通过 100 Mb/s 以太网接入现地 LCU 的环网小交换机上,从而接入整个监控系统网络。

(5)4 台人机接口工控机分别为 1#unit PLC、2#unit PLC、station PLC、堰 PLC 配置。

6. GPS 时钟同步系统

(1)配置了 2 套 GPS 时钟同步系统,分别放置于电站厂房和堰坝。

(2)2 套 GPS 分别通过各自的天线寻找天空中的时钟同步卫星,每套 GPS 可同时接收 8 个时钟同步卫星的时间,保证随时都可以接收到时钟同步信号。

(3)将 GPS 天线放置在室外空旷处,GPS 主机将 GPS 同步信号,如同步脉冲信号、

IRIG－B 对时信号、DCF77 规约同步信号、RS232 串口通信经 GPS 主机传送给相关设备。

（4）在 GPS 天线上配置了专门的 GPS 天线避雷器，保证 GPS 天线的安全性。

（5）厂房的 GPS 时钟同步装置为厂房内 1#unit PLC、2#unit PLC、station PLC 和上位机系统提供 RS232 串口和 DCF77 规约同步信号，和保护系统 SEL2032 采用 IRIG－B 对时。堰坝的 GPS 时钟同步装置为堰 PLC 提供 RS232 串口和 DCF77 规约同步信号。和保护系统 SEL2032 采用 IRIG－B 对时。

7. 彩色喷墨打印机/黑白激光打印机

打印机具有英文/汉字功能。能实时打印用户进入和退出的信息及日、月、年等各种生产报表；故障、事故时系统能自动记录，能在事故时自动或按人员召唤实时打印主要设备的各类操作，事故和故障记录及有关参数和表格；经运行人员的召唤打印有关历史参数和表格等。彩色喷墨打印机具有硬拷贝的功能。

8. Unit PLC 功能

1）模拟量采集和处理

（1）定时采集。按扫查周期定时采集数据，存入数据库中。

（2）将采集到的模拟量数据进行滤波、数据合理性检查、工程单位变换、模拟数据变化（死区检查）等，根据规定产生报警。

（3）越限检查。对采集到的非电量（如温度量、压力等）进行越限检查，及时将越限情况和数据送往站控级；机组温度越限保护采用多点比较和判别法，当相邻测量点的温度均越高限值时，启动机组事故停机流程执行机组水机机械保护程序。

（4）梯度越限检查。对温度量、速度、油压测点前后两次采集数值进行检查，当其变化梯度超过允许值时报警或停机，并可设置延时。机组温度梯度越限保护与机组温度越限保护相同，采用多点比较和判别法。

（5）通过机组交流采样装置采集三相电流、三相电压并计算出发电机定子、有功功率、无功功率、机组频率、功率因数和零序电压等参数。

（6）每台机组 LCU 配置一个有功功率变送器，输出 4～20 mA 的信号供调速器使用。

（7）对某些模拟量，当其超过某一特定限值时，采取相应的保护措施，如机组解列、停机和减出力等。

2）数字量采集和处理

（1）自发性采集，状态检查，更新数据库，并与其他 PLC 实时通信。

（2）事件顺序记录与报警。有中断能力的开关量变位时，立即响应，组织事件顺序记录，报警处理等。

（3）对某些数字量，当其动作时，采取相应的保护措施，如机组解列、停机和减出力等。

3）综合量的计算

机组效率、功率因数、开关动作次数、主机和辅机启停次数及运行时间等。

4）人机联系

人机联系可通过 HMI 进行运行操作及运行参数监视和在线修改，当设备发生事故、故障、越限等状态时，自动启动屏幕闪光及音响报警，并上送报警信号。调试现地控制单元时可接便携式 PC 机并带打印机。

5)机组控制、调节、同期

(1)实现对机组启/停的自动控制。

(2)机组 PLC trip A 及硬接线回路 trip A 的监控;机组 PLC trip B 及硬接线回路 trip B 的监控。机组 LCU 内设有 2 个 ABB 的跳闸继电器,无论是 trip A 的 PLC 回路,trip B 的 PLC 回路,还是 trip A 的硬接线回路均分别通过这 2 个跳闸出口继电器动作跳断路器、灭磁、调速器紧急停机电磁阀及关闭主阀。trip A 直接动作跳闸出口继电器,trip B 先减载,再动作跳闸出口继电器。

(3)trip C 的主要功能是系统故障时,机组与电网脱开,甩负荷。

(4)trip D 的主要作用是作为压力钢管保护,当压力钢管泄漏,机组减负荷后,跳开机端断路器,空载运行,同时关闭压力钢管阀,并延时关闭快速门。

(5)机组 11 kV 和 132 kV 断路器、隔刀及地刀的监控,其中断路器通过同期装置实现同期合闸。

(6)主变压器的监控。

(7)尾水叠梁门的监控,尾水叠梁门水位监测,当尾水叠梁门下滑 500 mm,则动作 trip B。当尾水叠梁门水位过高则动作 trip A。

(8)机组进水阀的控制及系统状态监测,当机组运行过程中进水阀没有全开,或进水阀液压系统压力过低,则动作 trip B。

(9)高压油减载设备的监控。

(10)机组制动系统的监控。

(11)机组冷却水系统监控,当冷却水温度过高,延时动作 trip B。

(12)机组除尘器、油雾吸收器及加热器的监控。

(13)机组 PLC 与调速器、励磁联合完成发电机组的 MW 和 MVAr 调节。

(14)水轮发电机组的转速、压力、油位、振动、流量和温度监视、超限动作 trip A、trip B 并报警。

(15)发电机保护、线变组保护装置及信号监视、超动作值动作 trip A、trip B 并报警。

(16)调速器系统的监控,当调速器看门狗动作(调速器 PLC 故障),或调速器事故低油压则动作 trip A;当调速器喷针、折向器等调速器 PLC 故障信号动作,则动作 trip B。

(17)励磁系统的监控,当发电机过励磁或失磁,则动作 trip A。

(18)机组消防灭火系统的监视、动作 trip A 并报警。

(19)机组的电流、电压、频率、有功、无功、功率因数等的测量。

(20)实现对机组技术供水泵启/停的自动控制。技术供水采用密闭循环供水方式,控制对象为 2 台滤水器、2 个离心泵(容量为 2 × 37 kW、AC380 V)、出口示流信号器 2 个、温度传感器 1 个(4 ~ 20 MA)、压力传感器 1 个(4 ~ 20 MA),其控制要求:①每台滤水器为手动排污,根据滤水器前后压差变化(压差可现场整定)进行手动排污,并将报警信号送入机组 PLC 报警。②根据每一支路上的出口示流信号进行离心泵的启/停控制,同时主/备用水泵定时自动轮换,自动轮换时间可现场整定。离心泵要求采用软启动装置,每台机组的 2 套软启动装置安装在一个软启动柜中。③技术供水水箱电磁阀根据水箱水位进行开、关控制。

(21)实现对机组进口阀开/关的自动控制等。

6)时钟

具有与电站 GPS 系统同步的实时时钟。

7)运行

能脱离电站级独立运行。

8)自诊断

具备自诊断能力,在线运行时对机组现地控制单元的硬件及软件进行自诊断,及时检测出故障部位模件和性质。当诊断出故障时,自动发出信号;对于冗余模件,能自动切换到备用模件。

9)具有与微机调速器和微机励磁调节器、微机保护装置通信和开关量接口的功能

现地控制单元能通过 RS485 的串行接口,监视和控制微机调速器、微机励磁调节器等设备,并下达设定值,通信规约采用 MODBUS 等规约。并留有与微机保护装置通信的接口,规约为 IEC 60870－5－103。

与微机调速器和微机励磁调节器的控制模式以通信方式为主(直接下达设定值),脉冲方式为辅,正常情况下通过通信方式传送设定值控制令,有通信检测及命令返校的功能;通信故障时,自动切换至脉冲方式,并以开关量方式发送故障状态信息。

微机调速器和微机励磁调节器、微机保护装置的重要运行状态、报警也能通过开关量送到现地控制单元和计算机监控系统。

9. Station PLC 功能

1)模拟量采集和处理

(1)定时采集。按扫查周期定时采集数据,存入数据库中。

(2)将采集到的模拟量数据进行滤波、数据合理性检查、工程单位变换、模拟数据变化(死区检查)等。

(3)越限检查。对模拟量测值进行越限检查与报警,记录越限点号、发生时间,越限值存入数据库。

(4)梯度越限检查。对厂用变温度量测点前后两次采集数值进行检查,当其变化梯度超过允许值时报警。

(5)通过交流采样装置采集 10 kV 进线电流、10 kV 母线电压、400 V 进线电流、400 V 母线电压,并计算出 10 kV 的频率,400 V 的有功功率、无功功率和频率等参数。

2)数字量采集和处理

(1)自发性采集,状态检查,更新数据库。

(2)事件顺序记录与报警。有中断能力的开关量变位时,立即响应,组织事件顺序记录,报警处理等。

3)10 kV 电力参数采集与处理

通过 RS485 接口(采用 MODBUS 协议)与厂用电 10 kV 的多功能综合电度表通信,采集厂用电的电流、电压、有功/无功功率、频率。Station PLC 提供 3 只有功和无功多功能智能电能表。用于 2 台厂用变和 1 台柴油机的计量。

4)综合量的计算

开关动作次数,辅助设备运行时间统计等。

5)人机联系

Station PLC 人机联系可通过 HMI 进行运行操作及运行参数监视和在线修改,当设备发生事故或故障时,自动启动屏幕闪光及音响报警,并上送报警信号,为保护屏幕,在设备无故障和无操作时,在一段时间后屏幕自动关闭。

6)控制

(1)Station PLC 的作用及功能实现。

水轮发电机启动/停机安排	(通过 unit PLC)
水轮发电机负荷调节	(通过 unit PLC)
堰坝溢洪道闸门控制与监测	(通过 Spillway PLC)
堰坝底孔闸门控制与监测	(通过堰 PLC)
堰坝隧洞进水口闸门控制与监测	(通过堰 PLC)
上游水位控制与监测	(通过堰 PLC)
压力钢管阀门关闭控制与监测	(通过隔离阀 PLC)

(当压力钢管阀液压系统过低时,则动作机组 trip D。当压力钢管阀液压系统超低时,则动作机组 trip B)

尾水位监测(当尾水水位过高时,则动作机组 trip B)	(硬接线)
厂用交流电系统控制与监测	(硬接线)
柴油发电机控制与监测	(硬接线)
直流系统检测	(MODBUS 通信方式)
厂房渗漏排水泵控制与监测	(硬接线)
厂房洪水泵控制与监测	(硬接线)
低压空气机系统控制与监测	(硬接线)
火警监测	(通信方式)
安全系统监测	(硬接线)
与业主 SCADA 接口	(DNP3.0 通信)

(2)站级 PLC 和堰坝 PLC 共同负责大坝的水位管理。

①当水库水位到达 529.5 ~ 529.8 m,而此时 2 台机均处于停机状态,则自动开启 1 台机。

②当第 1 台机无论运行在功率模式、水位模式还是正常频率模式,而水位涨到了 529.5 ~ 529.8 m,第 2 台机启动并自动运行在水位模式,以便将水位控制在 529.5 m。

③机组的水位控制由 station PLC 完成,station PLC 根据水位变化按 PID 方式计算出功率给定值,每 30 s 一个计算周期,如果计算值要求机组功率变化值小于 5 MW,则 30 s 向机组下发一次功率给定值。如果计算出的输出功率变换大于 5 MW,则只能每 3 min 向每台机发出增加或减少 5 MW 令,分次下发。如果计算值大于单台机的满载功率,则以功率方式将 2 台机的启动、station PLC 将功给值发给 unit PLC,再通过 unit PLC,发至调速器。

④水位在529.5～529.8 m,正在运行的机组按原控制方式运行,不自动切换到水位模式。

为了满足厂房与SCADA系统的通信,特别增加1套unity PLC作为通信PLC,该PLC配置了PROSOFT公司的PTQ－DNPSNET－Q模件,该模件可以安装在施耐德PLC的底板上,从unity PLC中读取数据以DNP3.0规约格式上送至南德瑞瓦图变电站的SEL通信装置中。该PLC以以太网方式接入station PLC的现地环网小交换机,与station PLC实现网络数据共享。

(3)渗漏排水控制对象:潜水泵2台,容量5.5 kW、AC 380 V;水位计1套,4～20 MA。

(4)渗漏排水控制要求:

①2台排水泵正常情况,1台工作,1台备用。并自动切换运行,也可手动切换。水泵的启、停由水位计自动控制。

②当渗漏集水井水位为187.6 m时,工作水泵启动;当渗漏集水井水位为186.0 m时,停水泵;当渗漏集水井水位为188.0 m时,备用泵启动并发报警信号;当渗漏集水井水位为185.8 m时,发出低水位报警信号。

(5)洪水排水控制对象:潜水泵2台,容量55 kW、AC380 V;水位计1套,4～20 MA。

(6)洪水排水控制要求:

①2台排水泵正常情况下,1台工作,1台备用,并自动切换运行,也可手动切换。在洪水期间同时工作,水泵的起、停由水位计自动控制。

②当集水井水位为190.8 m时,工作水泵启动;当集水井水位为189.8 m时,变频控制水泵工作;当集水井水位为189.6 m时,停水泵;当集水井水位为191.1 m时,备用泵启动并发报警信号;当集水井水位为189.4 m时,发出低水位报警信号。

(7)低压空压机:空压机(2台容量18.5 kW、AC380 V)运行由其自带的控制箱控制,当压力下降到0.65 MPa时,空压机启动;当压力上升到0.85 MPa时,空压机停机;当压力过低(0.5 MPa)或过高(0.9 MPa),压力变送器发出报警信号到station PLC。

7)时钟

具有与电站GPS时钟同步装置同步的实时时钟。

8)运行

能脱离电站级独立运行。

9)自诊断

具备自诊断能力,在线运行时对公用设备现地控制单元的硬件及软件进行自诊断,及时检测出故障部位模件和性质。当诊断出故障时,自动发出信号;对于冗余模件,能自动切换到备用模件。

10.堰PLC功能

(1)数字量采集和处理:中断输入及周期性扫查;事件顺序记录与报警。

(2)综合量的计算:闸门各开度下的开启次数及运行时间统计,泄洪量等。

(3)人机联系:可通过HMI进行运行操作及运行参数监视和在线修改,当设备发生事故或故障时,自动启动屏幕闪光及音响报警,并上送报警信号,为保护屏幕,在设备无故障和无操作时,在一段时间后屏幕自动关闭。

(4)控制功能:堰PLC负责监控大坝和闸门系统。采集水库水位,控制2个底孔闸门、1个进口闸门和放水生态阀等。堰PLC的主要控制功能包括:

①收到进水闸门"打开"或"关闭"命令后,实现对公用液压系统设备自动运行。

②收到泄洪闸"打开"或"关闭"命令(每个闸门一个命令)后,实现对各泄洪闸液压系统设备的自动运行。

③大坝的415 V交流电源出现故障时,实现对柴油发电机启动。交流电源恢复后,PLC应使柴油发电机停机并重新接入电网电源。

④实现对进水闸门、泄洪闸、生态阀和公用HPU系统的状态的监控和记录。

⑤实现溢洪闸的现地手动控制和监控(通过接口连接到HPU就地控制盘)。

⑥使业主全电厂范围的控制系统实现进水闸门、泄洪闸和生态阀的远程控制。

⑦实现对水源水位监控。

⑧实现对隧洞进口滤网水头损失监控。

⑨实现对下游河水水位监控。

⑩实现对现地交流系统控制和监控。

⑪实现对直流系统监控。

⑫实现对火灾报警监控。

⑬实现对安保系统监控。

堰坝控制系统还配置3套闸门控制PLC,控制3套溢洪闸门,闸门PLC与堰坝PLC之间采用MB+通信方式。

(5)时钟:具有与电站GPS时钟同步装置同步的实时时钟。

(6)能脱离电站级独立运行。

(7)自诊断:具备自诊断能力,在线运行时对闸门现地控制单元的硬件及软件进行自诊断,及时检测出故障部位模件和性质。当诊断出故障时,自动发出信号;对于冗余模件,能自动切换到备用模件。

(四)性能指标

1.集成性

(1)系统中的设备和功能模块具有相对的独立性,某一设备或功能模块的故障不影响其他设备或功能模块的功能。

(2)系统所提供的软件是成熟的工业用软件。

2.开放性

(1)计算机监控系统集成的设备均为目前市场上主流产品。

(2)系统采用开放的技术和标准。在硬件方面,保证能对系统中现有的设备增加功能,或在系统中添加新的设备。

(3)在软件方面,易于系统软件和应用软件的扩展和升级。

(4)系统支持软件二次开发,可根据工程的实际情况及用户要求进行修改。

3.实时性

计算机监控系统设备的实时性反映在系统的各种响应时间上,包括CPU处理、存储器存储、数据采集及处理、通道传输、软件等的速度或效率，同时还考虑故障时重载对响应时间的影响。

1）站控级的响应能力

人机接口响应时间：

（1）调用新画面的响应时间：全图形显示不超过1 s。

（2）在已显示的画面上实时数据刷新时间：从数据库刷新后算起不超过1 s。

（3）操作员发出执行命令到控制单元回答显示的时间不超过1 s。

（4）报警或事件产生到画面字符显示和发出音响的时间不超过1 s。

控制功能的响应时间：

（1）站控级自动控制命令执行的响应时间即从控制命令发出到现地级控制点执行该控制命令的时间不得超过1.5 s。

（2）站控级对调度系统数据采集和控制的响应时间满足调度系统的要求。

（3）所有传送信息的变化响应时间不大于2 s。

双机切换时间：双机热备用，切换时保证无扰动、实时数据不丢失、实时任务不中断。

2）单元控制级的响能力

现地单元控制装置的响能力满足对于生产过程的数据采集时间或控制命令执行时间的要求。

数据采集时间：

（1）数字量输入点（DI）采集周期小于1 s；

（2）模拟量输入点（AI）采集周期：电量小于1 s，非电量小于10 s；

（3）事件顺序记录点（SOE）分辨率小于1 ms。

现地单元控制装置从接受命令到开始执行的时间小于1 s。

4. 可靠性

（1）系统中任何设备的任何故障均不影响其他设备的正常运行，同时也不能造成所有被控设备的任何误动或关键性故障。

（2）厂站级各工作站或计算机（含磁盘）的平均无故障时间（MTBF）大于30 000 h，现地控制单元装置大于34 000 h；

（3）对于设备运行中MTBF的考核值可以考虑以设备正式投运后的2年时间为计算期限，其中包括正常停机时间。如果故障的处理时间超过规定的维修时间，则计算期限相应延长。采用制造厂提供的合格的备件来更换故障组件。

5. 可维修性

可维修性参数平均修复时间（MTTR）为：（当不包括管理辅助时间和运送时间时）一般在0.5 h以内。

采取下列措施以提高设备的可维修性：

（1）设备具有自诊断和故障寻找程序，按现场可更换部件的水平来确定故障位置；

（2）有便于试验和隔离故障的断开点；

（3）配置合适的专用安装、拆卸工具；

（4）互换件或不可互换件有识别措施；

(5)预防性维修不引起磨损性故障;

(6)提高硬件的代换能力。

6. 可利用率

计算机监控系统在最终验收时的可利用率不低于99.97%。

考核系统可利用率的计算表达式为:

$$A = [\text{可使用时间} \div (\text{可使用时间} + \text{维修停机时间})] \times 100\%$$

式中,A 为可利用率;所有时间的单位均为小时,h。

$$\text{可使用时间} = \text{考核(试验)时间} - \text{维修停机时间}$$

1)考核(试验)时间

本系统设备在“现场交接证书”签发后即开始进入可利用率的考核时间,考核时间取8 760 h。

2)维修停机时间

(1)维修停机时间包括故障维护时间、影响设备使用的预防性维修时间和扩充停机时间。

(2)故障维修时间仅计算检查故障和处理故障设备使其恢复正常运行的时间,它不包括通知和安排维修人员时间,不包括等待备件和维修工具的时间。但对于重复性故障,其故障维修时间取故障发生到处理结束的全部连续时间。

(3)维修停机时间中所含现地控制单元的故障维修时间按所有现地控制单元故障维修时间总和除以现地控制单元总个数的商进行计算。

(4)可不计入故障维修时间的设备故障有:非关键性故障(不影响监控系统运行或不需要停机维修的故障)、冗余部件中不影响功能的故障。

(5)维修停机时间按规定的考核时间范围进行统计。

7. 系统数据规模及处理能力

数据库规模:

模拟量	≥20 000
开关量	≥40 000
控制量	≥8 000
设定值控制	≥3 000
计算量	≥5 000
参加 AGC 机组个数	10

历史数据库的历史数据至少能在线保存 2 年;至少能在线保存 60 个事故追忆数据集;至少能在线保存 40 条采样周期为 s 级,持续时间为 48 h 的趋势曲线数据。

8. CPU 负荷率

按本节所述信息规模及实时响应指标,在电力系统正常情况下,任意 30 min 内站控级计算机和 LCU 的 CPU 负荷率小于30%;在电力系统事故状态下,10 s 内 CPU 负荷率小于50%。

9. 系统安全性

1)对操作安全性的基本要求

(1)对系统每个功能提供校核,发现有误时及时报警并撤销命令。

(2)当操作有误时,能自动或手动禁止,并报警。

(3)对任何自动或手动操作作存储记录和进行提示指导。

(4)在人机操作中设置操作员控制权口令,不低于5级。

(5)按控制层次实现操作闭锁,其优先权从高到低依次为:现地级、站控级、调度级。

(6)能设置操作员工作站的权限。

2)对通信安全性的基本要求

(1)系统设计保证信息传送中的错误不会导致系统关键性故障(使外部设备误动作,或造成系统主要功能故障或系统作业故障等)。

(2)本系统与调度系统的远程通信的信息量出错控制与通信规约一致。

(3)站控级与现地级设备的通信包括控制信息时,对响应有效信息或没有响应有效信息有明确的指示。当通信失败时,考虑2~5次重复通信并发出报警信号。

(4)为验证通道正常,提供适当的通道检查手段和设备。

3)对硬件、软件和固件设计安全的基本要求

(1)有电源故障保护和自动重新启动。

(2)能预置初始状态和重新预置。

(3)具有自检查能力,检出故障时能自动报警。

(4)设备故障能自动切除或切换并能自动报警。

(5)系统中任何单个元件的故障不造成设备误动。

(6)系统中任何硬件和软件的故障都不危及电力系统的安全运行和人身安全。

(7)系统设计或系统性能考虑到重载和紧急临界情况。

10. 可扩性

备用点不少于使用的点设备的10%。

站控制级的内部存储器留有50%的区域给用户自用。

大容量存储器留有60%的备用容量。

适当考虑扩充外围设备和系统通信的接口。

通道容量留有足够裕度,期望的通道利用率宜小于50%。

提供用户修改和扩充软件的功能。

11. 可变性

对站控级和单元级设备中点设备的参数或结构配置便于修改。

对点的可变性要求,满足如下条件:

(1)能实时由运行人员确定点的说明或改变此说明。

(2)能实时改变模拟点工程单位标度。

(3)能实时改变模拟点限值。

(4)能实时改变模拟点限制值死区。

(5)能实时改变输出点的时间。

(6)能实时改变控制点的参数。

对已有的各 LCU(或终端)在再构造时,能满足下述各项变化:

(1)能实时在站控级数据库中为已有的各 LCU 增加初始未提供或未定义的点。

(2)能实时在站控级数据库中为已有的各 LCU 重新安排各 I/O 点的分类。

(3)能实时对各 LCU(或终端)的通信接口地址、点设备地址等进行再分配并作相应的软件修改。

第二节 消防报警及通风消防控制系统

一、消防报警系统

(一)简要说明

在厂房设火灾自动报警系统、火灾自动报警由火灾自动报警控制柜、光电感烟探测器、感温探测器、线型光束感烟探测器、感温电缆(每台主变压器装 1 路感温电缆测主变压器外壳温度)、声光报警器、手动报警按钮、输入输出模块和短路隔离器组成。

火灾自动报警柜(箱)布置在控制盘室,探测器布置在现地。在厂房高程 199.6 m 层设 2 台束状感烟探测器,在厨房、柴油机房设置感温探测器,每台主变压器设 1 路感温电缆测温,其余房间设置光电根烟探测器。在高程 199.6 m 层主厂房、高程 195.6 m 层发电机层、高程 191.6 m 层水轮机层探测器安装普通底座和声光报警器,其他房间探测器装带蜂鸣器底座。

(二)火灾自动报警系统功能

火灾自动报警系统采用智能式可编址报警系统,厂房采用柜式结构,开关站、大坝控制楼、阀室采用箱式结构,容量 1 000 点,可支持各种编址型火灾探测器和各种输入、输出模块的正常工作,具有对火灾探测器和输入、输出模块自动检测的功能,控制柜备有 RS485 接口,可与 SCADA 实现实时通信,通信内容满足合同要求。交流电源消失时,火灾自动报警系统内自备电源投入运行,并且有自动充电的功能,自备电源保证系统正常工作不低于 30 h,低电压报警后仍可工作不低于 10 min。火灾自动报警设备在主电源断电以及备用电源耗尽之后,系统的时钟信息和各种报警和故障的历史记录可至少保存 3 个月,以保证任何意外情况下,控制器的重要信息都不会丢失,具有 500 次事件的记忆功能,具有查询打印功能。

火灾自动报警系统可实现火灾自动探测及报警、人工手动报警,控制水泵、HVAC(通风、空调)、机组及主变压器灭火;集中显示火灾报警部位信号和控制状态信号功能,系统功能满足合同要求。

火灾自动报警控制柜能将探测器回送的参数进行参量化处理,确定火灾或故障的程度和级别,可显示出参数变化曲线。

可实现定时巡检、远程查询值班、系统运行状况统计查询、联网校时等管理功能。

采用严格的通信协议,并兼容多种通信方式,可提供多种接口与各厂家的火灾自动报警设备连接。

火灾自动报警控制柜应具有故障屏蔽功能,并具有白天/夜间灵敏度自动调整功能。

火灾自动报警控制柜应具有通过软件设定火灾探测器灵敏度的功能,并且能够对环境的非火灾因素造成的影响进行自动补偿。

火灾自动报警控制柜在接收到报警信号后,通过软件编程,可使该报警探测区的火灾声光报警器发出声光报警。

本系统采用英文滚动菜单的方式,菜单的顺序按常规优先级排序,操作方便并不需要记忆任何操作指令。打印机可打印报警信息。它具有火灾监控、编辑和密码保护等功能。报警系统的任何操作、报警或故障,都将反映到火灾自动报警控制主机上,同时此主机也可对火灾自动报警控制柜进行消音、复位等操作。当报警系统探测到火灾信息时,火灾自动报警控制主机以第一时间直观地显示火灾所发生的平面模拟图及文字说明,并可根据需要,打印出报警平面图或文字信息,帮助管理人员迅速掌握火灾位置。所有报警系统的故障、火灾等动作都将被保存在历史资料中。

(三)火灾自动报警系统设备型号及说明

火灾自动报警系统主要设备型号见表13-1。

表13-1　　火灾自动报警系统主要设备型号

设备名称	型号规格
火灾自动报警控制柜	FS1120 CC1142 –/S
光电感烟探测器	FDO221 – CN
感温探测器	FDT241 – CN
带蜂鸣器底座	FDSB291 – CN
普通底座	FDB221
束状感烟探测器	FDL241 – 9 – CN
三棱反射镜	DLR1191
手动报警按钮	FDM229 – CN
输入输出模块	FDCIO223 – CN
声光报警器	HSG1010
感温电缆	JTW – LD – SF600/105

火灾自动报警控制柜采用组合式硬件与软件结构,标准型控制器由若干种功能卡组成,且备有足够种类的功能卡,可以进行多种功能扩展。控制器面板采用液晶显示、菜单操作方式,可显示并自动存储运行的各种信息。

光电感烟探测器采用光学传感器,运用前向散射原理,提高了对火灾产生烟雾粒子的探测能力,从而大大提高了对明火或者暗火的探测灵敏度,来及早探知火情。信号接收后会经特殊运算法则处理,内部集成短路隔离器,内置360°可见的反应指示灯(AI),通过FDnet回路与控制器通信,采用软地址编址模式。

感温探测器备有 2 只传感器,以使得当其中 1 只传感器发生故障时,整个探测器仍可以保持正常工作。内部集成短路隔离器,内置 360°可见的反应指示灯(AI),通过 FDnet 回路与控制器通信,采用软地址编址模式。

带蜂鸣器底座用于感烟或感温探测器,在火灾报警系统中用于声音报警。有 11 种音调可供选择,声音强度最大 88 dBA,可外接一个门灯,通过 FDnet 通信与供电。

普通底座可对探测器底座编址,可采用明装或暗装方式安装。

线型光束感烟探测器利用烟雾对光散射的原理进行探测,探测器由发射管和接收管组成。发射管发出一束红外光,光束通过对面的棱形反射器再返回到接收管。接收管将收到的红外信号转换成电信号,供微处理器进行分析处理。当有烟雾穿过探测区,红外信号会减弱。当信号达到预定值时,探测器向控制器发送相应的危险等级。信号处理基于 ASAtechnologyTM(先进信号分析技术),探测距离 5 ~ 100 m,内置报警灯显示报警状态,通过 FDnet 与控制器通信(独立编址)。

三棱反射镜测量距离 20 ~ 100 m,应用于潮湿环境时增加 DLH1191A 加热元件,以去除棱镜表面的雾气,确保有效光线反射,保护等级 IP56。

手动报警按钮用于当火灾发生时手动启动报警。它由外壳和电子部件两部分组成,击碎玻璃后直接报警。双色 LED 可显示报警、定位及测试等状态,内部集成有短路隔离器,通过 FDnet 回路与控制器通信。采用软地址编址模式。

输入输出模块为 2 路输入/输出型式,通过编程可独立连接非编址探测器、干节点输入和控制输出,LED 指示灯可显示输入/输出状态及电源故障,信号分析采用微处理器控制。

声光报警器安装在现场,当现场发生火灾并被确认后,消防控制中心的火灾报警联动控制器就会启动现场的声光报警器,使现场发出具有震惊效果的火灾报警声响,以此达到影响人员注意的目的。声光报警器光电转换率高,频闪寿命大于 100 000 次,可连续工作 48 h 以上。

感温电缆的缆线电阻为 0.25 ~ 0.35 Ω/m,额定动作温度 105 ℃,不动作温度 75 ℃,动作响应时间 $s \leqslant 40$ s。

二、通风控制系统

(一)简要说明

在厂房高程 199.60 m 层通风机房、控制盘室、高程 195.60 m 层通风机房、高程 191.60 m 层通风机房、开关站、大坝控制楼设置一通风控制箱,完成相应风机、防火阀的控制。

控制箱上设置智能 I/O 装置、交流接触器、DC24 V 电源转换、继电器、相应的保护装置、远方/现地控制切换开关、状态指示灯等附件。完成风机启停控制、防火阀启停控制、防火阀与风机联动启停控制、为防火阀提供 DC24 V 电源。风机运行状态、风机故障报警、风(烟)阀启停状态、电机电流电压的监视显示并通过 RS485 接口上送 PLC,远方/现地控制切换开关接至远方时,可受 PLC 控制。

正常送风、排风时所有风机可通过远方/现地手动启动或定时启停,电动复位防烟防火阀随风机联动。发生火灾时,温度达到 70 ℃时电动复位防烟防火阀自动关闭且联动相应送、排风机关闭。

(二)通风系统监控

(1)在高程 199.60 m 层通风机房设一台风机及 5 个电动复位防烟防火阀,功率 2.2 kW;在屋顶设置 6 台送风机,功率 1.1 kW。正常送风、排风时所有风机可通过远方/现地手动启动或定时启停,电动复位防烟防火阀随风机联动。发生火灾时,温度达到 70 ℃时电动复位防烟防火阀自动关闭且联动相应送、排风机关闭。在厂房高程 199.60 m 层通风机房设 1 通风控制箱。

(2)在控制盘室设 1 台风机及 1 个电动复位防烟防火阀,功率 0.55 kW;在机修间设 1 台风机及 1 个电动复位防烟防火阀,功率 0.55 kW;在控制室设 1 台风机及 1 个电动复位防烟防火阀,功率 0.55 kW。正常送风、排风时所有风机可通过远方/现地手动启动或定时启停,电动复位防烟防火阀随风机联动。发生火灾时,温度达到 70 ℃时电动复位防烟防火阀自动关闭且联动相应送、排风机关闭,在控制盘室设 1 个通风控制箱。

(3)在高程 195.60 m 层通风机房设 1 台风机及 7 个电动复位防烟防火阀,功率 1.5 kW。正常送风、排风时所有风机可通过远方/现地手动启动或定时启停,电动复位防烟防火阀随风机联动。发生火灾时,温度达到 70 ℃时电动复位防烟防火阀自动关闭且联动相应送、排风机关闭。在高程 195.6 m 层通风机房设 1 通风控制箱。

(4)在高程 191.60 m 层通风机房设 1 台风机及 6 个电动复位防烟防火阀,功率 0.8 kW。正常送风、排风时所有风机可通过远方/现地手动启动或定时启停,电动复位防烟防火阀随风机联动。发生火灾时,温度达到 70 ℃时电动复位防烟防火阀自动关闭且联动相应送、排风机关闭。在高程 191.6 m 层通风机房设 1 通风控制箱。

(5)在开关站电池室设 1 台风机及 1 个电动复位防烟防火阀,功率 0.36 kW;在开关站通信室设1 台风机及 1 个电动复位防烟防火阀,功率0.36 kW;在开关站 Main Area 设 1 台风机及 1 个电动复位防烟防火阀,功率 0.55 kW;正常送风、排风时所有风机可通过远方/现地手动启动或定时启停,电动复位防烟防火阀随风机联动。发生火灾时,温度达到 70 ℃时电动复位防烟防火阀自动关闭且联动相应送、排风机关闭。在开关站电池室设 1 个通风控制箱。

(6)在大坝控制楼电池室设 1 台风机及 1 个电动复位防烟防火阀,功率 0.36 kW;在大坝控制楼控制室设 1 台风机及 1 个电动复位防烟防火阀,功率 0.55 kW;正常送风、排风时所有风机可通过远方/现地手动启动或定时启停,电动复位防烟防火阀随风机联动。发生火灾时,温度达到 70 ℃时电动复位防烟防火阀自动关闭且联动相应送、排风机关闭。在大坝控制楼电池室设 1 通风控制箱。

(7)空调手动控制启、停,发生火灾时停止电站控制室、厨房/起居室、卧室空调。

(8)因为本电站为无人值班电站,通风设备的下列运行状态信号主要供 SCADA 系统的运行人员进行远程监视,直接接入 station PLC,减少中间环节,对信号的稳定可靠更加有力。

三、水喷淋系统监控系统

(一)简要说明

厂房设有水喷淋的联动控制,除主变雨淋阀外的其他消防水喷淋装置均靠自身的感温元件自动喷淋,不需要火灾报警系统驱动喷淋。主变雨淋阀及快速排气阀前的电磁阀由火灾报警系统直接驱动控制,并采用耐火电缆。当主变发生火灾时,主变雨淋阀动作喷淋。火灾报警盘同时监视水喷淋系统的相关信号。

(二)水喷淋系统监控

1. 水喷淋系统控制

喷淋系统的快速排气阀前的电磁阀主要作用是加速喷淋管网排气,使消防供水更加快速。当干式报警阀动作后瞬间开启该电磁阀。

1# 主变发生火灾时,打开 1# 主变雨淋阀。2# 主变发生火灾时,打开 2# 主变雨淋阀。

消防水池供水管上的电动阀,该电动阀主要作用是根据消防水池水位的高低自动关闭或打开,将压力钢管的水及时供给消防水池,消防水池的水在不发生火灾时一直处于蓄满状态,以备随时满足一次消防用水要求。消防用水的第一水源是压力钢管的水,第二水源才是消防水池的水,即只有在压力钢管没水的情况下,才使用消防水池灭火,也就是说,当用消防水池的水灭火时,压力钢管一定没水,电动阀肯定无法从压力钢管供水给消防水池,所以电动阀给消防水池自动补水的有效动作时间是在非火灾情况下,故由 station PLC 直接控制。

2. 水喷淋系统监视

因干式报警阀状态信号与快速排气阀前的电磁阀动作有关联,故直接采用耐火电缆接入火灾报警盘,后转 station PLC。其他与控制无关,只是监视用的信号均直接上送了 station PLC。因为本电站为无人值班电站,消防设备的运行状态信号主要供 SCADA 系统的运行人员进行远程监视,直接接入 station PLC,减少中间环节,对信号的稳定可靠更加有力。且我们认为这是符合规程及合同要求的。

第三节　继电保护装置

按建筑物划分,保护分为 3 部分:厂房发电机、变压器及线路保护,开关站线路保护及母线保护、压力钢管保护。

一、发电机变压器保护

发电机变压器保护按故障类别分为 trip A、trip B 及 trip C。在 unit PLC 中 trip A 分为 PLC trip A 及硬接线回路 trip A,机组 LCU 内设有 2 个 ABB 的跳闸继电器,无论是 trip A 的 PLC 回路,还是 trip A 的硬接线回路均分别通过这 2 个跳闸出口继电器动作跳发电机出口断路器、灭磁、调速器紧急停机电磁阀及关闭主阀。trip B 先减载,再动作跳闸出口继电器,继而跳发电机出口断路器、灭磁、调速器紧急停机电磁阀及关闭主阀。trip C 的目的是在系统故障时,切断机组与电网之间的连接,以防对发电机造成损坏。trip C 机组甩负荷,进入空载状态。

发电机变压器保护分为电气保护及非电量保护,电气保护主要由 2 套 SEL300G 发电机保护装置、1 套 SEL551 励磁变保护装置、2 套 SEL387 主变压器保护装置及 1 套 SEL351 A 厂变保护装置完成,非电量保护主要由 unit PLC 及 1 套 FBCX－11T 主变非电量操作箱完成。

(一)trip A 功能

1. 由 SEL300G 完成的 trip A 功能

纵联差动保护	87G
失磁保护	40
定时限方向过流	50/67
电压限制的过电流保护	51V
误上电	50/27
负序过流保护	46
逆功率保护	32R
过电压保护	59
低电压保护	27
过频保护	81H
低频保护	81L
过励保护	24
100% 定子接地保护	64G
11 kV 接地保护	50N

2. 由 SEL551 完成的 trip A 功能

励磁变速断保护

3. 由 SEL387 完成的 trip A 功能

纵联差动保护	87GT

4. 由 SEL351A 完成的 trip A 功能

接地保护	59N

5. 非电量保护完成的 trip A 功能

操作员发 trip A 令	
启动 unit PLC 上的紧急停机按钮停机	5A
启动调速器上的紧急停机按钮停机	5B
unit PLC 看门狗(watch dog)动作	
调速器 PLC 看门狗动作	
机组机械过速	12A
机组电气过速	12B
机组尾水门水位过高	71C
机组发生火灾	20
调速器事故低油压	65P
励磁变温度超高	
定子绕组温度超高	26GS
开机时间超长	48

(二)trip B 功能

操作员发 trip B 令	
调速器 PLC 故障	
轴承水平振动过高	38V1
轴承垂直振动过高	38V1
Turab 过速装置动作	
轴承温度过高	38T1
轴承油槽温度过高	38T3
定子热风温度过高	49T2
定子冷风温度过高	49T3
机组冷却水温度过高	49T4
机组进水阀油压过低	
机组控制电源故障	33
机组尾水门下降	500 mm
机组进水阀不在全开位置	
压力钢管压力超低	
渠道进水门不在全开位置	
电站尾水水位过高	71C

(三)trip C 功能

操作员发 trip C 令。

由 SEL300G 完成的 trip C 功能有：

负序电流保护	46
逆功率保护	32R
低电压保护	27

(四)发变组保护其他配置

每一套 SEL300G 发电机保护还配有：

断路器失灵	50BF
VT 故障	60FL
转子接地	64F

每一套 SEL387 变压器电量保护配有：

定时限电流保护	50
反时限电流保护	51
接地差流保护	64REF
后备接地保护	64SBEF
断路器失灵	50BF

FBCX－11T 变压器非电量保护装置有：

压力释放	PR
瓦斯保护	BUCH
油温保护	OT
绕组温度	WT

二、厂房至开关站线路保护

厂房至开关站设有 2 套 SEL311L 线路保护，每一套 SEL311L 线路保护配有：

差动保护	87L
距离保护	21
同期检查	25
断路器失灵	50BF

三、开关站保护

开关站采用单母线接线，两回来自厂房的进线，三回出线：一回至瓦劳，一回至乌达，一回备用。所有保护采用双重化配置，至厂房的每回线配置 2 套 SEL311L－0 保护，母线配置 2 套 SEL487B，至瓦劳和至乌达的每回线配置 1 套 SEL311L－7 保护和 1 套 SEL421 保护。差动保护通道为专用光纤。

（1）SEL311L－0 装置配有以下保护功能：

光纤差动保护	87L
距离保护	21
定时限方向过流保护	67
同期	25
断路器失灵	50BF

（2）SEL487B 装置配有以下保护功能：

母线差动保护	87B
断路器失灵	50BF

（3）SEL311L－7 装置配有以下保护功能：

光纤差动保	87L
距离保护	21
反时限方向过流保护	67G
自动重合闸	79
同期	25
断路器失灵	50BF

（4）SEL421 装置配有以下保护功能：

距离保护	21
反时限方向过流保护	67G

自动重合闸	79
同期	25
断路器失灵	50BF

在瓦劳(瓦劳)侧配置1套SEL311L－7保护和1套SEL421保护用于瓦劳至南德瑞瓦图开关站的线路保护。

(1)SEL311L－7装置配有以下保护功能:

光纤差动保护	87L
距离保护	21
反时限方向过流保护	67G
自动重合闸	79
同期	25
断路器失灵	50BF

(2)SEL421装置配有以下保护功能:

距离保护	21
反时限方向过流保护	67G
自动重合闸	79
同期	25
断路器失灵	50BF

在乌达侧配置1套SEL311L－7保护和1套SEL421保护用于乌达至南德瑞瓦图开关站的线路保护。

(1)SEL311L－7装置配有以下保护功能:

光纤差动保护	87L
距离保护	21
反时限方向过流保护	67G
自动重合闸	79
同期	25
断路器失灵	50BF

(2)SEL421装置配有以下保护功能:

距离保护	21
反时限方向过流保护	67G
自动重合闸	79
同期	25
断路器失灵	50BF

四、保护分区

厂房和开关站故障分区如图13-1,通常故障分区是将整个变压器作为一个区,但考虑到接点故障,将变压器的高、低压侧划分到了不同的区,即便如此,由于 11 kV 系统为高阻抗接地系统,故整个 11 kV 应作为一个接地故障区。

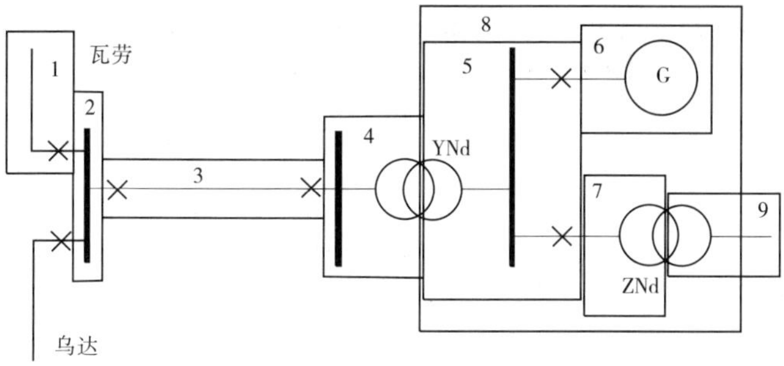

图 13-1　厂房和开关站故障分区图

故障区共分为 9 个,具体如下:

1 区(开关站 132 kV 至瓦劳和至乌达线路故障区):3 相和 2 相相间故障,接地故障。

2 区(开关站 132 kV 母线故障区):3 相和 2 相相间故障,接地故障。

3 区(开关站至厂房 132 kV 线路故障区):3 相和 2 相相间故障,接地故障。

4 区(厂房主变压器 132 kV 侧故障区):3 相和 2 相相间故障,接地故障。

5 区(厂房主变压器 11 kV 侧及 11 kV 母线故障区):3 相和 2 相相间故障,变压器其他故障,如变压器过磁通(V/Hz),绕组温度,瓦斯保护等。

6 区(发电机故障区):3 相和 2 相相间故障,发电机其他故障,如负序,失磁,过激磁(V/Hz),失步,转子一点接地。

7 区(厂用变压器故障区):3 相和 2 相相间故障。

8 区 11 kV 接地故障区:包括发电机、11 kV 母线和主变 11 kV 低压绕组、厂用变压器 11 kV 高压绕组的接地故障。

9 区 415 V 故障区:3 相和 2 相相间故障,接地故障。

五、各故障区保护的详细说明

(一)132 kV 出线(1 区)

瓦劳至南德瑞瓦图开关站与乌达至南德瑞瓦图开关站 132 kV 线路保护相同,故此处仅就瓦劳至南德瑞瓦图开关站线路保护进行说明。132 kV 线路采用 OPGW 地线复合光缆,保护信息及其他通信信息均通过光缆传输。线路两端均配有 2 套保护,1 套为 SEL311L－7 光纤差动保护,一套为 SEL421 距离保护。2 套保护的直流电源相互独立,且只允许单相自动重合闸,不允许单三相自动重合闸。

SEL 保护装置的距离 1、2、4、5 段用于正方向保护区,距离 3 段用于反方向保护区。

保护功能应用如下。

1. 相间故障

132 kV 相间故障保护装置参数(1 区)见表 13-2。

表 13-2　　132 kV 相间故障保护装置参数表(1 区)

配置	应用的保护
主保护 1	87L:来自安装在瓦劳和南德瑞瓦图开关站的 SEL311L－7(主保护 1) 21:来自安装在瓦劳和南德瑞瓦图开关站的 SEL311L－7
主保护 2	21:来自安装在瓦劳和南德瑞瓦图开关站的 SEL421(主保护 2)
后备保护	21:来自安装在南德瑞瓦图厂房的 SEL311L－0(主保护 1 和主保护 2) 51:来自安装在南德瑞瓦图厂房的 SEL387(主保护 1 和主保护 2)

2. 接地故障

132 kV 接地故障保护参数(1 区)见表 13-3。

表 13-3　　132 kV 接地故障保护参数表(1 区)

配置	应用的保护
主保护 1	87L:来自安装在瓦劳和南德瑞瓦图开关站的 SEL311L－7(主保护 1) 21:来自安装在瓦劳和南德瑞瓦图开关站的 SEL311L－7 67G:来自安装在瓦劳和南德瑞瓦图开关站的 SEL311L－7
主保护 2	21:来自安装在瓦劳和南德瑞瓦图开关站的 SEL421(主保护 2) 67G:来自安装在瓦劳和南德瑞瓦图开关站的 SEL421
后备保护	21:来自安装在南德瑞瓦图厂房的 SEL311L－0(主保护 1 和主保护 2) 64SBEF:来自安装在南德瑞瓦图厂房的 SEL387

(二)开关站 132 kV 母线故障区(2 区)

132 kV 母线包括 3 段母线,且每段母线上有一个接地开关。配有双重化的母线保护,母线保护中设有断路器失灵。2 套保护的直流电源相互独立。

保护功能应用如下。

1. 相间故障

132 kV 相间故障保护参数(2 区)见表 13-4。

表 13-4　　132 kV 相间故障保护参数表(2 区)

配置	应用的保护
主保护 1	87B 和 50BF:来自 SEL487B
主保护 2	87B 和 50BF:来自 SEL487B
后备保护	21:来自安装在瓦劳和乌达的 SEL311L－7 21:来自安装在瓦劳和乌达的 SEL421 21:来自安装在南德瑞瓦图厂房的 SEL311L－0(主保护 1 和主保护 2) 67G:来自安装在瓦劳和乌达的 SEL311L－7 67G:来自安装在瓦劳和乌达的 SEL421

2. 接地故障

132 kW 接地故障保护参数(2 区)见表 13-5。

表 13-5　　132 kW 接地故障保护参数表(2 区)

配置	应用的保护
主保护 1	87B 和 50BF:来自 SEL487B
主保护 2	87B 和 50BF:来自 SEL487B
后备保护	21(2 段):来自安装在瓦劳和乌达的 SEL311L－7 21(2 段):来自安装在瓦劳和乌达的 SEL421 21(2 段):来自安装在南德瑞瓦图厂房的 SEL311L－0(主保护 1 和主保护 2) 64SBEF:来自安装在南德瑞瓦图厂房的 SEL387

(三)开关站至厂房 132 kV 线路故障区(3 区)

从南德瑞瓦图开关站至厂房两回线的接线方式为同杆并架,采用 OPGW 地线复合光缆,开关站及厂房两侧均配有双重化保护,2 套保护的直流电源相互独立。每套保护中的差动保护为主保护,距离保护为后备保护,且开关站侧的距离保护延伸至厂房主变高压侧。开关站侧的方向过流保护延伸至厂房 11 kV 侧。

两回线的保护方案相同,此处仅对一回线路保护进行说明。距离 1、2、4 段用于正方向保护区,距离 3 段用于反方向保护区。

保护功能应用如下。

1. 相间故障

132 kV 相间故障保护参数(3 区)见表 13-6。

表 13-6　　132 kV 相间故障保护参数表(3 区)

配置	应用的保护
主保护 1	87L:来自安装在南德瑞瓦图厂房和开关站的 SEL311L(主保护 1) 21(1 段＋2 段):来自安装在南德瑞瓦图厂房和开关站的 SEL311L 67:来自安装在南德瑞瓦图开关站的 SEL311L
主保护 2	87L:来自安装在南德瑞瓦图厂房和开关站的 SEL311L(主保护 2) 21(1 段＋2 段):来自安装在南德瑞瓦图厂房和开关站的 SEL311L 67:来自安装在南德瑞瓦图开关站的 SEL311L
后备保护	21(2 段＋4 段):来自安装在瓦劳和乌达的 SEL311L 和 SEL421 50:来自安装在南德瑞瓦图厂房的 SEL387 51:来自安装在南德瑞瓦图厂房的 SEL387

2. 接地故障

132 kW 接地故障保护参数(3 区)见表 13-7。

表 13-7 132 kW 接地故障保护参数表(3 区)

配置	应用的保护
主保护 1	87L:来自安装在南德瑞瓦图厂房和开关站的 SEL311L 21(1 段 +2 段):来自安装在南德瑞瓦图厂房和开关站的 SEL311L 67:来自安装在南德瑞瓦图开关站的 SEL311L
主保护 2	87L:来自安装在南德瑞瓦图厂房和开关站的 SEL311L 21(1 段 +2 段):来自安装在南德瑞瓦图厂房和开关站的 SEL311L 67:来自安装在南德瑞瓦图开关站的 SEL311L
后备保护	64SBEF:来自安装在南德瑞瓦图厂房的 SEL387 21(4 段):zo 来自安装在瓦劳和乌达的 SEL311L 和 SEL421 50:来自安装在南德瑞瓦图厂房的 SEL387 51:来自安装在南德瑞瓦图厂房的 SEL387

(四)厂房主变压器 132 kV 侧故障区(4 区)

132/11 kV 升压变压器为 YNd 接线,保护为双重化配置,此处仅对一套进行说明。变压器 132 kV 高压侧中性点固定接地。2 套 SEL387 保护直流电源相互独立。

保护功能应用如下。

1. 相间故障

132 kV 相间故障保护参数(4 区)见表 13-8。

表 13-8 132 kV 相间故障保护参数表(4 区)

配置	应用的保护
主保护 1	87GT(发变组差动):来自 SEL387 50(延时过流):来自 SEL387 51(反时限过流):来自 SEL387
主保护 2	87GT(发变组差动):来自 SEL387 50(延时过流):来自 SEL387 51(反时限过流):来自 SEL387
后备保护	21(2 段):来自安装在南德瑞瓦图开关站的 SEL311L 67:来自安装在南德瑞瓦图开关站的 SEL311L

2. 接地故障

132 kW 接地故障保护参数(4 区)见表 13-9。

表 13-9 接地故障保护参数表(4 区)

配置	应用的保护
主保护 1	64REF(接地差流保护):来自 SEL387 87GT(发变组差动):来自 SEL387 50(延时过流):来自 SEL387 51(反时限过流):来自 SEL387 64SBEF(后备接地过流保护):来自 SEL387
主保护 2	64REF(接地差流保护):来自 SEL387 87GT(发变组差动):来自 SEL387 50(延时过流):来自 SEL387 51(反时限过流):来自 SEL387 64SBEF(后备接地过流保护):来自 SEL387
后备保护	21(2 段):来自安装在南德瑞瓦图开关站的 SEL311L 67:来自安装在南德瑞瓦图开关站的 SEL311L

(五)厂房主变压器 11 kV 侧及 11 kV 母线故障区(不包括接地故障)

132/11 kV 升压变压器为 YNd 接线,保护为双重化配置,此处仅对 1 套进行说明。变压器 132 kV 高压侧中性点固定接地。2 套 SEL387 保护直流电源相互独立。

保护功能应用如下。

11 kV 相间故障保护参数(厂房主变压器 11 kV 侧及 11 kV 母线故障区)见表 13-10。

表 13-10 11 kV 相间故障保护参数表(厂房主变压器 11 kV 侧及 11 kV 母线故障区)

配置	应用的保护
主保护 1	87GT(发变组差动):来自 SEL387 51(反时限过流):来自 SEL387 50(定时限延时过流):来自 SEL387 50(定时限延时过流):来自 SEL300G 51V(电压限制的反时限过流):来自 SEL300G
主保护 2	87GT(发变组差动):来自 SEL387 51(反时限过流):来自 SEL387 50(定时限延时过流):来自 SEL387 50(定时限延时过流):来自 SEL300G 51V(电压限制的反时限过流):来自 SEL300G
后备保护	67:来自安装在南德瑞瓦图开关站的 SEL311L

(六)发电机故障区(不包括接地故障)

发电机采用双重化保护,此处仅对 1 套进行说明。2 套 SEL300 G 直流电源相互独立。

保护功能应用如下。

132 kV 相间故障保护参数(发电机故障区)见表 13-11。

表 13-11 132 kV **相间故障保护参数表**(发电机故障区)

配置	应用的保护
主保护 1	87GT(发变组差动):来自 SEL387 87G(发电机差动):来自 SEL300G 50(定时限延时过流):来自 SEL300G 51V(电压限制的反时限过流):来自 SEL300G
主保护 2	87GT(发变组差动):来自 SEL387 87G(发电机差动):来自 SEL300G 50(定时限延时过流):来自 SEL300G 51V(电压限制的反时限过流):来自 SEL300G
后备保护	51(反时限过流):来自 SEL387 50(定时限延时过流):来自 SEL387 67:来自安装在南德瑞瓦图开关站的 SEL311L

除上表外,发电机还设有以下保护:40(失磁保护);32R(逆功率保护);50/27(误上电);46(负序过流保护);24(过励保护);64F(转子接地);64G(100% 定子接地保护);59(过电压保护);27(低电压保护);81H(过频保护);81L(低频保护)。

(七)厂用变压器故障区(不包括接地故障)

厂用变压器采用单一的 SEL351A 保护继电器。.

保护功能应用如下。

11 kV 相间故障保护参数(厂用变压器故障区)见表 13-12。

表 13-12 11 kV **相间故障保护参数表**(厂用变压器故障区)

配置	应用的保护
主保护	50(定时限延时过流):来自 SEL351A
后备保护	51(反时限过流):来自 SEL387 50(定时限延时过流):来自 SEL387 50(定时限延时过流):来自 SEL300G 51V(电压限制的反时限过流):来自 SEL300G 67:来自安装在南德瑞瓦图开关站的 SEL311L

(八)11 kV 接地故障区

11 kV 接地故障区包括发电机、11 kV 母线和主变 11 kV 低压绕组、厂用变压器 11 kV 高压绕组的接地故障。

保护功能应用如下。

接地故障保护参数(11 kV 接地故障区)见表 13-13。

表 13-13 接地故障保护参数表(11 kV 接地故障区)

配置	应用的保护
主保护 1	64G(100%定子接地保护):来自 SEL300G 59N(电站接地):来自 SEL351A
主保护 2	64G(100%定子接地保护):来自 SEL300G
后备保护	没有

(九)415 V 故障区

保护功能应用如下。

1. 相间故障

相间故障保护参数(415 V 故障区)见表 13-14。

表 13-14 相间故障保护参数表(415 V 故障区)

配置	应用的保护
主保护	50(定时限延时过流):来自 SEL351A
后备保护	51(反时限过流):来自 SEL387 50(定时限延时过流):来自 SEL387 50(定时限延时过流):来自 SEL300G 51V(电压限制的反时限过流):来自 SEL300G

2. 接地故障

接地故障保护参数(415 V 故障区)见表 13-15。

表 13-15 接地故障保护参数表(415 V 故障区)

配置	应用的保护
主保护	50N(11 kV 接地保护):来自 SEL351A
后备保护	51(反时限过流):来自 SEL387 50(定时限延时过流):来自 SEL387 50(定时限延时过流):来自 SEL300G 51V(电压限制的反时限过流):来自 SEL300G

第四节　直流系统

一、概述

用蓄电池组成的直流系统将分别用于厂房、开关站、堰坝及隔离阀的控制、保护、SCADA 和通信系统等。按照各系统实际直流用电负荷,根据《电力工程直流系统设计技术规程》DL/T 5044—2004 计算各部分蓄电池容量、只数,确定对应充电装置模块型号及数量。选定厂房及开关站部分 UPS 系统的容量及型号。根据南德瑞瓦图电站的特点,电池容量的计算必须满足主要洪水期的 48 h 电池供电要求,以确保在此期间部分设备的监视功能及必要的保护设备可以动作,并且需确保使用直流电源供电的某些必要设备可以在连续 48 h 内进行操作。因此,本工程各部分直流系统构成及接线方式叙述如下。

(一)厂房直流系统

厂房直流系统设计采用冗余 110 V 供电系统,用于厂房内控制、保护、监控及通信等系统的直流供电。直流系统采用单母线分段接线方式,以确保为所有保护及控制装置提供冗余的直流电源。2 段母线之间设计 1 个手动母线联络开关。本直流系统主要包括 2 组直流蓄电池、2 组高频开关型充电装置、1 面联络盘及 2 面馈电盘。每条直流母线配备 1 组蓄电池和 1 个充电器。为防止 2 组蓄电池并联运行,2 段母线的进线开关及母线联络开关之间互相闭锁。

本直流系统共包括 2 面充电盘、1 面联络盘和 2 面馈电盘。此 5 面盘安装在厂房控制室内。每条母线设置 1 个绝缘监视装置,每组蓄电池设置 1 个电池巡检单元。第 1 面直流馈线屏的馈线回路数及馈线额定电流为:1 路 100 A、1 路 40 A、1 路 32 A、3 路 20 A、22 路 10 A。第 2 面直流馈线屏的馈线回路数及馈线额定电流为:1 路 100 A、1 路 40 A、3 路 20 A、23 路 10 A。直流开关均采用 ABB 公司的产品。

(二)132 kV 开关站直流系统

开关站直流系统采用冗余 110 V 供电系统,用于开关站内控制、保护、监控及通信等系统的直流供电。直流系统采用单母线分段接线方式,以确保为所有保护及控制装置提供冗余的直流电源。2 段母线之间设计 1 个手动母线联络开关。本直流系统主要包括 2 组直流蓄电池、2 组高频开关型充电装置及 2 面馈电盘。每条直流母线配备 1 组蓄电池和 1 个充电器。为防止 2 组蓄电池并联运行,2 段母线的进线开关及母线联络开关之间互相闭锁。

本直流系统共包括 2 面充电盘和 2 面馈电盘。此 4 面盘安装在 132 kV 开关站控制室内。每条母线设置 1 个绝缘监视装置,每组蓄电池设置 1 个电池巡检单元。每 1 面直流馈线屏的馈线回路数及馈线额定电流均为:5 路 32 A、19 路 10 A,直流开关均采用 ABB 公司的产品。

(三)堰坝直流系统

堰坝直流系统采用冗余 24 V 供电系统,用于大坝内控制监控、保护、通信及仪表等系统的直流供电。直流系统采用单母线分段接线方式,以确保为所有保护及控制装置提供冗余的直流电源。2 段母线之间设计 1 个手动母线联络开关。本直流系统主要包括 2 组直流蓄电池、2 组高频开关型充电装置、1 面联络盘及 2 面馈电盘。每条直流母线配备 1 组蓄电池和 1 个充电器。为防止 2 组蓄电池并联运行，2 段母线的进线开关及母线联络开关之间互相闭锁。

本直流系统共包括 2 面充电盘、1 面联络盘和 2 面馈电盘。此 2 面盘安装在堰坝控制室内。每条母线设置 1 个绝缘监视装置，每组蓄电池设置 1 个电池巡检单元。每 1 面直流馈线屏的馈线回路数及馈线额定电流均为：5 路 16 A、5 路 10 A。直流开关均采用 ABB 公司的产品。

（四）隔离阀室直流系统

隔离阀室直流系统系统电压等级为 DC 24 V，采用单母线供电方式，为隔离阀室范围内控制及通信装置供电。本直流系统主要包括 1 组直流蓄电池、1 组高频开关型充电装置及馈电开关，其中充电装置及馈电装置布置在充馈电盘中，电池组安装在电池柜中，馈电开关为 4 路 10 A 开关，采用 ABB 公司的产品。

二、计算方法

（一）蓄电池数量计算方法

根据系统允许的电压的最大值及最小值选择蓄电池的个数。并且蓄电池组电压应尽可能接近直流系统电压。选择的电池个数越多所允许的单节电压越低。但电池组的电压不允许超出系统的最大电压值，因此蓄电池的个数与单体电池电压及直流系统母线电压的关系满足下列公式：

$$\frac{\text{直流母线电压}}{\text{单体电池浮充电压}} = \text{电池只数}(N) \tag{13-1}$$

考虑到蓄电池经常处于浮充电运行，直流母线电压取 $1.05U_N$，U_N 为蓄电池组的额定电压。

（二）蓄电池容量计算方法

参照《电力工程直流系统设计技术规程》（DL/T 5044—2004），按负荷阶梯分段予以计算，取其中计算容量最大者。所确定的蓄电池应有足够的容量来满足放电周期内的负荷要求。为了计算所需蓄电池的容量，将每个放电周期根据不同放电电流分成几个时段（P_1，P_2，P_3…）来进行分析，蓄电池容量应满足不同时段的总负荷要求，而最终蓄电池容量取所有放电周期总负荷的最大值。首先，根据所选择的蓄电池种类确定容量计算因数 C_t，每个放电时段对应不同的容量计算因数 C_t，此容量计算因数主要取决于电池生产厂家对阳极电池板的设计，本工程电池采用 Hoppecke 电池，容量计算因数根据厂家提供的放电电流表获得。其次，假设第一个放电时段的电流为 A_1，第二个放电时段的电流为 A_2，则在第二个放电时段容量的调整对应于电流的变化（A_2-A_1）。依此类推，每个时段容量的调整都对应于随后每个时段放电电流的变化（见图 13-2）。而蓄电池容量的计算为整个放电周期内容量变化的叠加，现定义放电周期为 S，在整个放电周期内每电流变化 1 次则记作 S_N（见图 13-2），$N=1,2,3\cdots$因此，蓄电池容量 F_S 的计算公式可表示为式(13-2)如下，F_S 的单位为 A・h。

$$F_S = \sum_{P=1}^{P=S} \frac{A_P - A_{(P-1)}}{C_t} \qquad (13\text{-}2)$$

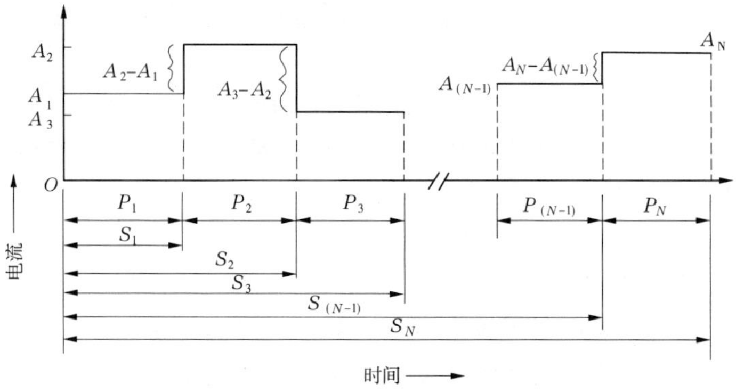

图 13-2　放电曲线图

因此,未经修正的蓄电池容量的计算公式如下:

$$F = \max_{S=1}^{S=N} F_S \qquad (13\text{-}3)$$

式中　F——蓄电池容量(未经温度、寿命、设计裕度等系数修订);

S——分析的放电周期;

N——放电周期数;

P——放电时段;

A_P——对应每个放电时段的放电电流;

t——每个放电周期时间;

C_t——容量计算因数(20 ℃,在 t 时间段放电至终止电压的电池放电率);

F_S——每个放电周期计算出的蓄电池容量。

根据取最大的原则,如果在 $P+1$ 时段的放电电流大于在 P 时段的放电电流,则计算出的 $S=P+1$ 的容量大于 $S=P$ 的容量,此时可不计算 $S=P$ 周期的容量。

考虑蓄电池的寿命补偿因素,设计安全裕度,可将式(13-2)完善如下:

$$F_S = \sum_{P}^{P=S} \frac{K_s}{K_k} \times \frac{A_P - A_{P-1}}{C_t} \qquad (13\text{-}4)$$

式中　K_s——寿命补偿因数,取 1.25(由于蓄电池的实际容量最低降至额定容量的 80% 时,蓄电池应更换,因此选择的蓄电池容量应为使用寿命末端时其实际容量的 125%);

K_k——设计安全裕度,取 0.9(考虑温度因素,负荷冲击,未充电完成时的放电等因素)。

(三)高频开关充电模块数量计算方法

直流系统充电装置选择高频开关电源充电模块结构并采用组盘形式。在厂房、开关站及堰坝分别设置 2 面充电盘,隔离阀室设置 1 面充馈电盘。厂房、开关站、堰坝的充电装置容量设计为 2×100%,隔离阀室充电装置容量为 1×100%。

充电装置应满足浮充电及均衡充电两种模式的要求。浮充输出电流通常会小于均衡充电输出电流，因此计算充电装置的额定电流可按均衡充电模式下计算。

最大充电电流出现在充电过程中的第一阶段，充电电流 I 每 100 Ah 最大为 20 A。经过与 Hoppecke 厂家多次讨论及根据以往实际工程经验，考虑充电次数及电池寿命等问题，Hoppecke 厂家建议充电电流 I 每 100 Ah 取 10 A，也就是说，我们可以取系数 K 为 0.1 h（式（13-5）中），又本工程各部分直流经常负荷在表 13-16 ~ 表 13-19 中列出，故充电装置的额定电流可按以下公式计算：

$$I_C = KC_e + I_r \tag{13-5}$$

式中　K——计算系数，取 0.1 h；

C_e——蓄电池容量，Ah；

I_r——经常负荷电流；

I_C——充电装置额定电流。

高频开关电源模块数量计算公式如下：

$$N = \frac{I_C}{I_R} \tag{13-6}$$

式中　N——高频开关电源模块数量；

I_R——单个电源模块充电电流，本工程选用 I_R = 40 A 的模块。

三、计算条件

（一）基本直流负荷统计

对于所有需要直流供电的负荷进行统计，分别列出每个部分的直流峰值负荷及连续负荷（按 48 h 供电），详见表 13-16 ~ 表 13-19 的直流负荷统计表。

表 13-16　　**厂房直流负荷**（DC110 V）

序号	装置名称	经常负荷（W）	数量	总计（W）	冲击负荷容量（W）（30 s）	事故负荷容量（W）（48 h）
1	RTU 盘	25	1	25	25	25
2	机组 PLC	—	2	—	1 000	1 000
3	站用 PLC	—	1	—	500	500
4	励磁盘	350	2	700	3 000	700
5	11 kV 开关柜	100	1	100	500	100
6	机组保护盘	90	2	180	180	180
7	变压器保护盘	110	2 × 2	440	2 400	440
8	UPS	—	1	—	4 355	1 440
9	132 kV 断路器柜	—	2	—	60	—
10	调速器柜	350	2	700	2 000	700

续表 13-16

序号	装置名称	经常负荷(W)	数量	总计(W)	冲击负荷容量(W)(30 s)	事故负荷容量(W)(48 h)
11	进口阀控制箱	60	2	120	800	120
12	机旁动力柜	60	2	120	700	120
13	400 V 盘	20	1	20	20	20
总容量(W)			—	2 405	15 540	5 345
电流(A)		—	—	21.9	141.5	48.6

表 13-17 开关站直流负荷(DC110 V)

序号	装置名称	经常负荷(W)	数量	总计(W)	冲击负荷容量(W)(30 s)	事故负荷容量(W)(48 h)
1	进线保护及断路器柜	105	2×3	630	3 600	630
2	出线保护及断路器柜	105	2×3	630	12 000	630
3	母线保护盘	95	1	95	95	95
4	断路器控制柜	—	12	—	360	—
5	SCADA RTU 盘(RTU)	80	1	80	80	80
6	400 V 盘	20	1	20	20	20
7	UPS	—	1	—	1 007	547
总容量(W)		—	—	1 455	17 162	2 002
电流(A)		—	—	13.3	156.1	18.2

表 13-18 堰直流负荷(DC24 V)

序号	装置名称	经常负荷(W)	数量	总计(W)	冲击负荷容量(W)(30 s)	事故负荷容量(W)(48 h)
1	表孔弧门 PLC	—	3	—	360	360
2	堰 PLC	—	1	—	200	200
3	通信装置	25	1	25	25	25
4	表孔弧门供油控制箱	350	1	350	350	50
5	底孔、快速门及生态阀控制柜	350	1	350	350	50
6	400 V 柜	20	1	20	20	20
总容量(W)		—	—	745	1 305	705
电流(A)		—	—	31	54.4	29.4

表 13-19　　隔离阀直流负荷(DC24 V)

序号	装置名称	经常负荷(W)	数量	总计(W)	冲击负荷容量(W)(30 s)	事故负荷容量(W)(48 h)
1	隔离阀 PLC	—	1	—	250	60
2	通信装置	25	1	25	25	25
3	400 V 盘	20	1	20	20	20
总容量(W)		—	—	45	295	105
电流(A)		—	—	1.9	12.3	4.4

(二)电池特性

本工程选择 Hoppecke 公司生产的阀控式密封铅酸蓄电池,此类型电池具有以下特性:

(1)电池充电及操作过程中无腐蚀性酸雾析出,无需特定的通风系统。

(2)电池容量稳定,具备承受过充及过放能力。

(3)免维护,在使用寿命内无需检查电解液的平衡或加水。

(4)浮充电压 2.25 V/节(温度为 20 ℃下)。

(5)均充电压 2.35 V/节(温度为 20 ℃下)。

此外,每节电池额定电压为 2 V,放电终止电压为 1.9 V,设计使用寿命为 18 年。在 18 年的使用寿命中可完全放电次数至少为 50 次。

(三)高频开关充电模块特性

高频开关电源充电模块具有以下优点:

(1)输出电压/电流精度高($\leq \pm 0.5\%$)。

(2)响应快,输入电压有变动时可在 200 ms 内自动调整到模块额定电压的 5% 以内。

(3)输出性能稳定,波动小,智能管理模块可以延长电池寿命。

(4)模块化结构($(N+1)/(N+2)$备用),元件更换方便,模块可带电热交换。

四、计算过程

(一)电池个数计算

按照选择电池的类型,电池单体的浮充电压为 $U_f=2.25$ V/节。故蓄电池只数可以由式(13-1)计算得出如下:

厂房:

$$\frac{1.05U_N}{2.25}=\frac{1.05\times 110}{2.25}=51.33(选 51 或 52) \tag{13-7}$$

开关站:

$$\frac{1.05U_N}{2.25}=\frac{1.05\times 110}{2.25}=51.33(选 51 或 52) \tag{13-8}$$

堰坝：

$$\frac{1.05U_N}{2.25}=\frac{1.05\times 24}{2.25}=11.2(\text{选 11 或 12}) \tag{13-9}$$

隔离阀室：

$$\frac{1.05U_N}{2.25}=\frac{1.05\times 24}{2.25}=11.2(\text{选 11 或 12}) \tag{13-10}$$

根据蓄电池个数及直流母线电压允许的最低值选择单体蓄电池均衡充电电压值 U_c。

对于控制负荷：$U_c \leqslant 1.10U_N/N$；

对于动力负荷：$U_c \leqslant 1.125U_N/N$；

对于控制负荷和动力负荷合并供电：$U_c \leqslant 1.10U_N/N$。

根据所选蓄电池类型，单体电池均充电压 $U_c=2.35$ V/节，若蓄电池只数确定为厂房和开关站各 52 只，堰坝及隔离阀各 12 只，则单体电池均充电压的计算如下：

厂房：

$$U_c=2.35 \geqslant \frac{1.10U_N}{N}=\frac{1.10\times 110}{52}=2.33(\text{V}) \tag{13-11}$$

开关站：

$$U_c=2.35 \geqslant \frac{1.10U_N}{N}=\frac{1.10\times 110}{52}=2.33(\text{V}) \tag{13-12}$$

堰坝：

$$U_c=2.35 \geqslant \frac{1.10U_N}{N}=\frac{1.10\times 24}{12}=2.2(\text{V}) \tag{13-13}$$

隔离阀室：

$$U_c=2.35 \geqslant \frac{1.10U_N}{N}=\frac{1.10\times 24}{12}=2.2(\text{V}) \tag{13-14}$$

若蓄电池只数确定为厂房和开关站各 51 只，堰坝及隔离阀各 11 只，则单体电池均充电压的计算如下：

厂房：

$$U_c=2.35 \leqslant \frac{1.10U_N}{N}=\frac{1.10\times 110}{51}=2.37(\text{V}) \tag{13-15}$$

开关站：

$$U_c=2.35 \leqslant \frac{1.10U_N}{N}=\frac{1.10\times 110}{51}=2.37(\text{V}) \tag{13-16}$$

堰坝：

$$U_c=2.35 \leqslant \frac{1.10U_N}{N}=\frac{1.10\times 24}{11}=2.4(\text{V}) \tag{13-17}$$

隔离阀室：

$$U_c=2.35 \leqslant \frac{1.10U_N}{N}=\frac{1.10\times 24}{11}=2.4(\text{V}) \tag{13-18}$$

由以上计算可以看出，蓄电池只数应确定为：厂房和开关站各 51 只，堰坝及隔离阀室各 11 只。

根据蓄电池个数及直流母线电压允许的最低值选择单体蓄电池事故放电末期终止电压 U_m。

对于控制负荷：$U_m \geq 0.85U_N/N$；

对于动力负荷：$U_m \geq 0.875U_N/N$；

对于控制负荷和动力负荷合并供电：$U_m \geq 0.875U_N/N$。

由于在本工程中控制负荷及动力负荷公用一条直流母线，因此 $U_m \geq 0.875U_N/N$。

厂房：

$$U_m \geqslant \frac{0.875U_N}{N} = \frac{0.875 \times 110}{51} = 1.89(\mathrm{V}) \tag{13-19}$$

开关站：

$$U_m \geqslant \frac{0.875U_N}{N} = \frac{0.875 \times 110}{51} = 1.89(\mathrm{V}) \tag{13-20}$$

堰坝：

$$U_m \geqslant \frac{0.875U_N}{N} = \frac{0.875 \times 24}{11} = 1.9(\mathrm{V}) \tag{13-21}$$

隔离阀室：

$$U_m \geqslant \frac{0.875U_N}{N} = \frac{0.875 \times 24}{11} = 1.9(\mathrm{V}) \tag{13-22}$$

根据以上计算，蓄电池只数结果如表 13-20 所示。

表 13-20　　蓄电池个数计算表

项目	计算公式	厂房	开关站	堰坝	隔离阀室
单体电池浮充电压(V)	—	2.25	2.25	2.25	2.25
单体电池均充电压(V)	$U_c \leq 1.10U_N/N$	2.35	2.35	2.35	2.35
单体电池终止电压(V)	$U_m \geq 0.875U_N/N$	1.90	1.90	1.90	1.90
电池个数(N)	$1.05U_N/U_f$	51	51	11	11

注：U_N 为额定电压；U_f 为单体电池浮充电压，2.25 V/节(20 ℃)；U_c 为单体电池均充电压；U_m 为单体电池终止电压；N 为电池个数。

(二)电池容量计算

我们知道，不同的放电周期会有不同的放电曲线。在本工程中，共分 2 个放电周期，即 $S_1 = 30$ s，$S_2 = 48$ h，则其放电曲线如图 13-3 所示。

因此，在南德瑞瓦图工程中，分别对 30 s 及 48 h 的放电周期计算蓄电池容量。即

$$P_1 = 30\ \mathrm{s}, P_2 = 47\ \mathrm{h}\ 59\ \mathrm{min}\ 30\ \mathrm{s}$$

$$S_1 = 30\ \mathrm{s}, S_2 = 48\ \mathrm{h}$$

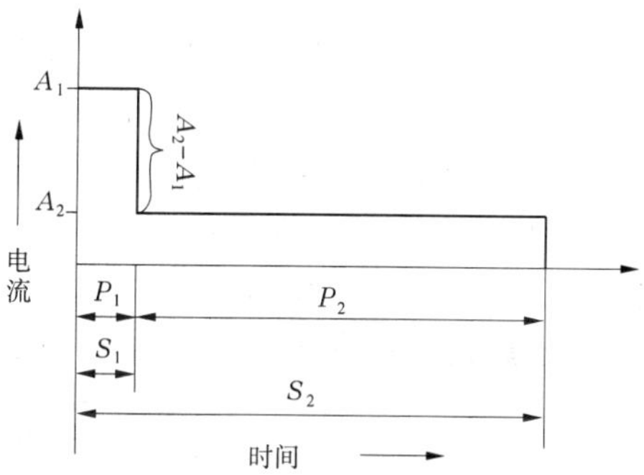

图 13-3　工程放电曲线图

根据式(13-4)可得

$$F_1 = \frac{K_S}{K_k}\frac{A_1}{C_{P1}} \tag{13-23}$$

$$F_2 = \sum_{1}^{P=2}\frac{K_s}{K_k}\frac{A_2 - A_1}{C_t} = \frac{K_s}{K_k}\left(\frac{A_1}{C_{P21}} + \frac{A_2 - A_1}{C_{P22}}\right) \tag{13-24}$$

C_{P21}为所选蓄电池48 h放电周期的容量计算因数,C_{P22}为所选蓄电池47 h 59 min 30 s放电周期的容量计算因数。由于C_{P21}与C_{P22}相似,因此取$C_{P21} = C_{P22}$。即有

$$F_2 = \frac{K_s}{K_k}\left(\frac{A_1}{C_{P21}} + \frac{A_2 - A_1}{C_{P22}}\right) = \frac{K_s}{K_k}\frac{A_2}{C_{P22}} \tag{13-25}$$

根据式(13-4)、式(13-23)和式(13-25),分别计算厂房、开关站、堰坝及隔离阀室直流蓄电池的容量如下。

1. 厂房

由直流负荷表可以得到30 s放电周期时50%的负荷电流为:

$$A_1 = 141.5/2 = 70.8\ (\text{A})$$

C_{P1}为30 s容量计算因数,C_{P1}取0.4,可得

$$F_1 = \frac{1.25}{0.9}\times\frac{70.8}{0.4} = 245.9\ (\text{Ah})$$

由直流负荷表可以得到48 h放电周期时50%的负荷电流为:

$$A_2 = 48.6/2 = 24.3\ (\text{A})$$

C_{P22}为48 h容量计算因数(本计算采用50 h容量计算因数代替),C_{P22}取0.023,可得

$$F_2 = \frac{1.25}{0.9}\times\frac{24.3}{0.023} = 1\,467.4\ (\text{Ah})$$

由以上计算结果很明显可以看出$F_2 > F_1$。根据取最大值原则及蓄电池规格,选择厂房直流蓄电池容量为2×1 500 Ah。

2. 开关站

由直流负荷表可以得到30 s放电周期时50%的负荷电流为:

$$A_1 = 156.1/2 = 78.1\ (\text{A})$$

C_{P1}为30 s容量计算因数,C_{P1}取0.44,可得

$$F_1 = \frac{1.25}{0.9}\times\frac{78.1}{0.44} = 246.5\ (\text{Ah})$$

由直流负荷表可以得到48 h放电周期时50%的负荷电流为:

$$A_2 = 18.2/2 = 9.1\ (\text{A})$$

从本工程实际考虑,开关站内在直流持续供电接近48 h可能会有断路器的操作等需求。因此,在开关站蓄电池容量计算后再乘以可靠系数1.1,以保证设备安全运行,因此可取$A_2 = 9.1\times1.1 = 10$ A。

C_{P22}为48 h容量计算因数(本计算采用50 h容量计算因数代替),C_{P22}取0.023,可得

$$F_2 = \frac{1.25}{0.9}\times\frac{10}{0.023} = 603.9\ (\text{Ah})$$

由以上计算结果很明显看出$F_2 > F_1$。根据取最大值原则及蓄电池规格,选择厂房直流蓄

电池容量为 2×600 Ah。

3. 堰坝

由直流负荷表可以得到 30 s 放电周期时 50% 的负荷电流为：

$$A_1 = 54.4/2 = 27.2\ (\mathrm{A})$$

C_{P1}为 30 s 容量计算因数，由表 1 可得 C_{P1}取 0.44，可得

$$F_1 = \frac{1.25}{0.9} \times \frac{27.2}{0.44} = 85.9\ (\mathrm{Ah})$$

由直流负荷表可以得到 48 h 放电周期时 50% 的负荷电流为：

$$A_2 = 29.4/2 = 14.7\ (\mathrm{A})$$

C_{P22}为 48 h 容量计算因数（本计算采用 50 h 容量计算因数代替），C_{P22}取 0.023，可得

$$F_2 = \frac{1.25}{0.9} \times \frac{14.7}{0.023} = 887.7\ (\mathrm{Ah})$$

由以上计算结果很明显可以看出 $F_2 > F_1$。根据取最大值原则及蓄电池规格，选择厂房直流蓄电池容量为 2×1 000 Ah。

4. 隔离阀室

由直流负荷表可以得到 30 s 放电周期时 100% 的负荷电流为：

$$A_1 = 12.3\ (\mathrm{A})$$

C_{P1}为 30 s 容量计算因数，由表 1 可得 C_{P1}取 0.44，可得

$$F_1 = \frac{1.25}{0.9} \times \frac{12.3}{0.52} = 32.9\ (\mathrm{Ah})$$

由直流负荷表可以得到 48 h 放电周期时 50% 的负荷电流为：

$$A_2 = 4.4\ (\mathrm{A})$$

C_{P22}为 48 h 容量计算因数（本计算采用 50 h 容量计算因数代替），C_{P22}取 0.023，可得

$$F_2 = \frac{1.25}{0.9} \times \frac{4.4}{0.023} = 265.7\ (\mathrm{Ah})$$

由以上计算结果很明显可以看出 $F_2 > F_1$。根据取最大值原则及蓄电池规格，选择厂房直流蓄电池容量为 1×300 Ah。

（三）高频开关充电模块数量计算

由以上计算可得，厂房蓄电池容量为 2×1 500 Ah，即 C_e =1 500，由表 13-16 中可知厂房直流经常负荷电流 I_r =21.9 A，代入式（13-5）可得

$$I_C = K \times C_e + I_r = 0.1 \times 1\,500 + 21.9 = 171.9\ (\mathrm{A})$$

代入式（13-6）可得

$$N = \frac{I_C}{I_R} = \frac{171.9}{40} = 4.3（取 5）$$

$$N + 2 = 7$$

按照（N+1）/（N+2）冗余的设计原则，在厂房每块直流充电盘配置 7 个充电模块。

开关站蓄电池容量为 2×600 Ah，即 C_e =600，由表 13-17 中可知开关站直流经常负荷电流 I_r =13.3 A，代入式（13-5）可得

$$I_C = KC_e + I_r = 0.1 \times 600 + 13.3 = 73.3(\mathrm{A})$$

代入式(13-6)可得

$$N=\frac{I_C}{I_R}=\frac{73.3}{40}=1.9(取2)$$

$$N+2=4$$

按照(N+1)/(N+2)冗余的设计原则,在开关站每块直流充电盘配置4个充电模块。

堰坝蓄电池容量为2×1 000 Ah,即 C_e=1 000,由表13-18直流负荷表中可知堰坝直流经常负荷电流 I_r=31 A,代入式(13-5)可得

$$I_C=KC_e+I_r=0.1\times1\ 000+31=131(A)$$

代入式(13-6)可得

$$N=\frac{I_C}{I_R}=\frac{131}{40}=3.3(取4)$$

$$N+1=5$$

按照(N+1)/(N+2)冗余的设计原则,在堰坝每块直流充电盘配置5个充电模块。

隔离阀室蓄电池容量为1×300 Ah,即 C_e=300,由表13-19中可知隔离阀室直流经常负荷电流 I_r=1.9 A,代入式(13-5)可得

$$I_C=KC_e+I_r=0.1\times300+1.9=31.9(A)$$

代入式(13-6)可得

$$N=\frac{I_C}{I_R}=\frac{31.9}{40}=0.8(取1)$$

$$N+1=2$$

按照(N+1)/(N+2)冗余的设计原则,在隔离阀室直流充电盘配置2个充电模块。

本工程各部分经常负荷及选定高频开关电源模块数量如表13-21所示。

表13-21　经常负荷及选定高频开关电源模块数量表

项目	厂房	开关站	堰坝	隔离阀室
经常负荷(A)	21.9	13.3	31	1.9
模块数量(N)	2×7	2×4	2×5	1×2

五、直流系统参数

(一)蓄电池容量

根据计算结果最终选择的蓄电池容量为厂房2×1 500 Ah;开关站2×600 Ah;堰坝2×1 000Ah;隔离阀室1×300 Ah。

(二)蓄电池参数

1. 厂房蓄电池参数

型号　OPzV1500

电池个数	51×2
标称电压	110 V
标称容量	1 500 Ah

电池电解液初始温度为 20 ℃条件下的放电率：

8 h	153 A
4 h	248 A
1 h	522 A

以上放电时间末时电池单元电压：

8 h	1.90 V
4 h	1.90 V
预期电池寿命	18 年
保障电池寿命(授权盖章)	18 年
加装电解液后电池及电池架总质量	5 829.3×2 kg

电池及电池架安装尺寸：

每个电池架长度	6 000 mm
高度(双排)	400 mm
电池单元尺寸(高×宽×长)	855 mm×277 mm×215 mm

2. 开关站蓄电池参数

型号	OPzV600
电池个数	51×2
标称电压	110 V
标称容量	600 Ah

电池电解液初始温度为 20 ℃条件下的放电率：

8 h	65 A
4 h	106 A
1 h	221 A

以上放电时间末时电池单元电压：

8 h	1.90 V
4 h	1.90 V
预期电池寿命	18 年
保障电池寿命(授权盖章)	18 年
加装电解液后电池及电池架总质量	2 284.8×2 kg

电池及电池架安装尺寸：

每个电池架长度	4 200 mm
高度(双排)	208 mm
电池单元尺寸(高×宽×长)	710 mm×208 mm×147 mm

3. 堰坝蓄电池参数

型号	OPzV1000

电池个数	11 ×2
标称电压	24 V
标称容量	1 000 Ah
电池电解液初始温度为 20 ℃条件下的放电率:	
8 h	108 A
4 h	176 A
4 h	368 A
以上放电时间末时电池单元电压:	
8 h	1.90 V
4 h	1.90 V
预期电池寿命	18 年
保障电池寿命(授权盖章)	18 年
加装电解液后电池及电池架总质量	820.6 ×2 kg
电池及电池架安装尺寸:	
每个电池架长度	1 350 mm
高度(双排)	400 mm
电池单元尺寸(高×宽×长)	710 mm×235 mm×215 mm
起重机	
制造厂商	TOYO
起重容量	200 kg

4. 隔离阀室蓄电池参数

型号	OPzV300
电池个数	11
标称电压	24 V
标称容量	300 Ah
电池电解液初始温度为 20 ℃条件下的放电率:	
8 h	36 A
4 h	56 A
1 h	126 A
以上放电时间末时电池单元电压:	
8 h	1.90 V
4 h	1.90 V
预期电池寿命	18 年
保障电池寿命(授权盖章)	18 年
加装电解液后电池及电池架总质量	267.3 kg
电池及电池架安装尺寸:	
每个电池架长度	800 mm
高度	600 mm

电池单元尺寸(高×宽×长)	420 mm×208 mm×147 mm

(三)蓄电池充电装置参数

1. 厂房蓄电池充电装置参数

型号及规格	GZDW－110 V/240 A－1500Ah
直流输出(额定):	
电流	240 A
电压	110 V
电压变动率	≤0.5%
最大电压波动值	110 V
直流 110 V 断路器断开等级	25 kA
额定输出状态下的噪音水平	≤55 dB
额定交流输入:	
电流	65 A
电压	415 V
输出电压变动率允许最大变化量上限	15%
输出校准频率允许最大变化量上限	5%
交流 415 V 断路器断开等级	5 kA
温度补偿率	0.15 V/℃
净质量(每组)	300 kg
总体外形尺寸(高×长×宽)	2 260 mm×800 mm×600 mm

2. 开关站蓄电池充电装置参数

型号及规格	GZDW－110 V/120 A－600Ah
直流输出(额定):	
电流	120 A
电压	110 V
电压变动率	≤0.5%
最大电压波动值	110 V
直流 110 V 断路器断开等级	10 kA
额定输出状态下的噪音水平	≤55 dB
额定交流输入:	
电流	20 A
电压	415 V
输出电压变动率允许最大变化量上限	15%
输出校准频率允许最大变化量上限	5%
交流 415 V 断路器断开等级	5 kA
温度补偿率	0.15 V/℃
净质量(每组)	200 kg
总体外形尺寸(高×长×宽)	2 260 mm×800 mm×600 mm

3. 堰坝蓄电池充电装置参数

型号及规格	GZDW－24 V/160 A－1 000Ah
直流输出(额定)：	
电流	160 A
电压	24 V
电压变动率	≤0.5%
最大电压波动值	24 V
直流 110 V 断路器断开等级	10 kA
额定输出状态下的噪音水平	≤55 dB
额定交流输入：	
电流	20 A
电压	415 V
输出电压变动率允许最大变化量上限	15%
输出校准频率允许最大变化量上限	5%
交流 415 V 断路器断开等级	5 kA
温度补偿率	0.15 V/℃
净质量(每组)	300 kg
总体外形尺寸(高×长×宽)	2 260 mm×800 mm×600 mm

4. 隔离阀室蓄电池充电装置参数

型号及规格	GZDW－24 V/40 A－300 Ah
直流输出(额定)：	
电流	40 A
电压	24 V
电压变动率	≤0.5%
最大电压波动值	24 V
直流 110 V 断路器断开等级	10 kA
额定输出状态	≤55 dB
额定交流输入：	
电流	3 A
电压	415 V
输出电压变动率允许最大变化量上限	15%
输出校准频率允许最大变化量上限	5%
交流 415 V 断路器断开等级	5 kA
温度补偿率	0.15 V/℃
净质量(每组)	150 kg
总体外形尺寸(高×长×宽)	2 260 mm×800 mm×600 mm

六、UPS 配置

南德瑞瓦图工程在厂房及开关站分别设置不间断电源系统（UPS），为控制系统、通信系统、安防系统、火灾报警及保护等系统提供电源。

电站 UPS 电源盘为 2 面盘，1 面旁路稳压盘、1 面 UPS 主盘，主盘上有 1 路 AC415 V 交流输入，2 回 DC110 V 直流输入。经变换后输出 14 路 AC240 V、10 A 的交流回路。

开关站 UPS 电源盘为 1 面盘，有 1 路 AC415 V 交流输入，2 回 DC110 V 直流输入。经变换后输出 4 路 AC240V、10 A 的交流回路。

（一）基本配置及特性

UPS 主要包括 1 个逆变装置、1 台旁路隔离变压器、1 台输出隔离变压器、1 只维护旁路开关和 2 只静态转换开关。正常情况下，1 路交流 240 V 电源为 UPS 装置提供电源，当交流电源故障时，直流蓄电池通过直流馈电盘为 UPS 提供电源，经过逆变器输出交流电源。静态转换开关可同步实现此电源切换。当逆变器出现故障、输出电压不稳定、或有过电流情况时，可自动切换至维护旁路输入。逆变器需要检修时，手动切断输入开关及静态转换开关，对逆变器故障进行修理。逆变器在电池由均衡电压至终止电压范围内均可提供额定输出。

（二）容量选择

通过负荷统计和计算：厂房 UPS 容量选择 7.5 kVA，开关站 UPS 容量取 2 kVA。

（三）额定值

交流输入电源：240 V，单相，±10%，50(1±5%)Hz。

直流输入电源：110 V DC，88～121 V。

输出电源：全隔离交流 240 V，单相，两线，50 Hz，功率因数 0.8。

（四）厂房 UPS 参数

1. 逆变器参数

模块型号	RT110－31075
质量	400 kg
额定容量	7.5 kVA
名义预期负荷	7.5 kVA
功率因数为 0.8（滞后）下的额定输出功率	6 kVA
直流输入电压范围	88～121 V
名义直流输入电压	110 V
名义交流输入电压	240 V
交流电压输出范围	216～264 V
输出频率	50 Hz
功率因数为 0.8（滞后）下 0 至额定负载的电压变动率	＜±5%
动态电压变动率（0 负荷瞬时升至 50% 满负荷）	＜±3%
在任何操作下总输出谐波失真	＜0.5%

最大单次谐波失真	<0.3%
暂态电压保护	0.02 s
电源的共模噪声消除	40 dB
在 DC 和 AC 输入电压、荷载及温度的全范围内:	
输出频率变化	< ±2%
上述条件下的系统额定容量:120% 的铭牌容量	10 min
200% 的铭牌容量	10 s
500% 的铭牌容量	1 个周期
涌流限值	500% 的正常负荷电流
效率:额定负载下	>97%
预期负载下	>70%
高×宽×深	2 260 mm×800 mm×600 mm

2. 静态转换开关

模块型号	MXT55A 600V
额定容量	50 kVA
过载能力	500%
转换时间	0.02 s

3. 维护旁路开关

模块型号	S262 - C63
额定容量	50 kVA
过载能力	130%

(五)开关站 UPS 参数

1. 逆变器参数

模块型号	RT110 - 31020
质量	260 kg
额定容量	2 kVA
名义预期负荷	2 kVA
功率因数为 0.8(滞后)下的额定输出功率	1.6 kVA
直流输入电压范围	88 ~ 121 V
名义直流输入电压	110 V
名义交流输入电压	240 V
交流电压输出范围	216 ~ 264 V
输出频率	50 Hz
功率因数为 0.8(滞后)下 0 至额定负载的电压变动率	< ±5%
动态电压变动率(0 负荷瞬时升至 50% 满负荷)	< ±3%
在任何操作下总输出谐波失真	<0.5%
最大单次谐波失真	<0.3%

暂态电压保护	0.02 s
电源的共模噪声消除	40 dB
在 DC 和 AC 输入电压、荷载及温度的全范围内：	
输出频率变化	< ±2%
上述条件下的系统额定容量：120% 的铭牌容量	10 min
200% 的铭牌容量	10 s
500% 的铭牌容量	1 个周期
涌流限值	500% 的正常负荷电流
效率：额定负载下	>97%
预期负载下	>70%
高×宽×深	2 260 mm×800 mm×600 mm

2. 静态转换开关

模块型号	MDS32A600V
额定容量	10 kVA
过载能力	500%
转换时间	0.02 s

3. 维护旁路开关

模块型号	S263 - C32
额定容量	10 kVA
过载能力	130%

七、保护装置数据设定

(一)交流设备

AC OVAP	253.0 V
AC UVAP	187.0 V

(二)直流设备

PB OVAP	132.0 V
PB VVAP	99.0 V
CB OVAP	132.0 V

(三)蓄电池保护设置

单体 OVAP	2.50 V
单体 VVAP	1.80 V
VDAP	0.08 V
电池组 VVAP	98.0 V

(四)隔离保护设置

接地电阻	30.0 kΩ
VDAP	70.0 V

第五节　通信系统

通信系统主要包括光纤通信和 VHF 无线网络通信两部分，光纤通信用于连接控制网络、SCADA 系统 DNP3 通信、通用网络和 132 kV 线路保护装置。光纤网络连接范围包括南德瑞瓦图电站、南德瑞瓦图开关站、压力钢管阀房和大坝之间。控制网络与通用网络之间完全隔离，通用网络用来连接 IP 电话、IP 摄像监视系统（CCTV）及通用 IP 设备。IP 电话系统用于电站、开关站、压力管阀室和大坝控制楼之间的语音通信。VHF 无线网络用于电站、开关站、压力管阀室和大坝控制楼之间的备用语音通信，无线通信覆盖范围包括厂房、开关站、隔离阀和堰的现场范围。

一、光缆网络设备

乌达—瓦劳输电线路上的 36 芯 OPGW 在南德瑞瓦图开关站的 23－1# 杆塔上断开，并将断开的 OPGW 两端均引入到开关站控制室内的光纤分配盘内将光纤重新分配。非金属光缆为与主干光缆具有同样光纤数量的标准端接光缆，光纤为同一类型的单模光纤。非金属光缆从最后的线路结构到光纤分配盘之间在电缆沟中安装敷设。

（一）光纤分配盘

共设置 4 个光纤分配盘：

（1）厂房光纤分配盘，安装在厂房控制盘室，配置 48 芯光纤的光纤分配盒，剩余空间安装门禁系统模块、通用网络以太网交换机、VHF 设备。

（2）开关站光纤分配盘安装在开关站控制盘室，配置 2 个 48 芯光纤的光纤分配盒及 1 个 24 芯光纤分配盒，剩余空间安装门禁系统模块、通用网络以太网交换机、IP 电话控制器和 VHF 设备。

（3）隔离阀光纤分配盘，配置 1 个 24 芯光纤分配盒，剩余空间安装门禁系统模块、通用网络以太网交换机。

（4）堰光纤分配盘，配置 1 个 24 芯光纤分配盒，剩余空间安装门禁系统模块、通用网络以太网交换机。

（二）通用网络

南德瑞瓦图电站通用网络为 100 MB 光纤以太网。该网络链接以下装置：

（1）13 个摄像头，分别设在南德瑞瓦图电站、南德瑞瓦图开关站、大坝和压力钢管隔离阀。

（2）2 台通用 PC 工作站，分别设在南德瑞瓦图电站控制室和南德瑞瓦图开关站控制室。

（3）1 台流量监视 PC 和 1 套流量监视设备，分别设在南德瑞瓦图电站控制室。

（4）14 部 IP 电话，分别设在南德瑞瓦图电站、南德瑞瓦图开关站、大坝和压力钢管隔离阀。

（5）4 个门禁控制模块，分别设在南德瑞瓦图电站、南德瑞瓦图开关站、大坝和压力钢管隔离阀。

(6)4 个防盗报警模块,分别设在南德瑞瓦图电站、南德瑞瓦图开关站、大坝和压力钢管隔离阀。

(三)网络交换机

共设置 4 台 SISCO 网络交换机,分别设置在南德瑞瓦图电站控制盘室、南德瑞瓦图开关站控制室、压力钢管隔离阀室及堰控制室。电站控制盘室网络交换机为 3 个光口,19 个电口;开关站控制室网络交换机为 2 个光口,11 个电口;压力钢管隔离阀室网络交换机为 2 个光口,5 个电口;堰控制室网络交换机为 2 个光口,9 个电口。

每台以太网交换机的基本性能如下:

(1)采用交流 240 V 供电。

(2)提供 PoE 电话接口及 IP 摄像机接口。

(3)采用模块化配置,无风扇设计,采用双路冗余供电。

(4)采用工业级、重负荷设计,电磁兼容性指标应满足工业标准要求。

(5)支持标准的 SNMP(V1/V2/V3)网络管理功能,支持故障自诊断功能,支持 web 界面管理。

(6)支持虚拟子网划分(VLAN),确保系统的安全性。

(7)支持多播、组播控制,支持 IGMP SNOOPING。

(8)端口延时不大于 40 μs。

(四)IP 电话

IP 电话与以太网交换机之间通过电口直接连接,连接电缆符合 TIA/EIA568 超 5 类标准指标。

该系统为采用 MItel 3300IPC 系列 IP 型产品的 3300MXE,具有兼容性通信平台。

IP 电话系统包括:

(1)1 个 IP 电话服务器,带 4 个 PSTN 连接,安装在南德瑞瓦图开关站控制室。

(2)1 个 IP 调制解调器,用于允许在 IP 电话网上通过专用电话号码远程访问。

(3)IP 电话安装在以下位置:①南德瑞瓦图开关站控制室 1 个;②南德瑞瓦图电站水轮机层 2 个,随电话机提供隔音罩;③南德瑞瓦图电站发电机层 2 个,随电话机提供隔音罩;④南德瑞瓦图电站厨房/客厅 1 个;⑤南德瑞瓦图电站控制室 3 个;⑥南德瑞瓦图电站车间 1 个;⑦压力钢管阀 2 个,带可锁机壳的加固型;⑧大坝控制室 1 个;⑨大坝顶 1 个,带可锁机壳的加固型;⑩大坝隧洞取水口 1 个,带可锁机壳的加固型。

二、VHF 无线通信

VHF 半双工无线网络用于电站、开关站、压力钢管阀和堰控制楼之间语音通信的备用。

系统工作频点为:发信频率 142.300 MHz,收信频率 149.300 MHz。"基地"中继台为 TB8115,设在 FEA 营地,使用 25 W 发射功率,发射天线为收发两用 8 dB 全向天线。电源采用 240 V AC UPS。

厂房及开关站分别设立两部车载台组合的中继站,实现对两处室内的无线覆盖。室内安装 4 dB 偶极子天线,室外安装 5 dB 定向八木天线。电源采用电站 110 V DC 转换成

12 V DC。

隔离阀室设立一部数传台实现室内语音通信。电源采用 24 V DC 转换成 12 V DC。

系统共 6 部手持无线电台，分别配有锂电池和充电器。

第六节 门禁安防系统

安防系统包括防盗报警系统和门禁系统，它们分别装设在 4 个地点，即南德瑞瓦图电站、南德瑞瓦图开关站、压力钢管隔离阀和大坝。

该系统能通过被动式红外探测器探测外部入侵并通过音响报警器报警。能控制南德瑞瓦图电站、南德瑞瓦图开关站、压力钢管隔离阀和大坝所有外门以及一些较重要有需要控制的内门，例如车间、415 V 开关室和控制室等。所有外门在室内能独立于任何门禁系统自由打开，所有需要控制的内门能独立于任何门禁系统从各自室内或区域自由打开。

在厂房、开关站、隔离阀、堰 4 处的光纤分配盘内分别安装有门禁主模块。所有外部的门和内部重要房间的门均应安装门禁装置。每个门的门禁装置包括门控箱，安装在门内侧墙上，内装门控分模块和 12 V DC 电源适配器。门内装有出门按钮，门外装有读卡器，门锁为带干簧门磁开关的电销锁。在门外可以通过读卡器刷卡开门，门内则可以在任何状态下不受控制自由打开。

厂房、开关站、隔离阀和堰 4 处的主大门分别在门口内装有 1 个带照明的安防小键盘，用于设定安防门禁系统的设防或取消设防。系统内置 2 min 延迟，用于出入大门时有足够时间完成设防和取消设防。

系统的每个设防/非设防和门的开/关状态均能通过门控主模块上送到站 PLC(除在开关站上送到 SCADA 系统)。

主控模块通过通用 LAN 联网。在厂房和开关站的通用 PC 机上，操作员可以通过一体化 Cardax FT 软件管理安防门禁系统。

第七节 CCTV 视频监视系统

CCTV 视频监视系统基于通用网络组网，摄像机通过六类以太网电缆或单模光缆与通用网络交换机连接。系统采用 VET 产品，主要包括 IP 摄像机和通用 PC 机及一体化控制管理软件。

2 台通用 PC 机及控制管理软件分别安装在厂房控制室和开关站控制室。在电站控制室和开关站控制室的 PC 机上可以使用鼠标、键盘和操纵杆选择控制摄像机的旋转、倾斜及缩放，以 1/2/4 屏幕分割模式观察画面。

系统在开关站的通用网络交换机上留有 RJ45 接口，供将来连接 WAN 进行远程监控使用。

IP 型摄像机安装地点为：

(1)1 个摄像机，设在大坝下游室外，能提供结构下游的全景，包括溢洪道、底孔闸门、余流阀和消力池。

(2)2 个摄像机,设在大坝上游室外,能提供结构上游的全景,包括控制楼和南德瑞瓦图水库。

(3)3 个摄像机,设在南德瑞瓦图开关站室外,能提供 132 kV 设备和控制楼的全景。

(4)1 个摄像机,设在南德瑞瓦图电站下游室外,能提供水轮机泄水、巴河。

(5)1 个摄像机,设在南德瑞瓦图电站右侧室外,能提供电站主门及出入通道的画面。

(6)1 个摄像机,设在南德瑞瓦图电站上游室外,能提供 2 台主变压器和 132 kV 设备的画面。

(7)2 个摄像机,设在南德瑞瓦图电站发电机层室内,室内摄相机,能提供 2 台发电机、安装场和主出入通道门的画面。

(8)1 个摄像机,设在压力钢管隔离阀室外,能提供附近场景。

(9)1 个摄像机,设在调压井室外,能提供附近场景。

一、通用 PC 机

操作系统	Windows XP Professional
处理器	Intel 4 核
内存	2 ×2 GB DDR3 1333
硬盘	1 TB
光驱	DW240S 190
网络适配器	10/100/1 000 Mb/s 以太网卡(RJ45)
显卡	蓝宝石 HD4860 512 M
鼠标	标准光电鼠标
键盘	标准键盘及视频操作键盘
显示器	1 680 ×1 050,21 in 液晶型

二、IP 高速球摄像机

1/4″CCD,具有高清晰,高灵敏性能	彩色:480 TVL;黑白:600 TVL
22 倍光学变倍镜头,光圈数(范围值)	不低于 F2.0,11 倍电子放大
最低照度	彩色模式 0.7 Lx(F1.4,50IRE,AGCON) 黑白模式:0.06 Lx 感红外 0 Lx

360°连续旋转,预置位最大速度 360°/s,手动速度最小 0.05°/s

超级宽动态

日夜自动转换

自动归回功能

垂直不低于 90°自动翻转

保密区域屏蔽功能。IP 地址过滤,分级权限管理

不低于 5 条巡视轨迹

预置地址、区域名称、旋转角度显示

防护罩为 IP66 防护等级

不低于2路报警输入,1路报警输出

三、摄像机防护罩

防护等级	室内IP42;室外IP66(按国际NEMA4认证)
输入电压	220 V AC
工作温度	−30～60 ℃
材料	铝合金制造,配合RAL9002颜色特级喷粉
恒温控制温度	加热器:ON:5 ℃ ±3 ℃;OFF:15 ℃ ±5 ℃
	风扇:ON:40 ℃ ±5 ℃;OFF:25 ℃ ±5 ℃

四、防雷器

室外前端设备均应满足主要性能要求:

反应时间	≤1 ns
最大防雷电流	≥5 000 A(要求对视频、电源、控制三防一体化)
工作频率	0～10 MHz

第十四章 消防、通风及给排水设计

第一节 消防系统设计

消防系统的基本设计，分为火灾自动报警系统设计和灭火系统设计两部分。南德瑞瓦图工程电站消防水系统的水源取自两处：第一路为主水源，从压力钢管取水，出水经减压阀减压后供室内外消火栓、喷淋系统和主变水喷雾系统使用；第二路为辅助水源，取自室外消防水池，通过柴油消防泵和系统稳压泵组向消火栓、喷淋系统和喷雾系统供水。当压力钢管检修无法取水时，设置在消防供水管上的电接点压力表向控制室的消防控制柜传输信号，当压力低于设定值时，发出报警信号，手动或自动启动消防柴油泵室内的消防稳压泵组，实现系统从第一路供水系统切换至第二路供水系统。当主厂房内发生火灾时，火灾报警系统报警，控制室内消防控制柜手动或自动向消防泵组控制柜发出指令，启动主消防柴油泵，供主厂房各消防系统用水。

消火栓和消防立管系统设计用水量为31.5 L/s，设计供水压力为7 bar，灭火持续时间2 h。在消防喷淋阀室的外墙上设置2个墙式消火栓，主厂房各层的楼梯口处设置口径为DN65 mm的消防水带接口，主厂房各层内设置口径为DN40 mm的消防水带接口，消防水带接口的间距不大于39.7 m。

主厂房的消防柴油泵室、柴油发电机室、车间、厂用变压器室及副厂房的控制室、厨房、起居室和楼道内设置预作用式喷淋系统，喷淋系统设计用水量40 L/s，设计供水压力3 bar，喷淋持续时间2 h。预作用喷淋系统采用预作用报警阀组，并由配套使用的火灾自动报警系统启动；正常情况下，配水管道为不充水的空管；发生火灾时，感温、感烟探测器动作，由火灾报警系统开启雨淋阀为管道充水，使系统在闭式喷头动作前转换为湿式系统。

主变压器周围设置水喷雾系统，设计用水量33 L/s，设计供水压力5 bar，喷雾持续时间1 h。当主变压器2路感温电缆均报警时，可控制火灾区域的喷雾系统投入使用。厂房、开关站、大坝控制楼、阀室分别配置了灭火器和灭火毯。

在厂房、开关站、大坝控制楼、阀室分别设置火灾自动报警系统。火灾自动报警由火灾自动报警控制柜（箱）、光电感烟探测器、感温探测器、束状感烟探测器、感温电缆（每台主变压器装2路感温电缆测主变压器外壳温度）、声光报警器、手动报警按钮、输入输出模块、短路隔离器组成。火灾自动报警柜（箱）布置在控制室，探测器布置在现地。

一、火灾报警系统功能

火灾自动报警系统采用智能式可编址报警系统，厂房采用柜式结构，开关站、大坝控制楼、阀室采用箱式结构，容量1 000点，可支持各种编址型火灾探测器和各种输入、输出模块的正常工作，具有对火灾探测器和输入、输出模块自动检测的功能，控制柜应带有RS485接口，可与SCADA实现实时通信，通信内容满足合同要求。当交流失去时，火灾自动报警系统内自备电源投入运行，自备电源保证系统正常工作不低于30 h，低电压报警后仍可工作不低于10 min。火灾自动报警设备在主电源断电以及备用电源耗尽之后，系统的时钟信息和各种报警及故障的历史记录可至少保存3个月，以保证任何意外情况下，控制器的重要信息都不会丢失。

本系统采用滚动菜单的方式，菜单的顺序按常规优先级排序，操作方便并不需要记忆任何操作指令。打印机可打印报警信息。

火灾自动报警系统可实现火灾自动探测及报警、人工手动报警，控制水泵、HVAC、机组及主变压器灭火；集中显示火灾报警部位信号和控制状态信号功能，系统功能满足合同要求。

二、水基消防系统设计

南德瑞瓦图工程由坝区、开关站区和厂区三部分组成，其中坝区和开关站区不设水基消防系统，仅厂区设水基消防系统。

(一)系统组成

水基消防系统由消火栓系统、干式喷淋系统和主变水喷雾灭火系统组成。

(二)消防水源

本工程有2个消防水源，主水源从压力钢管取水，备用水源为河水。

(三)水基消防系统的流量和压力

1. 消火栓系统的流量和压力

消火栓系统的流量为31.5 L/s。厂房内最不利点DN65 mm消火栓的压力不低于0.69 MPa，最不利点DN40 mm消火栓的压力不低于0.45 MPa，消防历时2 h。

2. 干式喷淋系统的流量和压力

干式喷淋系统按严重危险Ⅰ级设防，作用面积为260 m^2，设计喷水强度为10.9 L/(min·m^2)，经计算系统的流量为56.64 L/s，干式报警阀前的水压不低于0.61 MPa。消防历时2 h。

3. 主变水喷雾的流量和压力

主变顶和侧面的设计喷雾强度为10.2 L/(min·m^2)，主变周围集油坑的设计喷雾强度为6.1 L/(min·m^2)，经计算系统的流量为37.45 L/s，雨淋阀前的水压不低于0.45 MPa。消防历时1 h。

4. 水基消防系统流量和压力

根据NFPA851第6.2.2条的规定，水基消防系统的设计水量按干式喷淋系统和消火栓系统的用水量之和计算为88.14 L/s，消防历时2 h，一次消防需水量为635 m^3。考虑管道水头损失，设计供水压力为0.80 MPa。

（四）水基消防系统的设计

1. 系统概述

厂房的水基消防系统设 2 个水源，主水源从压力钢管取水经减压阀减压后供厂区的消火栓系统、干式喷淋系统、主变水喷雾系统用水和消防水池的补水。系统设主副 2 个减压阀，并联布置，减压阀前的压力为 4.0 MPa，减压阀后设定压力为 0.80 MPa，主减压阀的设计流量为 88.14 L/s，副减压阀的设计流量为 10 L/s，副减压阀主要用于平时厂房内动用 2 个 DN40 mm 消火栓冲洗地面是的供水。

在压力钢管检修断水时，水基消防系统由备用水源厂区室外消防水池供水，消防水池有效容积为 640 m^3，消防水池设 2 路补水，1 路从压力钢管取水经减压阀后给消防水池补水，另 1 路在压力钢管检修断水时由设在厂房下游侧河内的河泵补水。消防水池供水采用水泵加压供水的方式，系统设 1 套柴油消防泵和 1 套消防增压稳压泵组。柴油消防泵的流量为 88.14 L/s，扬程为 80 m。消防增压稳压泵组包括 1 台增压稳压水泵和 1 个隔膜式稳压罐，增压稳压水泵的流量为 2.0 L/s，扬程为 80 m。

系统运行方式为：平时由压力钢管内的水减压后供水基消防系统用水。在压力钢管检修断水且不消防时，由消防增压稳压泵组维持水基消防系统管路中的水压，在水压降至 0.70 MPa 时，增压稳压水泵启动；在水压升至 0.88 MPa 时，增压稳压水泵停止。在厂房发生火灾消防时，管路水压降至 0.65 MPa 时，消防增压稳压泵组停止，同时发出信号启动柴油消防泵。

2. 消火栓系统设计

厂房内的消火栓系统按自动湿式三级系统设计。系统由减压后的消防供水总管引出 2 根 DN150 mm 的消防管道至厂房电缆层上游侧，再连成环状，供厂房各层消防用水。在厂房的电机层、电缆层、水轮机层和副厂房各层布置消火栓。厂房内的 DN40 mm 消火栓布置间距不大于 39.7 m，厂房内的 DN65 mm 消火栓布置在厂房的楼梯出入口处，在副厂房喷淋报警阀室的外墙上设 2 个 DN65 mm 的消火栓，供厂房室外消防用水。每个室内 DN65 mm 的消火栓配置 3 根 25 m 长、直径 65 mm 的水龙带和 1 个 19 mm 的水枪。每个室外 DN65 mm 的消火栓配置 2 根 45 m 长、直径 65 mm 的水龙带和 1 个 19 mm 的水枪。系统管道采用 316L 不锈钢钢管。

3. 干式喷淋系统设计

整个厂房内设置干式喷淋系统。系统由干式报警阀组、空压机、信号蝶阀、水流指示器、排气电磁阀、快速排气阀、管网和喷头组成。系统由减压后的消防供水总管引出 1 根 DN150 mm 的消防管道至干式报警阀组。除厂房顶层房间内的喷头全部采用动作温度为 93 ℃的标准喷头外，其他房间内的喷头全部采用动作温度为 68 ℃的标准喷头。系统管道采用 316 L 不锈钢钢管。

4. 主变水喷雾系统设计

2 台主变均设置水喷雾灭火系统，每台主变对应设置 1 个雨淋阀组。系统由雨淋阀组、管网和水雾喷头组成。系统由减压后的消防供水总管引出 2 根 DN150 mm 的消防管道分别至 2 个雨淋阀组。雨淋阀组可现场手动打开，也可根据主变上的感温电缆信号在中控室远程打开。水雾喷头采用离心式高速水雾喷头。系统管道采用 316L 不锈钢钢管。

第二节　通风、空调系统

一、主厂房通风、空调系统设计

(一)199.60 m 高程通风系统

南德瑞瓦图工程厂房主机间 199.60 m 高程以上部分采用自然进风、机械排风的通风方式。通过设在外墙上的百叶窗自然进风，排风通过屋顶安装的具有排烟功能的屋顶风机排出。通风量根据设备发热量和围护结构的传热量，以室内工作地点的温度不高于室外空气温度 10 ℃的原则计算确定，同时兼顾排烟风量的需求。主厂房的热负荷如下：

机电设备散热量(包括发电机、母线、11 kV 配电盘、励磁装置、励磁变)	33 kW
照明灯具(金属卤化物灯)的散热量	19.32 kW
围护结构和屋顶传热的热量	11.66 kW
天窗辐射的热量	37.37 kW
合计	101.35 kW

室内温度不高于室外空气温度 10 ℃的要求，排除厂房热量的通风量为：

$$V_{3.3.1} = \frac{Q_{3.3.1}}{c\Delta t} = \frac{101.35}{1.01 \times 10} = 10.03\ \text{kg/s} = 43\ 330(\text{m}^3/\text{h})$$

式中，空气的容重取 1.20 kg/m^3。

由于屋顶风机包含了排烟功能，根据斐济国家建筑规范，排烟风量为 12 m^3/s(43 200 m^3/h)。

综合上述计算，主机间 199.60 m 高程的通风量确定为 43 330 m^3/h。通风设备选用 6 台屋顶排烟风机，单台风量为 7 600 m^3/h，风机全压为 120 Pa，电机功率为 1.1 kW。所选屋顶风机将满足斐济国家规范规定的在 200 ℃高温下最少运行 1 h 以上。

主机间通过墙上安装的防雨百叶窗进风，百叶窗的设计风速为 2.0 m/s，按照上述风量计算出百叶窗的面积为 6.33 m^2。百叶窗将安装在下游侧墙(1 轴)的下部，每个机组段布置 2 个，共 4 个，每个百叶窗的面积为 1.58 m^2。

(二)195.60 m 高程通风系统

主机间 195.60 m 高程设备和灯具的散热量分别是：调速器散热量 60 × 2 = 120 W；供水泵的安装功率 37 × 2 = 74 kW，电动机效率 90%，长期运转，散热量为 6.99 kW；照明灯具为荧光灯，照明功率为 2.28 kW，散热量为 2.74 kW。灯具和设备的总散热量为 9.85 kW，按送排风温差 5 ℃计算通风量为 5 852 m^3/h。主机间 195.60 m 高程的面积为 406.30 m^2，高度 4 m，体积为 1 625.2 m^3。按照换气次数为 2 次/h 计算出的通风量为 3 250 m^3/h。

综合上述计算，主机间 195.60 m 高程的通风量确定为 5 852 m^3/h。考虑到本层的送风系统也负担低压盘室、电池室、电缆室、厂变室的送风，因此本层送风系统的风量最终确定为 11 091 m^3/h。

（三）191.60 m 高程通风系统

主机间 191.60 m 高程无设备散热，照明灯具为荧光灯，照明功率为 2.51 kW，散热量为 3.01 kW，按送排风温差 5 ℃计算通风量为 1 788 m^3/h。主机间 191.60 m 高程的面积为 278.39 m^2，高度 4 m，体积为 1 114 m^3。按照换气次数为 2 次/h 计算出的通风量为 2 228 m^3/h。

综合上述计算，主机间 191.60 m 高程的通风量确定为 2 228 m^3/h。考虑到本层的送风系统也负担电缆室、冲洗阀室、空压机的送风，因此本层送风系统的风量最终确定为 6 202 m^3/h。

（四）195.60、191.60 m 高程送风系统

在 199.60 m 高程风机房内设置 1 套送分系统给主厂房 195.60、191.60 m 高程送风，送风系统直接从室外取风，经风机加压后送到主厂房 195.60、191.60 m 高程，总送风量为 17 293 m^3/h。

（五）屋顶结露验算

主机间的屋顶绝热材料选用聚苯乙烯，厚度为 100 mm，验算屋顶结露的计算条件为：室外温度 5 ℃、室内温度 15 ℃、室内空气相对湿度为 90%，据此验算主机间屋顶是否会出现结露状况。

根据当地的大气压力，查焓湿图得到在室内温度 15 ℃、室内空气相对湿度为 90% 条件下室内空气的露点温度为 13.2 ℃。聚苯乙烯的导热系数为 0.041W/（m·k），室内空气与屋顶内表面之间的对流传热系数为 8.7 W（m^2·K）（热阻为 0.11 m^2·K/W），室外空气与屋顶外表面的对流传热系数为 23.0 W/（m^2·K）（热阻为 0.04 m^2·K/W），则屋顶的总热阻为 0.04 +0.1/0.041 +0.11 =2.59（m^2·K/W）。屋顶内表面的温度按照下列公式计算：

$$\theta_{\rm i} = t_{\rm i} - \frac{t_{\rm i} - t_{\rm o}}{R_{\rm o}} R_i \tag{14-1}$$

式中　$\theta_{\rm i}$——屋顶内表面的温度；

$R_{\rm o}$——屋顶总热阻；

$R_{\rm i}$——室内空气与屋顶内表面之间的热阻；

$t_{\rm i}$——室内空气温度；

$t_{\rm o}$——室外空气温度。

计算出屋顶内表面的温度为 14.58 ℃，大于室内空气的露点温度 13.2 ℃，因此屋顶内表面在此工况下不会结露。

二、副厂房二层（203.70 m 高程）通风、空调系统

副厂房二层（203.70 m 高程）布置有控制室、厨房/起居室、卧室、卫生间、厕所等房间，按照合同文件的要求，控制室、厨房/起居室、卧室设置空调系统并配置新风系统，卫生间、厕所设置排风系统。

（一）空调系统

控制室、厨房/起居室、卧室设置热泵空调，室内设计温度夏季为 24 ℃，冬季为 18 ℃。

按照上述要求，计算出这3个房间的设计冷负荷（含新风负荷），统计如下：

控制室	9.73 kW
厨房/起居室	5.22 kW
卧室	4.94 kW

根据上述计算值，控制室布置2套分体空调系统，每套的制冷量为5.27 kW，室内机选用天花板式空调机。厨房/起居室和卧室各布置1套分体空调系统，制冷量均为5.27 kW，室内机均选用天花板式空调机。上述空调机均带有热泵制热功能。

（二）新风系统

控制室、厨房/起居室、卧室合用1套新风系统，利用安装在控制室西侧外墙上的管道风机自室外取风，经过滤处理后接风管送至各个房间，每个房间装设散流器送新风。每个房间的新风风量均为150 m^3/h，总新风量450 m^3/h。

（三）排风系统

卫生间、厕所设置了排风系统，均在外墙上安装排风扇排风，进风为自然进风。卫生间的排风量为270 m^3/h，厕所的排风量均为100 m^3/h。

三、继电保护盘室通风空调系统

继电保护盘室（设置热泵空调，室内设计温度为24 ℃，同时通过外墙上安装的风机送入新鲜空气。根据上述要求，计算出继电保护盘室的设计冷负荷为17.13 kW。因此，继电保护盘室布置2套分体空调系统，每套的制冷量为9.0 kW，室内机选用天花板式空调机。空调机均带有热泵制热功能。通过安装在墙上的风机将新鲜空气送至室内，依据合同文件的要求，设计新风量为700 m^3/h。新风系统将配有百叶风口、过滤器和防火阀。

四、机修车间通风空调系统

机修车间设置热泵空调，室内设计温度为24 ℃，同时通过外墙上安装的风机送入新鲜空气。根据上述要求和相关专业提供的技术资料，计算出机修车间的设计冷负荷为11.90 kW。因此，机修车间布置2套分体空调系统，每套的制冷量为7.1 kW，室内机选用天花板式空调机。空调机均带有热泵制热功能。

通过安装在墙上的风机将新鲜空气送至室内，设计新风量为500 m^3/h。新风系统将配有百叶风口、过滤器和防火阀。

五、柴油消防泵房、柴油发电机房、油罐室通风、采暖系统

柴油消防泵和柴油发电机将用风道排出设备散热器散出的热风，风道和排风百叶风口随柴油发电机和柴油消防泵一起由设备生产厂商提供，土建专业将按照供货厂商的要求在外墙上留洞，以便安装排风百叶风口，同时在外墙的适当位置布置进风百叶风口。根据供货厂商提供的资料，柴油发电机的冷却风量为13 800 m^3/h，柴油消防泵的冷却风量为10 000 m^3/h。则柴油发电机房的进出风百叶的面积为1.92 m^2，柴油消防泵房的进出风百叶为1.0 m^2。

油罐室的通风量按10次/h计算，房间体积为42.34 m^3，通风量为423 m^3/h。土建专

业在油罐室外墙的上、下部分别布置百叶风口，风口的尺寸为 600 mm（宽）×400 mm（高），下部风口布置在门上，上部风口布置在门上部的墙上。

柴油消防泵房将设置带温度控制器的电加热器，电加热器的容量为 1.0 kW。

六、安装场下部 195.60 m 高程房间通风空调系统

安装场下部 195.60 m 高程布置有低压开关室、电池室、电缆室和厂用变室等房间，依据合同文件的要求和工程师的意见，低压开关室、电池室分别设置通风和空调系统，房间设计温度为 24 ℃，其他房间设置通风系统。

（一）空调系统

根据上述要求，计算出低压开关室、电池室的设计冷负荷分别为 13.13 kW 和 13.67 kW。因此，低压开关室、电池室各选择 1 套多联热泵空调系统。每套多联热泵空调系统的制冷量为 15 kW，室外机布置在机修车间的屋顶上部，室内机选用 2 台壁挂式空调机，单台室内机的制冷量为 7.5 kW。上述空调机均带有热泵制热功能。4 台室内机的凝结水汇到凝结水总管排到厂房的排水沟。

（二）通风系统

低压开关室、电池室、电缆室按照最小 2 次/h 换气计算通风量，厂用变室按照排除余热计算通风量。电池室安装的蓄电池为密封免维护蓄电池，没有有害气体的泄漏，因此，电池室将按照正常通风方式通风，可以与其他房间合用 1 套通风系统。各房间的通风量计算如下：

低压开关室的面积为 61.81 m^2，高度 4 m，通风量 $V_{3.3.4.1}=61.81\times4\times2=495\ m^3/h$。

电池室的面积为 62.61 m^2，高度 4 m，通风量 $V_{3.3.4.2}=62.61\times4\times2=501\ m^3/h$。

电缆室的面积为 67.62 m^2，高度 4 m，通风量 $V_{3.3.4.3}=67.62\times4\times2=541\ m^3/h$。

厂用变室按照排除余热计算通风量，相关专业提供厂用变的发热量为 6.2 kW，设计进出风温差为 5 ℃，则通风量为：$V_{3.3.4.4}=\dfrac{Q_{3.3.4.3}}{c\Delta t}=\dfrac{6.2}{1.005\times5}=1.23\ kg/s=3\ 702\ m^3/h$，式中空气的容重取 1.20 kg/m^3。

综合上述计算，安装场下部 195.60 m 高程房间的总通风量为 $V_{3.3.4}=V_{3.3.4.1}+V_{3.3.4.2}+V_{3.3.4.3}+V_{3.3.4.4}=5\ 239\ m^3/h$。

上述 4 个房间合用 1 套机械排风系统，风机选用 1 台箱式风机，排风接排风风道直接排到室外大气中。各个房间通过安装在墙上或者门上的百叶风口进风。

七、安装场下部 191.60 m 高程房间通风系统

安装场下部 191.60 m 高程布置有油罐室、冲洗阀室、电缆室等房间，这些房间设置通风系统。上述房间均按照最小 1 次/h 换气计算通风量，各房间的通风量计算如下：

空压机的冷却风量为 920 L/s（3 312 m^3/h），其通风量 $V_{3.3.5.1}=3\ 312\ m^3/h$。

电缆室按照 2 次/h 换气计算通风量，房间面积为 59.00 m^2，高度 4 m，通风量 $V_{3.3.5.2}=59\times4\times2=472\ m^3/h$。

冲洗阀室的面积为 23.60 m^2，高度 4 m，通风量 $V_{3.3.5.3}=23.60\times4\times1=95\ m^3/h$。

综合上述计算，安装场下部191.60 m高程房间的总通风量为$V_{3.3.5}=V_{3.3.5.1}+V_{3.3.5.2}+V_{3.3.5.3}=3\ 974\ m^3/h$。

上述3个房间合用1套机械排风系统，风机选用1台箱式风机，排风接排风风道直接排到室外大气中。各个房间通过安装在墙上或者门上的百叶风口进风。

八、消防喷淋室采暖系统

消防喷淋室将设置带温度控制器的电加热器，电加热器的容量为1.0 kW。

九、开关站建筑物通风、空调系统

开关站建筑物的电池室、盘柜大厅、通信室设置空调系统并配置新风系统，存储区设置排风系统，柴油发电机房和油罐室设置自然通风系统。空调机要求采用热泵空调机，室内设计温度为24 ℃。

(一)空调系统

按照上述要求，计算出电池室、盘柜大厅、通信室这3个房间的设计冷负荷(含新风负荷)，统计如下：

电池室	3.99 kW
盘柜大厅	10.55 kW
通信室	4.94 kW

根据上述计算值，电池室布置1套分体空调系统，制冷量为4.5 kW；盘柜大厅布置2套分体空调系统，每套空调系统的制冷量为5.27 kW；通信室布置1套分体空调系统，制冷量为5.27 kW；所有室内机均选用天花板式空调机。上述空调机均带有热泵制热功能。

(二)新风系统

盘柜大厅(Main Area)、通信室各自设置1套新风系统，通过安装在墙上的风机将新鲜空气送至室内，盘柜大厅、通信室的设计新风量分别为500 m^3/h和200 m^3/h。新风系统将配有百叶风口、过滤器和防火阀。

电池室安装的蓄电池为密封免维护蓄电池，没有有害气体的泄漏。因此，电池室将按照正常通风方式通风，安装在墙上的风机将室内的空气直接排至室外。电池室的通风量为120 m^3/h。

(三)排风系统

存储区的排风量为90 m^3/h，通过安装在厕所墙上的排风机排风至室外，厕所门下部留百叶风口进风，风口的尺寸为400 mm(宽)×200 mm(高)。

(四)柴油发电机室和油罐室通风系统

此外，开关站建筑物还布置有柴油发电机房和油罐室。柴油发电机将用风道排出设备散热器散出的热风，风道和排风百叶风口随柴油发电机一起由设备生产厂商提供，土建专业将按照供货厂商的要求在外墙上留洞，以便安装排风百叶风口，同时在外墙的适当位置布置进风百叶风口。柴油发电机的冷却风量为3 600 m^3/h，则柴油发电机房的进出风百叶的面积为0.5 m^2。油罐室的通风量按10次/h计算，房间体积为17.82 m^3，通风量为178 m^3/h。土建专业在油罐室外墙的上、下部分别布置百叶风口，风口的尺寸为600 mm

(宽)×400 mm(高),下部风口布置在门上,上部风口布置在侧墙上部。

十、坝上控制楼通风、空调系统

坝上控制楼的电池室和控制室设置空调系统并配置新风系统,厕所设置排风系统,变压器室、柴油发电机房和油罐室、液压站(HPU)。空调机要求采用热泵空调机,室内设计温度为 24 ℃。

(一)空调系统

按照上述要求,计算出电池室、控制室这 2 个房间的设计冷负荷(含新风负荷),统计如下:

电池室　　3.64 kW

控制室　　9.97 kW

根据上述计算值,电池室布置 1 套分体空调系统,制冷量为 4.5 kW;控制室布置 2 套分体空调系统,每套空调系统的制冷量为 5.27 kW;所有室内机均选用天花板式空调机。上述空调机均带有热泵制热功能。

(二)新风系统

控制室设置 1 套新风系统,通过安装在墙上的风机将新鲜空气送至室内,控制室的设计新风量为 400 m^3/h。新风系统将配有百叶风口、过滤器和防火阀。电池室安装的蓄电池为密封免维护蓄电池,没有有害气体的泄漏。因此,电池室将按照正常通风方式通风,安装在墙上的风机将室内的空气直接排至室外。电池室的通风量为 120 m^3/h。

(三)排风系统

厕所的排风量为 90 m^3/h,通过安装在厕所墙上的排风机排风至室外,厕所门下部留百叶风口进风,风口的尺寸为 400 mm(宽)×200 mm(高)。

(四)变压器室、柴油发电机房和油罐室、液压站通风系统

上述房间的柴油驱动设备将用风道排出设备散热器散出的热风,风道和排风百叶风口随设备一起由设备生产厂商提供,土建专业将按照供货厂商的要求在外墙上留洞,以便安装排风百叶风口,同时在外墙的适当位置布置进风百叶风口。根据供货厂商提供的资料,柴油发电机的冷却风量为 13 800 m^3/h,则柴油发电机房的进出风百叶的面积为 1.92 m^2。油罐室的通风量按 10 次/h 计算,房间体积为 61.43 m^3,通风量为 614 m^3/h。土建专业在油罐室外墙的上、下部分别布置百叶风口,风口的尺寸为 600 mm(宽)×400 mm(高),下部风口布置在门上,上部风口布置在侧墙上部。

第三节　生活给排水

南德瑞瓦图工程生活给排水系统由坝区、开关站区和厂区三部分组成。

一、坝区生活给排水系统设计

坝区生活给排水系统主要负责坝区控制楼卫生间内的卫生器具和蓄电池室内洗眼池的给水和排水。

给水系统水源有 3 个，分别是雨水、库水和水罐车送水。设计用水人数为 3 人，设计用水量取每人 200 L/d，则高日用水量为 0.6 m^3，设计设 1.2 m^3 的储水罐。屋顶雨水经树叶分离器和首次充水分离器后进储水罐内，在雨水不够时，库水经水泵提升至储水罐，在雨水、库水都没有时，由水罐车送水至储水罐。储水罐内的水经变频恒压供水泵组加压、20 μm 和 1 μm 两级过滤和紫外线消毒后供至各卫生器具。

污水经管道收集排至化粪池，经化粪池处理后排至渗水井，渗入地下。

二、开关站生活给排水系统设计

开关站生活给排水系统主要负责开关站控制楼卫生间内的卫生器具和蓄电池室内洗眼池的给水和排水。

给水系统水源有 2 个，分别是雨水和水罐车送水。设计用水人数为 3 人，设计用水量取每人 200 L/d，则最高日用水量为 0.6 m^3，设计设 1.2 m^3 的储水罐。屋顶雨水经树叶分离器和首次充水分离器后进储水罐内，在雨水不够时，由水罐车送水至储水罐。储水罐内的水经变频恒压供水泵组加压、20 μm 和 1 μm 两级过滤和紫外线消毒后供至各卫生器具。

污水经管道收集排至化粪池，经化粪池处理后排至渗水管，渗入地下。

三、厂区生活给排水系统设计

厂区生活给排水系统主要负责厂房卫生间和厨房内的卫生器具和厂房各层内洗眼器的给水和排水。给水系统水源有 3 个，分别是雨水、压力钢管取水和河泵供水。设计用水人数为 5 人，设计用水量取每人 200 L/d，则高日用水量为 1.0 m^3，设计设 2.0 m^3 的储水罐。屋顶雨水经树叶分离器和首次充水分离器后进储水罐内，在雨水不够时，压力钢管内的水经减压后至储水罐，在雨水、压力钢管水都没有时，由河泵抽水至储水罐。储水罐内的水经变频恒压供水泵组加压、20 μm 和 1 μm 两级过滤和紫外线消毒后供至各卫生器具。污水经管道收集排至化粪池，经化粪池处理后排至河道。

第十五章　环境评价分析

第一节　总　　则

斐济群岛共和国是个以旅游为主的南太平洋上的岛国，因此环境部门对于岛上的环境问题非常重视，要求相当严格，南德瑞瓦图水电站工程为再生能源项目，得到环境部门的高度重视，斐济环境部门对此工程进行了专门的研究和评价，并于2005年5月完成南德瑞瓦图水电站工程的环境评估报告，2005年7月和2006年9月分别根据工程规划的更改进行了补充，2008年4月，根据最终的规划方案进行了修订。

第二节　环境影响评价范围

南德瑞瓦图水电站工程为再生能源项目，结合工程建设规模、工程特性和影响区域环境特点，环境评价的范围主要包括：40 m高的大坝；一个淹没式进水口；2 km的隧洞，直径3 m；引水流量15 m^3/s；1.4 km的压力钢管，直径2.25 m；厂房，装机2台，单机容量22 MW；9.6 km的交通道路；132 kV升压站；7 km的132 kV输变电线路；1个新建开关站，用于连接现存乌达—瓦劳132 kV线路；工程实施后，平均年发电101 GW·h，可节约燃油22 000 t。

第三节　项目区环境概况

一、自然环境概况

南德瑞瓦图工程位于维堤岛纳德罗（Nadrau）高原，该高原是从太平洋海滨迅速上升，高程高达1 000 m以上，高原地形的特征为高山峡谷地形，被河流、小溪、深谷切割，道路、居民、牧场和肥沃的土地均位于起伏的山脊之上，河流两侧通常荆棘密布，无人居住。高原上的河谷是典型的凹槽和V形河谷，两岸边坡陡立，悬崖峭壁林立，河谷为风化的火山岩和沉积岩断层形成。

工程区的水系从辛嘎托卡（Sigatoka）河到巴河被莱瓦（Lewa）山脊分开，工程区的河流水文数据及降雨数据已经在前期的研究报告中进行叙述，水文系列从1981—1992年及2004—2005年的数据。

辛嘎托卡河的总流域面积530 km^2，源头从北向南有2个支流，纽库河流域面积19.2 km^2，卡里瓦纳河流域面积54.9 km^2，占总流域面积的7.6%。巴河从源头到工程厂房位置的流域面积约45 km^2，占巴河总流域面积的5%。2004—2006年对工程区的水质进行了现场取样检测，并提交了检测报告，作为水质监测的基本对比标准。

在前期的研究报告中，对于河流泥沙的淤积进行了专项研究，根据收集的资料和附近工程的运行经验，经过数学模型研究，估计平均水库里的淤积泥沙是 800 000 m^3/a。

对工程区的内部生态系统进行了调查，包括昆虫、软体动物、蠕虫及鱼类等，河道内深浅不一，分布着砾石与泥沙，为无脊椎动物提供了生活场所，从而为鱼类提供了食物。2004 年斐济应用科学协会（IAS）对于生态系统的调查还包括蔬菜、鸟类、哺乳动物、两栖类动物和爬行类动物等，总体情况是开发的工程区与斐济其他地方的植物群的多样性相关性较低。

二、社会经济概况

自 2003 年项目规划开始，对工程区的村庄、居民、房屋、社会组织、供水、供电、居民的生产、生活、经济活动、道路交通、通信及公共设施等进行研究。工程区的居民主要聚居在纳德罗高原山脊的道路两侧，受现代生活方式影响，当地人的生活逐渐离开传统的农场，这在工程区表现的更为明显。村民的房屋也多样化，传统的茅草房屋逐渐被现代建筑材料所取代，但还有一部分草屋存在，有时也会出现传统与现代并存的状况。

村民的生产生活用水及牲畜饮用水主要来自河流和泉水，一些村庄用 PVC 管道引水到村庄，有些村庄用水池、水罐等存储水。村民做饭主要用木柴，开敞式的厨房是普遍存在的，有些村民开始使用天然气。电力主要用于照明，工程区的多数村庄没有电网。

家庭收入平均每年 5 000 ~ 7 000 斐济币，在工程区，农业是主要的生产活动，人们种植庄稼，是主要的经济收入来源。

工程区的村庄人口密度稀疏，均为本土居民，生活方式多样，收入较低，习惯于传统的生活方式，村民的健康与教育靠政府的支持，道路交通靠小型公共汽车，道路崎岖，交通量非常低。多数人利用不了河流，河谷陡峭，难以通行，河道不能通航，村民宁可饮用泉水而不是河水。

第四节　环境影响

一、工程施工对环境的影响

在工程区，施工将挖除一些土方，土方作业使得地表变化，岩石进一步风化。但对于工程区，由于工程规模、施工方法和工程位置已经考虑了环境因素，将不用太过担心土壤的流失，而且这些区域的土壤贫瘠，经济价值较低。对于整个工程区的水土保持，将在工程施工期间得到较好的控制与管理，大量的降雨和温湿的气候将有利于环境的快速恢复，不会受到影响。

一个潜在的影响是 2 条河流流域的泥沙，工程建成后，一些泥沙将沉积在水库上游，水库的水质将受到一定影响。由于从南德瑞瓦图工程属于跨流域调水，工程运行时，从辛嘎托卡河有 15 m^3/s 的流量进入巴河，因此，辛嘎托卡河的出口流量将减少 7%，而巴河出口的流量将增加 10%。通过研究发现，2 条河流流域的河岸两侧的地下水层不受影响。

在洪水期间，泄流流量大约 40 m^3/s，可以借以冲沙。为了减少工程对泥沙淤积产生的影响，利用工程布置的底孔，每年都要安排对工程进行冲沙，至少需要流量 40 m^3/s，这大约需要 4 d。陆地上的生态并不会因工程的建设而发生大的变化，植物种类和植被也不受影响，3 种关键的动物物种也不受工程的影响。

二、社会及经济的影响

工程的遗留痕迹及工程对环境影响都很小，既没有村庄居民的居住和安置，流域内也没有土地和农业的淹没问题。库区范围较小，距离村庄尚有数千米，堰和厂房的上下游的村庄、土地均不受影响。当地村民完全支持工程项目对他们带来的利益，不但使得村庄电气化，也使得道路得到改善。当地居民对工程的支持还来自于另一个已经实施的工程给他们带来的利益，他们关心工程，态度积极，非常合作。工程建设大约需要 180 个工人，土地拥有者和其他居民将得到一份工作，其中有些工作不需要培训。工程给当地居民带来的主要利益是增加了收入，他们通过提供食品等物质和服务，换取家庭经济收入，以此改善他们的生活标准和居住条件，这一点在另一个已经实施的工程项目蒙纳萨乌中得到验证。同时，工程施工期间，外地的工人也将进入工程区，从而打破传统的生活方式和生活习惯，过去在蒙纳萨乌工程项目工作过的工人，会把他们的经验教训和其他工人共享。

从人口统计学可以预期，工程区将带来一些优秀的外来青年、斐济印度人和外籍人员。还有一些工作人员带来家庭和一些服务人员，在工程营地会出现短期的人员高峰。这些地区将改变当地人的一些传统生活方式，噪音、干涉隐私及对传统的侵犯等将会发生，当地居民将要求承包商尊重这些不同的生活方式，施工期间尽可能保持各自的生活习惯。传统的家庭生活方式是全部的时间依靠种植业养家糊口，也有一些雇佣主考虑他们一些休闲活动。这种生活方式，也许会因工程的建设而变化，他们不得不把全部的时间投入到工程工作中，用以平衡工作与家庭生活。同时，他们也会为了工程需要培养自己的技能，包括对于家庭资金的管理，为了能够投入到工程的建设中，他们不得不理解和解决这些问题。

工程区居民担心发生堰体结构的失效，或者在工程施工期间的崩石、滑坡等灾难，下游村民是否会受到影响，是否对灾难有相应的对应方案。斐济电力局已经对溃坝及大规模开挖造成的影响进行了分析，如果发生上述灾害，将产生严重后果。进一步的地质工作也将展开，使得施工期间土方开挖造成的影响最小化，进而为工程师提供更多的资料，根据国际规范和标准对洪水和地震进行分析，洪水造成的影响没有变化，因此不需要为项目专门做洪水预警系统。

工程施工期间，主要的噪音和振动源来自于开挖爆破、钻孔作业，推土机的地表清理作业，设备和材料运输的重型运输车，工程营地的人员交通，混凝土拌和系统等。在辛嘎托卡河流域，工程区距离居民较远，噪音影响较小，但隧洞开挖、衬砌和厂房施工，将对布埡希埡村民的生活存在潜在的影响。业主对现场施工时间和施工活动将进行管理，对爆破作业实行爆破警报系统，这些管理措施将在工程施工环境管理规划报告中得到反映。噪音控制的一个关键因素是工作时间的限制，休息日期间的工作噪音将得到控制，并和当地居民进行协商。工程运行期间的噪音也会得到最小化的控制，电厂的运行及交通道路上的车辆噪音影响都将得到最小化控制。

工程对斐济的经济影响将从局部到斐济国家受益，在工程施工期间将对斐济经济有较大影响。大量的雇佣劳工进入工程区，最多可达180人参与直接工作，工程施工期间，大量的临时工将在工程区营地生活，进而对当地居民产生影响，包括采购生活用品及食物等，参与工程的当地工人之前未经过培训，然而在工程施工过程中，他们将掌握现代施工技术，从而得到技术培训。

当前的燃油发电厂耗费了大量的燃油，每年都要进口大量的燃油用来发电，斐济的电力投资使得油价高居不下，汇率波动。项目的实施每年将节约22 000 t的进口燃油。同时，每装机1 MW·h的燃油机组，二氧化碳的排放量估计达0.656 t，根据其他水电工程的标准，南德瑞瓦图水电站工程建设，将使二氧化碳的排放量每年减少66 000 t，这可以让斐济在国际碳排放贸易市场上占有较好的信誉，工业的发展需要电力系统提供更多的能源，当前的电力无法满足要求，导致电力短缺和燃油电厂的投资增加，项目实施后，可以大大缓解这种矛盾，为工业发展提供更多的电力供应。

第五节　施工期污染影响评价

一、施工废水排放河水环境的影响评价

（一）施工生产废水

南德瑞瓦图水电站工程施工生产废水主要来自砂石料冲洗系统、混凝土浇筑、混凝土拌和、混凝土养护和机械冲洗等。

南德瑞瓦图水电站工程所在辛嘎托卡河及巴河河段的水环境影响为一般鱼类保护，施工废水若直接排放，将加大河流水体中SS浓度，对鱼类造成不利影响，因此对施工废水处理达标后排放或回用。

南德瑞瓦图水电站工程施工生产废水若随意排放，将加重水体的负担，对水质产生局部污染。尤其在电站坝基开挖冲洗、河床开挖涌水时，施工废水短时排放量很大，若出现在枯水期，河水将出现浑浊，对下游水质和水生生物将产生一定的不利影响。

（二）施工生活废水

工程施工高峰人数600人，初步估算日产生活污水180 m^3。生活污水包括厨房下水、盥洗水等。主要污染物为有机污染物、氨氮、粪大肠菌群等。

施工生活污水若无序排放，容易使水体富营养化，水质变差。严重的还将带来介水传染疾病，影响到下游居民和施工人员的人身健康。

二、施工对环境空气的影响分析

（一）扬尘和粉尘影响

施工开挖、混凝土拌和、施工材料装卸等会使作业点周围100 m范围内产生较大扬尘；材料运输会使交通道路两侧60 m范围内产生扬尘。施工及运输产生的扬尘，尤其是10 μm以下的飘尘会随呼吸进入人体而影响身体健康。

根据枢纽工程施工布置，南德瑞瓦图水电站工程附近500 m区域没有居民点，工程管理区距离施工区及料场均超过500 m，不会受到粉尘和飘尘的影响。施工扬尘和粉尘污染仅对施工人员的健康有影响。

(二)废气影响

废气主要来源于施工机械和运输车辆。工程施工机械多为重型机械，运输车辆多为重型车辆，并以汽油、柴油为燃料，消耗量大，排放的尾气中污染物主要为TM_{10}、CO、NO_2、SO_2等。这些有害气体散发到大气中，对环境空气造成一定影响。

项目施工区地处偏僻的农村地区，无工业污染源，大气环境质量本底较好，且施工期的大气污染物是间歇性和流动性地排放，短时期的污染物浓度增加对工程区的环境空气不构成威胁，对附近居民的生产、生活不产生影响。

三、施工期噪声对环境的影响

(一)施工机械噪声

在工程施工过程中，机械噪声具有分散、间断的特点，不同机械噪声源相互叠加的影响并不明显。如风钻在隧洞中使用，噪声在5 m范围内衰减值为14 dB，局部噪声强度大，主要影响人群为施工人员。不同机械噪声随传播距离的衰减变化见表15-1，施工期噪声限制值见表15-2。

表15-1　　不同机械噪声随传播距离的衰减变化　　(单位:dB)

距离(m)	衰减值	机械噪声源强					
		推土机	挖掘机	汽车	汽车吊	混凝土拌和机	振动碾
0	0	96	112	90	100	90	110
20	-26	70	86	64	74	64	84
50	-34	62	78	56	66	56	76
60	-36	60	76	54	64	54	74
70	-37	59	75	53	63	53	73
80	-38	58	74	52	62	52	72
100	-40	56	72	50	60	50	70
150	-44	52	68	46	56	46	66
200	-46	50	66	44	54	44	64
250	-48	48	64	42	52	42	62
300	-50	46	62	40	50	40	60
500	-54	—	58	—	—	—	56
1 000	-60	—	52	—	—	—	50

表 15-2　　施工区噪声限制　　(单位:dB)

类别	昼间	夜间
土石方施工区	75	55
混凝土搅拌区	70	55

根据施工布置,施工区距离最近的居民点为 500 m 以上,因此施工机械等噪声对居民点基本不产生影响。

对于施工人员来说,距离施工机械 100 m 范围内均为受噪声侵害范围,需要配备适当的噪声防范设备进行保护。

(二)其他噪声影响

施工期的噪声源还来自开挖爆破和运输车辆。石方开挖及采石场爆破产生的短暂、剧烈噪声将对施工区现场人员的健康产生一定不利影响,对距离较远且居住分散的居民产生影响较小。交通噪声在白天会对道路两侧 60 m 以内居民产生一定影响。

四、施工期弃渣及固体废弃物排放对环境的影响

(一)施工弃渣

施工期间将产生弃渣量如果随意堆放,将破坏自然景观及生态环境,不利天气条件下易造成水土流失,需要按照指定的堆渣场堆放。

(二)固体废弃物

根据施工组织设计,按施工人员每天产生 1 kg 左右的生活垃圾计,施工高峰期人数 600 人,每天最多产生 600 kg 生活垃圾。生活垃圾以有机物为主,如堆放、处理不适当,将影响环境卫生,并对施工人员的身体健康产生一定影响,甚至污染水体。

五、社会环境的影响评价

南德瑞瓦图水电站工程的开发建设,将改善当地投资环境,完善交通、通信等基础设施建设,带动当地居民就业,改善居民收入,为地区经济发展创造契机,提高当地人民群众的物质文化生活水平。

南德瑞瓦图水电站工程的建设,将极大缓解斐济供电紧张状况,可以在维持足够低的低电价水平的基础上满足工业和民用电的需要,对地区经济发展具有促进作用,从而保证可持续发展,具有重大战略意义。

电站所处地区自然资源丰富,生态环境较好,民族风情与优美的自然景观,使该地区旅游开发潜力很大。电站建成后,有利于改善局地的小气候,随着开发和建设,交通、通信条件的改善,加上该地区丰富多彩的人文环境,必将大大促进该地区旅游业的发展。

水电站的开发建设可以节约燃油,减少二氧化碳的排放,对于减少大气污染起到非常重要的作用。

第六节　环境保护对策及措施

一、施工废水

(1)砂石料加工系统生产废水经沉砂池沉淀,去除粗颗粒物后,再进入反应池及沉淀池,实现废水回用后的零排放。

(2)混凝土拌和系统生产废水集中后经沉淀池二级沉淀,充分处理后回收循环使用,沉淀的泥浆定期清理送到渣场。

(3)对其他零星的生产废水排放点,根据地形条件,通过挖简易的沉沙池降低泥沙含量后再排入恩特姆河,沉渣送弃渣场堆存。

(4)为使生活污水达标排放,必须对生活污水进行处理。根据不同情况提出不同的生活污水处理措施:①对零星的、生活污水量较小(小于 20 m^3/s)的施工点,可采用简易的土地处理;②对各施工标段生活区相对集中的,如大坝施工地点,必须要求自建污水处理站或采用成套污水设备。

(5)机械设备修理废水,修建隔油池单独进行隔油处理,其出水的石油类含量应控制在 10 mg/L 以下。

二、施工粉尘防治

在基坑开挖、石料场开采等施工爆破区域应采取湿式作业法,喷洒水雾减少扬尘。

水泥在装卸、运输、存储时均应密闭进行,防止散落,对储运设备要定期检修、保养。对可能受到危害的施工人员加强劳动保护,发放防尘防护用品,并督促使用。

混凝土拌和设备一般都配有防尘设备,施工人员在使用设备时要按操作规程进行维护、保养,若有故障,检修要及时,保证除尘装置正常运行。

施工期间,对于尾气排放量与污染物含量相对较高的车辆,需安装尾气排放净化器,保证尾气达到排放标准,并加强设备维修、保养,保持发动机在正常、良好状态下工作降低废气污染程度。

三、施工生活垃圾处理

施工期人口密集,高峰人数 600 人,日产垃圾达 600 kg。为搞好施工区范围内生活办公区环境卫生,防止蚊、蝇和鼠的大量繁殖引起疾病流行,须采取以下措施:

(1)在生活区按每 100 人设 1 个垃圾桶的标准对生活垃圾进行集中,并安排 3 ~ 5 名环卫工人负责垃圾的收集、清运、处理工作。

(2)对垃圾进行分类回收处理,不能回收利用的垃圾,运至就近渣场进行卫生填埋。

四、噪声防护措施

(一)机械噪声防治措施

枢纽工程的施工场地开阔,各种施工机械分布较分散,噪声对周围的影响相对较小。

噪声防治具体措施为：

（1）选择低噪声机械设备，对于噪声较大的施工机械，可采取封闭式作业。

（2）避免夜间施工，如必须夜间施工，应注意控制噪声，不使用产生大噪声的机械设备。

（二）爆破噪声防治措施

施工区开挖爆破产生的短暂、剧烈噪声将对施工区周围环境产生一定影响。由于爆破地点距离居民点较远，爆破噪声影响较小。对开挖爆破要制订周密计划，定时定点施放，避开居民交通高峰及休息时间。同时，事先应在附近乡村通过广播、告示等形式反复宣传，避免造成人员伤亡及健康损害。

（三）交通噪声防治措施

运输车辆噪声一般为70～95 dB，主要对道路两侧60 m范围内影响较大。对于交通噪声，防范措施主要为：控制高音鸣笛；加强车辆养护；加强道路养护，保持路面平整；在行车路线规划、时间安排上尽量避开居民生活区。

（四）现场施工人员个人防护措施

发放个人防护用品，作好施工人员的劳动保护工作。接触高噪声的人员每天工作时间不宜太长，一般应少于6 h，可减轻噪声对人体健康的危害。

五、水土保持措施

针对土料场、石料场建设须做好开挖面的排水工作，取料结束后，对料场进行平整，并根据占地类型采取植物绿化、土地复耕等措施，恢复原有地貌。

针对施工生产生活区施工活动中采取设置给排水沟，并完善排水系统等措施防止水土流失，同时减少破坏植被和其他环境资源。施工结束后，对施工营地进行地表清理，土地平整，采取植物绿化措施，改善扰动区的生态环境。

结合本工程施工总进度要求，土石方回填以优先选用开挖土石料并且就近使用为原则，料场砂料的利用以运距最短为原则，减少材料中转损失，减小了水土流失发生的概率。土石方开挖形成的弃渣将运往施工布置指定的弃渣场，各渣场的排水设施已在施工组织设计中得到了充分考虑，从水土保持角度出发，拟在渣体下方修筑挡渣墙、拦渣坝等挡护坡脚，坡面采取必要的工程防护措施，并结合地形布置排水设施。堆渣结束后及时进行植被恢复。

第七节　环境监测与管理

一、环境保护管理计划

为充分发挥电站工程的社会效益、经济效益和环境效益，保护施工区的生态环境，发挥工程的有利影响，最大限度减免不利影响，使工程施工区的生态环境呈良性循环，保证各项环境保护措施的落实，须加强施工及运行期间的环境管理工作。

具体工作内容为：

(1)工程环境保护措施的审核；

(2)制订年度环境保护工作计划；

(3)监督承包商的环境保护对策措施执行情况；

(4)安排环境监测工作。

二、环境监督计划

电站的环境监理是工程监理的重要组成部分，贯穿工程建设的全过程，监督机构由业主委托具有相应资质的单位承担，或通过招标确定。环境监督主要工作任务包括：

(1)对工程环境保护实施规划的项目进行监督检查，采取检查、指令文件等方式。

(2)根据有关法律法规及环境保护项目合同，对实施环境保护项目的专业部门和项目承包人的工作进行抽查、监督，提出有关环境保护工作的时限。

(3)对施工期各项环保措施监督：包括报告书中提出的对策措施的落实情况；水土保持措施的落实；施工废水的处理，生活垃圾的清运处理、施工厂区的洒水降尘情况等。

(4)对工程项目承包人的环境季报、年报进行审查，提出审查、修改意见。

(5)根据有关法律法规及项目合同，协助项目环境管理机构和有关主管部门处理工程各种环境事故与环境纠纷。

(6)编制环境监理工作季报和年报送项目环境管理机构，对环境监理工作进行总结，提出工程存在的主要环境问题和解决问题的建议，并说明今后环境监理工作安排和工作重点。

三、环境监测

(一)施工期环境监测

1. 水环境监测

对拦河坝工区、电站厂房布置区、施工营地等水质进行监测。

(1)监测项目：pH、矿化度、氯化物、COD_{Mn}、BOD_5、SS、溶解氧、氨氮、总磷、阴离子洗涤剂、石油类和粪大肠菌群等。

(2)监测频次：整个施工期按丰、平、枯3个时段分别进行，每期采样2次，每次时间间隔大于5 d。

2. 大气监测

(1)监测点位：在砂石加工系统、混凝土拌和系统和营地等设监测点。

(2)监测内容：颗粒物、SO_2、TSP、PM_{10}、CO等。

(3)监测频次：施工期每季度1次。

3. 噪声监测

为掌握施工区的噪声污染情况，及施工营地、居民点的环境噪声情况，以有效控制噪声污染，有必要进行噪声监测。分别在砂石加工系统、混凝土拌和系统和声环境敏感点等设监测点，监测内容为等效声级，施工期每季度1次。

4. 施工区人群健康状况监测

为及时掌握施工人员身体健康状况，有效控制传染病的流行，在施工期间应自始至终对施工人员健康状况进行监控，重点监控肺结核、虫媒性传染病（疟疾）的发病率变化情况。

5. 水土保持监测

水土保持的监测内容包括：

(1)水土流失因子监测：工程区地形、地貌的变化情况，原地貌扰动情况，工程土石方开挖的量及面积，工程弃渣量及堆渣面积，工程区林草覆盖情况等。

(2)水土流失状况监测：水土流失面积、水土流失量及流失程度变化情况，工程区造成的危害。

(3)水土流失防治效果监测：防治措施的工程量，林草措施存活率、生长情况及覆盖度，防治工程的完好率及运行情况等。

监测方法为分析工程设计资料、布设渣场坡面水土流失观测小区、林地标准地或采取典型调查等措施。

根据本工程的实际情况，确定水土流失重点监测区域为：渣场、土料场和采石场。

（二）运行期环境监测

1. 水质监测

(1)监测点：在坝前、坝下河道选择 2 个点进行水质监测。

(2)监测项目：水温、pH、悬浮物、溶解氧、COD_{Cr}、BOD_5、氨氮、透明度、TN、TP、叶绿素 a等。

(3)监测频率：每年丰水期、平水期和枯水期分别监测 1 期，每期连续监测 3 d，每天采样 1 次。

2. 水生生态

(1)监测点：在坝前河道中选择 2 个点进行水生生态监测。

(2)监测内容：鱼类、浮游植物、浮游动物、底栖动物等。

(3)监测频率：每年 3 次，丰、平、枯水期与水质监测同步采样分析。

3. 陆生生态

(1)监测内容：主要针对珍稀保护动植物，调查其生长状况。

(2)监测时段：电站运行后 5 年内，每年在当地林业、环保部门的监督和指导下，邀请相关专家开展调查工作。

第八节　综合环境评价及结论

南德瑞瓦图水电站工程是斐济发展电力的主要工程项目，是未来电力开发的关键的再生能源，承担斐济电力系统电网的 15% 负荷。工程的建设可以为斐济提供以下利益：

(1)工程建设为斐济减少燃油进口，是斐济的电力发展的长期战略；

(2)工程建成后，每年可以减少二氧化碳排放量 66 000 t；

(3)斐济的工业和发展将有更可靠的电力供应保障；

(4)为工程区居民提供更多的就业机会和就业岗位。

环境研究包括：

(1)水生、陆生物种及栖息地调查；

(2)社会及影响基本调查；

(3)河流流域流量模型调查；

(4)考古调查；

(5)河道河流水质调查。

南德瑞瓦图水电站工程的开发建设，将改善当地投资环境，完善交通条件、通信以及就业条件，为当地创造就业机会，提高当地人民群众的物质文化生活水平；工程建成后将极大缓解斐济供电紧张状况，对地区经济发展具有促进作用；电站建成后，有利于改善局部地区的小气候，大大促进该地区旅游业的发展；水电属清洁能源，水电开发可减少二氧化碳的排放，减少大气污染。

电站的运行生产属清洁生产，不产生污染物，对环境产生的不利影响主要是水库淹没、工程占地对生态环境的影响及水文情势的变化影响等；施工期间主要是“三废”及噪声、人群健康的影响。本工程在施工期将不可避免地对项目区一定范围的环境质量产生一些负面影响，但影响区域相对较小，只要业主和承包商能够在施工和营运过程中认真落实各项环境保护措施，该项目所产生的负面影响就是可以控制的，能够达到环境可以接受的程度。